普通高校“十三五”规划教材·管理科学与工程系列

数据、模型与决策

张晓冬　周晓光　李英姿 ◎ 编　著

清华大学出版社
北　京

图书在版编目（CIP）数据

数据、模型与决策/张晓冬，周晓光，李英姿编著.—北京：清华大学出版社，2019（2024.8重印）
（普通高校"十三五"规划教材. 管理科学与工程系列）
ISBN 978-7-302-52473-1

Ⅰ.①数… Ⅱ.①张… ②周… ③李… Ⅲ.①决策模型－高等学校－教材 Ⅳ.①C934

中国版本图书馆 CIP 数据核字(2019)第 043139 号

责任编辑：吴 雷 左玉冰
封面设计：汉风唐韵
责任校对：宋玉莲
责任印制：宋 林

出版发行：清华大学出版社
网 址：https://www.tup.com.cn，https://www.wqxuetang.com
地 址：北京清华大学学研大厦 A 座 邮 编：100084
社 总 机：010-83470000 邮 购：010-62786544
投稿与读者服务：010-62776969，c-service@tup.tsinghua.edu.cn
质量反馈：010-62772015，zhiliang@tup.tsinghua.edu.cn
印 装 者：天津鑫丰华印务有限公司
经 销：全国新华书店
开 本：185mm×260mm 印 张：18 字 数：429 千字
版 次：2019 年 3 月第 1 版 印 次：2024 年 8 月第 7 次印刷
定 价：49.00 元

产品编号：068824-01

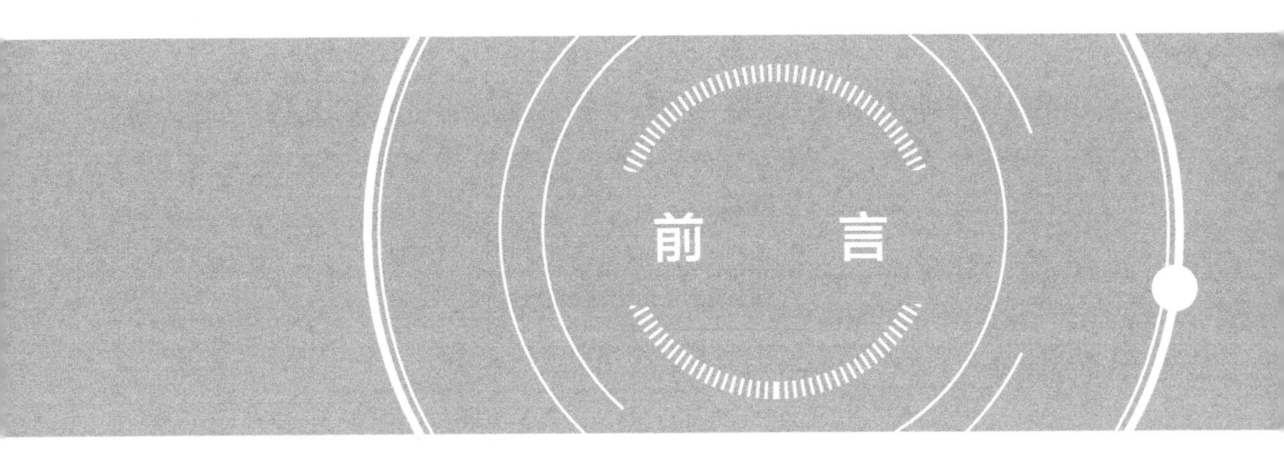

前言

管理是对组织范围内的有限资源进行有效系统整合，以达成组织既定目标与责任的动态创造性活动。管理作为一个活动过程，其间存在一系列基本客观规律。人们通过从实践中收集、归纳、检测数据，提出假设，验证假设，从中总结反映管理活动过程中客观规律的管理理论和科学方法。在管理科学方法中，定量化决策由于采用大量数学方法，支持客观、定量和动态的系统分析，在当前的管理方法中占有重要的地位。一般来说，定量化决策就是基于对数据的采集、处理及分析，建立定量化的决策模型，再通过各种数学方法在众多备选方案中选择最恰当的行动方案。因此，实现定量化决策的三个重点就是数据、模型和决策，这也是本书编写的出发点。

本书从定量化决策全流程的角度，给出了定量化管理决策的概念和总体方法的框架，然后从数据、模型、决策三个部分，讲解了不同场景定量化决策的具体方法和具体应用。读者在学习过程中，可以在总体构架下，结合各种场景以及提供的大量案例来进行学习。同时本书还提供了与学习内容配套的软件，读者通过掌握数据处理和模型求解的计算机方法，可以将学习的重点更多地放在掌握数据处理、模型构建、模型求解中的管理问题本身，从而提高解决实际管理问题的综合能力。通过上述努力，本书期望能够使读者了解定量化管理决策的基础理论和方法，掌握数据分析、定量化决策建模、模型求解的实用方法，从而适应现代工商管理、管理科学与工程、工程管理、经济与贸易等专业发展的需要。

本书的章节安排如下：第 1 章给出了定量化管理决策的概念、要素和决策流程；第 2 章讲解了数据与统计分析基础，包括数据采集、问卷设计、描述性统计；第 3 章讲解了回归分析与预测，包括线性回归、非线性回归、自回归分析；第 4 章介绍了线性规划的问题及建模方法；第 5 章介绍了线性规划的对偶理论与灵敏度分析；第 6 章介绍了整数规划的问题及建模方法；第 7 章给出了系统仿真的建模方法，包括排队论相关知识和服务系统仿真；第 8 章介绍了决策分析的理论及方法，包括完全不确定决策、风险决策、信息价值和效用理论；第 9 章介绍了博弈分析的理论及方法，包括二人非合作博弈的纯策略问题和混合策略问题、合作博弈分析等；第 10 章介绍了面向决策评价的层次分析法。在所有章节中，第 1 章是总体，第 2、3 章是数据的部分，第 4、5、6、7 章是模型的部分，第 8、9、10 章是决策的部分，具体如下图所示。

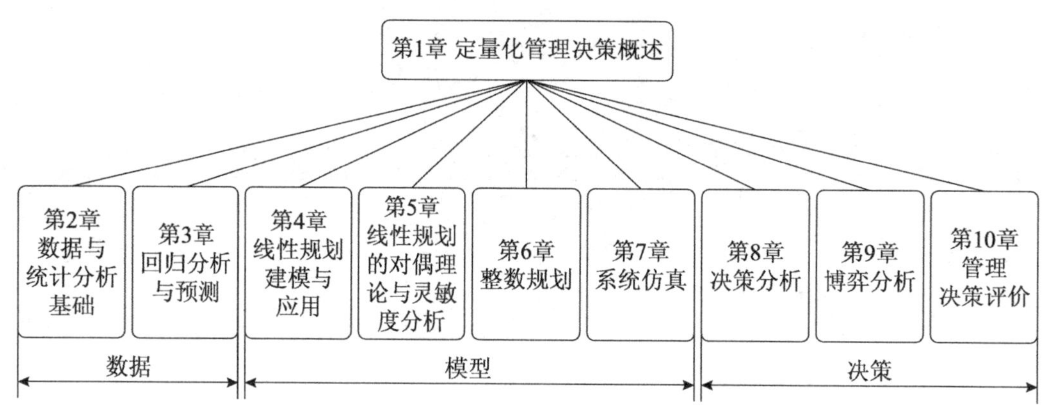

本书主要内容安排

在本书的使用过程中，建议按照表 1 的学习要点与课时安排进行。

表 1　学习要点与课时安排

教学内容	学习要点	课时安排（学时）	学习资源
第 1 章 定量化管理决策概述	（1）管理科学概述 （2）定量化管理决策的流程、要素、分类及内容框架	2	
第 2 章 数据与统计分析基础	（1）问卷设计与数据收集 （2）描述性统计分析	2	Excel 数据与统计分析案例
第 3 章 回归分析与预测	（1）一元线性回归 （2）多元线性回归 （3）非线性回归与自回归 （4）时间序列预测	4—6	Excel 回归分析与预测案例
第 4 章 线性规划建模与应用	（1）线性规划建模及求解 （2）线性规划在经济管理中的应用	4—6	Excel Solver 操作说明、线性规划模型案例
第 5 章 线性规划的对偶理论与灵敏度分析	（1）线性规划的对偶问题模型 （2）线性规划灵敏度分析方法及应用	4—6	线性灵敏度分析模型及案例
第 6 章 整数规划	（1）整数规划建模及求解 （2）整数规划在经济管理中的应用	2—4	整数规划模型案例
第 7 章 系统仿真	（1）仿真建模理论及方法 （2）排队论基本模型 （3）服务系统仿真及其应用 （4）系统动力学仿真及其应用	4—6	SimQuick 软件操作说明、服务系统仿真模型案例

续表

教学内容	学习要点	课时安排（学时）	学习资源
第8章 决策分析	(1) 完全不确定决策 (2) 风险决策及决策树 (3) 信息价值分析及其应用 (4) 效用理论及其应用	4—6	ExcelTreePlan 操作说明、风险决策案例
第9章 博弈分析	(1) 博弈分析基本模型 (2) 二人非合作纯策略博弈及其应用 (3) 二人非合作混合策略博弈及其应用 (4) 多人合作博弈及其应用	4—6	博弈分析综合案例
第10章 管理决策评价	(1) 决策评价概述 (2) 层次分析法	2—4	层次分析法综合案例
总计		32—48	

本书的第1、6、7、8章以及第10章的10.1、10.2节由张晓冬和李英姿编写，第2、3、4、5、9章以及第10章的10.3节由周晓光编写。硕士研究生冯国明、占鑫豪、刘金月、李晓赐、徐冰村、鲁娇、陈韵佳等同学进行了大量的文献整理、资料翻译、案例收集和计算工作。

本书的编写及出版得到了北京科技大学研究生教育发展基金项目的资助。本书所涉及的部分案例来自编者的科研成果，这些研究工作得到了国家自然科学基金项目（批准号：71871018、71771023）的资助，在此表示衷心感谢。

本书的编写过程中参考了大量相关教材、文献和网络资源，已尽可能地列在书后的参考文献表中，但其中仍难免有遗漏，特别是一些资料经过反复引用已难以查实原始出处，这里特向被漏列文献和网络资源的所有者表示歉意，并向所有作者表示诚挚的谢意。

本书是工商管理、管理科学与工程、工程管理等管理学科相关专业的硕士研究生教材，也可供工业工程、机械工程、计算机工程等专业选用，并可供企业管理人员和技术人员参考学习。

由于本书涉及面广，技术难度较大，加之作者水平的局限，书中不妥之处在所难免，敬请广大读者批评指正。

编 者

2018年10月

目　录

定量化管理决策概述

本章学习目的

- 了解管理的特征与职能，以及定量化管理决策在管理中的重要作用；
- 掌握定量化管理决策的分析过程和原则；
- 掌握管理决策的主要分类方法。

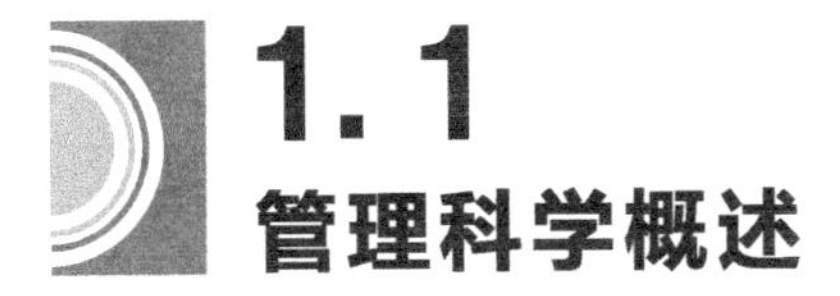

1.1 管理科学概述

1.1.1 管理的定义

管理是人类最重要的活动之一。在人类历史上，自从有了人类进行有组织的活动，就开始有了管理活动。人类为了利用有限的资源，来最大化满足自身的欲望，通过管理活动整合人类的资源，实现共同协作，取得“1+1 >2”的效果。人们通过管理活动可谋求个人无法获得或实现的生存与发展的机会、条件和目标。尽管今日，人类掌握了大量的科学技术，在谋求自己的生存与发展方面已有很大的能力，但这并不意味着人群组织可以解散、管理可以变为个人管理自己时间和事务的一件事，相反，人们今天的社会化程度更高，管理活动更加复杂。事实上，工业化带来的分工可提高生产效率的概念已深入现今人类社会的各个领域，现代社会的任何一项重大活动和成就都离不开管理活动。筹划未来、协调社会成员的行为以面对新问题的挑战已成为人类社会进步的必要环节，人们对管理活动的依赖也就更加深入，管理活动已成为人们进行社会生产、生活的基本活动之一。

“科学管理之父”泰勒（F. W. Taylor）认为，管理就是指挥他人用其最好的工作方法去工作，所以他在其名著《科学管理原理》中讨论和研究了两个管理问题：①员工如何寻找和掌握最好的工作方法以提高效率；②管理者如何激励员工努力地工作以获得最大的工作业绩。诺贝尔经济学奖获得者赫伯特·西蒙（Herbert Alexander Simon）教授对管理的概念有一句名言：“管理即制定决策。”在西蒙看来，管理者所做的一切工作归根结底是在面对现实与未来、面对环境与员工时不断地进行各种决策，直到获取满意的结果，实现令人满意的目标。

泰勒和西蒙都为管理学的发展做出了巨大贡献，几乎所有的管理学教科书都要提及他们的观点和看法，但还有一位对现代管理理论体系有重大影响的是法国人亨利·法约尔（Henry Fayol）。法约尔在其名著《工业管理和一般管理》中给出了管理的概念。法约尔认为，管理是所有的人类组织（不论是家庭、企业或政府）都有的一种活动，这种活动由五项要素组成：计划、组织、指挥、协调和控制，如图 1-1 所示。其中，计划是指预测未来并制订行动方案；组织是指将系统的各个要素、各个环节从时间和空间上建立结构和秩序；指挥是指为组织制定战略目标，明确行动方向；协调是指让组织成员团结一致，使组织中的所有活动和努力得到统一和谐；控制是指确保组织中进行的一切活动符合所制订的计划和目标。基于法约尔的管理概念，管理可以视为对组织的有限资源进行有效系统整合，以达成组织既定目标与责任的动态创造性活动。

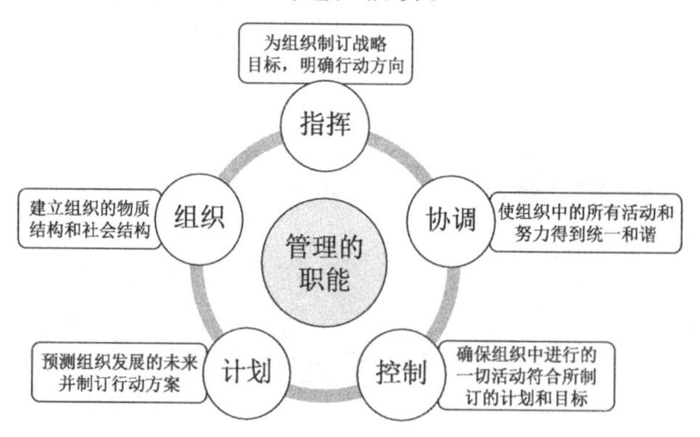

图 1-1　管理的五大职能

从企业职能和管理对象的角度，管理的主要内容如图 1-2 所示。首先，企业管理需要基于经营目标进行战略发展与规划管理。在企业战略规划的指导下，企业管理又可分为核心管理职能和支撑管理职能。其中，核心管理职能包括采购与供应链管理、研发与技术管理、生产计划管理、市场营销管理；支撑管理职能包括财务管理、人力资源管理、信息及知识管理。

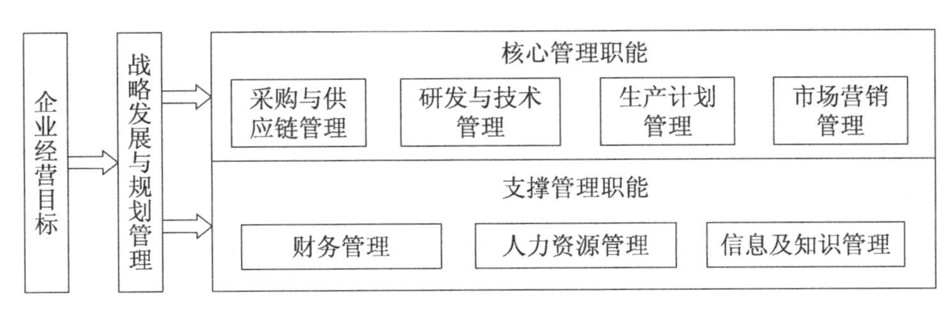

图 1-2　企业管理的主要内容

1.1.2　管理的特征

1. 职能性

管理的职能可分为以下五个方面。

（1）计划与控制职能。计划与控制是管理系统工程的基本职能，即对系统未来目标的制订，并通过管理人员来控制整体方案和行动过程。

（2）监督与评价职能。监督与评价职能是按照计划标准，搜集被管理系统中有关活动的信息，衡量计划的完成情况和纠正计划执行中的偏差以及系统绩效的优劣，以确保计划目标的实现。

（3）协调职能。协调职能在于保证系统与系统环境以及系统内部各分系统或要素之间，能够维持合理的相互关系，或者通过调整，使之达到综合平衡。系统越复杂，就越需要有相应的机构进行协调，做到以最合理的人力、物力、财力的耗费，实现系统的整体目标。

（4）领导与决策职能。领导职能是管理者为员工树立目标，指挥并激励下级以有效实现组织目标。决策职能主要是通过环境预测及分析，在众多备选方案中选择最佳行动方案的过程。

（5）服务职能。为企业系统的功能提供各种必要的信息服务和资源服务，保证企业系统中增值环节的顺畅进行，如人力资源管理、后勤保障管理等。

上述五大职能是相互联系、相互制约的。其中，计划是管理的首要职能，监督、评价、控制、协调和决策等职能都是围绕计划展开的。

2. 经济性

效率（efficiency），是指管理活动的投入和产出的比值关系，是使组织资源的利用成本达到最小化。它反映了资源利用的程度。

效果（effectiveness），是指组织活动实现预定目标的程度。它反映了目标实现的程度。

效率和效果之间存在明显差别，效率涉及的是活动的过程、方式，效果涉及的是活动的结果。当一个组织实现了组织的目标，就说明是有效果的。但有效果的组织完全可能出现效率低下的情形；反之，高效率的组织也可能是无效果的。效益是有效产出与投入之比，效益反映的是资源的有效利用与目标实现的程度，既涉及活动的过程，又涉及活动的结果。

作为一个组织，管理工作不仅仅是追求效率，更重要的是要从整个组织的角度来考虑组织的整体效果以及对社会的贡献。因此，管理工作追求高效率和好效果，即追求效益。

3. 环境性

管理环境是指对组织绩效起着潜在影响的外部机构或市场。管理的环境可分为一般环境和竞争环境。

一般环境包括：经济环境、政治环境、社会环境、技术环境。其中，经济环境指社会整体的经济发展形势、景气情况对组织的影响因素，如经济发展趋势、物价水平、财政金融政策等。政治环境指社会政治形势、各种政治事件所构成的对组织的影响因素，如国家政局的稳定性、国际关系、重大国际事件的发生与发展等。社会环境指传统风俗、道德观念、价值取向、知识水平等因素的总和。技术环境是指科技水平的提高、新工艺和新技术的发明和应用等构成的因素。

竞争环境包括：供应者、顾客、竞争者、政府机构、利益集团。其中，供应者是向组织提供资源的单位。组织的运转需要资源，由于资源是广义的，故供应者应包括：供应商（原材料）、银行（资金）、学校（人员），组织应力求以低成本来保证持续、稳定的供应。顾客是组织要满足其某种需要的服务对象。组织能否成功，关键在于能否让顾客满意。竞争者是能够提供相同或可以替代产品的组织，相互成为竞争对手。竞争主要表现在市场、资源上。政府机构是指国家工商及各行业监管部门，其制定的政策、法律、法规对企业的竞争力也有较大影响。利益集团是指社会上代表某一部分人的特殊利益的群众组织，如工会、消费者协会、环境保护组织等。

4. 科学性

管理的科学性是指管理作为一个活动过程，其间存在着一系列基本的客观规律。人们通过从实践中收集、归纳、检测数据，提出假设，验证假设，从中可抽象总结出一系列反映管理活动过程中客观规律的管理理论和一般方法。人们利用这些理论和方法来指导自己的管理实践，又以管理活动的结果来衡量管理过程中所使用的理论和方法是否正确，是否行之有效，从而可使管理的科学理论和方法在实践中得到不断验证和丰富。因此，管理是一门科学，它以反映管理客观规律的管理理论和方法为指导，有一套分析问题、解决问题的科学方法论。

5. 动态性

管理的动态性特征主要表现在这类活动需要在不断变化的环境中对变动的组织进行管理，需要面对资源配置过程中的各种不确定性。管理的载体是组织，组织包括企事业单位、国家机关、政治党派、社会团体以及宗教组织等，由于各个组织所处的客观环境与具体的工作环境不同，各个组织的目标与从事的行业不同，从而导致了每个组织中资源配置的不同性，这种不同性就是动态特性的一种派生，因此，不存在一个标准的处处成功的管理模式。近年来，为应对管理动态性而提出管理的柔性——组织对于内部要素和外部要素不确定性的适应能力，已越来越受到关注。

6. 创造性

既然管理是一种动态活动，针对每一个具体的对象没有一种唯一的、完全有章可循的模式可以参照，那么，欲达到既定的组织目标与责任就需要有一定的创造性。随着科技的迅速发展和市场环境的不断变换，现代企业对管理的创造性要求越来越高。管理者需要针对各种新变化，不断创造出新的战略模式、组织模式、设计模式、生产模式和运营模式。

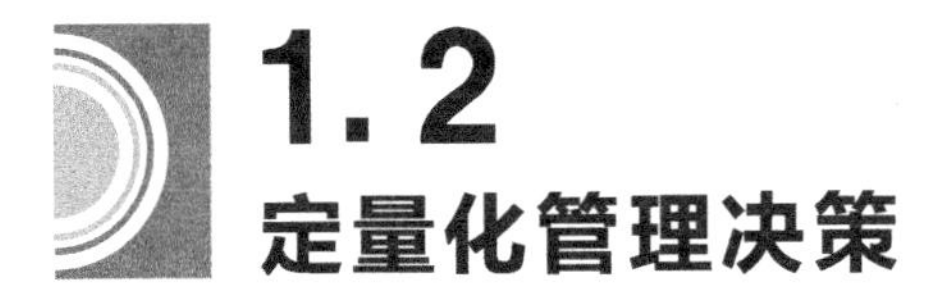

1.2 定量化管理决策

1.2.1 定量化决策与决策四要素

学术界对决策有许多不同的定义。诺贝尔经济学奖获得者西蒙（Herbert A. Simon）认为“管理就是决策”，这就是说管理的核心就是决策；学者 Gregory 在《决策分析》中提及，决策是对决策者将采取的行动方案的选择过程。狭义的决策就是做决定，单纯强调做决定的最终步骤；广义的决策则将管理过程的行为都纳入决策范畴，涉及从数据调研、问题定义到最终做决定的所有步骤，贯穿于整个管理过程中。

本书中的定量化管理决策是指在广义的决策概念下，更强调采用数据和数学的定量化方法，即基于数据的收集、处理和分析，建立定量化的管理决策模型，再通过各种决策准则和方法在众多备选方案中选择最恰当的行动方案。因此，实现定量化管理决策的三个重点就是数据、模型和决策，这也是本书的主要内容，如图 1-3 所示。

为实现定量化决策，需要明确决策的基本要素才能对管理决策问题进行清晰定义。具体说来，决策的基本要素有以下四个。

（1）决策者及其决策目标：进行决策的个人、团体、组织。在进行决策分析时，应首先明确决策者，才能明确决策目标、决策方案、环境状态等要素。决策目标是决策者希望达到的状态或目的。一般而言，在管理决策中决策者追求的是利益最大化或成本最小化。

（2）决策方案：可供决策者选择的行动方案。在决策过程中，需要根据决策问题建立两个或两个以上的备选方案，由决策者进行选择。

（3）环境状态：决策分析必须考虑决策所处的环境状态。在内部决策场景下，环境状态指影响决策结果但决策者无法控制的自然状态，如决策分析。在多方决策场景下，环境状态指影响决策结果但决策者无法控制的其他决策者的状态，如博弈分析。通常用概率表示各种环境状态发生的可能性。

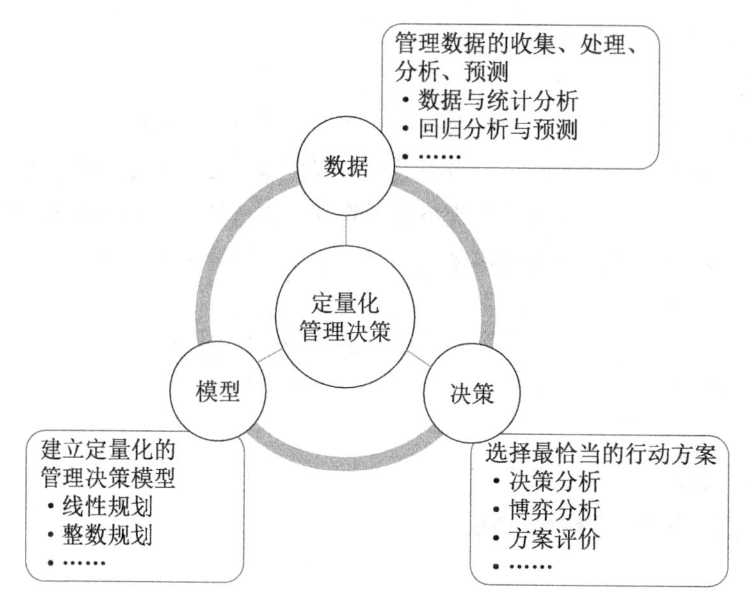

图 1-3 数据模型与决策的主要内容

(4) 决策准则：决策者进行决策判定的标准和依据，具体体现为决策者对各个决策方案进行评价的量化指标。每一种决策备选方案及环境状态的组合都会具备相应的指标值(益损值)。

1.2.2 定量化决策分析的过程和原则

定量化决策分析就是为帮助决策者在多变的环境条件下进行正确决策而提供的一套推理方法、逻辑步骤和具体技术，以及利用这些技术和方法选择满意的行动方案的过程。定量化决策分析的过程可概括为如图 1-4 所示的几个步骤。

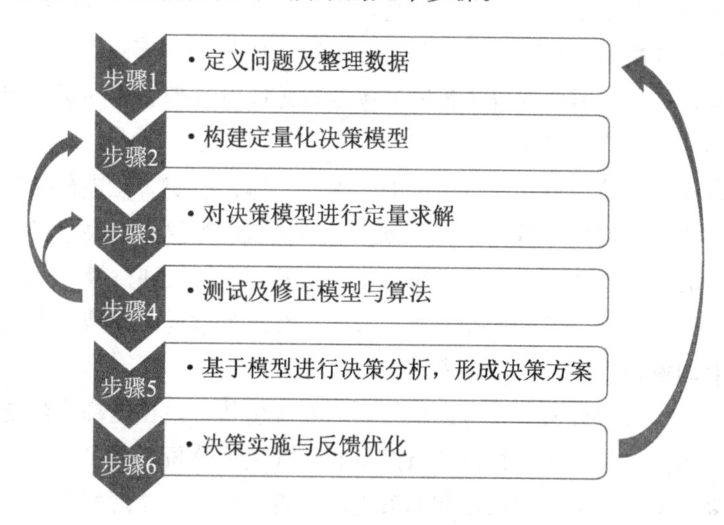

图 1-4 定量化决策的过程

步骤 1：定义问题及整理数据。任何一个决策问题的提出都来自于管理的需求。因此，对决策问题进行定义，首先，要明确管理需求，进而明确该问题涉及的决策者以及决策者要达到的管理目标。其次，根据决策四要素，问题定义还包括识别出与问题相关的管理现状、管理“瓶颈”、环境状态、效益指标等要素。这些要素的识别需要进行大量的数据整理工作，如数据的收集、清洗、分析、预测、挖掘等。数据的整理会用到大量统计学方法、数据管理系统和数据分析软件（如 SPSS），以帮助我们从大量的信息中准确提取出所需要的数据。本书“数据”部分的内容，就是为这一决策步骤提供理论和方法的指导。

步骤 2：构建定量化决策模型。模型是对现实系统或本质规律的抽象表达。管理决策模型是用数学语言或一套抽象符号系统对决策问题进行的一系列描述，如线性规划模型、整数规划模型、排队论模型、博弈论模型、网络计划模型等。决策模型的输入是决策问题的定义及整理的数据，输出是一套可以支持定量化计算或分析的模型。基于决策模型，才有可能利用各种数学定量化方法进行计算，并将计算结果提供给决策者进行参考。因此，在完成了问题定义和数据整理之后，下一步就是决策模型的构建。根据不同类型的决策问题，可以构建出各种不同的决策模型。例如，为实现组织内部稀缺资源的有效利用，通常会采用线性规划模型来描述决策问题；为实现组织之间的竞争与合作，通常会采用博弈模型来描述决策问题。建模的过程是一个创造的过程，也是一个循序渐进的过程。其创造性表现在所建立的模型必须贴切地描述决策的需求、目标和问题现状，不能生搬硬套；其渐进性表现在建模时难以一蹴而就，通常需要反复思考、评审、调整，才能接近问题的本质。

步骤 3：对决策模型进行定量求解。目前已发展出求解定量化决策模型的丰富算法，并且大多数算法可以通过计算机程序来实现。因此，决策模型的求解可以从复杂的数学算法学习中解放出来，将重点放在对算法适用性的了解以及对求解软件的掌握上，以使注意力更多地关注决策问题本身。在这一步骤，需要了解各种算法的工作原理是什么、适用模型有哪些，算法输入、输出的意义是什么，算法有哪些重要参数以及如何调整这些参数。大多数模型可以采用标准的软件包，如 Excel Solver 等。某些特殊的模型，还需要自行开发计算机程序，如求解大规模优化问题的各种智能算法程序，因此需要决策小组具备一定的编程能力。

步骤 4：测试及修正模型与算法。虽然决策模型经过求解之后已经可以输出一系列的求解结果，但这时的求解结果还不能立刻用于决策实施。还需要对模型进行测试和修正，确保所建立的模型充分、准确地描述了决策问题，并确保算法输出结果的正确性。由于建模的局限性，模型中可能存在如下问题。

（1）对决策需求认识不够。

（2）对决策变量和决策目标的设置不全面。

（3）对约束条件的忽略，以及对数据估算的不准确。

因此，需要结合输出的结果来测试和修正所建立的模型。模型测试所采取的方法包括以下几种。

（1）变化某些模型参数，观察模型的运行结果是否符合管理规律。

（2）用已知输入、输出的案例去测试验证模型。

（3）遍历在建模时提出的假设条件，确认这些假设对决策结果没有明显的影响。

（4）请管理专家或决策者对模型的运行结果进行评价和确认等。

如果模型不能很好地描述和解释现有系统，则需要回到步骤 2 甚至步骤 1 重新进行调整。如果问题在于求解算法的问题，如模型运算时间过长、运算过程容易出错等，则需要回到步骤 3 进行算法的调整。

步骤 5：基于模型进行决策分析，形成决策方案。决策模型和求解算法的正确性通过验证后，则可以正式使用模型和算法进行决策分析。一般来说，决策分析不会是单次的分析，而是一系列的分析，主要包括以下步骤。

（1）对当前的模型进行求解，得到符合当前环境条件的决策方案。

（2）在实现模型定量化或简化建模过程中，模型会不可避免地基于一些假设。因此，基于模型得到的最优结果，在现实的管理问题中未必适用，还需要根据实际情况对模型的结果进行适当调整，使其成为“满意解”。

（3）对可能引起决策方案变动的要素进行敏感性分析（What－if 分析），得到在各种环境条件下，决策方案应如何调整的管理建议。

（4）对模型的运行结果进行进一步利用，如对数据趋势的分析或更深层次、更综合的指标挖掘，以支持更高层面的决策。

步骤 6：决策实施与反馈优化：管理决策必须通过实施才能够带来管理效益。新的决策方案在实施过程中，不可避免会遇到各种阻力。为了使实施顺利执行，应该注意以下问题。

（1）使决策者全程参与决策过程，确保决策模型和方案代表决策者的利益，从而在决策方案推行时取得决策者的支持。

（2）向新方案推行的各个层级说明新方案的必要性和优越性，统一认识，得到大多数组织层级的认可。

（3）循序渐进，分步实施，从最能够产生利益的环节或流程入手，或者试运行一段时间，用实际效果带动整体方案的推进。

（4）认真、全面收集各组织层级的反馈意见，对于不合理之处，适当修正决策方案。

（5）决策方案实施之后，应密切监控敏感参数。当环境条件变化时，及时根据敏感性分析的结果调整方案，保证系统随时处于优化的状态。

（6）决策优化是一个长期循环上升的过程，因此平时应注意收集新的管理需求，以便在必要的时候进行新一轮的管理决策。

定量化管理决策具有系统化、定量化、动态化等特点，因此应遵循如下原则：

（1）最优化原则：在系统环境条件下，试图追寻最优解，寻找到实现目标的最优方案。

（2）系统原则：由于将决策者、决策环境状态看成一个系统，因此在决策时，应以系统的总体目标为核心，满足系统优化，从整体出发。

（3）可行性原则：任何决策方案的政策、资源、技术、经济方面都要合理可行。

（4）信息原则：指决策中要尽可能调查、收集、整理一切有关信息，这是决策的基础。

（5）反馈原则：将实际情况变化和决策付诸行动后的效果及时反馈给决策者，以便对决策方案及时调整。

1.2.3　决策问题的分类

从管理科学的角度，决策问题可按不同属性进行如下分类。

（1）按决策问题的影响范围分类：可将决策分为战略层决策、战术层决策和执行层决策。

战略层决策是最高层次的决策，其涉及全局性、方向性、根本性的决策问题，产生的影响是深远的。例如，企业的长期发展规划、生产规模、新产品开发方向、新市场的开发等。

战术层决策属于中层决策，是为保证战略决策目标的实现，从管理的各方面所进行的决策。例如，产品规格选择、人力资源计划、车间作业计划、厂区布局等。

执行层决策属于基层决策，是根据策略决策的要求对日常执行行为方案的选择，属于局部性、短期性的决策。例如，流水线节拍的确定、车间作业计划、现场布置等。

（2）按决策的结构分类：可将决策分为程序化决策、非程序化决策和半程序化决策。

程序化决策是一种反复出现，有章可循，有明确判别准则和目标，按一定制度可反复进行的决策，常采用数学规划、决策树等方法。

非程序化决策是对偶然发生或初次发生的问题进行决策，没有固定的程序和方法，只能凭决策者的判断力、经验或直觉进行决策。

半程序化决策介于程序化决策和非程序化决策之间，用于解决一些灰色或模糊管理问题，常采用灰色系统、模糊数学等方法。

（3）按定量和定性分类：可将决策分为定量决策和定性决策，描述决策对象的指标都可以量化时可用定量决策，否则只能用定性决策。

（4）按决策四要素进行分类：可将决策分为确定型决策、完全不确定型决策、风险型决策、对抗型决策四种。

①确定型决策是指决策环境的状态空间是完全确定的，决策者可以确定地分析出各种可行方案的结果，从中选择出最佳方案。这类决策问题可通过建立线性规划、整数规划等数学模型而得到确定的优化结果。

②完全不确定型决策是指决策环境的自然状态空间具有不确定性，决策者对将发生的各种自然状态的概率一无所知。这类决策问题只能凭决策者的主观倾向进行决策。

③风险型决策是指决策环境的自然状态空间具有不确定性，但其发生的概率是已知的。这类决策问题可以通过决策树等方法进行决策。

④对抗型决策是指有多个决策者之间存在竞争或合作的多方决策，对手的策略状态空间具有不确定性。这类决策问题可以通过博弈分析、冲突分析等方法进行决策。

本章小结

首先，本章对管理的特征与职能进行了介绍，明确了定量化管理决策在管理中的重要作用。其次，介绍了管理决策的定义、定量化管理决策的分析过程和原则以及决策的四要素。这些基本概念和决策过程可以帮助我们建立定量化管理决策的整体框架，明确数据、模型与决策这三部分内容在定量化管理决策中的作用及次第。再次，本章介绍了管理决策的主要分类方法，其中按照决策四要素的分类方法尤其值得注意，在后续的决策分析中会多次用到。

数据与统计分析基础

本章学习目的

- 了解数据分析的概念；
- 掌握问卷设计与数据收集方法；
- 熟练掌握描述性统计分析。

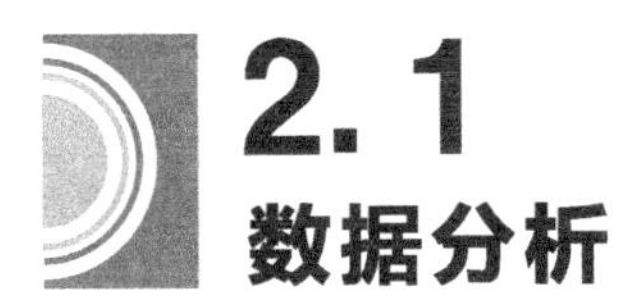

2.1 数据分析

当今，数据在我们的生活、工作中随处可见。随着信息化的普及和信息系统的应用，各类信息系统都积累了大量的原始数据。分析这些数据内部所蕴含的规律，利用它们预测相关系统的运行趋势，是信息处理的主要任务。

数据分析是指采用适当的统计分析方法对收集来的大量数据进行分析，为提取有用信息和形成结论而对数据加以详细研究和概括总结的过程。数据分析的数学基础在 20 世纪早期就已确立，但直到计算机的出现才使得实际操作成为可能，并使数据分析得以推广。数据分析是数学与计算机科学相结合的产物。

2.1.1 什么是数据分析

1. 数据的定义

数据（data）是对事实、概念或指令的一种表达形式，可由人工或自动化装置进行处理。数据经过解释并赋予一定的意义之后，便成为信息。数据具有如下含义：

（1）论据，作为论据的事实；

（2）材料、资料；

（3）历史上的、计算或实验得到的数据。

数据和信息是不可分离的，数据是信息的表达，信息是数据的内涵。数据本身没有意义，数据只有对实体行为产生影响时才成为信息，其反映的是一定社会现象或者自然现象在特定的时间、空间条件下表现出的特征。它既可以是数字，也可以是文字，甚至可能是图片和图像。在经济、管理领域，“数据”是作为集合名词出现的，是进行决策所依据的客观事实基础。

2. 统计数据的种类

统计数据按不同的分类规则可分为不同的类型，这里介绍三种分类方法。

（1）按照所采用的计量尺度不同，统计数据可以分为定类数据、定序数据、定距数据和定比数据。定类数据表现为类别，但不区分顺序，是由定类尺度计量形成的。定序数据表现为类别，有顺序，是由定序尺度计量形成的。定距数据是具有间距特征的变量，表现为数值，有单位，可进行加、减运算，不能做乘除运算，是由定距尺度计量形成的。定比数据表现为数值，可进行加、减、乘、除运算，没有负数，是由定比尺度计量形成的。采用不同的计量尺度会得到不同类型的统计数据，而不同类型的统计数据又适用于不同的统计分析方法。

（2）按照统计数据的收集方法，可以将其分为观测数据（observational data）和实验数据（experimental data）。观测数据是通过调查或观测而收集到的数据，它是在没有对事物进行人为控制的条件下得到的，有关社会经济现象的统计数据几乎都是观测数据。在实验中控制实验对象而收集到的数据则称为实验数据。

（3）按照被描述的对象与时间的关系，可以将统计数据分为截面数据和时间序列数据。不同主体在相同或近似相同的时间点上收集到的数据称为截面数据（cross－sectional data）。某一事物或现象等在不同时间上收集到的数据，称为时间序列数据（time series data）。

3. 数据分析的过程

数据分析是大数据时代各行业和学科发展的迫切要求。管理信息化、教育信息化、企业现代化的快速发展，促使各行各业在近些年都出现了极大的、极快的数据积累。不论在商业贸易领域，还是在教育领域，都积累了海量数据。如何充分地利用这些数据，从中总结出规律，为下一步的决策提供依据，是数据分析的主要目标。

另外，计算机科学的发展和大数据时代对数据分析的迫切需求，催生了许多数据统计分析软件，如 SPSS、SAS 等。正是这些数据分析软件的出现，使得数据分析和数据挖掘技术的门槛进一步降低。诸如相关性分析、差异显著性检验、归因分析、聚类分析等已经成为人文科学研究中的基本方法。目前，专业化的数据分析不再是统计学专业人士的专利，教育学、经济学、心理学、社会学等学科专业的研究人员都能通过数据分析软件实现专业水准的定量分析。事实上，许多定量分析算法已经被集成到了常规的办公软件中（如本章介绍的 Excel 就集成了大量的数据分析模块），使得数据分析不再神秘。

一般而言，数据分析包括以下几个步骤。

第一步，确定目标。首先要确定好目标才能进一步收集数据，并对相关数据进行分析。

第二步，数据收集。数据收集要尽量广撒网。大量的数据，特别是大量的不同来源的数据，使数据科学家们能较容易地找到数据之间的相关性，从而建立起更合适的模型。将相关联的数据结合起来，放在一起才能获得有用的信息。例如，公司通过检测它们的网站来跟踪用户的点击及鼠标移动，商店通过在产品上附加 RFID 来跟踪用户的移动，教练通过在运动员身上附加传感器来跟踪他们的运动方式。

第三步，数据的预处理。在进行具体的数据分析前要提高数据质量。科学家要纠正拼写错误，处理缺失数据并清除无意义的信息。因为冗余或者错误的数据，即使是通过最好的分析，也将产生错误的结果。例如，在美国的某公司根据邮编来分析客户分布时，发现绝大多数的客户在纽约的斯克内克塔迪，但该小镇的人口不到 70 000 人。这是由于斯克内克塔迪的邮政编码是 12345，而客户往往不愿将他们的真实信息填入在线表单，所以这个邮政编码会不成比例地出现在几乎每一个客户的档案数据库中。由此可见，若不对数据进行预处理，将会导致错误的结论。通过计算机技术或人工筛选，一定要保证最终输入模型的数据是有效且正确的，否则将会得到错误的结论。

第四步，数据建模。关于构建模型，数据科学家的专业知识是建模成功的关键所在。一般在建立模型的过程中，科学家们会进行一些假设、试验和检验等。一般而言，这些模型依赖于现有的数据，对于未来的预测不一定是有效的。针对现实生活中的各种实例，我们往往会选择与现实生活最贴近的模型去使用。

第五步，优化和重复。数据价值链是一个可重复的过程，能够对业务和数据价值链本身产生连续的改进。基于模型的结果，业务将根据驱动手段进行改变，并由数据科学团队评估结果。在结果的基础上，企业可以决定下一步计划，而数据科学团队要继续进行数据收集、数据清理和数据建模。企业重复这个过程越快，就会越早修正发展方向，及时获得有价值的数据。在理想情况下，多次迭代后，模型将产生准确的预测值，业务将达到预定的目标，结果数据价值链将用于监测和报告，在监管的同时得以不断地改进。

2.1.2　数据描述与分析思路

在数据分析中，人们获得的调查数据通常来自一组样本或多组样本，可能是一个数据序列，也可能是多个数据序列。在对数据序列进行数据分析前，掌握每个数据序列的基本特征是非常必要的。

1. 对数据序列的集中性描述

在数据分析过程中，人们通常需要了解数据序列集中于哪一个数据点周围。常见的描述量主要有均值、众数和中位数。

均值（mean）即平均数，是对整个序列求和后再除以数据个数所得到的结果。

众数（mode）即个数最多的数，它是指在整个序列中，出现次数最多的数值。简单地说，就是一组数据中占比例最多的那个数值。在统计分布上，众数表示的是具有明显集中趋势点的数值，代表数据的一般水平，有时众数的个数可以不存在或者多于一个。

中位数（median）即对数据序列排序后位于正中间的那个数值，它可将数值集合划分为相等的上下两部分。需要注意的是：如果原序列数据的个数为偶数，则中位数为正中间两个数值的平均值。

2. 对数据序列的离散性描述

在数据分析中，人们通常需要了解数据序列的波动情况，即数据的离散性。对于数据序列，数据在均值附近的波动大小是序列的重要属性之一，对于统计分析有重要价值。衡量数据序列离散性的描述量主要有方差、标准差。

方差（variance），即数据序列中各实际值与均值之差平方的平均值。在概率论和数理统计中，方差用来衡量随机变量和数学期望（即均值）之间的偏离程度，衡量数据波动性的大小。在相同样本容量情况下，方差越大，表示数据的波动越大，越不稳定。反之，亦然。

标准差（standard deviation）是方差的平方根，有时也称为均方差，也是描述数据离散性的量。

3. 对数据序列分布形态的描述

对于待分析的数据序列，数据的分布形态对分析方法的选择具有重要影响。因此，在对数据进行描述时，了解数据序列的分布形态也很有必要。在统计学中，数据的分布形态主要有正态分布、均匀分布、指数分布和泊松分布等。

另外，偏度和峰度是描述数据分布形态的重要指标。偏度（skewness）也称为偏态、偏态系数，是统计数据分布偏斜方向和程度的度量，是统计数据分布非对称程度的数字特征。峰度（kurtosis）又称峰态系数，表征概率密度分布曲线在平均值处峰值高低的特征数。直观看来，峰度反映了峰部的尖度。一般而言，偏度如图 2-1 所示。峰度如图 2-2 所示。

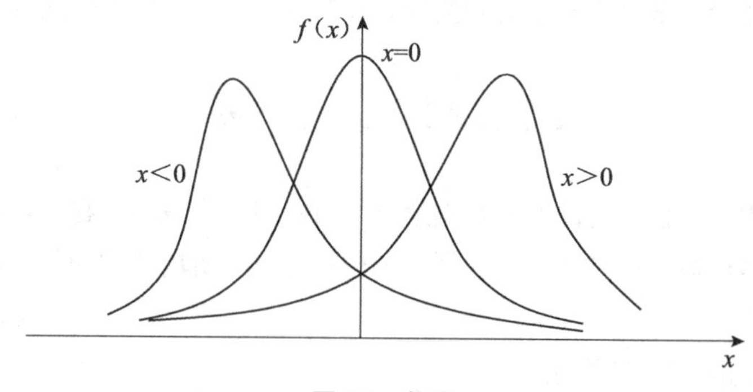

图 2-1 偏度

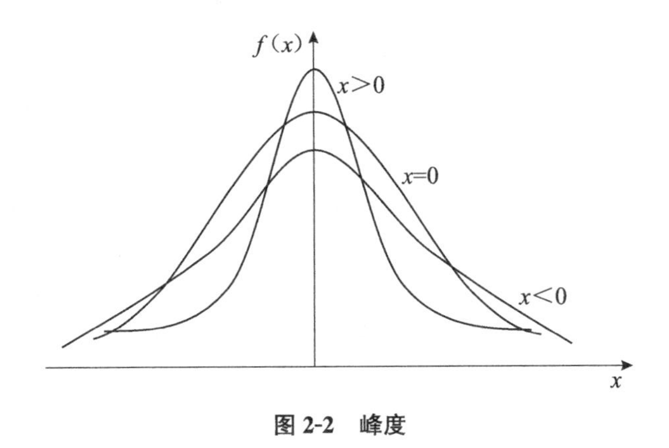

图 2-2　峰度

数据分析的常见策略主要包括数据统计描述、数据差异显著性检验、相关性分析、回归分析、聚类分析、降维分析等内容。这些操作可以分为两个不同的类别：对数据的描述与检验；基于数据建模并依据模型对相关数据进行判定或评价。在数据处理过程中，主要有以下两种重要思路。

1. 预设假设并检验假设

在数据检验前，先预先设立一种假设，然后选择合适的检验统计量对假设进行检验，最后根据检验结果判定假设成立的可能性。例如，在数据的差异显著性检验过程中，人们通常预先假设两个数据序列不存在显著性差异，然后给定假设成立的概率值（假设成功的可能性），记作 α。再根据统计量的大小及其分布，确定假设成立的可能性 P 的大小并判断结果。若结果 $P>\alpha$，则表示原假设成立，两数据序列之间不存在显著性差异；若结果 $P<\alpha$，则表示原假设不成立，两数据序列没有显著差异的可能性很低，即两数据序列之间存在显著差别。针对两数据序列的相关性分析，也可采用这一方法。

2. 基于“关注值/偏差值”比值的评价策略

在数据分析中，人们通常利用“关注值/偏差值”的比值来判定数据的稳定性或有效程度。

在进行数据描述时，数据序列的均值 X 是人们的关注值，而数据序列的标准误差 SE（standard error）反映了数据的波动程度。这里的比值 X/SE 直接反映了数据的集中性水平。

若这个比值很大，则表示数据序列比较稳定，波动程度较小。

$$W=\frac{X}{\mathrm{SE}},\text{或}\ W=\frac{X}{\frac{S}{\sqrt{n}}},\text{即}\ W=\frac{X\sqrt{n}}{S}$$

在进行数据的差异显著性检验时，人们常常使用两个均值的差与 SE 的比值来判定两个数据序列是否存在显著性差异。事实上，若两个序列的均值之差远大于标准误差 SE，则表示两个序列之间的差距远远大于各组的组内波动，即组间的差距值不是由组内波动引起的，组间的差别是由分组而导致的，这就是 T 检验和方差分析的核心思想。

在进行回归分析时，通常需要根据已有数据创建回归方程，即基于已有数据构建模型。在完成建模后，根据模型计算出的数值为回归值（期望值），而原始数据（观测值）与回归值的差被称为残差。残差值越小，表示回归值（或期望值）与对应的观测值越接近，说明回归模型模拟实测数据的效果越好。因此，采用回归值的均方和残差均方和的比值（F 值与 T 值）来评价回归方程的质量。这个比值越大，表示回归方程的影响力越大，回归效果越好。

2.1.3 常用的数据分析方法与工具

1. 以 Excel 进行数据分析

在 Excel 中，提供了两种形态的数据分析技术：基于统计分析函数的简单数据分析；利用其内置的“分析工具库”开展专业化的数据分析。

在 Excel 中，内置了若干函数，用于对数据实施各类分析。常见的数据统计分析函数如表 2-1 所示。

表 2-1 常见的数据统计分析函数

类别	功能	函数格式
常规统计	求和	Sum（区域）
	求个数	Count（区域）/ CountA（区域）
	求平均	Average（区域）
	求最大	Max（区域）
	求最小	Min（区域）
条件统计	按条件求个数	CountIF（条件区域，“条件式”）
	按条件求和	SumIF（条件区域，“条件式”，求和区域）
	按条件求平均	AverageF（条件区域，“条件式”，求均值区域）
数据描述	求方差	Var（区域）/ VarP（区域）
	求标准差	Stdev（区域）/ StdevP（区域）
	频度分析	Frequency（数据序列区域，分段区域）
数据分析	判断方差是否齐性	FTEST（序列 1 区域，序列 2 区域）
	判断差异显著性	TTEST（序列 1 区域，序列 2 区域，单侧/双侧，类型）
	判断相关性水平	Correl（序列 1 区域，序列 2 区域）

Excel 的内置函数很多，上表仅列出了比较常用的函数。在 Excel 的空闲单元格中输入带有统计函数的公式，就能立即在此单元格中计算出统计分析结果。

利用统计分析函数可以完成简单的统计分析，但其输出结果通常为单一的数值。例如，FTEST 和 TTEST 都仅仅输出其检验概率值，并不同时输出相关数据列的方差和 F 值等信息，研究人员获得的信息比较少。因此，这种分析模式仅仅适用于非专业化的研究领域中。

在 Excel 中，内置了“分析工具库”，用于进行比较专业的数据分析。基于分析工具库的数据分析不仅仅输出单一的结果值，还可以包含相关数据列的 T 值、均值、方差以及相关系数等信息。因此，利用分析工具库，能够得到更加专业的分析结果。在后面的章节中，我们会举例说明如何使用这些工具。

2. SPSS 分析

SPSS 是常见的数据统计分析工具之一。在它的交互界面，可使用下拉菜单来选择所需要执行的命令。它具有数据分析工具的基本功能，而且可以通过复制和粘贴的方法来学习其“句法”语言。SPSS 主要有以下三大模块。

（1）数据管理：SPSS 有一个界面友好的数据编辑器，可以用来输入和定义数据（缺失值、数值标签等），但它不算功能很强大的数据管理工具。SPSS 主要用于对一个文件进行操作，难以胜任同时处理多个文件。

（2）统计分析：SPSS 能够进行大多数的统计分析（回归分析，Logistic 回归，生存分析，方差分析，因子分析，多变量分析）。它的优势在于方差分析和多变量分析，还可以进行混合模型的分析。其缺点是没有稳健方法（无法完成稳健回归或得到稳健标准误差），缺乏调查数据分析。

（3）绘图功能：SPSS 绘图的交互界面友好，可以通过点击鼠标进行修改，而且图形的质量极佳，还能粘贴到其他文件中（Word 文档或 PowerPoint 等）。SPSS 也有用于绘图的编程语句，但是无法产生交互界面作图的一些效果。

3. Stata 分析

Stata 是进行数据分析、数据管理以及绘制专业图表的统计软件。它可以实现许多功能，包含线性混合模型、多项式普罗比模式等。Stata 以其简单易懂和功能强大受到用户的普遍欢迎。使用时可以每次只输入一个命令（适合初学者），也可以通过一个 Stata 程序一次输入多个命令（适合高级用户）。这样一来，即使发生错误，也容易找出并加以修改。Stata 分析工具的主要功能如下。

（1）数据管理：Stata 输入的数据管理命令较为简单，能够让复杂的操作变得容易。Stata 主要用于每次只对一个数据文件进行操作的情形，难以同时处理多个文件。

（2）统计分析：Stata 能够进行大多数统计分析（回归分析，Logistic 回归，生存分析，方差分析，因子分析以及一些多变量分析）。Stata 最大的优势可能在于回归分析（包含易于使用的回归分析特征工具）和 Logistic 回归等功能。Stata 也包含一系列稳健检验方法，如稳健回归，以及包含稳健标准误差估计的命令。此外，在调查数据分析领域，Stata 有着明显优势，能提供调查数据分析。不足之处在于方差分析和传统的多变量方法（多变量方差分析，判别分析等）。

（3）绘图功能：Stata 能提供一些命令或点击鼠标进行交互式绘图。与 SPSS 不同的是它没有图形编辑器。在 SPSS、Stata 和 SAS 三种软件中，Stata 的绘图命令是最简单的，功能却最强大。这些图形很好地发挥了补充统计分析的功能，例如，许多命令可以简化回归判别过程中散点图的制作。

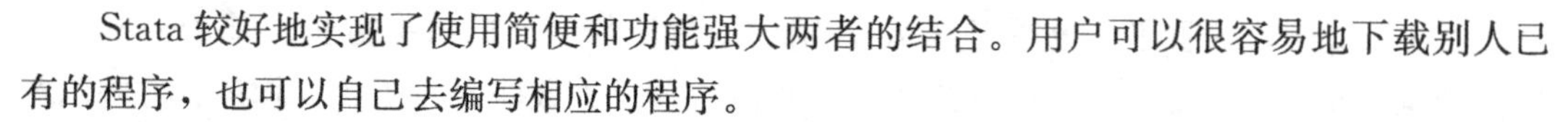

Stata 较好地实现了使用简便和功能强大两者的结合。用户可以很容易地下载别人已有的程序，也可以自己去编写相应的程序。

4. SAS 分析

SAS 由于其功能强大，很受高级用户的欢迎。在使用 SAS 时，需要编写 SAS 程序来处理数据。SAS 的主要功能如下。

(1) 数据管理：在数据管理方面，SAS 是非常强大的。它包含 SQL（结构化查询语言）过程，可以在 SAS 数据集中使用 SQL 查询。SAS 可以同时处理多个数据文件。

(2) 统计分析：SAS 能够进行大多数统计分析（回归分析，Logistic 回归，生存分析，方差分析，因子分析，多变量分析）。SAS 的突出优点可能在于它的方差分析、混合模型分析和多变量分析，而它的劣势主要是有序和多元 Logistic 回归以及稳健分析。

(3) 绘图功能：在所有的统计软件中，SAS 有最强大的绘图工具，由 SAS/Graph 模块提供，图形的制作主要使用程序语言。

尽管专业的数据分析工具很多，但在社会科学研究领域，使用较多的数据分析工具仍然是 Excel。在社会调查和评价分析等研究中，人们常常以 Excel 完成数据采集、预处理和简单的数据分析。

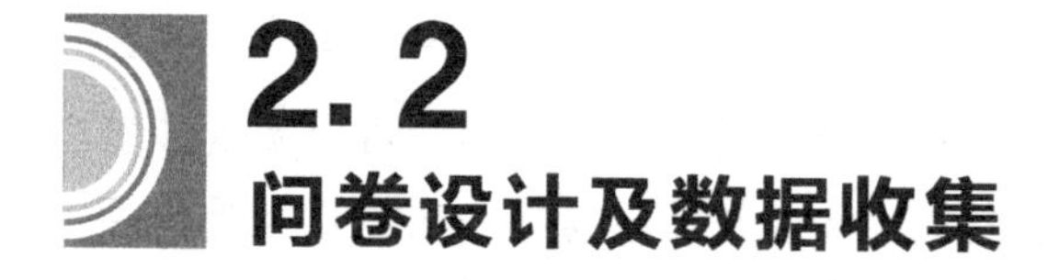

2.2 问卷设计及数据收集

问卷是用来收集调查数据的一种工具，是调查者根据调查目的和要求设计的、由一系列问题、备选答案、说明及量表组成的一种调查形式。

2.2.1 问卷分类

问卷的历史可追溯到 19 世纪。例如，马克思曾精心制作过一份工人调查表，它分为四个方面，包括近百个问题，以全面了解工人的劳动、生活和思想状况。20 世纪以来，结构式的问卷越来越多地被用于定量研究，与抽样调查相结合，已成为社会学（特别是经济、管理领域）调查研究的主要方法之一。

大多数调查方法都要使用问卷来收集调查所需要的资料。根据调查方法的不同，可以把问卷分为不同的类型。

(1) 根据调查方式不同，问卷可分为派访员访问调查问卷、电话调查问卷、邮寄调查问卷、网上调查问卷和座谈会调查问卷等。

派访员访问的问卷，一般由访问员带至调查对象，并实施访问调查。电话调查问卷是在电话调查中所使用的问卷。邮寄问卷是根据确定的样本，将调查问卷邮寄给调查对象。网上填写问卷则是将问卷发送到网上，由调查对象填写完毕后直接发回给调查者。座谈会调查问卷是将问卷发放给参加座谈会的与会人员填写的问卷。

（2）根据填答的方式不同，调查问卷可分为自填式问卷和代填式问卷。自填式问卷是由被调查者自己填答的问卷。代填式问卷则是由调查员来填答的问卷，被调查者只需要口头告知，不必自己填写。

（3）根据回答问题的方式，可分为开放式问卷和封闭式问卷。开放式问卷允许调查对象根据所提问题自由回答，没有规定回答的范围。封闭式问卷是指将问题内容和备选答案做了精心设计，调查对象只许按规定进行选择，没有自由发挥的余地。

2.2.2　问卷结构及设计步骤

1. 问卷的基本结构

问卷的结构是研究思路的具体体现，不同的调查问卷在具体结构、题型、措辞、版式等设计上会有所不同，但在结构上一般都由开头部分、甄别部分、主体部分和背景部分组成。

①开头部分。开头部分一般包括问候语、填表说明和问卷编号等内容。不同的问卷开头部分所包括的内容会有一定差别。

在自填式问卷中，写好问候语十分重要。它可以引起被调查者对调查的重视，消除顾虑，激发参与，以争取他们的积极配合，从而提高问卷质量。

在自填式问卷中要有详细的填表说明，让被调查者知道如何填写问卷，如何将问卷返回到调查者手中。部分内容可以集中放在问卷的前面，也可以分散到各有关问题的前面。例如填写的要求，对只许选择一个答案的问题只能画一个“√”；对可选多个答案的问题，请在您认为合适的答案上画“√”。

问卷编号主要用于识别问卷、调查者、被调查者姓名和地址等，以便于校对检查、更正错误。

②甄别部分。甄别就是设置在问卷中的“过滤器”。它先对被调查者进行过滤，筛选掉不需要的部分，然后针对特定的被调查者进行调查。通过甄别，一方面，可以选出与调查事项有直接关系以及对调查事项一无所知的两类人；另一方面，也可以确定哪些人是合适的被调查者。甄别的目的是确保被调查者合格，使之能够作为该调查项目的代表，从而符合调查研究的需要。虚假答案对调查和研究人员而言，是没有价值的，甚至可能造成严重误导。数据收集人员不能指责被调查者故意给出的虚假答案，作为问卷的设计者，要做的就是通过研究设计，尽量不给被调查者回答虚假答案的机会。

例如：

A. 请问您或您的家庭有没有在下列行业工作的呢？

● 广告、公关机构……………………

- 市场研究、咨询机构………………… 终止访问
- 电视、广播报纸………………………
- 以上皆无……………………………… 继续访问

B. 请问您的年龄是：

- 20 岁以下……………………………
- 20 岁至 30 岁之间…………………… 终止访问
- 30 岁至 40 岁之间……………………
- 40 岁以上…………………………… 继续访问

③主体部分。主体部分是调查问卷的核心内容，它包括了所要调查的全部问题，主要由问题和答案组成。

④背景部分。背景部分通常放在问卷的最后，主要是有关被调查者的一些背景资料。研究者可根据背景资料对被调查者进行分类比较分析，探讨更深层次的问题。例如：

请问您的受教育程度?

- 未上学………………………… 1
- 小学…………………………… 2
- 高中…………………………… 3
- 大学专科……………………… 4
- 大学本科……………………… 5
- 研究生………………………… 6

2. 问卷题项设计

问卷设计的质量直接影响研究方法的使用，主体部分内容可以分为 6 个部分，分别是筛选题项、样本背景信息题项、样本特征信息题项、样本基本态度题项、核心研究变量题项和其他题项。

①筛选题项。如果对样本特征有特殊要求，如研究题目为《“90 后”员工离职原因分析》，那么研究样本必须为“90 后”。因此需要先设置筛选题项，如果受访者非“90 后”，则应当停止回答后续题项。如果研究需要进行样本筛选，则需要将此类样本筛选题项设置在问卷最开始，以免被调查者做出不必要的填写。

②样本背景信息题项。通常情况下，问卷中需要加入样本背景信息题项，如性别、年龄、学历，等等。不同背景的样本，可能对同样一件事有着不一样的态度，因此需要加入此类题项。此类题项通常要进行频率统计，或者是方差分析、T 检验差异对比等。

③样本特征信息题项。除了样本背景信息题项外，通常还需要设计样本特征信息题项，如研究题目为“顾客对网络消费态度的影响因素研究”，则可以加入与网络消费有关的特征信息题项，如当前网购频率、网购的商品类目，以及网购消费金额、网购消费平台的运行等。

在多数情况下，样本特征信息题项可用于深入了解样本特征情况。该类题项多为单选题和多选题，常见的统计方法是计算频率，直观展示各选项选择情况，也可以使用卡方分

析进行差异对比，分析不同类别样本对于题项的态度差异。

通常情况下，研究的核心思路并非针对样本特征情况，因而此类题项的个数设置应该较少。如果调查者对于样本特征完全不在意，那么可以忽略此类题项。

④样本基本态度题项。此类题项的设计目的在于了解样本的基本态度情况。例如，调查者可以通过此类题项了解样本对网络的消费态度、前景态度，或者对网购平台的态度等情况。

由于此类题项用于分析样本的基本态度，通常情况下，在后续分析时会对其进行频率统计，以了解样本总体的基本态度。有时也可以分析此类题项与其余题项之间的关系，比如使用卡方分析研究不同行业样本对此类题项的差异性态度，也可以使用回归分析研究此类题项对消费意愿的影响情况等。

通常来讲，此类题项在数量设置上也不会太多，考虑到整份问卷的题项情况，建议将该题项数量控制好。同样地，如果调查者并不关注样本的基本态度，那么可以忽略此类题项。

⑤核心变量题项。此部分为问卷的核心内容，题项数量最多。

第一，此部分题项设计需要有参考依据，可以结合相关研究参考量进行设计，或者直接引用相关参考量表题项进行设计，不能随意主观设计题项，以免导致后续信度和效度不达标。

第二，每个最小变量尽可能由 4—7 个题项表示，避免在后续分析过程中出现信度和效度不达标的现象。每个变量有多个题项表示时，可以更好地表达对应变量的概念信息，更具有说服力。

第三，如果要研究变量影响关系，即 X 对 Y 的影响情况，那么需要有因变量 Y 的对应题项，否则会导致后续无法进行相关分析或者回归分析的尴尬结果。例如，要研究工作满意度的影响情况，题项中涉及各个可能影响工作满意度因素对应的题项，但是并没有体现样本整体工作满意度的题项，那么此类问卷无法进行相关分析和回归分析。

第四，关于反向题，当条件允许时，调查者可以将反向题进行反向处理。

当分析权重情况或者使用此部分细分聚类时，可能每一个题项即为一个小点，研究人员需要仔细考量各个题项的问法，避免因问卷设计带来样本回答偏差。如果涉及中介效应或者调节效应检验，则对应的变量题项均需要有理论文献参考，以避免因设计有问题导致分析结果出现误差。如果要研究中介效应或者调节效应，则中介变量或者调节变量也需要有对应的题项。

此部分题项适用于各种统计方法，包括信度分析、效度分析、相关分析、回归分析、因子分析和聚类分析等。

⑥其他题项。如果研究的目的在于将样本聚类并细分为几类，并且针对每类样本提供个性化的建议，比如消费者对某类潜在新产品的选择性偏好情况，那么此时可以设计题项单独问及消费者对某类潜在产品的需求偏好或者态度情况。

3. 问卷的设计步骤

问卷设计一般包括如下几个步骤。

①列举所要收集的信息。一方面，收集各种有关的数据，并与相关人员沟通讨论可能

出现的问题；另一方面，访问有丰富经验的人士，初步得到对此问题的看法与可能的解决方案。这样才有可能将所有的信息完全归纳。也可以通过搜集相关研究文献进行参考，确定需要收集的信息。

②决定访问的形态。访问的形态有：结构—直接、结构—非直接、非结构—直接和非结构—非直接4类。需要根据具体情况选择结构或非结构问卷，采用直接访问或非直接访问。

③决定访问的方式。访问形态确定后，需要决定采用何种访问方式：人员访谈、电话访谈或邮寄问卷，等等。不同的访问方式，其访问的对象、经费与回收时间均有差异。例如，采用人员访谈时，访问员与受访者之间可以相互交谈，其题目可深入一点，但其成本较高；用邮寄问卷访问时，成本虽低，但题目不能太难，也不能太多，且要有详细的填写说明，否则受访者可能填写不当。

④确定问题的内容。在开始设计问卷前，最好能参考相关的论文或研究报告，这样能省下很多设计的时间。然后，针对研究目的，将所有要收集的信息一一列举出来。例如，除了有关要调查的产品本身的问题如品牌知名度、品牌占有率、购买原因、购买频率等，还要收集调查受访者的个人信息如性别、年龄、教育程度、职业、收入等。

⑤决定问题的形式。问题形式分为选择题或开放题。选择题还可分为单选题或多选题，多选题最好在题目上标明最多可选择几项，以方便后续编码。开放题则需要受访者自己填入答案。

选择题可能会有提示效果，若以开放题直接问受访者知道哪些汽车品牌，受访者可能一个也答不出来。但若以选择题来问，在看了答案后，受访人员就会有自己的答案。开放题因不提供答案，不会有提示效果，答案常常是五花八门，最后需要投入较大的人工来整理。

⑥决定问题的用语。问卷上每一问题的用语，不仅要让访问员与受访者看得懂，而且也要确保看到后所认定的意思一致。

⑦决定问题的顺序。问题先后顺序需要合理安排。例如，还不知道是否有手机，就问其手机的品牌或每月平均花费，是不正确的顺序。又如，回答无手机后，就不用再继续问其对手机产品的评价。所以应有跳答或续答某题的情况。最好将其问卷的流程绘制成流程图，以免出现顺序错误。

⑧测验及修订。设计好的调查问卷，要经过至少一次的测验及修订。在测验中，经过与受访者的接触，可发现许多问卷中未考虑到的问题、未列入的选项或设计上的错误等。

测验的人数不必太多，但也不可太少，20人左右即可。接受测验的对象也不必经过认真抽样，找愿意与访问员进行讨论的受访者即可。至于访问员，当然得挑选经验丰富的。

测验后将所发现的问题一一汇总，并加以修正。最后，将问卷定稿。测验的次数，一次就够了，但若修改的部分很多并且变动很大，当然可再次测验。

⑨决定问卷的外观。问卷定稿后，需要决定问卷纸质、颜色、是否加封面、是否双面打印、问卷前是否加入开场白的信函等。一个印刷精美的问卷，会让人觉得有价值、觉得调查人员十分重视，从而更愿意回答问题。

切记：问卷上一定要先加上编号。问卷编号可在开始访问前或访问回收后加入。这样日后分析时，若发现数据错误，可方便地利用编号找回原问卷来进行更正。

调查收集到的数据量一般比较庞大与烦琐，往往使用 Excel 表格等工具进行数据的分析与处理。

2.2.3　频率分析

频率分析是调查问卷中使用最广泛的分析方法。基本统计分析往往从频率分析开始，通过频率分析能够了解变量取值情况，对把握数据的分布特征是非常有用的。例如，在问卷分析中，通常应对本次调查的受访者的背景资料，如受访者的总人数、性别、年龄、学历等进行分析和总结。通过这些分析，能够在一定程度上反映出样本是否具有总体代表性，抽样是否存在系统偏差。

一维频率分析可以利用 Excel 的 COUNTIF 函数和 COUNTA 函数来实现。

COUNTIF 函数的语法为：COUNTIF（单元格区域，指定条件）。

COUNTIF 函数的功能是统计“单元格区域”中满足“指定条件”的单元格个数。其中：第 1 个参数（单元格区域），需要统计满足条件的单元格区域。第 2 个参数（指定条件），确定哪些单元格将被统计在内，其形式可以为数值、表达式，单元格引用或文本（例如，3、“>=90”、F3、“男”），等等。

COUNTA 函数的语法为：COUNTA（参数 1，[参数 2]，……）

COUNTA 函数的参数可以是数值、单元格或单元格区域。COUNTA 函数的功能是统计非空单元格的个数。

【例 2-1】 利用 Excel 求“品牌倾向”单选题的一维频率分布表。在受访的 1 000 人中，调查其居住地区（1：北京，2：上海，3：广州，4：深圳）与品牌倾向（1：华为，2：OPPO，3：努比亚，4：Vivo，5：iPhone，6：小米），数据及其编码如图 2-3 左侧 A、B、C 三列所示。

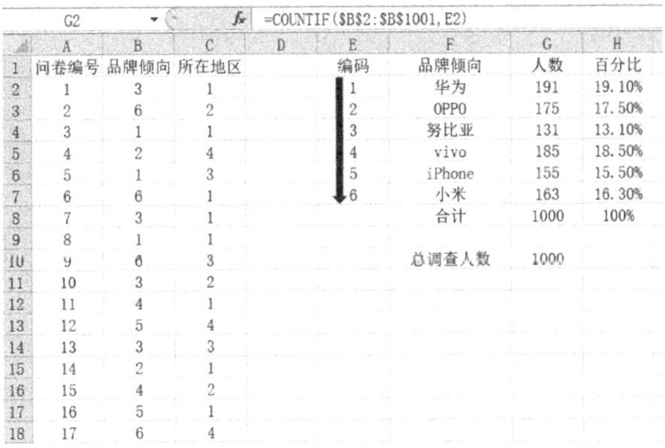

G2　=COUNTIF($B$2:$B$1001,E2)

	A	B	C	D	E	F	G	H
1	问卷编号	品牌倾向	所在地区		编码	品牌倾向	人数	百分比
2	1	3	1		1	华为	191	19.10%
3	2	6	2		2	OPPO	175	17.50%
4	3	1	1		3	努比亚	131	13.10%
5	4	2	4		4	vivo	185	18.50%
6	5	1	3		5	iPhone	155	15.50%
7	6	6	1		6	小米	163	16.30%
8	7	3	1			合计	1000	100%
9	8	1	1					
10	9	6	3			总调查人数	1000	
11	10	3	2					
12	11	4	1					
13	12	5	4					
14	13	3	3					
15	14	2	1					
16	15	4	2					
17	16	5	1					
18	17	6	4					

图 2-3　品牌支持率

用 COUNTIF 函数求支持各品牌的人数，将其除以对该单选题的总回答人数，得到品牌支持率的分布情况，其结果如图 2-3E、F、G、H、各列所示。

下面详述用Excel进行计算的过程。首先，在问卷数据右边（注意：计算表格与问卷数据之间，至少间隔一列）的第1行输入标题（E1：H1区域）、在E列（E2：E7区域）输入品牌对应的编码1～6、在F列（F2：F7区域）输入品牌名称等。然后，按照下列步骤计算：

（1）单击G2单元格，输入如下公式（见图2-4）：

=COUNTIF（$B$2：$B$1001，E2）

G2　=COUNTIF($B$2:$B$1001,E2)

	A	B	C	D	E	F	G	H
1	问卷编号	品牌倾向	所在地区		编码	品牌倾向	人数	百分比
2	1	3	1		1	华为	191	
3	2	6	2		2	OPPO		
4	3	1	1		3	努比亚		
5	4	2	4		4	vivo		
6	5	1	3		5	iPhone		
7	6	6	1		6	小米		
8	7	3	1			合计		
9	8	1	1					
10	9	6	3			总调查人数	1000	
11	10	3	2					
12	11	4	1					
13	12	5	4					
14	13	3	3					
15	14	2	1					
16	15	4	2					
17	16	5	1					

图2-4　公式输入

其中：

①由于考虑到公式要向下复制，所以按F4键（也可以直接输入绝对引用符号“$”），将区域变成绝对引用$B$2：$B$1001，意思是无论如何复制，函数内的区域永远固定在B2：B1001。

②条件“E2”，其意义在于：要在$B$2：$B$1001区域中，寻找品牌编码恰好为E2单元格的值（这里为华为的编码“1”）的个数（单元格个数，支持华为的人数）。

（2）向下复制G2公式，将求得支持各品牌的人数。单击G8单元格，然后在“开始”选项卡的“编辑”组中，单击“自动求和”按钮，将自动求和得到公式“=SUM（G2：G7）”，结果如图2-5所示。

G8　=SUM(G2:G7)

	A	B	C	D	E	F	G	H
1	问卷编号	品牌倾向	所在地区		编码	品牌倾向	人数	百分比
2	1	3	1		1	华为	191	
3	2	6	2		2	OPPO	175	
4	3	1	1		3	努比亚	131	
5	4	2	4		4	vivo	185	
6	5	1	3		5	iPhone	155	
7	6	6	1		6	小米	163	
8	7	3	1			合计	1000	
9	8	1	1					
10	9	6	3			总调查人数	1000	
11	10	3	2					
12	11	4	1					
13	12	5	4					
14	13	3	3					
15	14	2	1					
16	15	4	2					
17	16	5	1					

图2-5　支持各品牌的人数统计

单击 H2 单元格，输入公式“=G2/$G$8”。将 H2 单元格的格式设置为 2 位小数的百分比样式。向下复制 H2 公式，最终结果如图 2-3 所示。

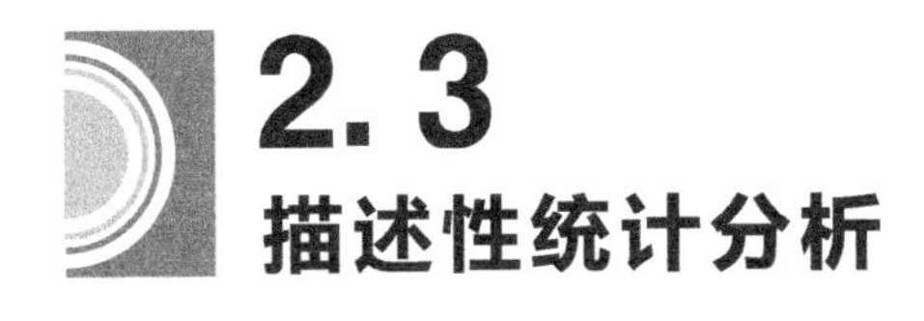

2.3 描述性统计分析

描述性统计分析，是指对一组数据的各种特征进行分析，以便描述测量样本的各种特征及其所代表的总体的特征，主要包括数据的频数分析、集中趋势分析、离散程度分析、分布以及一些基本的统计图形。

①数据的频数分析。在数据的预处理部分，利用频数分析和交叉频数分析可以检验异常值。

②数据的集中趋势分析，用来反映数据的一般水平，常用的指标有平均值、中位数和众数等。

③数据的离散程度分析，主要是用来反映数据之间的差异程度，常用的指标有方差和标准差。

④数据的分布。在统计分析中，通常要假设样本所属总体的分布属于正态分布，因此需要用偏度和峰度两个指标来检查样本数据是否符合正态分布。

⑤绘制统计图，用图形的形式来表达数据，比用文字表达更清晰、更简明。

2.3.1 数值平均数

平均数可以消除范围不同而带来的数值差异，使不同规模的数值具有可比性。与分组结合运用，可以分析现象、事物之间的相互依存关系。算术平均数还是抽样推断的重要指标之一。

1. 算术平均数

算术平均数也称均值，是集中趋势测度中最重要的一种指标，也是应用最为广泛的一种指标。其计算公式为

$$\text{算术平均数} = \frac{\text{数据取值之和}}{\text{数据的个数}}$$

通常用 $\bar{x}$ 表示算术平均数。

依据数据表现形式的不同，算术平均数有不同的计算方法：简单算术平均数和加权算术平均数。

简单算术平均数主要用于数据以未分组的个体形式呈现时，此情况下将各个数据直接

相加除以数据的个数。假设一组数据为 $x_1, x_2, \cdots, x_n$ ，则简单算术平均数的计算公式为

$$\bar{x} = \frac{\sum_{i=1}^{n} x_i}{n}$$

加权算术平均数主要用于数据经过整理的分组形式，此情况下将各组组中值与频数的乘积之和除以各组的频数之和。假设数据分为 k 个组，各组的组中值为 $m_1, m_2, \cdots, m_k$ ，各组的频数为 $f_1, f_2, \cdots, f_k$ ，则加权平均数的计算公式为

$$\bar{x} = \frac{m_1 f_1 + m_2 f_2 + \cdots + m_k f_k}{f_1 + f_2 + \cdots + f_k} = \frac{\sum_{i=1}^{k} m_i f_i}{\sum_{i=1}^{k} f_i} = \sum_{i=1}^{k} w_i \bar{x}_i$$

其中，分组 m_k 和各组频数 f_i 的表达适用于后续公式。

算术平均数的计算符合经济、管理活动中的个别现象、事物与全部现象、事物之间存在的数量关系，其概念、计算方法容易理解和掌握。同时，它又对所提供数据信息运用充分，具有优良的数学性质。然而算术平均数也有局限，其数值容易受极大值或极小值的影响。当一组数据存在极端值时，算术平均数就会受到很大影响，这种情况在统计上称为不稳健。

2. 调和平均数

调和平均数是一组数据倒数的算术平均数的倒数，也称为倒数平均数，是平均数的另一种表现形式，通常记为 H_m（Harmonic Mean)。未分组数据的简单调和平均数计算公式为

$$H_m = \frac{n}{\sum_{i=1}^{n} \frac{1}{x_i}}$$

调和平均数主要用于具有倒数性质的数据求解平均数，如行驶距离相同的时速、混合液体所含某种元素的浓度、电路中并联电阻的等效电阻的计算，等等。

分组数据的加权调和平均数计算公式为

$$H_m = \frac{\sum_{i=1}^{k} m_i f_i}{\sum_{i=1}^{k} \frac{m_i f_i}{m_i}} \Longleftrightarrow \bar{x} = \frac{\sum m_i f_i}{\sum f_i}$$

从公式的表达可以看出，其等价于加权算术平均数的计算。本质上，调和平均数是算术平均数的一种变形。

【例 2-2】一家庭出游，开车从出发地到目的地共行驶 100 千米，前 50 千米每小时时速为 60 千米，后 50 千米每小时时速为 80 千米，计算全程的平均时速。

$$H_m = \frac{2}{\frac{1}{60} + \frac{1}{80}} = 68.95\ (\text{千米/小时})$$

利用 Excel 进行运算时，可借助 HARMEAN 函数完成。HARMEAN 函数返回一组数据的调和平均数。其语法结构为

HARMEAN (number1，[number2]，…)

其中，number1，number2，…，是用于计算调和平均数的数字。

3. 几何平均数

几何平均数是 n 个数据乘积的 n 次方根，主要用于计算比率数据的平均数。例如，发展速度、复率等数据的平均值，通常记为 G_m (Geometric Mean)。

未分组数据的简单几何平均数计算公式为

$$G_m = \sqrt[n]{x_1 \times x_2 \times \cdots \times x_n} = \sqrt[n]{\prod_{i=1}^{n} X_i}$$

几何平均数同调和平均数一样，与算术平均数本质上相同，只是形式上存在差异。将简单几何平均数的计算公式两侧同时取自然对数，可得

$$\ln G_m = \frac{1}{n}(\ln x_1 + \ln x_2 + \cdots + \ln x_n) = \frac{\sum_{i=1}^{n} \ln x_i}{n}$$

也就是说，几何平均数的对数等于一组数据各取值的对数的算术平均数。

分组数据的加权几何平均数计算公式为

$$G_m = \sqrt[f_1+f_2+\cdots+f_k]{m_1^{f_1} \times m_2^{f_2} \times \cdots \times m_n^{f_n}} = \sqrt[\sum_i^k f_i]{\prod_{i=1}^{n} m_i^{f_i}}$$

【例 2-3】 某企业的流水生产线有前后衔接的六道工序。2017 年 4 月 30 日，测量得到的各工序加工产品的合格率分别为 96%、98%、99%、98%、95%、97%，计算整个流水线产品的平均合格率。

解: $G_m = \sqrt[6]{0.96 \times 0.98 \times 0.99 \times 0.98 \times 0.95 \times 0.97} = 0.97$

利用 Excel 进行运算时，可借助 GEOMEAN 函数完成。GEOMEAN 函数的功能是返回一组数据的几何平均数，其语法结构为

GEOMEAN (number1，[number2]，…)

其中，number1，number2，…，是用于计算几何平均数的数字。

需要注意的是，计算几何平均数的前提是各个数据的乘积具有现实意义，且数据中不存在零或者负数。

算术平均数、调和平均数、几何平均数是三种不同形式的数值平均数，分别有各自的应用条件。进行数据分析时，适宜采用算术平均数时就不要用调和平均数或几何平均数；适宜用调和平均数时，同样也不要采用其他两种平均数。但从数量关系来考虑，如果同一组数据，在各数据取值为正的情况下，计算以上三种平均数的结果为

算术平均数≥几何平均数≥调和平均数

当且仅当各组数据中各数值均相同时取等号。它们的关系可用不等式表示为

$$\bar{x} \geqslant G_m \geqslant H_m$$

2.3.2　位置平均数

位置平均数是根据各数据在一组数据中所处的位置确定的数据代表值，它不容易受极端值的影响。

1. 众数

众数是一组数据中出现次数最多的数值，通常记为 M_0（Mode）。从众数的含义可知，它不受数据中极端值的影响。经济、管理活动中常常用众数作为代表值。例如，服装商店在进货时，经常就一款式服装销售量最多的尺码或规格大量进货；又如为掌握市场中某一商品的价格水平，往往会根据该商品最普遍的成交价格，这里的衣服尺码、商品价格就是众数。

众数在分析数据个数较多且众数出现次数明显集中时才具有现实意义。在使用时需要注意这些前提条件，否则，众数就会不存在或者存在但缺乏足够的代表性。此外，当一组数据中有两个或几个数据的取值次数出现得比较集中时，可能会出现不止一个众数。众数的这个性质称为不唯一性。

未分组数据确定众数时，只需要通过计数找到出现次数最多的数据即为众数。利用 Excel 进行运算时，可借助 MODE 函数完成。MODE 函数的功能是返回一组数据的众数。语法结构为

MODE（number1，[number2]，…）

其中，number1，nuber2，…，是用于计算众数的数字。

分组数据确定众数时，频数最大的组为众数组。如果数据取值小于众数组的那个相邻组的频数多于数据取值大于众数组的那个相邻的频数，则众数小于众数的组中值；反之，则众数大于众数组的组中值。如果数据取值小于众数组的那个相邻的频数等于数据取值大于众数组的那个相邻的频数，则众数等于众数组的组中值。因此，通常用下面的公式推算众数：

下限公式：

$$M_0 = L_{M_0} + \frac{\Delta_1}{\Delta_1 + \Delta_2} \times d_{M_0}$$

上限公式：

$$M_0 = U_{M_0} - \frac{\Delta_1}{\Delta_1 + \Delta_2} \times d_{M_0}$$

其中：L_{M_0} 为众数组的下限值；U_{M_0} 为众数组的上限值；Δ_1 为众数组的频数与紧邻的较小数据取值组的频数之差；Δ_2 为众数组的频数与紧邻的较大数据取值组的频数之差；d_{M_0} 为众数组的组距。

2. 中位数

中位数是将一组数据按大小顺序进行排列后，处于中间位置上的数据取值，用 M_e（Median）表示。由于位置居中，中位数将全部数据分成两等份，一半数据取值比它大，一半数据取值比它小。

在分析数据存在极端取值的情况下，用中位数作为代表值要比用算术平均数更好，因为中位数不受极端数据取值的影响。如果研究目的就是反映中间水平，当然也应该用中位数。例如，许多国家的政府部门发布的个人收入和人口年龄的数据，往往采用中位数，这是因为个人收入的分布和人口年龄的分布通常是非对称的，极少数人可能拥有较高的收

入，极少数人比较长寿。

未分组数据确定中位数时，需要将所有数据按照从小到大的顺序进行排列。假设一组数据为 $x_1, x_2, \cdots, x_n$，排序后记为 $x_{(1)}, x_{(2)}, \cdots, x_{(n)}$。若数据的个数 n 为奇数，中位数就是位于中间位置上的数据的取值；若数据的个数 n 为偶数，数据的中间位置介于两个数据之间，此时中位数为这个数据取值的简单算术平均数。

$$M_e = \begin{cases} x_{\left(\frac{n+1}{2}\right)}, n \text{为奇数}; \\ \frac{1}{2}\left\{x_{\left(\frac{n}{2}\right)} + x_{\left(\frac{n}{2}+1\right)}\right\}, n \text{为偶数。} \end{cases}$$

利用 Excel 进行运算时，可借助 MEDIAN 函数完成。MEDIAN 函数的功能是返回一组数据的中位数。语法结构为

MEDIAN（number1，[number2]，…）

其中，number1，number2，…，是用于计算中位数的数字。

分组数据确定中位数是第 $\sum_{i=1}^{k} f_k \ / \ 2$ 位置的数据所在组为中位数组。根据线性内插法可计算得出中位数的取值。

下限公式：

$$M_e = L_{M_e} + \frac{\sum_{i=1}^{k} f_k/2 - F_{M_e}^{-}}{f_{M_e}} \times d_{M_e}$$

上限公式：

$$M_e = U_{M_e} + \frac{\sum_{i=1}^{k} f_k/2 - F_{M_e}^{+}}{f_{M_e}} \times d_{M_e}$$

上式中：L_{M_e} 为中位数组的下限值；U_{M_e} 为中位数组的上限值；f_i 为各组的频数；f_{M_e} 为中位数组的频数；$F_{M_e}^{-}$ 为小于中位数组下限值的向上累积频数；$F_{M_e}^{+}$ 为大于中位数组上限值的向下累积频数；d_{M_e} 为中位数组的组距。

【例 2-4】 某社区水果摊记录过去一年每个月的利润额，如表 2-2 所示，计算该便利店的月利润额的中位数。

表 2-2　利润总额

原始数据	1.32	1.86	1.52	1.33	1.45	1.38	1.32	1.81	1.72	1.65	1.36	1.28
排序数据	1.28	1.32	1.32	1.33	1.36	1.38	1.45	1.52	1.65	1.72	1.81	1.86

数据个数 12 为偶数，按从小到大重新排序后，中位数由处于第 $\frac{12}{2}$ 与 $\frac{12}{2}+1$ 位置上的两个数据的取值决定。

$$M_e = \frac{1.38 + 1.45}{2} = 1.415\text{（万元）}$$

3. 分位数

中位数是从中间点将分析数据等分为两部分。与中位数相类似的还有四分位数、十分位数和百分位数等，统称为分位数。它们分别表示用 3 个点、9 个点、99 个点将数据 4 等

分、10 等分和 100 等分后各分位点上的数值。

分位数的位置公式为

$$Q_j \text{ 的位置} = (n+1)\frac{j}{m}$$

其中：j 为所求分位数的排序（取值为 1 至 $m-1$ 间的一个整数）；n 为数据的个数；有 $1-\frac{j}{n}$ 比例的数据大于第 j 个分位数。例如，四分位数中的第一四分位数 Q_1，一组数据中有 25%的数据比它小，有 75%的数据比它大；第三个四分位数 Q_3，一组数据中的 75%的数据比它小，25%的数据比它大。第一个四分位数、第三个四分位数也可称为上四分位数、下四分位数，因此也可将它们分别记为 Q_L、Q_U，第二个四分位数就是中位数。

当分位数的位置不是一个整数时，可用相邻两个整数位置上数据的简单算术平均数计算得到，或者按比例分摊分位数位置两侧数据的差值。

利用 Excel 进行运算时，可以借助 QUARTILE 函数、PERCENTILE 函数实现。QUARTILE 函数的功能是返回一组数的四分位数。PERCENTILE 函数的功能是返回一组数据的百分点值。QUARTILE 函数、PERCENTILE 函数的语法结构分别为

QUARTILE（array，quart）

PERCENTILE（array，k）

其中，array 表示要求得到分位数值的数组；quart 表示返回第几个四分位数（取值为 1、2、3）；k 表示分析数据中小于返回分数值额数据比例（取值为 0～1 之间的数）。

2.3.3 数据分布集中趋势

集中趋势是数据分布的一个特征，它所反映的是各数据向其代表值、中心值聚集的程度。正如物体的运动是由向心运动和离心运动两种趋势构成的一样，一组数据中数据的取值也存在偏离其代表值、中心值的情况，即存在离中趋势。

数据分布集中趋势的各测度值是对数据的概况性度量。数据分布离中趋势越大，集中趋势的测度值对该组数据的代表性就越差；离中趋势越小，其代表性就越好。

1. 异众比率

异众比率是指一组数据中非众数出现的次数与全部数据出现次数的比值，或者是分组条件下非众数组的频数占所有组频数的比值，通常记为 V_r（Variation Ratio）。计算公式为

$$V_r = \frac{\sum_{i=1}^{k} f_i - f_{M_0}}{\sum_{i=1}^{k} f_i} = 1 - \frac{f_{M_0}}{\sum_{i=1}^{k} f_i}$$

其中，$\sum_{i=1}^{k} f_i$ 为变量值的总频数；f_{M_0} 为众数组的频数。

异众比率的作用是衡量众数对一组数据的代表程度。根据异众比率的计算公式可知，异众比率的取值为 0～1。异众比率越接近于 1，说明非众数频数占所有频数和的比重越大，众数的代表性就越差；异众比率越接近于 0，说明非众数组的频数占所有频数和的比

重越小，众数的代表性就越好。

【例 2-5】 试用运动品牌市场占有情况的数据，判断“阿迪达斯”品牌代表顾客购买运动鞋品牌的效果。在全部接受调查的 60 名顾客中，购买阿迪达斯的顾客有 18 名，是所有运动鞋品牌中购买顾客最多的，因而阿迪达斯是此次调查中运动鞋品牌的众数。

$$V_r = \frac{60-18}{60} \times 100\% = 70\%$$

异众比率为 70%，这意味着：购买其他品牌的人数达到 70%，而这个比例远远高于购买“阿迪达斯”的比率。异众比率越高，说明代表性越不好。因此，用“阿迪达斯”代表顾客购买运动鞋品牌的状况，其代表性不是很好。

2. 全距与四分位差

全距是一组数据中的最大值与最小值之差，也称为极差，通常记为 R 。

未分组数的全距：

$$R = \text{数据最大值} - \text{数据最小值}$$

分组数据的全距：

$$R = \text{数据最大值组上限值} - \text{数据最小值组下限值}$$

以全距来测度数据的离中趋势，最大的优点在于意义明确易懂，计算简单方便。因此，在经济、管理活动中常有应用。例如，在企业生产的质量控制方面，以全距规定的产品规格的上、下限值，当产品差异超出全距时，立即采取矫正行为。又如，在研究有关证券行情发展趋势时，需要收集各股票的当天最高价和最低价，用全距来说明当天成交价的变动范围，简单明了。

以全距来测度数据的离中趋势，缺点在于仅仅考虑最大值和最小值两个数据。一组数据的所有差异完全由这两个数据之间的差异来说明，不能准确衡量整体的差异程度，特别是存在极端值的情况下。

利用 Excel 进行运算时，可借助 MAX 函数和 MIN 函数完成。MAX 函数、MIN 函数的功能是返回一组数据的最大值、最小值。语法结构为

MAX（number1，[number2]，…）

MIN（number1，[number2]，…）

为避免极端值的影响，可用一组数据 75%位置上的四分位数与 25%位置上的四分位数之差，即四分位差，来反映数据的离中趋势。本质上讲，四分位差反映了中间 50%数据的离散程度，其数值越小，说明中间的数据越集中；数值越大，说明中间的数据越分散。又由于中位数处于数据的中间位置，因此四分位差的大小在一定程度上也说明了中位数对一组数据的代表程度。

四分位差通常记为 Q_d ，计算公式为

$$Q_d = Q_U - Q_L$$

利用 Excel 进行运算时，可借助 QUARTILE 函数或 PERCENTILE 函数来完成。

相对于全距，虽然四分位差避免了极端值的影响，但它仍然只利用了两个位置的信息，没有考察全部数据的分布情况，因而对数据离中趋势的反映也是不全面的。

3. 平均差

平均差是指分析数据的各取值与其算术平均数的离差绝对值的算术平均数，通常记为 M_d（Mean Deviation），其计算公式为

未分组数据的平均差：

$$M_d = \frac{\sum_{i=1}^{n} |x_i - \overline{x}|}{n}$$

分组数据的平均差：

$$M_d = \frac{\sum_{i=1}^{k} |m_i - \overline{x}| f_i}{n}$$

未分组数据可借助 Excel 中的 AVEDEV 函数进行运算。AVEDEV 函数的功能是返回一组数据的平均差。语法结构为

AVEDEV（number1，[number2]，…）

【例 2-6】 淘宝双十一购物节顾客消费额的频数分布数据如表 2-3 所示，试计算其平均差。

表 2-3 顾客消费额频数分布

消费额	顾客数	组中值	$\lvert m_i - \overline{x} \rvert$
700～720	3	710	92
720～740	7	730	72
740～760	8	750	52
760～780	9	770	32
780～800	15	790	12
800～820	26	810	8
820～840	17	830	28
840～860	6	850	48
860～880	5	870	68
880～900	4	890	88
合计	100	—	—

解：

$$M_d = \frac{92 \times 3 + 72 \times 7 + \cdots + 88 \times 4}{100} = \frac{3328}{100} = 33.28\ (\text{元})$$

计算结果表明，顾客消费额的平均差是 33.28 元。

平均差充分考虑了每一个数据离中的情况，反映了全部数据的离散程度，计算方法也比较简单。它的缺陷是敏感性较强，容易受极端值影响，且由于计算时需要取绝对值，不便于进行代数运算，有一定的局限，实际应用中并不常见。

4. 方差与标准差

平均差是通过取绝对值避免正负离差的相互抵消而得到的，取平方也可以达到同样效果。用离差取平方的方法计算得到的离中趋势测度值称为方差。

方差是用来描述每一个变量与总体均值之间的差异。一般地，在总体均值难以得到的情况下，用样本统计量代替总体参数。此时方差为待分析数据中各数据取值与其算术平均

数的离差平方的算术平均数。方差开平方后的结果称为标准差。方差与标准差是测度数据分布离中趋势的最常用值，通常记为 s^2、s。其计算公式为

未分组数据的方差：

$$s^2=\frac{\sum_{x_i}^{n}(x_i-\overline{x})^2}{n-1}$$

未分组数据的标准差：

$$s=\sqrt{\frac{\sum_{x_i}^{n}(x_i-\overline{x})^2}{n-1}}$$

分组数据的方差：

$$s^2=\frac{\sum_{i=1}^{k}(m_i-\overline{x})^2 f_i}{\sum_{i=1}^{k}f_i-1}$$

分组数据的标准差：

$$s=\sqrt{\frac{\sum_{i=1}^{k}(m_i-\overline{x})^2 f_i}{\sum_{i=1}^{k}f_i-1}}$$

方差、标准差的计算是用离差平方和除以数据个数或各组频数之和减 1，数据个数或各组频数之和减 1 实际上是离差平方和的自由度。自由度是指数据个数与附加给独立的数据取值的约束或限制的个数之差。从字面含义来看，自由度是指一组数据中可以自由取值的个数。当一组数据的个数为 n 时，若算术平均数确定了，则附加给 n 个数据取值的约束个数就是 1 个，因此只有 $n-1$ 个数据可以自由取值，其中必有一个数据不能自由取值。例如，有 6 个数据，若它们的算术平均数为 $\overline{x}=8$ 已经确定，则这 6 个数中必然仅有 5 个数可以自由取值，假设其中 5 个数分别取 7、8、9、10、11，则另一个数只有取 3，才能使其算术平均数 $\overline{x}=8$。为什么离差平方和要除以自由度呢？这可以从多个方面进行解释，其中最主要的一个原因是当需要估计总体方差时，利用抽样数据计算得到的样本方差是总体方差的无偏估计量。

未分组数据可借助 Excel 中的 VAR 函数、STDEV 函数进行运算。VAR 函数、STDEV 函数的功能是返回一组抽样数据的方差、标准差。语法结构为：

VAR（number1，[number2]，…）

STDEV（number1，[number2]，…）

【例 2-7】 淘宝双十一购物节顾客消费额的频数分布数据如表 2-4 所示，试计算其方差和标准差。

表 2-4　顾客消费额的频数分布

消费额	顾客数	组中值	$(m_i-\overline{x})^2$
700～720	3	710	8 464
720～740	7	730	5 184
740～760	8	750	2 704

续表

消费额	顾客数	组中值	$(m_i-\bar{x})^2$
760～780	9	770	1 024
780～800	15	790	144
800～820	26	810	64
820～840	17	830	784
840～860	6	850	2 304
860～880	5	870	4 624
880～900	4	890	7 744
合计	100	—	—

解：

$$s^2=\frac{8\,464\times 3+5\,184\times 7+\cdots+7\,744\times 4}{100-1}=1\,793.94$$

$$s=\sqrt{s^2}=42.35$$

5. 离散系数

全距、四分位、平均差和标准差都是反映一组数据离中趋势的绝对值，与平均数有相同的计量单位。它们在反映离散程度大小时，不仅取决于数据的离中趋势，还取决于数据取值一般水平的高低。当需要比较具有不同水平或不同计量单位的数据的离中趋势时，一般不能直接利用这些反映数据分布离中趋势的绝对测度值。

一般采用反映数据分布离中趋势的相对测度值，即离散系数。离散系数是一组数据分布离中趋势的绝对测度值与其相应的算术平均数之比。其意义是单位平均数上的差异，离散系数越小，数据离中趋势越小，算术平均数的代表性就越高。反之，离散系数越大，数据离中趋势越大，算术平均数的代表性就越低。离散系数也称变异系数，计算公式为

全距系数：

$$v_R=\frac{R}{\bar{x}}$$

其中，R 代表全距，$\bar{x}$ 代表平均数。

四分位差系数：

$$V_{Q_d}=\frac{Q_d}{\bar{\lambda}}$$

其中，Q_d 代表第一个四分位数与第三个四分位数之差。

标准差系数：

$$v_s=\frac{s}{\bar{x}}$$

其中，S 代表标准差，$\bar{x}$ 代表平均数。

经济、管理活动中常用到的离散系数为标准差系数。

【例 2-8】 某制造企业员工的平均月产量为 500 件，标准差为 18 件。另有一食品加工企业员工的平均月产量为 5 000 千克，标准差为 600 千克。请判断两个企业中哪个企业员

工的平均月产量代表性更好？

解： 制造企业员工的月产量标准差系数：

$$V_s = \frac{18}{500} = 0.036$$

食品企业员工月产量标准差系数：

$$V_s = \frac{600}{5\ 000} = 0.12$$

由于制造企业员工的月产量标准差系数小于食品企业员工的月产量标准差系数，所以制造企业员工的平均月产量代表性较好。

2.3.4　数据分布形态度量

集中趋势和离中趋势是数据分布的两个重要特征，但要全面了解数据分布的特点，还需要知道数据分布的形状。利用算术平均数、众数和中位数之间的大小关系，可大体判断数据分布是否对称和偏斜的程度。

1. 偏度

偏度是对数据分布偏斜方向和程度的测度。数据分布偏度的测量值称为偏度系数，通常记为 s_k (skewness)。偏度系数的计算方法有许多，常用的计算公式为

未分组数据的偏度：

$$s_k = \frac{n\sum_{i=1}^{n}(x_i - \overline{x})^3}{(n-1)(n-2)s^3}$$

分组数据的偏度：

$$s_k = \frac{\sum_{i=1}^{n}(m_i - \overline{x})^3 f_i}{\sum_{i=1}^{n} s^3 f_i}$$

由计算公式可知，偏度系数是离差三次方的平均数除以标准差的三次方得到的一个相对数。当数据分布对称时，可以相互抵消，因而计算公式中的分子等于 0，则 $s_k = 0$；当数据分布不对称时，离差三次方后正负不能抵消，就形成了正或负的偏度系数 s_k。当 s_k 为正时，表示具有正离差数值，可以判断为正偏分布或右偏分布；反之，当 s_k 为负时，表示存在负离差数值，可判断负偏分布或左偏分布。

在计算 s_k 时，将离差三次方的平均数除以标准差的三次方，是将偏态系数转化为相对数。s_k 的绝对值越接近于 0，偏斜程度越低；s_k 的绝对值越大，偏斜程度就越高。若 s_k 的绝对值小于 0.5，数据分布为低度偏度分布；若落在 0.5～1 之间，数据分布为中度偏度分布；若大于 1，则为高度偏度分布。

未分组数据可借助于 Excel 中 SKEW 函数进行运算。SKEW 函数的功能是返回一组数据的偏度系数，其语法结构为：

SKEW (number1，[number2]，…)

【例 2-9】 淘宝双十一购物节顾客消费额的频数分布如表 2-5 所示，试计算数据的偏度系数。

表 2-5　顾客消费额的频数分布

消费额	顾客数	组中值	$(m_i-\bar{x})^3$	$(m_i-\bar{x})^4$
700～720	3	710	−778 688	71 639 296
720～740	7	730	−373 248	26 873 586
740～760	8	750	−140 608	7 311 616
760～780	9	770	−32 768	1 048 576
780～800	15	790	−1 728	20 736
800～820	26	810	512	4 096
820～840	17	830	21 952	614 656
840～860	6	850	110 592	5 308 416
860～880	5	870	314 432	21 381 376
880～900	4	890	681 472	59 969 536
合计	100	—	—	—

解：

$$s_k=\frac{(-778\,688)\times 3+(-373\,248)\times 7+\cdots+681\,472\times 4}{100\times 42.35^3}=-0.14$$

因此，顾客消费额的数据为左偏的低度偏度分布。

2. 峰度

峰度是对数据分布平峰、尖峰程度的测度。数据分布峰度的测量值称为峰度系数，通常记为 k_u (kurtosis)。

未分组数据的峰度：

$$k_u=\frac{n(n+1)\sum_{i=1}^{n}(x_i-\bar{x})^4}{(n-1)(n-2)(n-3)s^4}-\frac{3(n-1)^2}{(n-2)(n-3)}$$

分组数据的峰度：

$$k_u=\frac{\sum_{i=1}^{k}(m-\bar{x})^4 f_i}{ns^4}-3$$

由计算公式可知，峰度系数是将离差的四次方除以标准差的四次方得到的一个相对数，用峰度系数说明分布的尖峰和扁平程度，是通过与正态分布的峰度系数进行比较而言的。由于正态分布的峰度系数为 0，当 $k_u>0$ 时为尖峰分布，数据的分布更集中一些；当 $k_u<0$ 时为扁平分布，数据的分布更分散一些。

未分组数据可借助 Excel 中的 KURT 函数进行运算。KURT 函数的功能是返回一组数据的峰度系数，其语法结构为：

KURT（number1，[number2]，…）

【例 2-10】根据淘宝双十一购物节顾客消费额的频数分布数据计算其峰度系数。

解：

$$k_u=\frac{71\,639\,296\times 3+26\,873\,856\times 7+\cdots+59\,969\,536\times 4}{100\times 42.35^4}-3=-0.33$$

因此，顾客消费额的数据为扁平分布。

2.3.5　数据的展示

可将收集到的数据通过 Excel 等软件制作成相应的图表，直观地展示数据分布的特征。以下是数据展示的常用图形。

1. 柱形图

柱形图也称直方图，是 Excel 的默认图标类型，也是用户经常使用的异众图标类型，通常用来表示不同时期数据变化情况或描述不同类别数据之间的差异。例如，描述不同时期的生产指标、产品的质量分布，或不同时期多种销售指标的比较等。一般分类数据或时间在水平轴上标出，而把数据的大小在垂直轴上标出。

2. 条形图

条形图使用水平横条的长度来表示数据值的大小。条形图主要用来比较不同类别数据之间的差异情况，而不强调时间。一般把分类项在垂直轴上标出，而把数据的大小在水平轴上标出。这样可以突出数据之间差异的比较，而淡化时间的变化。例如，某种饮料畅销程度可使用条形图表示。

3. 折线图

折线图是用直线将数据点连接起来而组成的图形，以折线方式显示数据的变化趋势。在折线图中，数据增减的规律、峰值等特征都可以清晰地反映出来。因此，折线图常用来分析数据随时间的变化趋势，适合用来显示相等时间间隔的数据趋势。例如，分析某类商品或某几类相关商品随时间变化的销售情况，从而进一步预测未来的销售情况。在折线图中，一般水平轴用来表示时间的推移，并且间隔相同；而垂直轴代表不同时刻数据的大小。

4. 饼图

饼图通常只用一组数据系列作为源数据。它将一个圆划分为若干个扇形，每个扇形代表数据系列中的一项数据值，其大小用来表示相应数据项占该数据系列总和的比例。因此，饼图通常用来描述百分比比例、构成信息。例如，国民经济中不同产业部门的比例、某企业的销售收入构成、某学校的各类人员的构成等。

5. XY 散点图

XY 散点图与折线图类似，它可以用线段或者一系列的点来描述数据。它主要显示两组或多组数据之间的关联，如果散点图包含两组坐标轴，则会在水平方向显示一组数据系列，在垂直方向显示另一组数据系列，图表会把这些值合并成单一的数据点，并以不均匀间隔显示这些值。

XY 散点图除了可以显示数据的变化趋势以外，更多地用来描述数据之间的关系，几组数据之间是否相关，是正相关还是负相关，以及数据之间的集中程度和离散程度等。它通常用于比较跨类别的聚合数据。

6. 面积图

面积图实际上是折线图的另一种表现形式，它是用折线和分类轴（X 轴）组成的面积以及两条折线之间的面积来显示数据系列的值。面积图除了具备折线图的特点，强调数据随时间的变化以外，还可以分析部分与整体的关系。例如，可以用来描述国民经济不同时期、不同产业部门的产值数据等。

7. 雷达图

雷达图（radar chart），又可称为戴布拉图、蜘蛛网图（spider chart）。它将多个维度的数据量映射到坐标轴上，这些坐标轴起始于同一个圆心点，通常结束于圆周边缘。它可以将多维数据进行展示，但是点的相对位置和坐标轴之间的夹角是没有任何信息量的。在坐标轴设置恰当的情况下，雷达图所围面积能表现出一些信息量。

每一个维度的数据都分别对应一个坐标轴，这些坐标轴具有相同的圆心，以相同的间距沿着径向排列，并且各个坐标轴的刻度相同。连接各个坐标轴的网格线通常只作为辅助元素。将各个坐标轴上的数据点用线连接起来就形成了一个多边形。坐标轴、点、线、多边形共同组成了雷达图。例如，图 2-6 是某企业产品 A 和 B 在 2018 年 1 月 5 日至 1 月 9 销售量的雷达图。

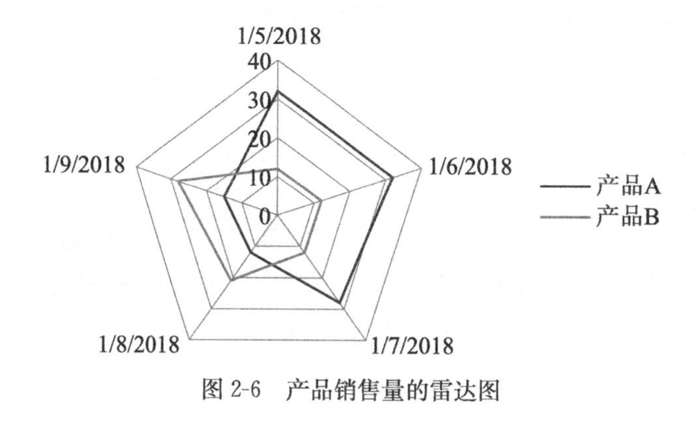

图 2-6　产品销售量的雷达图

本章小结

首先，本章介绍了数据分析的概念，给出了数据描述和分析的思路，并介绍了常用的数据分析方法和工具。其次，详细说明了问卷设计与数据收集的步骤和方法。在此基础上，介绍了描述性统计分析的一些常用指标，给出了实际的应用算例。本章的内容是建立管理决策模型的基础，所学习的定量方法可以为管理决策提供所需的管理数据，并保证数据的准确性和规范性。

思考与习题

1. 单选题

（1）以下各种图形中，表示连续数据频次分布的是（　　）。

A. 条形图　　B. 扇形图　　C. 直方图　　D. 散点图

(2) 适用于具有百分比结构的分类数据的统计图是（　　）。

A. 散点图　　B. 扇形图　　C. 条形图　　D. 线形图

(3) 以下各种统计图中，表示离散数据频次分布的（　　）。

A. 扇形图　　B. 直方图　　C. 散点图　　D. 线形图

(4) 可用来表示相关变量的统计图是（　　）。

A. 散点图　　B. 扇形图　　C. 条形图　　D. 线形图

(5) 适用于描述某种事物在时间上的变化趋势，以及事物的发展变化趋势的统计图是（　　）。

A. 散点图　　B. 扇形图　　C. 条形图　　D. 线形图

(6) 平均数是一组数据中的（　　）。

A. 平均差　　B. 平均误　　C. 平均次数　　D. 平均值

(7) 六位同学的身高是 162，168，159，160，173，165（单位：cm)，其中位数是（　　）。

A. 162　　B. 165　　C. 163.5　　D. 164

(8) 下列最容易受极端值影响的统计量是（　　）。

A. 中位数　　B. 众数　　C. 算术平均值　　D. 四分位数

2. 多选题

(1) 统计图按照形状可划分为（　　）。

A. 散点图　　B. 扇形图　　C. 直方图　　D. 曲线图

(2) 平均数的优点（　　）。

A. 反应灵敏　　B. 极少受抽样变动的影响

C. 不受极端值的影响　　D. 计算严密

(3) 中位数的优点（　　）。

A. 明显易懂　　B. 计算简单　　C. 反应灵敏　　D. 适合进一步计算

(4) 众数的缺点（　　）。

A. 易受分组影响　　B. 概念简单，容易理解

C. 不能进一步计算　　D. 反应不够灵敏

3. 简述条形图、直方图、散点图的特征及用途。

回归分析与预测

本章学习目的

- 掌握线性回归的基本要素和分类；
- 掌握线性回归的基本性质及参数求解方法；
- 掌握线性回归预测与时间序列预测方法；
- 了解非线性回归与自回归分析的相关知识。

回归分析的主要研究对象是客观事物变量间的统计关系，是处理多个变量之间相关关系的一种常用的统计方法，它的应用十分广泛。本章主要讨论如何通过回归分析建立变量之间的数学模型，以及根据自变量估计或预测因变量的值。

本章前两节主要介绍一元线性回归与多元线性回归模型的估计、检验和预测等问题，第三节讨论非线性回归和自回归，第四节介绍时间序列预测，第五节介绍其他预测方法。

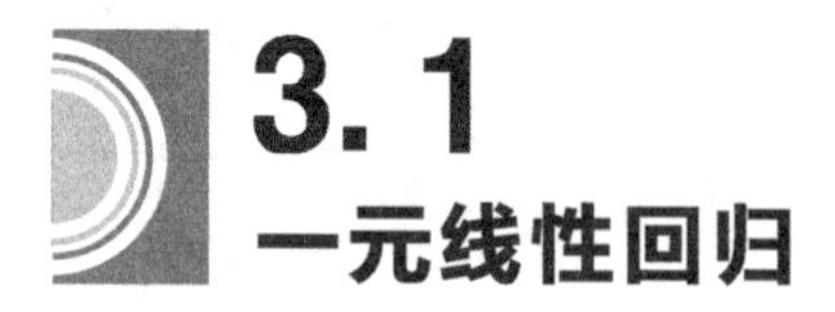

3.1 一元线性回归

3.1.1 变量间的关系

自然界和社会经济中的事物或现象之间总是相互联系、相互依存、相互制约的，而反映这些联系的数量关系有两种：一种是函数关系，另一种是相关关系。

函数关系是一种确定性关系，它是指当一个或几个变量取值一定时，另一个变量有确定的值与之对应，并且可以用函数描述出来。例如，某商品的销售收入 I 与该商品的销售量 Q 和销售价格 P 之间，可以这样表示：$I=PQ$。

而相关关系是一种非完全确定的关系，无法用确定的函数关系式表达。其特点在于变量之间在数量上确实存在着一定的内在联系，但这种在数量上的依存关系是不确定的，具有一定的随机性。比如，某高档消费品的销售量与城镇居民的收入有关。一般来说，居民收入越高，这种高档销售品的销售量就越大。但是根据居民收入却又不能完全确定该销售品的销售量，因为这种商品的销售量还受人们的消费习惯、心理特征和其他竞争商品以及价格高低的影响。因此，城镇居民收入和该高档消费品销售量之间就是一种非完全确定的关系。

函数关系与相关关系的区别在于变量之间的具体关系值是确定的还是随机的。虽然函数关系和相关关系是两种不同类型的相互关系，但两者在一定条件下是可以相互转化的。一方面，在确定现象中观察和测量时存在误差，这时的函数关系通常通过相关关系表现出来；另一方面，在对非确定性关系进行研究时，常常借助函数关系的形式近似表达出来。

回归分析的主要研究对象是客观事物变量间的统计关系，是处理多个变量之间相关关系的一种数学方法。在回归分析中，将一类变量视为解释变量，即自变量，而另一类变量视为被解释变量，即因变量。自变量可以是一个，也可以是多个，但因变量只能是一个。自变量只有一个时称为一元线性回归，自变量有两个及以上的回归分析称为多元回归分析。如果变量之间的关系为直线关系，称为线性回归，否则为非线性回归。

3.1.2　一元线性回归模型

一元线性回归模型反应的是一个因变量（Y）和一个自变量（X）之间的线性关系，其一般形式为

$$Y=\beta_0+\beta_1 X+\varepsilon \tag{3-1}$$

上式中，β_0、β_1 为待估参数，ε 为随机误差项，通常假定 $\varepsilon \sim N(0,\sigma^2)$。

下面通过例子来说明如何建立一元回归模型。

【例3.1】 假设在某一社区中随机抽取了10个家庭研究其家庭收入与家庭食品支出的关系，得到表3-1的数据，试根据这些数据建立家庭食品支出和家庭收入 x 之间的相关关系。

表3-1　家庭收入与食品支出　（单元：百元）

家庭	1	2	3	4	5	6	7	8	9	10
家庭收入	20	30	33	40	15	13	26	38	35	43
食品支出	7	9	8	11	5	4	8	10	9	10

首先，以家庭收入为自变量，家庭食品支出为因变量，画出表3-1中家庭收入与食品

支出数据的散点图，如图 3-1 所示。

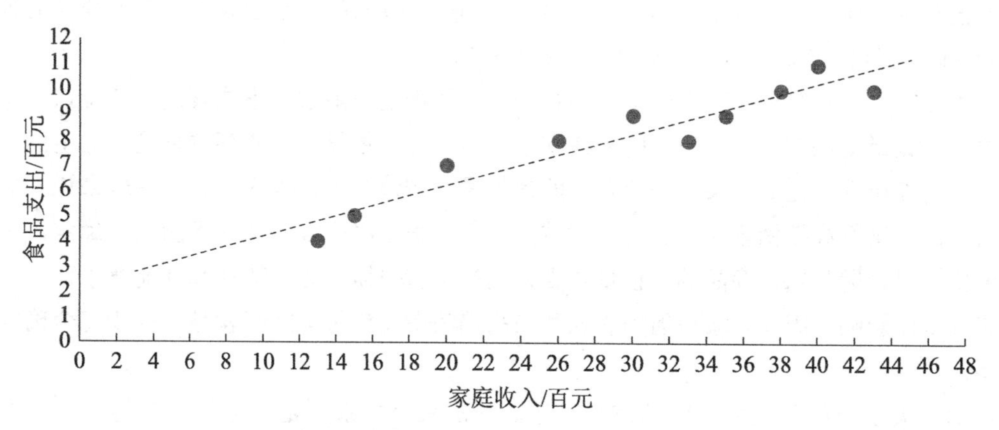

图 3-1 家庭食品支出与家庭收入的散点图

从散点图中可以看到这些点分布在某一条直线附近，也就是说 y 和 x 之间具有线性关系，但是这些点又不在同一直线上，所以 Y 与 X 之间不存在确定的关系。这样，我们可以认为 x 和 y 之间的关系由两部分组成，一部分是由 X 线性函数 $\beta_0+\beta_1 X$ 引起的，一部分是由随机因素 ε 引起的，即

$$Y=\beta_0+\beta_1 X+\varepsilon \tag{3-2}$$

这时 y 的数学期望 $E(Y)=\beta_0+\beta_1 X$ 是 X 的线性函数，称 Y 为 X 的一元线性函数。

若研究 Y 与 X 之间的关系，在有 n 个样本观测点 $\{(X_i,Y_i):i=1,2,3,\cdots,n\}$ 的情况下，式（3-2）也可以写成如下形式：

$$Y_i=\beta_0+\beta_1 X_i+\varepsilon_i\ ,\ i=1,2,3,\cdots,n \tag{3-3}$$

其中 ε_i 表示第 i 次观测时的随机误差，并且 $\varepsilon_1,\varepsilon_2,\varepsilon_3,\cdots,\varepsilon_n$ 相互独立，且 $\varepsilon_i \sim N(0,\sigma^2)$ （$i=1,2,3,\cdots,n$）。此时，称式（3-2）和式（3-3）为一元线性回归模型。

3.1.3 普通最小二乘法的参数估计

对模型的参数进行估计的方法很多，常见的估计方法有三种：普通最小二乘法（OLS）、最大似然法（ML）与矩估计（MM）。这里，主要介绍普通最小二乘法。

假设有一组样本观测数据 $\{(X_i,Y_i):i=1,2,3,\cdots,n\}$ ，为了保证估计的参数具有良好的性质，通常对模型提出若干假设，满足经典假设条件的一元线性回归模型如下：

$$\begin{cases} Y_i=\beta_0+\beta_1 X_i+\varepsilon_i, i=1,2,3,\cdots,n, \\ \varepsilon_i \sim N(0,\sigma^2), i=1,2,3,\cdots,n, \\ Cov(\varepsilon_i,\varepsilon_j)=0, i\neq j, i,j=1,2,3,\cdots,n. \end{cases} \tag{3-4}$$

需要在此基础上确定回归系数 β_0 、β_1 的估计值 $\hat{\beta}_0$ 、$\hat{\beta}_1$ ，用 $\hat{Y}_i=\hat{\beta}_0+\hat{\beta}_1 X_i$ 来表示 Y 与 X 之间的关系。使用最小二乘法估计就是要求样本回归线上的点 $\hat{Y}_i$ 与真实观测点 Y_i 的“总体误差”尽可能的小，即因变量的估计值和实际观测值之间的残差和最小。但因样本

回归线上的点 $\hat{Y}_i$ 与真实观测点 Y_i 之差可正可负，若直接简单相加求和必会有很大的误差抵消，因此使用最小二乘法的原理就是让它们的平方和最小，即

$$Q=\sum_{i=1}^{n}e_i^2=\sum_{i=1}^{n}(Y_i-\hat{Y}_i)^2=\sum_{i=1}^{n}[Y_i-(\hat{\beta}_0+\hat{\beta}_1X_i)]^2=\text{最小值} \tag{3-5}$$

求 Q 对 $\hat{\beta}_0$、$\hat{\beta}_1$ 的偏导数并令其等于 0，得

$$\begin{cases}\dfrac{\partial Q}{\partial\hat{\beta}_0}=-2\sum(Y_i-\hat{\beta}_0-\hat{\beta}_1X_i)=0\\[2ex]\dfrac{\partial Q}{\partial\hat{\beta}_1}=-2\sum(Y_i-\hat{\beta}_0-\hat{\beta}_1X_i)(-X_i)=0\end{cases} \tag{3-6}$$

或

$$\begin{cases}\sum Y_i=n\hat{\beta}_0+\hat{\beta}_1\sum X_i\\ \sum Y_iX_i=\hat{\beta}_0\sum X_i+\hat{\beta}_1\sum X_i{}^2\end{cases} \tag{3-7}$$

称方程组（3-6）或（3-7）为正规方程组，求解正规方程组，便得到 $\hat{\beta}_0$、$\hat{\beta}_1$：

$$\begin{cases}\hat{\beta}_0=\dfrac{\sum X_i{}^2\sum Y_i-\sum X_i\sum Y_iX_i}{n\sum X_i{}^2-(\sum X_i)^2}\\[3ex]\hat{\beta}_1=\dfrac{n\sum Y_iX_i-\sum Y_i\sum X_i}{n\sum X_i{}^2-(\sum X_i)^2}\end{cases} \tag{3-8}$$

令 $\overline{X}=\frac{1}{n}\sum X_i$，$\overline{Y}=\frac{1}{n}\sum Y_i$，记

$$L_{XX}=\sum(X_i-\overline{X}_i)^2=\sum X_i^2-\frac{1}{n}(\sum X_i)^2 \tag{3-9}$$

$$L_{XY}=\sum(X_i-\overline{X})(Y_i-\overline{Y})=\sum Y_iX_i-\frac{1}{n}\sum Y_i\sum X_i \tag{3-10}$$

这样，将 $\hat{\beta}_0$、$\hat{\beta}_1$ 可以简记为

$$\begin{cases}\hat{\beta}_1=\dfrac{L_{XY}}{L_{XX}}\\[2ex]\hat{\beta}_0=\overline{Y}-\hat{\beta}_1\overline{X}\end{cases} \tag{3-11}$$

因为 $\hat{\beta}_0$、$\hat{\beta}_1$ 的估计结果是由最小二乘原理得到的，故称为普通最小二乘估计量。

根据例 3.1 的数据，可按照表 3-2 进行进一步计算。

表 3-2　估计值 $\hat{\beta}_0$、$\hat{\beta}_1$ 的计算表

家庭	家庭收入 X_i	食品支出 Y_i	$X_i{}^2$	Y_i^2	X_iY_i
1	20	7	400	49	140
2	30	9	900	81	270
3	33	8	1 089	64	264
4	40	11	1 600	121	440

续表

家庭	家庭收入 X_i	食品支出 Y_i	$X_i{}^2$	Y_i^2	X_iY_i
5	15	5	225	25	75
6	13	4	169	16	52
7	26	8	676	64	208
8	38	10	1 444	100	380
9	35	9	1 225	81	315
10	43	10	1 849	100	430
合计	293	81	9 577	701	2 574

由表 3-2 可得

$$\overline{X}=\frac{\sum X_i}{n}=\frac{293}{10}=29.3\ ,\ \overline{Y}=\frac{\sum Y_i}{n}=\frac{81}{10}=8.1\ ,$$

$$L_{XX}=\sum X_i{}^2-n\overline{X}^2=9\ 577-10\times 29.3^2=992.1\ ,$$

$$L_{XY}=\sum X_iY_i-n\overline{X}\overline{Y}=2\ 574-10\times 29.3\times 8.1=200.7\ ,$$

$$L_{YY}=\sum Y_i^2-10\overline{Y}=701-10\times 8.1^2=44.9$$

故

$$\hat{\beta}_1=\frac{L_{XY}}{L_{XX}}=\frac{200.7}{992.1}=0.202\ 3\ ,$$

$$\hat{\beta}_0=\overline{Y}-\hat{\beta}_1\overline{X}=8.1-0.202\ 3\times 29.3=2.172\ 6$$

因此，家庭食品支出 Y 对家庭收入 X 的样本回归直线方程是

$$\hat{Y}_i=2.172\ 6+0.202\ 3\hat{X}_i$$

根据这个方程式，可以在散点图上画出回归直线（见图 3-1）。这条直线的斜率 $\hat{\beta}_1=0.202\ 3$，表示在一定范围内，收入每增加 100 元，支出就增加 20.23 元。当收入为 0 时，也会有 217.26 元的食品支出，这部分被视为基本支出或固定支出。

3.1.4 普通最小二乘估计量的性质

一般在利用样本数据估计总体参数时，由于抽样误差的存在，以及所选用估计参数的方法不同，会使得计算得到的估计值与总体参数的真实值有一定的差距。因此，估计出模型的参数后，需要考虑参数估计值的精度，即考察估计出的参数值与总体真值之间的误差是否足够小，可以用来代表总体真值。

评价某方法的估计量是否为一个优良的估计量，需要满足以下标准：

(1) 线性性，即它是否是另一个随机变量的线性函数；

(2) 无偏性，即它的均值或期望是否等于总体的真实值；

(3) 有效性，即它是否在所有线性无偏估计量中具有最小方差。

满足以上标准的估计量被称为最佳线性无偏估计量（best linear unbiased estimator,

BLUE)。

在满足经典假设条件下，普通最小二乘估计量是具有最小方差的线性无偏估计量。

(1) 线性性，即估计量 $\hat{\beta}_0$、$\hat{\beta}_1$ 是 Y_i 的线性组合。

由式 (3-11) 可知：

$$\hat{\beta}_1=\frac{L_{XY}}{L_{XX}}=\frac{\sum_{i=1}^{n}(X_i-\overline{X})(Y_i-\overline{Y})}{\sum_{i=1}^{n}(X_i-\overline{X})^2}=\frac{\sum_{i=1}^{n}(X_i-\overline{X})Y_i-\overline{Y}\sum_{i=1}^{n}(X_i-\overline{X})}{\sum_{i=1}^{n}(X_i-\overline{X})^2}$$

$$=\sum_{i=1}^{n}\frac{X_i-\overline{X}}{\sum_{i=1}^{n}(X_i-\overline{X})^2}Y_i=\sum_{i=1}^{n}k_iY_i$$

其中，$k_i=\dfrac{X_i-\overline{X}}{\sum_{i=1}^{n}(X_i-\overline{X})^2}$ 是常数，因此 $\hat{\beta}_1$ 是 Y_i 的线性组合。同理可以证明 $\hat{\beta}_0$ 也是 Y_i 的线性组合。

(2) 无偏性，即估计量 $\hat{\beta}_0$、$\hat{\beta}_1$ 的期望（均值）等于总体回归参数值 β_0、β_1。

由线性性得

$$\hat{\beta}_1=\sum k_iY_i=\sum k_i(\beta_0+\beta_1X_i+\varepsilon_i)=\beta_0\sum k_i+\beta_1\sum k_iX_i+\sum k_i\varepsilon_i,$$

$$\sum k_i=\frac{\sum(X_i-\overline{X})}{\sum(X_i-\overline{X})^2}=0,$$

$$\sum k_iX_i=\frac{\sum(X_i-\overline{X})X_i}{\sum(X_i-\overline{X})^2}=\frac{\sum(X_i-\overline{X})(X_i-\overline{X}+\overline{X})}{\sum(X_i-\overline{X})^2}$$

$$=\frac{\sum(X_i-\overline{X})^2+\overline{X}\sum(X_i-\overline{X})}{\sum(X_i-\overline{X})^2}=1$$

因此，

$$\hat{\beta}_1=\beta_1+\sum k_i\varepsilon_i$$

$$E(\hat{\beta}_1)=E(\beta_1+\sum k_i\varepsilon_i)=\beta_1+\sum k_iE(\varepsilon_i)=\beta_1$$

同理可得

$$E(\hat{\beta}_0)=E(\beta_0+\sum w_i\varepsilon_i)=\beta_0+\sum w_iE(\varepsilon_i)=\beta_0$$

进一步有

$$E(\hat{Y})=E(\hat{\beta}_0+\hat{\beta}_1X_i)=\beta_0+\beta_1X_i=E(Y)$$

这表明回归值 $\hat{Y}$ 是 $E(Y)$ 的无偏估计，说明 $\hat{Y}$ 与真实值 Y 的平均值是相同的。

(3) 有效性，即在所有线性无偏估计量中，最小二乘估计量 $\hat{\beta}_0$、$\hat{\beta}_1$ 具有最小方差。

首先，由 $\hat{\beta}_0$、$\hat{\beta}_1$ 是关于 Y_i 的线性函数，可求得它们的方差为

$$\begin{aligned}\operatorname{Var}(\hat{\beta}_1) &= \operatorname{Var}(\sum k_i Y_i) = \sum k_i^2 \operatorname{Var}(\beta_0 + \beta_1 X_i + \varepsilon_i) \\ &= \sum k_i^2 \operatorname{Var}(\varepsilon_i) = \sum \left[\frac{X_i - \overline{X}}{\sum (X_i - \overline{X})^2}\right]^2 \sigma^2 \\ &= \frac{\sigma^2}{\sum (X_i - \overline{X})^2}\end{aligned}$$

我们知道，方差表示的是随机变量取值波动的大小，因而 $\operatorname{Var}(\hat{\beta}_1)$ 反映了估计量 $\hat{\beta}_1$ 的波动大小。假设我们反复抽取容量为 n 的样本建立回归方程，每次计算的 $\hat{\beta}_1$ 的值不同，$\operatorname{Var}(\hat{\beta}_1)$ 正是反映了这些 $\hat{\beta}_1$ 的差异程度。其中，$\operatorname{Var}(\varepsilon_i) = \sigma^2$ 。

假设 $\hat{\beta}_1^*$ 是其他估计方法得到的关于 β_1 的线性无偏估计量：

$$\hat{\beta}_1^* = \sum c_i Y_i$$

其中，$c_i = k_i + d_i$，$k_i = \dfrac{X_i - \overline{X}}{\sum\limits_{i=1}^{n} (X_i - \overline{X})^2}$，$d_i$ 为不完全为 0 的常数，则

$$\hat{\beta}_i^* = \sum c_i Y_i = \sum c(\beta_0 + \beta_1 X_i + \varepsilon_i) = \beta_0 \sum c_i + \beta_1 \sum c_i X_i + \sum c_i \varepsilon_i$$

对 $\hat{\beta}_1^*$ 求期望（均值）有

$$E(\hat{\beta}_1^*) = E(\beta_0 \sum c_i) + E(\beta_1 \sum c_i X_i) + E(\sum c_i \varepsilon_i) = \beta_0 \sum c_i + \beta_1 \sum c_i X_i$$

因为 $\hat{\beta}_1^*$ 满足无偏性，所以有 $E(\hat{\beta}_1^*) = \beta_1$ ，则得到

$$\sum c_i = 0\ , \sum c_i X_i = 1$$

求 $\hat{\beta}_1^*$ 的方差：

$$\begin{aligned}\operatorname{Var}(\hat{\beta}_1^*) &= \operatorname{Var}(c_i Y_i) = \sum c_i^2 \operatorname{Var}(\varepsilon_i) = \sum c_i^2 \sigma^2 = \sum (k_i + d_i)^2 \sigma^2 \\ &= \sum k_i^2 \sigma^2 + \sum d_i^2 \sigma^2 + 2\sigma^2 \sum k_i d_i\end{aligned}$$

可证 $\sum k_i d_i = 0$ ，故

$$\operatorname{Var}(\hat{\beta}_1^*) = \sum k_i^2 \sigma^2 + \sum d_i^2 \sigma^2 = \operatorname{Var}(\hat{\beta}_1) + \sigma^2 \sum d_i^2$$

由于 d_i 为不完全为 0 的常数，则 $\sum d_i^2 \geqslant 0$ ，所以有

$$\operatorname{Var}(\hat{\beta}_1^*) \geqslant \operatorname{Var}(\hat{\beta}_1)$$

同理，设 $\hat{\beta}_0^*$ 是其他估计方法得到的关于 β_0 的线性无偏估计量，则有

$$\operatorname{Var}(\hat{\beta}_0^*) \geqslant \operatorname{Var}(\hat{\beta}_0)$$

由此可知，普通最小二乘估计量是具有最小方差的线性无偏估计量。

由前面 $\hat{\beta}_0$ 、$\hat{\beta}_1$ 的讨论可知，$\hat{\beta}_0$ 、$\hat{\beta}_1$ 都是 n 个独立正态随机变量 Y_i $(i = 1,2,\cdots,n)$ 的线性组合，所以 $\hat{\beta}_0$ 、$\hat{\beta}_1$ 也服从正态分布，其分布特征由上述 $\hat{\beta}_0$ 、$\hat{\beta}_1$ 的期望和方差的结果决定。

$$\tilde{\beta}_1 \sim N(\beta_1, \frac{\sigma^2}{L_{XX}}), \tilde{\beta}_0 \sim N(\beta_0, \frac{\sum X_i^2}{nL_{XX}}\sigma^2)$$

3.1.5　一元线性回归模型的显著性检验

回归分析是要通过样本估计的参数来代替总体的真实参数，由式（3-11）可知，对任意一组给定的数据 $\{(X_i, Y_i): i = 1, 2, \cdots, n\}$，不管 Y 与 X 之间是否存在线性关系，都能得到一条样本回归线。但如果 Y 与 X 之间不存在线性关系，那么求得的回归直线就失去了实际意义。因此，在建立了样本回归方程后还需要用统计方法对它的拟合效果进行检验，检验主要包括拟合优度检验、变量的显著性检验、方程的显著性检验。

1. 拟合优度检验

对于任意 n 对数据 $\{(X_i, Y_i): i = 1, 2, 3, \cdots, n\}$，其回归直线方程为 $\hat{Y}_i = \hat{\beta}_0 + \hat{\beta}_1 \hat{X}_i$，则有

$$Y_i - \hat{Y}_i = (Y_i - \bar{Y}) - (\hat{Y}_i - \bar{Y}) \tag{3-12}$$

即 Y 的第 i 个观测值与回归拟合值之差，也就是说残差 $e_i = Y_i - \hat{Y}_i$ 是由两部分之差构成：(a) 观测值 Y_i 与均值 $\bar{Y}$ 的偏差；(b) 拟合值 $\hat{Y}_i$ 与均值 $\bar{Y}$ 的偏差。

将式（3-12）改写成 $Y_i - \bar{Y} = (Y_i - \hat{Y}_i) + (\hat{Y}_i - \bar{Y})$，对方程两边进行平方：

$$\sum (Y_i - \bar{Y}_i)^2 = \sum (Y_i - \hat{Y}_i)^2 + \sum (\hat{Y}_i - \bar{Y})^2 + 2\sum (Y_i - \hat{Y}_i)(\hat{Y}_i - \bar{Y})$$

可以证明 $\sum (Y_i - \hat{Y}_i)(\hat{Y}_i - \bar{Y}) = 0$，所以有

$$\sum (Y_i - \bar{Y}_i)^2 = \sum (Y_i - \hat{Y}_i)^2 + \sum (\hat{Y}_i - \bar{Y})^2$$

$$\text{总离差平方和} = \text{残差平方和} + \text{回归平方和} \tag{3-13}$$

这就将 Y 关于其均值的方差分解为两部分，一部分是由回归引起的，另一部分是由实际观测值没有落在回归线上引起的。

其中，把 $\sum (Y_i - \bar{Y}_i)^2 = \text{TSS}$ 称为总离差平方和（total sum of squares of deviations，TSS)，反映样本观测值总体变量离差的大小。

将 $\sum e_i^2 = \sum (Y_i - \hat{Y}_i)^2 = \text{RSS}$ 称为残差平方和（residual sum of squares，RSS)，反映第 i 次观测值与估计值的偏差（残差），也是模型中解释变量未解释的那部分离差大小。

将 $\sum (\hat{Y}_i - \bar{Y})^2 = \text{ESS}$ 称为回归平方和（explained sum of squares，ESS)，反映第 i 次观测值与均值的偏差，是自变量 X 的变动所引起的，也是模型中解释变量所解释的那部分离差大小。

图 3-2 表示了这种分解。

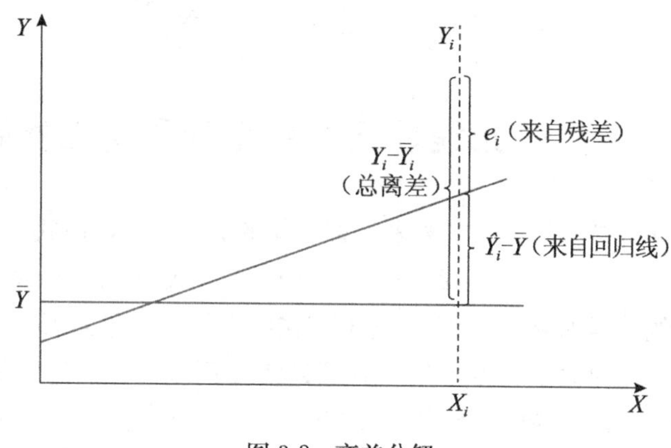

图 3-2　离差分解

根据上述关系，可得

$$R^2 = \frac{\text{ESS}}{\text{TSS}} = 1 - \frac{\text{RSS}}{\text{TSS}} \tag{3-14}$$

称 R^2 为可决系数，用来检验模型的拟合优度，即在总离差平方和中，回归平方和所占的比重与残差平方和所占比重的多少，以判定回归拟合程度的好坏。回归平方和所占的比重越大，残差平方和所占的比重越小，则回归直线与样本点拟合越好。显然，R^2 越接近 1，模型的拟合优度越高，可认为回归效果是较满意的。

实际上，若已知 $\hat{\beta}_1$，一个较为简单的计算公式为

$$R^2 = \hat{\beta}_1^2 \frac{L_{XX}}{L_{YY}} \tag{3-15}$$

在例 3.1 的家庭收入与食品支出的例子中，计算得

$$R^2 = \hat{\beta}_1^2 \frac{L_{XX}}{L_{YY}} = 0.202\,3^2 \times \frac{992.1}{44.9} = 0.904\,3$$

可决系数为 0.904 3，接近于 1，说明在该线性回归模型中，拟合优度较高。

2. 方程的显著性检验

由线性回归模型可知，Y 随 X 的变化趋势与 $|\beta_1|$ 的大小有关。当 $|\beta_1|$ 的值越大，Y 随 X 的变化趋势越明显；反之，Y 随 X 的变化趋势越弱。需要注意的是，当 $|\beta_1| = 0$ 时，表示 Y 不受 X 值变化的影响，Y 与 X 之间不存在任何的线性关系。因此，若要所求的样本回归直线有意义，就必须满足 $|\beta_1| \neq 0$ 的假设。于是，问题转换为对假设

$$H_0: \beta_1 = 0, H_1: \beta_1 \neq 0 \tag{3-16}$$

的检验。下面主要介绍 F 检验法与 t 检验法。

(1) F 检验法

前面所证 $\hat{\beta}_1$ 是 β_1 的无偏估计量，因而一般 $(\hat{\beta}_1 - \beta_1)^2$ 应很小。当 H_0 成立时，$\hat{\beta}_1^2$ 也应很小，否则就拒绝 H_0。因此拒绝域的形式选择为

$$\{\hat{\beta}_1^2 > c\} \tag{3-17}$$

满足

$$P(\hat{\beta}_1^2 > c \mid H_0 \text{ 成立}) \leqslant \alpha \tag{3-18}$$

在原假设成立的情况下，统计量 F 服从自由度为 1、$n-2$ 的 F 分布，即

$$F = \frac{\text{RSS}/1}{\text{ESS}/(n-2)} \sim F(1, n-2) \tag{3-19}$$

通过式（3-18）可求临界值，若 $\hat{\beta}_1^2$ 的值落入拒绝域，则拒绝原假设 H_0，即认为 X、Y 间具有显著的线性相关关系，否则接受假设 H_0，即没有理由认为 X、Y 之间存在显著的线性关系。

（2）t 检验法

t 检验法是对回归系数的显著性进行检验，即检验自变量 X 对因变量 Y 的影响是否显著，如果是显著的，则相对应的参数 β_1 显著不为 0。

我们已经知道 β_1 服从正态分布，

$$\hat{\beta}_1 \sim N\left(\beta_1, \frac{\sigma^2}{\sum (X_i - \overline{X})^2}\right),$$

其中，对于随机误差项的方差为 σ^2，因 σ^2 是未知的总体参数，因此这里用它的无偏估计量 $\hat{\sigma}^2 = \dfrac{\sum e_i^2}{n-2}$ 来代替，则得到如下 t 统计量，该统计量服从自由度为 $n-2$ 的 t 分布：

$$t = \frac{\hat{\beta}_1 - \beta_1}{\sqrt{\dfrac{\hat{\sigma}^2}{\sum (X_i - \overline{X})^2}}} = \frac{\hat{\beta}_1 - \beta_1}{S_{\hat{\beta}_1}} \sim t(n-2) \tag{3-20}$$

当 H_0 成立时，令

$$P(\hat{\beta}_1 > c \mid H_0 \text{ 成立}) = \alpha,$$

可求得临界值 c，根据拒绝域 $\{\hat{\beta}_1 > c\}$，判断是否拒绝原假设，从而判断所求的一元回归方程的系数是否显著。

3.1.6　一元线性回归预测及其应用

预测是回归方程的一个重要的应用，即对于给定的自变量 $X = X_0$，可以估计出 Y 的对应值 Y_0 的范围。

预测分为点预测和区间预测，点预测是对于给定的 $X = X_0$，根据样本建立的回归方程得到 $\hat{Y}_0$，作为 Y_0 对应的一个点估计值。区间预测是指根据 $\hat{Y}_0$ 的分布情况，在一定的置信度下预测 Y_0 的取值范围。

1. 点预测

由 $\hat{Y}_i = \hat{\beta}_0 + \hat{\beta}_1 X_i$，对于给定的自变量 $X = X_0$，有

$$\hat{Y}_0 = \hat{\beta}_0 + \hat{\beta}_1 X_0$$

$$E(\hat{Y}_0)=E(\hat{\beta}_0+\hat{\beta}_1X_0)=\beta_0+\beta_1X_0 \tag{3-21}$$

在回归模型 $Y=\beta_0+\beta_1X+\varepsilon$ 下，$\varepsilon\sim N(0,\sigma^2)$

$$Y_0=\beta_0+\beta_1X_0+\varepsilon$$

$$E(Y_0)=E(\beta_0+\beta_1X_0)+E(\varepsilon)=\beta_0+\beta_1X_0 \tag{3-22}$$

由式（3-21）与式（3-22）可知，当 $X=X_0$ 时，样本估计值 $\hat{Y}_0$ 是总体均值 E（Y｜$X=X_0$）和个别值 Y_0 的无偏估计，因而可以用 $\hat{Y}_0$ 作为 Y_0 或均值 E（Y｜$X=X_0$）的点预测。

2. 总体条件均值的区间预测

由 $\hat{Y}_0=\hat{\beta}_0+\hat{\beta}_1X_0$，$\tilde{\beta}_1\sim N\left(\beta_1,\frac{\sigma^2}{L_{XX}}\right)$，$\tilde{\beta}_0\sim N\left(\beta_0,\frac{\sum X_i^2}{nL_{XX}}\sigma^2\right)$ 可证［详细证明过程可参考文献（李子奈，2000)］。

$$\hat{Y}_0\sim N\left(\beta_0+\beta_1X_0,\sigma^2\left[\frac{1}{n}+\frac{(X_0-\overline{X})^2}{L_{XX}}\right]\right) \tag{3-23}$$

根据 $\hat{\sigma}^2=\frac{\sum e_i^2}{n-2}$ 可构造 t 统计量：

$$t=\frac{\hat{Y}_0-(\beta_0+\beta_1X_0)}{S_{\hat{Y}_0}}\sim t(n-2) \tag{3-24}$$

其中

$$S_{\hat{Y}_0}=\sqrt{\hat{\sigma}^2\left[\frac{1}{n}+\frac{(X_0-\overline{X})^2}{L_{XX}}\right]}$$

于是，对于给定的置信水平 $1-\alpha$ 下有

$$\hat{Y}_0-t_{\frac{\alpha}{2}}\times S_{\hat{Y}_0}<E(Y\mid X_0)<\hat{Y}_0+t_{\frac{\alpha}{2}}\times S_{\hat{Y}_0} \tag{3-25}$$

3. 总体个别值的区间预测

由 $Y_0=\beta_0+\beta_1X_0+\varepsilon$，有

$$\hat{Y}_0-Y_0\sim N\left\{0,\sigma^2\left[1+\frac{1}{n}+\frac{(X_0-\overline{X})^2}{L_{XX}}\right]\right\} \tag{3-26}$$

于是构造 t 统计量：

$$t=\frac{\hat{Y}_0-Y_0}{S_{\hat{Y}_0-Y_0}}\sim t(n-2) \tag{3-27}$$

其中

$$S_{\hat{Y}_0-Y_0}=\sqrt{\hat{\sigma}^2\left[1+\frac{1}{n}+\frac{(X_0-\overline{X})^2}{L_{XX}}\right]}$$

则在置信水平 $1-\alpha$ 下有

$$\hat{Y}_0-t_{\frac{\alpha}{2}}\times S_{\hat{Y}_0-Y_0}<Y_0<\hat{Y}_0+t_{\frac{\alpha}{2}}\times S_{\hat{Y}_0-Y_0} \tag{3-28}$$

【例 3.2】 根据例 3.1 的数据资料，假定某家庭收入为 $X_0=4\,500$ 元时，求置信水平在 95％时食品支出的预测区间。

解：

建立回归方程：

$$\hat{Y}_i = 2.1726 + 0.2023\hat{X}_i$$

在 $X_0 = 4\,500$ 元时，$\hat{Y}_0 = 2.1726 + 0.2023 \times 45 = 11.2761$（百元）$= 1\,127.61$（元）

它可作为总体均值或 Y 的个别值在 $X = 4\,500$（元）处的预测估计值。

由 $\hat{\sigma} = \sqrt{\dfrac{\sum e_i^2}{n-2} = \dfrac{\text{ESS}}{n-2}}$，得

$$\hat{\sigma} = 0.733$$

由置信水平 $1-\alpha = 95\%$，自由度为 $n-2=8$，可知

$$t_{\frac{\alpha}{2}}(n-2) = t_{0.025}(8) = 2.306$$

$$S_{\hat{Y}_0} = \sqrt{\hat{\sigma}^2\left[\frac{1}{n} + \frac{(X_0 - \bar{X})^2}{L_{xx}}\right]} = 0.733 \times \sqrt{\frac{1}{10} + \frac{(45-29.3)^2}{992.1}} = 0.43269$$

置信度为95%的预测区间为

$$11.2761 - 2.306 \times 0.43269 \leqslant Y_0 \leqslant 11.2761 + 2.306 \times 0.43269$$

即

$$10.2783 \leqslant Y_0 \leqslant 12.2739$$

当家庭收入为4 500元时，有95%的概率可以确定食品支出额在区间［1 027.61，1 227.39］内。

下面进一步举例说明EXCEL在一元线性回归分析中的运用。

【例3.3】 表3-3给出了北京市2000年至2016年房地产开发投资额与国内生产总值（GDP）的数据，请建立回归模型并进行显著性检验。若2017年的房地产开发投资额为4 200亿元，在显著性水平为 $\alpha = 0.05$，确定北京市GDP的预测区间。

表3-3 北京市2000年至2016年房地产开发投资额与GDP（亿元）

年份	房地产开发投资额（X）	国内生产总值（Y）	年份	房地产开发投资额（X）	国内生产总值（Y）
2000	522.07	3 161.66	2009	2 337.71	12 153.03
2001	783.82	3 707.96	2010	2 901.07	14 113.58
2002	989.41	4 315.00	2011	3 036.31	16 251.93
2003	1 202.48	5 007.21	2012	3 153.44	17 879.40
2004	1 473.29	6 033.21	2013	3 483.4	19 800.81
2005	1 525.01	6 969.52	2014	3 715.33	21 330.83
2006	1 719.87	8 117.78	2015	4 177.05	23 014.59
2007	1 995.82	9 846.81	2016	4 000.57	25 669.13
2008	1 908.74	11 115.00			

考察房地产开发投资额与GDP之间的相关关系，首先确定这两变量之间的关系是否为线性关系，可用Excel画出散点图进行观察，其散点图如图3-3所示。

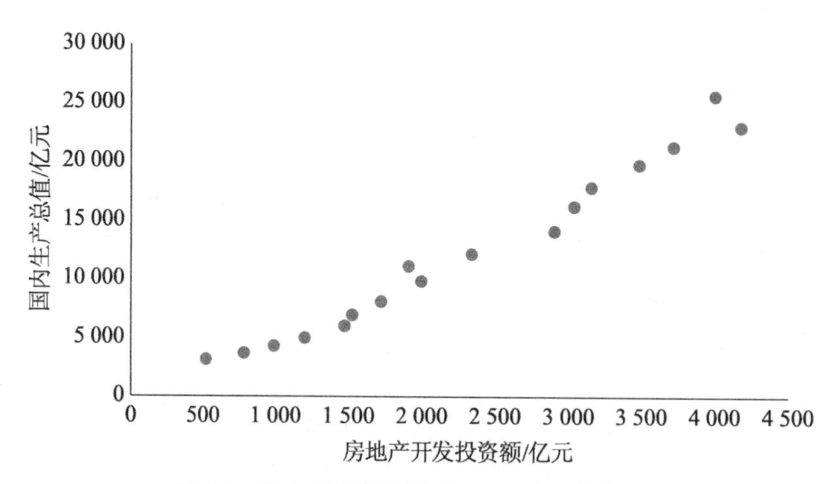

图 3-3 房地产开发投资额与 GDP 之间的散点图

根据图 3-3 所示可知，房地产开发投资额与 GDP 之间大致服从线性关系，可以进行一元线性回归分析。

设一元线性回归方程为 $\hat{Y}=\beta_0+\beta_1 X$，接下来用 Excel 的数据分析功能求解各参数，并得到相应的显著性检验值。如图 3-4 所示，在 Excel 中选择“工具”菜单中“数据分析”，在“数据分析”列表中选择“回归”并确定。

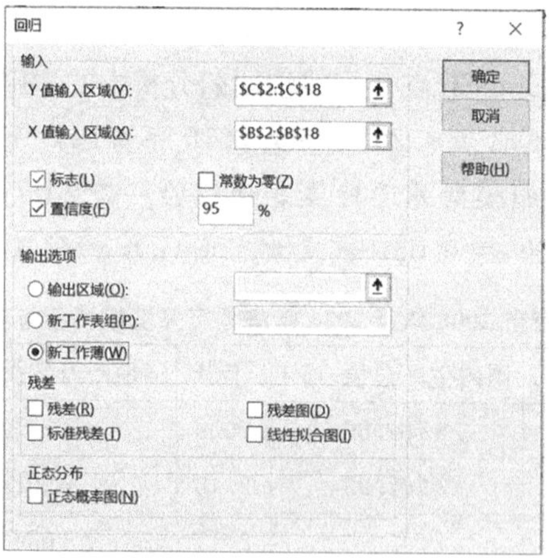

图 3-4 回归对话框

进入回归对话框，将 Y 值、X 值所在的表格区域分别选中，点击“确定”即输出如图 3-5所示的回归分析结果。

根据上述结果，可以得出房地产开发投资额与 GDP 之间的回归方程为：

$$\hat{Y}=6.17X-1\,870.66$$

在图 3-5 所示中，F 检验的 P 值即“Significance F”为 2.12×10^{-13}，远远小于 $\alpha=0.05$ 的显著性水平，因此 F 统计量落入拒绝域，认为房地产开发投资额与 GDP 之间的线性回归关系显著。同时进行了回归系数显著性检验，β_1 系数的 t 统计量的值远大于 5%显著

	A	B	C	D	E	F	G	H	I
1	SUMMARY OUTPUT								
2									
3	回归统计								
4	Multiple R	0.9873							
5	R Square	0.97476							
6	Adjusted F	0.973078							
7	标准误差	1194.71							
8	观测值	17							
9									
10	方差分析								
11		df	SS	MS	F	ignificance F			
12	回归分析	1	826857619	826857619	579.303	2.12E-13			
13	残差	15	21409978.7	1427331.92					
14	总计	16	848267598						
15									
16		Coefficients	标准误差	t Stat	P-value	Lower 95%	Upper 95%	下限 95.0%	上限 95.0%
17	Intercept	-1870.66	654.856139	-2.8565922	0.012005	-3266.45	-474.864	-3266.45	-474.864
18	X Variable	6.173056	0.25647636	24.0687135	2.12E-13	5.62639	6.719723	5.62639	6.719723

图 3-5　一元线性回归分析结果

性水平下自由度为 $n-2=15$ 的临界值 $t_{0.025}(15)=2.131$，落入拒绝域，回归关系显著。当然，对于一元线性回归方程来说，F 统计检验与 t 检验是一致的。

接下来利用 Excel 计算 GDP 的预测区间。若 2017 年的房地产开发投资额为 4 200 亿元，即 $X_0=4\,200$，代入求出的回归方程，得到 GDP 的预测值为

$$\hat{Y}_0=6.17\times 4\,200-1\,870.66=24\,043.34(\text{亿元})$$

下面给出该值在 95%置信度的预测区间。

由表 3-3 所示的数据，可得

$$E(X)=2\,289.73,\mathrm{Var}(X)=1\,356\,158.02$$

根据图 3-5 可知，$\hat{e}^2=21\,409\,978.7$。

于是，在 95%的置信度下，当 2017 年北京市房地产开发投资额为 4 200 亿元时，国内生产总值预测区间为

$$\begin{aligned}&24\,043.34\pm 2.131\times\sqrt{\frac{21\,409\,978.7}{17-2}\times\left(1+\frac{1}{17}+\frac{(4\,200-2\,289.73)^2}{(17-1)\times 1\,356\,158.02}\right)}\\&=24\,043.34\pm 2\,820.12\end{aligned}$$

或记为区间值 [21 223.22，26 863.46]。

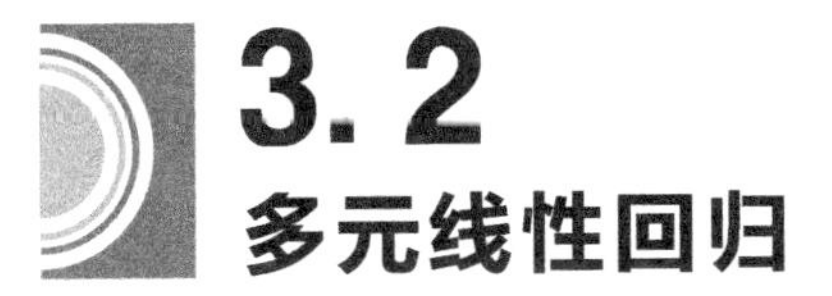

3.2 多元线性回归

3.2.1　多元线性回归模型

实际问题中，影响因素往往不只一个，当因变量 Y 与多个自变量 $X_1,X_2,\cdots,X_k$ 有线性关系时，用多元线性回归模型描述：

$$Y=\beta_0+\beta_1X_1+\beta_2X_2+\cdots+\beta_kX_k+\varepsilon \tag{3-29}$$

$$\varepsilon\sim N(0,\sigma^2) \tag{3-30}$$

上式中，β_j（$j=0$，1，…，k）称为回归系数或模型待估参数。β_j 与 σ^2 均未知，同一元回归分析一样，需要利用样本数据进行估计。

式（3-29）称为总体回归函数的随机表达式，它的非随机表达式为

$$E(Y\mid X_1,X_2,\cdots,X_k)=\beta_0+\beta_1X_1+\beta_2X_2+\cdots+\beta_kX_k \tag{3-31}$$

设 $\{(X_{i1},X_{i2},\cdots,X_{ik},Y_i):(i=1,2,\cdots,n)\}$ 为一组观测值，则总体回归模型为

$$\begin{cases}Y=\beta_0+\beta_1X_{i1}+\beta_2X_{i2}+\cdots+\beta_kX_{ik}+\varepsilon_i,i=1,2,\cdots,n\\ \varepsilon_i\sim N(0,\sigma^2)\\ Cov(\varepsilon_i,\varepsilon_j)=0,i\neq j,i,j=1,2,\cdots,n\end{cases} \tag{3-32}$$

与一元回归模型类似，为保证普通最小二乘估计量的优良性质，多元回归模型也需满足经典假设条件（约束条件），即随机误差项服从正态分布，且具有 0 均值、同方差、序列不相关性。此外，由于有多个自变量，自变量之间也不能存在完全多重共线性。

式（3-32）表示的 n 个随机方程的矩阵表达式为

$$\begin{cases}\boldsymbol{Y}=\boldsymbol{X\beta}+\boldsymbol{\varepsilon}\\ \varepsilon\sim N_n(0,\sigma^2\boldsymbol{I}_n)\end{cases} \tag{3-33}$$

其中

$$\boldsymbol{Y}=\begin{bmatrix}Y_1\\Y_2\\\vdots\\Y_n\end{bmatrix}_{n\times1},\boldsymbol{X}=\begin{bmatrix}1&X_{11}&X_{12}&\cdots&X_{1k}\\1&X_{21}&X_{22}&\cdots&X_{2k}\\\vdots&\vdots&\vdots&&\vdots\\1&X_{n1}&X_{n2}&\cdots&X_{nk}\end{bmatrix}_{n\times(k+1)}$$

$$\boldsymbol{\beta}=\begin{bmatrix}\beta_0\\\beta_1\\\vdots\\\beta_k\end{bmatrix}_{(k+1)\times1},\boldsymbol{\varepsilon}=\begin{bmatrix}\varepsilon_1\\\varepsilon_2\\\vdots\\\varepsilon_n\end{bmatrix}_{n\times1}$$

设 $\hat{\boldsymbol{\beta}}=(\hat{\beta}_0,\hat{\beta}_1,\cdots,\hat{\beta}_k)^T$ 是 $\boldsymbol{\beta}$ 的估计量，则样本回归函数表示为

$$\hat{Y}=\hat{\beta}_0+\hat{\beta}_1X_1+\hat{\beta}_2X_2+\cdots+\hat{\beta}_kX_k \tag{3-34}$$

其随机表达式为

$$Y=\hat{\beta}_0+\hat{\beta}_1X_1+\hat{\beta}_2X_2+\cdots+\hat{\beta}_kX_k+e \tag{3-35}$$

3.2.2 多元线性回归的普通最小二乘估计量

设 $\{(X_{i1},X_{i2},\cdots,X_{ik},Y_i):(i=1,2,\cdots,n)\}$ 为一组观测值，它的样本回归方程为

$$\hat{Y}_i=\hat{\beta}_0+\hat{\beta}_1X_{i1}+\hat{\beta}_2X_{i2}+\cdots+\hat{\beta}_kX_{ik},i=1,2,\cdots,n \tag{3-36}$$

根据最小二乘原理，参数 β_j 的估计值 $\hat{\beta}_j(j=0,1,\cdots,k)$ 应使得残差平方和达到最小，即

$$Q=\sum_{i=1}^{n}e_i^2=\sum_{i=1}^{n}(Y_i-\hat{Y}_i)^2=\sum_{i=1}^{n}[Y_i-(\hat{\beta}_0+\hat{\beta}_1X_{i1}+\hat{\beta}_2X_{i2}+\cdots+\hat{\beta}_kX_{ik})]^2 \tag{3-37}$$

达到最小。分别求 Q 对 $\hat{\beta}_1,\hat{\beta}_2,\cdots\hat{\beta}_k$ 的偏导数并令其等于零，得如下正规方程组：

$$\begin{cases}\sum Y_i=\sum(\hat{\beta}_0+\hat{\beta}_1X_{i1}+\hat{\beta}_2X_{i2}+\cdots+\hat{\beta}_kX_{ik})\\ \sum Y_iX_{i1}=\sum(\hat{\beta}_0+\hat{\beta}_1X_{i1}+\hat{\beta}_2X_{i2}+\cdots+\hat{\beta}_kX_{ik})X_{i1}\\ \sum Y_iX_{i2}=\sum(\hat{\beta}_0+\hat{\beta}_1X_{i1}+\hat{\beta}_2X_{i2}+\cdots+\hat{\beta}_kX_{ik})X_{i2}\\ \vdots\\ \sum Y_iX_{ik}=\sum(\hat{\beta}_0+\hat{\beta}_1X_{i1}+\hat{\beta}_2X_{i2}+\cdots+\hat{\beta}_kX_{ik})X_{ik}\end{cases} \tag{3-38}$$

以上方程组含有（$k+1$）个方程，右边共有（$k+1$）项，可解此方程组，得到待估参数的估计值 $\hat{\beta}_j(j=0,1,\cdots,k)$。

式（3-38）可写成矩阵形式：

$$(\boldsymbol{X}'\boldsymbol{X})\hat{\boldsymbol{\beta}}=\boldsymbol{X}'\boldsymbol{Y} \tag{3-39}$$

因为 $\boldsymbol{X}$ 是满秩的，故（$\boldsymbol{X}'\boldsymbol{X}$）$^{-1}$存在，因此可得

$$\hat{\boldsymbol{\beta}}=(\boldsymbol{X}'\boldsymbol{X})^{-1}\boldsymbol{X}'\boldsymbol{Y} \tag{3-40}$$

3.2.3　普通最小二乘估计量的性质

1. 线性性

由式（3-40）可知，$\hat{\boldsymbol{\beta}}=(\boldsymbol{X}'\boldsymbol{X})^{-1}\boldsymbol{X}'\boldsymbol{Y}=\boldsymbol{CY}$，$\hat{\beta}_j(j=0,1,\cdots,k)$ 是 $Y_1,Y_2,\cdots,Y_n$ 的线性组合。

2. 无偏性

随机干扰项均值为零，所以不难证明 $\hat{\beta}$ 是 β 的无偏估计：

$$\begin{aligned}E(\hat{\boldsymbol{\beta}})&=E[(\boldsymbol{X}'\boldsymbol{X})^{-1}\boldsymbol{X}'\boldsymbol{Y}]=E[(\boldsymbol{X}'\boldsymbol{X})^{-1}\boldsymbol{X}'(\boldsymbol{X\beta}+\boldsymbol{\varepsilon})]\\&=\boldsymbol{\beta}+(\boldsymbol{X}'\boldsymbol{X}^{-1})\boldsymbol{X}'E(\boldsymbol{\varepsilon})=\boldsymbol{\beta}\end{aligned}$$

3. $\hat{\boldsymbol{\beta}}$ 的方差和标准差

$\hat{\boldsymbol{\beta}}$ 的方差－协方差矩阵为

$$\begin{aligned}\mathrm{Var}(\hat{\beta})&=E\{[\hat{\beta}-E(\hat{\beta})][\hat{\beta}-E(\hat{\beta})]'\}\\&=E[(\hat{\beta}-\beta)(\hat{\beta}-\beta)']\\&=E[(X'X)^{-1}X'\varepsilon\varepsilon'X(X'X)^{-1}]\\&=(X'X)^{-1}X'(\sigma^2I)X(X'X)^{-1}\\&=\sigma^2(X'X)^{-1}X'X(X'X)^{-1}\\&=\sigma^2(X'X)^{-1}\end{aligned}$$

记为 $\mathrm{Var}(\hat{\beta}_j)=\sigma^2 c_{jj}(j=0,1,2,\cdots,k)$，在多元线性回归分析中，$\sigma^2$ 的无偏估计量为

$$\sigma^2=\frac{e'e}{n-k-1} \tag{3-41}$$

则 $\hat{\beta}_j$ 的样本标准差为

$$S_{\hat{\beta}_j}=\hat{\sigma}\sqrt{c_{jj}} \tag{3-42}$$

4. $\hat{\boldsymbol{\beta}}$ 的统计分布

满足经典假设条件下，$\hat{\boldsymbol{\beta}}$ 的分布为

$$\hat{\boldsymbol{\beta}}\sim N(\boldsymbol{\beta},\sigma^2(\boldsymbol{X}'\boldsymbol{X})^{-1}) \tag{3-43}$$

3.2.4 多元线性回归模型的显著性检验

1. 拟合优度检验

与一元线性回归类似，采用平方和分解法，将总离差平方和 TSS 分解为残差平方和 RSS 与回归平方和 ESS，即

$$\sum(Y_i-\overline{Y})^2=\sum(Y_i-\hat{Y}_i)^2+\sum(Y_i-\overline{Y})^2 \tag{3-44}$$

其可决系数 R^2 为

$$R^2=\frac{\mathrm{ESS}}{\mathrm{TSS}}=1-\frac{\mathrm{RSS}}{\mathrm{TSS}} \tag{3-45}$$

R^2 的值越接近 1，表示回归模型拟合优度高；反之，则较差。

在实际应用中，可决系数 R^2 往往会随着模型中解释变量的增加而增大，但是通过增加模型中的解释变量而使 R^2 增大，与模型拟合的好坏无关。因此，多元线性回归分析中需要对 R^2 进行调整，记 $\overline{R}^2$ 为调整的可决系数：

$$\overline{R}^2=1-\frac{\mathrm{RSS}/(n-k-1)}{\mathrm{TSS}/(n-1)} \tag{3-46}$$

上式中，$n-k-1$ 为残差平方和的自由度，$n-1$ 为总离差平方和的自由度。这样，剔除了变量个数对拟合优度的影响。调整的可决系数与未经调整的可决系数之间存在如下关系：

$$\overline{R}^2=1-(1-R^2)\frac{n-1}{n-k-1} \tag{3-47}$$

2. F 检验

多元线性回归方程的显著性 F 检验旨在检验模型中解释变量全体对被解释变量的影响是否显著。检验的原假设和备择假设分别为

$$H_0:\beta_1=\beta_2=\cdots=\beta_k=0$$

$$H_1:\beta_j(j=1,2,\cdots,k)\text{ 不全为零}$$

在原假设成立的条件下，F 统计量为

$$F=\frac{\mathrm{RSS}/k}{\mathrm{ESS}/(n-k-1)}\sim F(k,n-k-1) \tag{3-48}$$

于是，对于给定的显著性水平 α，查表可知临界值 $F_\alpha(k,n-k-1)$，若所求出的统计量 $F > F_\alpha(k,n-k-1)$，则拒绝假设 H_0，认为回归方程是显著的，否则认为所求回归方程不显著。

3. t 检验

对于多元线性回归，即使回归方程经过检验是显著的，也不意味着每个解释变量对被解释变量 Y 的影响是显著的。因此，我们应该在回归方程中剔除那些不显著的、可有可无的变量，保留影响 Y 的主要因素变量，使方程更加的简单。

假设某变量 $X_j(j=1,2,\cdots,k)$ 对 Y 的影响不显著，则只要使得检验 $H_0:\beta_j=0$ 成立。根据 $\hat{\beta}_j$ 服从如下分布：

$$H_0:\hat{\beta}_j \sim N(\hat{\beta}_j,\sigma^2 c_{jj})$$

因此构造 t 统计量：

$$t=\frac{\hat{\beta}_j-\beta_j}{S_{\hat{\beta}_j}}=\frac{\hat{\beta}_j-\beta_j}{\sqrt{c_{jj}\dfrac{e'e}{n-k-1}}}\sim t(n-k-1) \tag{3-49}$$

于是，对于给定的显著性水平 α，查表可知临界值 $t_{\frac{\alpha}{2}}(n-k-1)$，若所求出的统计量 $|t|>t_{\frac{\alpha}{2}}(n-k-1)$，则拒绝假设 H_0，认为在其他解释变量不变的情况下，判定对应的解释变量 $X_j(j=1,2,\cdots,k)$ 对 Y 的影响是显著，反之则是不显著的。

3.2.5　多元线性回归分析的应用

预测是回归方程的重要应用，即对于给定的自变量 $X_0=(1,X_{01},X_{02},\cdots,X_{0k})$，可以估计出 Y 的对应值 Y_0 的取值，同样分为点预测和区间预测。

1. 点预测

由多元线性回归模型 $\hat{\boldsymbol{Y}}=\boldsymbol{X}\hat{\boldsymbol{\beta}}$，对于给定的样本以外的自变量的具体值 $X_0=(1,X_{01},X_{02},\cdots,X_{0k})$，可以得到解释变量的预测值的估计值：

$$\hat{Y}_0=X_0\hat{\boldsymbol{\beta}}$$

将回归值 $\hat{Y}_0$ 作为 Y_0 的估计值，称 $\hat{Y}_0$ 为 Y_0 的点预测值。

2. 总体均值的区间预测

因为 $E(\hat{Y}_0)=E(\boldsymbol{X}_0\hat{\boldsymbol{\beta}})=\boldsymbol{X}_0E(\hat{\boldsymbol{\beta}})=E(Y_0)$

$$\begin{aligned}\mathrm{Var}(\hat{Y}_0)&=E[(\boldsymbol{X}_0\hat{\boldsymbol{\beta}}-\boldsymbol{X}_0\boldsymbol{\beta})^2]=E[\boldsymbol{X}_0(\hat{\boldsymbol{\beta}}-\boldsymbol{\beta})\boldsymbol{X}_0(\hat{\boldsymbol{\beta}}-\boldsymbol{\beta})]\\&=E[\boldsymbol{X}_0(\hat{\boldsymbol{\beta}}-\boldsymbol{\beta})(\hat{\boldsymbol{\beta}}-\boldsymbol{\beta})'\boldsymbol{X}_0{}']\\&=\boldsymbol{X}_0E(\hat{\boldsymbol{\beta}}-\boldsymbol{\beta})(\hat{\boldsymbol{\beta}}-\boldsymbol{\beta})'\boldsymbol{X}_0{}'\\&=\sigma^2\boldsymbol{X}_0(\boldsymbol{X}'\boldsymbol{X})^{-1}\boldsymbol{X}_0{}'\end{aligned}$$

并且可证明 $\hat{Y}_0$ 服从正态分布，

$$\hat{Y}_0 \sim N[\boldsymbol{X}_0\boldsymbol{\beta},\sigma^2\boldsymbol{X}_0(\boldsymbol{X}'\boldsymbol{X})^{-1}\boldsymbol{X}_0]$$

用随机干扰项的样本估计量 $\hat{\sigma}^2$ ，可构造 t 统计量：

$$\frac{\hat{Y}_0-E(Y_0)}{\hat{\sigma}\sqrt{\boldsymbol{X}_0(\boldsymbol{X}'\boldsymbol{X})^{-1}\boldsymbol{X}'_0}} \sim t(n-k-1)$$

于是，对于给定的置信水平 $1-\alpha$ 有：

$$\hat{Y}_0-t_{\frac{\alpha}{2}}\times\hat{\sigma}\sqrt{\boldsymbol{X}_0(\boldsymbol{X}'\boldsymbol{X})^{-1}\boldsymbol{X}'_0}<E(\hat{Y}_0)<\hat{Y}_0+t_{\frac{\alpha}{2}}\times\hat{\sigma}\sqrt{\boldsymbol{X}_0(\boldsymbol{X}'\boldsymbol{X})^{-1}\boldsymbol{X}'_0} \tag{3-50}$$

3. 总体个别值的区间预测

用回归值 $\hat{Y}_0$ 作为 Y_0 的估计值时，预测误差为

$$e_0=Y_0-\hat{Y}_0=(\boldsymbol{X}_0\beta+\varepsilon_0)-(\boldsymbol{X}_0\hat{\beta})=\boldsymbol{X}_0(\beta-\hat{\beta})+\varepsilon_0$$

因为 $\hat{Y}_0$ 和 Y_0 均服从正态分布，所以 e_0 也服从正态分布，求其误差 e_0 的均值与方差得到：

$$e_0 \sim N\{0,\sigma^2[1+\boldsymbol{X}_0(\boldsymbol{X}'\boldsymbol{X})^{-1}\boldsymbol{X}'_0]\}$$

用随机干扰项的样本估计量 $\hat{\sigma}^2$ ，可构造 t 统计量：

$$t=\frac{\hat{Y}_0-Y_0}{\hat{\sigma}\sqrt{1+\boldsymbol{X}_0(\boldsymbol{X}'\boldsymbol{X})^{-1}\boldsymbol{X}'_0}}=\frac{\hat{Y}_0-Y_0}{\hat{\sigma}_{e_0}} \sim t(n-k-1) \tag{3-51}$$

【例 3.4】为了全面反映中国“人口自然增长率”的全貌，选择人口增长率作为被解释变量，来反映中国人口的增长；选择“国民收入（亿元）”与“人均 GDP”作为经济增长的指标，并以“居民消费价格指数增长率”作为居民消费水平的指标。试用回归模型分析它们的关系，若 2017 年的居民消费增长率为 2.00%，国民总收入为 760 000 亿元，并且人均 GDP 为 55 000 元，那么预测人口自然增长率是多少？从《中国统计局》收集到 1989 年至 2016 年的相关数据，如表 3-4 所示。

表 3-4　1989 年至 2016 年人口增长率、居民消费率、国民收入和人均 GDP

年份	人口自然增长率（‰）	居民消费增长率（%）	国民总收入（亿元）	人均 GDP（元）
1989	15.04	18.00	17 001	1 519
1990	14.39	3.10	18 718	1 644
1991	12.98	3.40	21 826	1 893
1992	11.6	6.40	26 937	2 311
1993	11.45	14.70	35 260	2 998
1994	11.21	24.10	48 108	4 044
1995	10.55	17.10	59 811	5 046
1996	10.42	8.30	70 142	5 846
1997	10.06	2.80	78 802.9	6 481
1998	9.14	−0.79	83 817.6	6 860
1999	8.18	−1.41	89 366.5	7 229

续表

年份	人口自然增长率（‰）	居民消费增长率（%）	国民总收入（亿元）	人均 GDP（元）
2000	7.58	0.42	99 066.1	7 942
2001	6.95	0.69	109 276.2	8 717
2002	6.45	−0.80	120 480.4	9 506
2003	6.01	1.20	136 576.3	10 666
2004	5.87	3.90	161 415.4	12 487
2005	5.89	1.80	185 998.9	14 368
2006	5.28	1.51	219 028.5	16 738
2007	5.17	4.80	270 844	20 505
2008	5.08	5.90	321 500.5	24 121
2009	4.87	−0.71	348 498.5	26 222
2010	4.79	3.29	411 265.2	30 876
2011	4.79	5.39	484 753.2	36 403
2012	4.95	2.60	539 116.5	40 007
2013	4.92	2.60	590 422.4	43 852
2014	5.21	2.00	644 791.1	47 203
2015	4.96	1.40	686 449.6	50 251
2016	5.86	2.00	740 598.7	53 980

设定的线性回归模型为

$$Y_t = \beta_0 + \beta_1 X_{1t} + \beta_2 X_{2t} + \beta_3 X_{3t} + \mu_t$$

上式中，人口自然增长率（‰）为被解释变量 Y_t ，居民消费价格指数增长率 X_{1t} 、国民收入（亿元）X_{2t} 与人均 GDPX_{3t} 为三个解释变量，μ_t 为误差项。

同一元回归分析，用 Excel 表中的数据分析功能估计模型参数，得到的回归分析结果如图 3-6 所示。

SUMMARY OUTPUT

回归统计	
Multiple R	0.914101
R Square	0.835581
Adjusted R S	0.815028
标准误差	1.382482
观测值	28

方差分析

	df	SS	MS	F	ignificance F
回归分析	3	233.1128	77.70426	40.65613	1.45E-09
残差	24	45.87013	1.911255		
总计	27	278.9829			

	Coefficients	标准误差	t Stat	P-value	Lower 95%	Upper 95%	下限 95.0%	上限 95.0%
Intercept	13.35523	0.927871	14.39341	2.66E-13	11.4402	15.27026	11.4402	15.27026
X Variable 1	0.116203	0.046376	2.50567	0.019408	0.020488	0.211919	0.020488	0.211919
X Variable 2	0.000432	7.94E-05	5.445211	1.35E-05	0.000268	0.000596	0.000268	0.000596
X Variable 3	-0.00607	0.001093	-5.55235	1.03E-05	-0.00832	-0.00381	-0.00832	-0.00381

图 3-6　多元回归分析结果

根据图 3-6 中的结果，模型估计的结果为

$$\hat{Y}_t = 13.3552 + 0.11620X_{1t} + 0.00043X_{2t} - 0.00607X_{3t}$$
$$t = (14.39341)(2.50567)(5.44521)(-5.55235)$$

结果表明，在其他变量不变的情况下，当居民消费价格指数增长率上升 1%，人口增长率上升 0.116 2%；在其他变量不变的情况下，当年国民总收入每增长 1 亿元，人口增长率上升 0.000 43%；在其他变量不变的情况下，人均 GDP 上升 1 元，人口增长率就会降低 0.006 07%。

检验结果：

(1) 拟合优度检验：由分析结果得到修正的可决系数为 $\bar{R}^2 = 0.815$，说明模型对样本的拟合程度较好。

(2) F 检验：检验模型中解释变量全体对被解释变量的影响是否显著，针对原假设 $H_0: \beta_1 = \beta_2 = \beta_3 = 0$，当显著性水平 $\alpha = 0.05$ 时，在 F 分布表中查出自由度为 $F_\alpha(3,24) = 4.72$。由于模型拟合得到的结果为 $F = 40.656 > F_\alpha(3,14) = 3.34$，应拒绝原假设，说明了原方程显著，即“居民消费价格指数增长率”“国民总收入”和“人均 GDP”对“人口自然增长率”有显著影响。

(3) t 检验：对于给定的显著性水平 $\alpha = 0.05$，查 t 分布表得临界值 $t_{\alpha/2}(28-4) = 2.064$。由估计结果可知，所有的参数绝对值均大于 2.064，这说明它们都拒绝原假设 $H_0: \beta_0 = \beta_1 = \beta_2 = \beta_3 = 0$，说明当其他解释变量不变的情况下，解释变量“居民消费价格指数增长率”“国民总收入”和“人均 GDP”对“人口自然增长率”有显著影响。

将 $X_{1t} = 2.00$，$X_{2t} = 760000$，$X_{3t} = 55000$，代入回归模型，得

$$\hat{Y}_t = 13.3552 + 0.11620 \times 2.00 + 0.00043 \times 760000 - 0.00607 \times 55000 = 6.54$$

因此，预测 2017 年的“人口自然增长率”为 6.54‰。

3.3 非线性回归分析与自回归分析

3.3.1 可化为线性的非线性回归模型

在前两节中，我们讨论的都是假定未知的总体回归是线性的，拟合优度及方程的显著性检验也是对函数形式的线性检验。但在实际问题中，变量之间的关系并不都是线性的，可能会碰到某些变量之间呈曲线关系。这时，若还是用线性回归的方式去处理，会发现这样的回归效果并不理想。不过在某些情况下，对曲线回归的问题，可以转化为线性回归问

题来处理，即所谓的非线性回归的线性化。下面对这类问题进行简单介绍。

1. 直接置换法

直接置换法是指将非线性回归模型中的变量直接进行交换，使其转换为线性回归模型。一般应用于双曲线模型、多项式模型中。

例如，假设某商品的需求量 Q 与价格 P 之间的关系满足双曲线形式，其双曲线回归模型为

$$\frac{1}{Q} = a + b\frac{1}{P} \tag{3-52}$$

设 $Q' = \frac{1}{Q}$，$P' = \frac{1}{P}$，则双曲线方程可转化为一元线性回归模型：

$$Q' = a + bP' \tag{3-53}$$

2. 对数变换法

对数变换法一般先对非线性回归模型两边取对数，转化为线性回归模型。主要针对指数型模型、幂函数模型、三角函数模型。

例如，某商品的产出量 Q 与投入要素之间（K，L）呈幂函数的回归模型：

$$Q = AK^{\alpha}L^{\beta} \tag{3-54}$$

方程两边取对数之后，转化为 $\ln Q = \ln A + \alpha\ln K + \beta\ln L$

设 $Y' = \ln Q, X'_1 = \ln K, X'_2 = \ln L$，则对数回归模型转换为一元线性回归模型：

$$Y' = \ln A + \alpha X'_1 + \beta X'_2 \tag{3-55}$$

为了方便起见，表 3-5 列出了常见的几种可化为线性回归的函数形式。它们的图形如图 3-7 至图 3-12 所示。

表 3-5　常见的可转化为线性回归的函数形式

函数名称	函数表达式	变换关系	变换后的方程
幂函数	$Y = aX^b$	$Y' = \ln Y, X' = \ln X$	$Y' = \ln a + bX'$
双曲线函数	$\frac{1}{Y} = a + \frac{b}{X}$	$Y' = \frac{1}{Y}, X' = \frac{1}{X}$	$Y' = a + bX'$
指数函数	$Y = ae^{bX}$	$Y' = \ln Y$	$Y' = \ln a + bX$
	$Y = ae^{\frac{b}{X}}$	$Y' = \ln Y, X' = \frac{1}{X}$	$Y' = \ln a + bX'$
对数函数	$Y = a + b\ln X$	$X' = \ln X$	$Y' = \ln a + bX'$
Logistic 函数	$Y = \frac{1}{a + be^{-X}}$	$Y' = \frac{1}{Y}, X' = e^{-X}$	$Y' = \ln a + bX'$

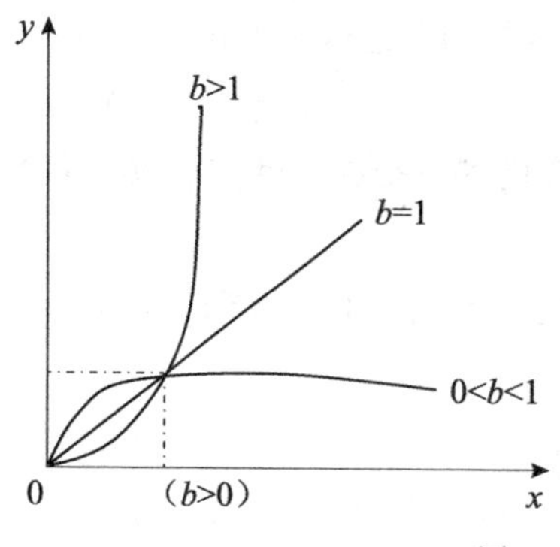

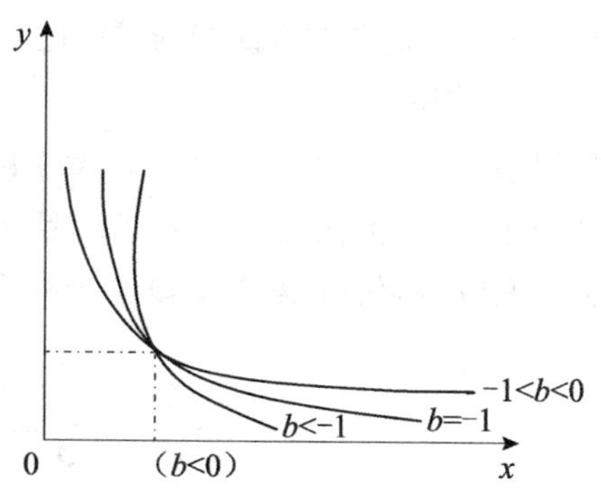

图 3-7　幂函数 $y = ax^b$

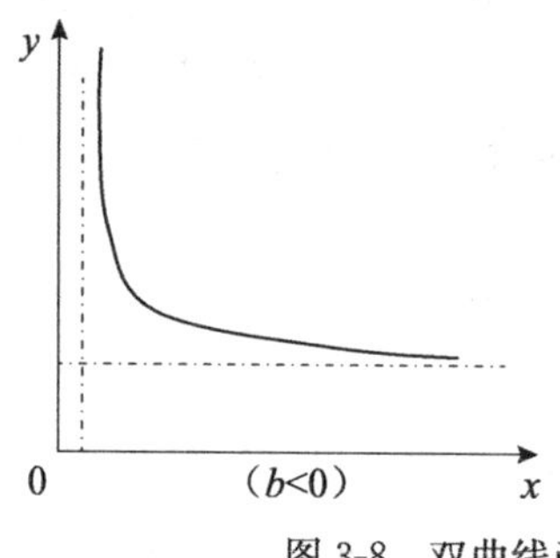

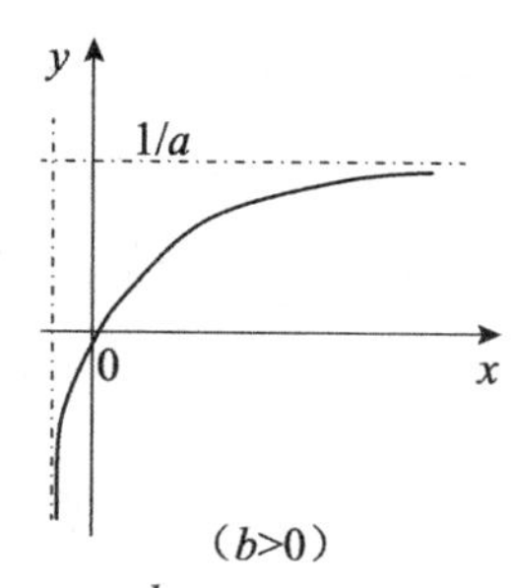

图 3-8　双曲线函数 $\frac{1}{y} = a + \frac{b}{x}$

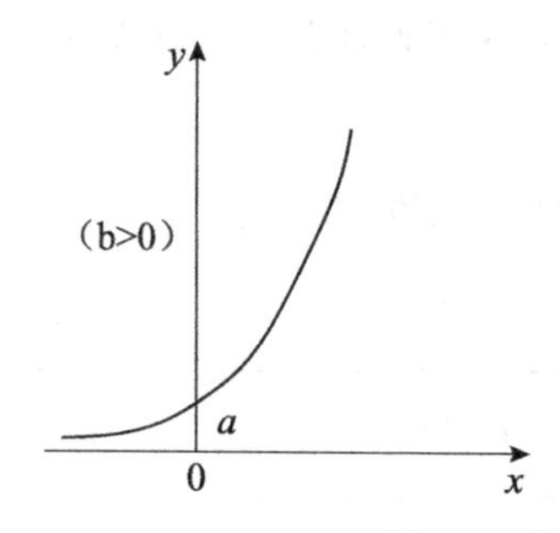

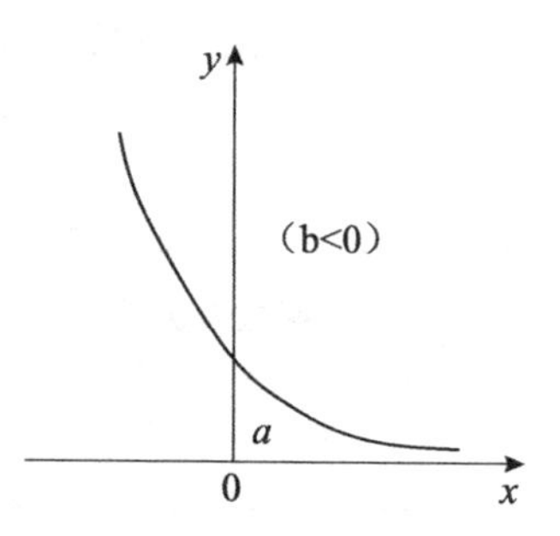

图 3-9　指数函数 $y = ae^{bx}$

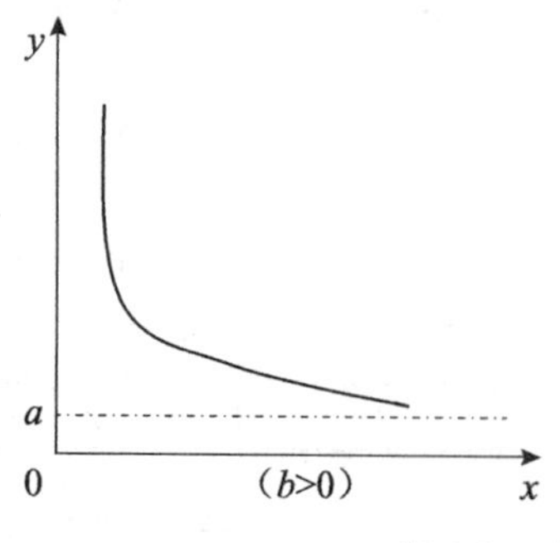

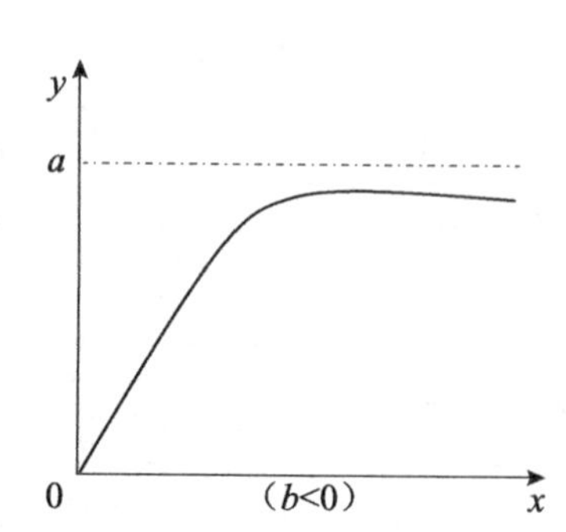

图 3-10　指数函数 $y = ae^{\frac{b}{x}}$

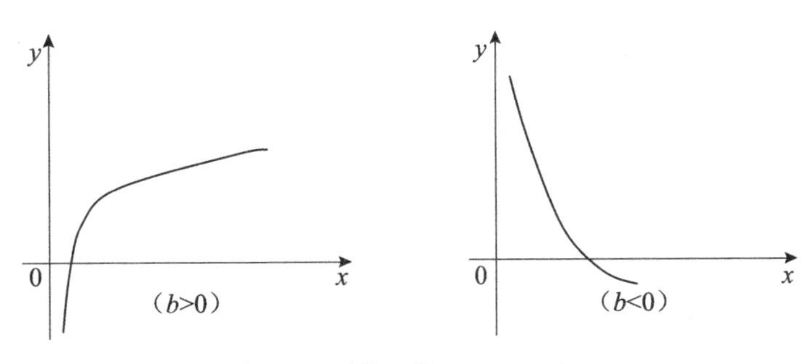

图 3-11 对数函数 $y=a+b\ln x$

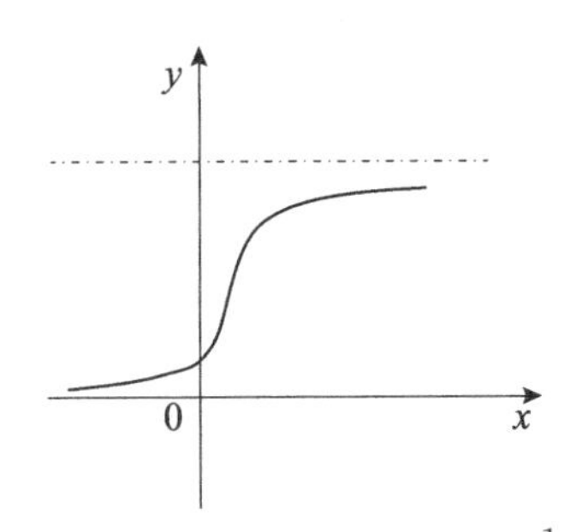

图 3-12 Logistic 函数的 $y=\dfrac{1}{a+be^{-x}}$

3.3.2 非线性回归案例分析

【例 3.5】表 3-6 列出了 1955 年至 1974 年墨西哥的国内生产总值 GDP（以 1960 年不变价格计算，单位为百万比索）、就业人数 L（单位为千人）以及固定资本 K（以 1960 年不变价格计算，单位为百万比索）的数据，试用回归分析解释墨西哥国内生产总值与其要素之间的关系。

表 3-6 墨西哥 GDP、就业人数和实际固定资本

年份	GDP（Q）	就业人数（L）	固定资产（K）
1955	114 043	8 310	182 113
1956	120 410	8 529	193 749
1957	129 187	8 738	205 192
1958	134 705	8 952	215 130
1959	139 960	9 171	225 021
1960	150 511	9 569	237 026
1961	157 897	9 527	248 897
1962	165 286	9 662	260 661
1963	178 491	10 334	275 466
1964	199 457	10 981	295 378
1965	212 323	11 746	315 715

续表

年份	GDP（Q）	就业人数（L）	固定资产（K）
1966	226 977	11 521	337 642
1967	241 194	11 540	363 599
1968	260 881	12 066	391 847
1969	277 498	12 297	422 382
1970	296 530	12 955	455 049
1971	306 712	13 338	484 677
1972	329 030	13 738	520 533
1973	354 057	15 924	561 531
1974	374 977	14 154	609 825

根据经济理论，设三者之间的关系满足著名的柯布—道格拉斯生产函数模型，即

$$Q = AL^{\alpha}K^{\beta}e^{\mu} \tag{3-56}$$

上式两边取对数，可得

$$\ln Q = \beta_0 + \beta_1 \ln L + \beta_2 \ln K + \mu \tag{3-57}$$

其中，$\beta_0 = \ln A$ 。这样采用双对数回归模型能方便地考察墨西哥国内生产总值、就业人数与固定资产三者之间的关系。

根据式（3-57）进行回归分析，采用 Excel 进行计算，结果如图 3-13 所示。

SUMMARY OUTPUT

回归统计	
Multiple R	0.997537
R Square	0.995081
Adjusted R Sc	0.994502
标准误差	0.028288
观测值	20

方差分析

	df	SS	MS	F	ignificance F
回归分析	2	2.751651	1.375826	1719.365	2.41E-20
残差	17	0.013603	0.0008		
总计	19	2.765254			

	Coefficients	标准误差	t Stat	P-value	Lower 95%	Upper 95%	下限 95.0%	上限 95.0%
Intercept	-1.65238	0.606175	-2.72591	0.014375	-2.9313	-0.37346	-2.9313	-0.37346
X Variable 1	0.339694	0.185687	1.829383	0.084938	-0.05207	0.73146	-0.05207	0.73146
X Variable 2	0.846023	0.09335	9.062911	6.42E-08	0.649071	1.042974	0.649071	1.042974

图 3-13 回归分析结果

回归方程为

$$\ln\widehat{Q} = -1.652 + 0.40\ln L + 0.846\ln K$$

$$(-2.72)\quad(1.83)\qquad(9.06)$$

由回归结果可知，模型拟合程度较高。在资本投入不变的条件下，就业人数每增加一个百分点，墨西哥平均国内生产总值将增加 0.40 个百分点。同样，在就业人数不变的情况下，资本投入每增加一个百分点，生产总值将平均增加 0.864 个百分点。这两个弹性系数相当于规模报酬参数，数值大于 1，表明墨西哥经济特征是规模报酬递增的。

估计的F值显示高度相关（P值接近0），R^2为0.995，表明就业人数和资本投入（对数）解释了约99.5%的国内生产总值（对数）的变动，说明了该模型（3-57）很好的拟合了样本数据。

3.3.3 自回归预测法

自回归预测法是指利用预测目标的历史时间数列在不同时期取值之间存在的依存关系（自身相关），建立回归方程进行预测。它以某一市场现象变量的时间序列为因变量数列，然后用同一变量向过去推移若干期的时间数列作为自变量数列，分析因变量序列与一个或多个自变量序列之间的相关关系，建立回归方程。一般形式为

$$Y_t = \alpha + \beta_1 Y_{t-1} + \beta_2 Y_{t-2} + \cdots + \beta_p Y_{t-p} + e_t \tag{3-58}$$

上式中，Y_t为时间序列在t期的观测值，p为自回归滞后阶数，e_t是误差。

自回归预测法的优点在于所需的数据不多，可以用自变量数列进行预测。但这类方法只适用于预测与自身前期相关的某些经济现象，即受自身历史因素影响较大的经济现象，如矿的开采量、考虑某种产品的生产周期等。若受非自身因素影响较大的经济现象则不宜采用。

在应用自回归分析预测法时，一般采用滞后期数为一期或二期的自回归模型，因为这样可以避免二元以上自回归模型的复杂运算过程，而其精确性并不会受到明显的影响。下面举例说明自回归分析预测的预测过程。

【例3.6】 设某企业某种商品的消费周期为一年，其市场需求量相关数据如表3-7所示。试用自回归分析法对2018年该商品的市场需求量进行预测。

表3-7 某商品需求量相关数据 （单位：万件）

年份	需求量Y_t	Y_{t-1}	$Y_{t-1}Y_t$	$Y_t^{\ 2}$
2007	21	—	—	—
2008	23	21	483	441
2009	26	23	598	529
2010	27	26	702	676
2011	29	27	783	729
2012	30	29	870	841
2013	32	30	960	900
2014	34	32	1 088	1 024
2015	35	34	1 190	1 156
2016	37	35	1 295	1 225
2017	38	37	1 406	1 369
合计	332	294	9 375	8 890

1. 建立自回归预测模型

该商品的消费周期为一年，因此采用向前推移一年的时间序列为自变量，建立一元线性自回归模型。设一元线性自回归模型为

$$Y_t = \alpha + \beta_1 Y_{t-1} + e_t$$

可采用普通最小二乘法估计方程参数的有关数据，将表 3-7 的数据代入参数的正规方程组，可解得

$$\begin{cases} \sum Y_t = n\alpha + \beta_1 \sum Y_{t-1} \\ \sum Y_{t-1} Y_t = \alpha \sum Y_{t-1} + \beta_1 \sum Y_{t-1}^2 \end{cases}$$

$$\begin{cases} \alpha = 3.466 \\ \beta_1 = 0.939\,9 \end{cases}$$

于是得到一元线性自回归预测模型为

$$\hat{Y}_t = 3.466 + 0.939\,9 Y_{t-1}$$

同样，也可运用 Excel 进行回归分析，结果如图 3-14 所示。

	A	B	C	D	E
1					
2		年份	需求量Yt	Y（t-1）	
3		2007	21	—	
4		2008	23	23	
5		2009	26	26	
6		2010	27	27	
7		2011	29	29	
8		2012	30	30	
9		2013	32	32	
10		2014	34	34	
11		2015	35	35	
12		2016	37	37	
13		2017	38	38	
14					
15					
16					
17					
18					

	F	G	H	I	J	K	L	M	N
1	SUMMARY OUTPUT								
2									
3	回归统计								
4	Multiple R	0.992705							
5	R Square	0.985464							
6	Adjusted R S	0.983647							
7	标准误差	0.633545							
8	观测值	10							
9									
10	方差分析								
11		df	SS	MS	F	ignificance F			
12	回归分析	1	217.689	217.689	542.3515	1.23E-08			
13	残差	8	3.211039	0.40138					
14	总计	9	220.9						
15									
16		Coefficients	标准误差	t Stat	P-value	Lower 95%	Upper 95%	下限 95.0%	上限 95.0%
17	Intercept	3.465909	1.203395	2.880108	0.020508	0.690874	6.240944	0.690874	6.240944
18	X Variable 1	0.939935	0.040361	23.28844	1.23E-08	0.846863	1.033007	0.846863	1.033007

图 3-14　自回归分析结果

根据图 3-14 可知，自回归方程如下：

$$\hat{Y}_t = 3.466 + 0.939\,9 Y_{t-1}$$
$$(2.88) \quad (23.29)$$

2. 方程的显著性检验

应用自回归分析预测法，同样需要对回归方程进行显著性检验。检验方法同一元回归分析相同，这里不再详述。

3. 预测

2018 年该商品的市场需求量的点预测为

$$Y_t = 3.466 + 0.939\,9 \times 38 = 39.18 (\text{万件})$$

若取 95%的置信度，则 $t=1.96$，回归标准差可通过公式 $S=\sqrt{\frac{\sum (Y_t - \hat{Y}_t)^2}{n-k}}$ 计算，或从 Excel 分析结果表中读出 $S=0.634$，则得到置信区间为

$$39.18 \pm 1.96 \times 0.634 = 39.18 \pm 1.24 (\text{万件})$$

即在 2018 年，有 95%的可能性该商品的市场需求量为 37.94—40.42 万件。

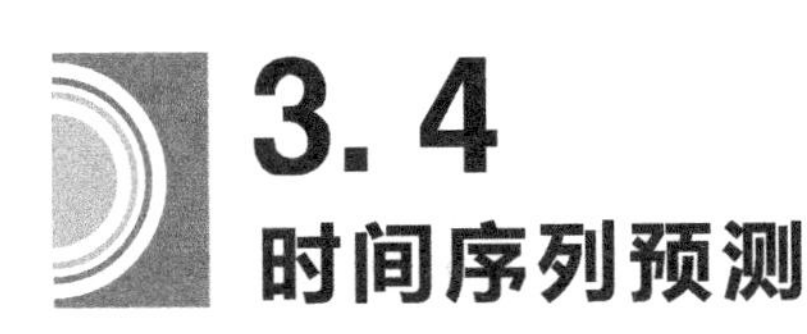

3.4 时间序列预测

时间序列，也称为时间数列、历史复数或动态数列。它是将某种统计的指标数值按照时间先后顺序排列所形成的数列。根据时间序列所反映出来的发展过程、方向和趋势，进行类推和延伸，以预测下一时间或若干年以后达到的水平。时间序列预测其实是一种回归预测方法，属于定量预测，主要有移动平均预测法、指数平滑预测法、趋势性指数平滑法。

3.4.1 时间序列的基本特征

时间序列一般包含两个要素：一是现象所属的时间，二是这些时间所对应的统计指标数值。因此，在对某现象进行统计研究时，把所需研究现象在不同时间上发展变化的一系列同类统计指标数值，按照时间的先后顺序排列起来，就形成了时间序列。排列的时间可以是年份、季度、月份或其他任何时间形式。表3-8所示是中南传媒公司2008—2016年的营业总收入，这是一个以年为单位间隔的时间序列。

表3-8　中南传媒2008—2016年营业总收入　（单位：百万）

年份	2008	2009	2010	2011	2012	2013	2014	2015	2016
营业收入	354 985	405 232	476 258	585 657	693 036	803 305	903 876	1 008 543	1 110 452

（1）时间序列按是否平稳可以分为平稳性时间序列和非平稳性时间序列。平稳性时间序列是指其序列只存在随机波动，不存在明显的持续上升或下降的趋势，并且波动的幅度在不同的时间也没有明显的差异。反之，若时间序列存在明显的持续上升或下降趋势，或者波动幅度在不同的时间存在明显的差异，就是非平稳性时间序列。

（2）时间序列按照其表现形式可以分为绝对数时间序列、相对数时间序列和平均数时间序列。绝对数时间序列是把某种指标数值用绝对数表示，按照时间顺序排列而成的序列。它又可细分为时期序列和时点序列。时期序列是指总量指标反映社会经济现象在一段时间内的发展过程的总量的时间序列，其特点是各时间上的同一指标数值可以累计相加，相加之后的指标值表示更长一段时间现象发生的总量。时点序列则是反映某一时刻上所处的状态或水平，其指标不可相加，相加的指标没有实际意义。

相对数时间序列是把相对指标在时间上按照先后顺序排列起来，用来反映社会经济现象之间相互关系的发展过程。

平均数时间序列是把平均指标在不同时间上的数值按时间先后顺序排列，用来反映社会经济现象总体一般水平的发展趋势。

(3) 时间序列的影响因素分析。时间序列反映了社会经济现象随时间的发展而变化，而影响现象的变动因素是多方面的，既有长期作用的基本因素，也有短期作用的偶然因素。根据它们的性质和作用不同，归纳起来将它们分为以下四类。

第一，长期趋势。长期趋势是指经济现象由于受到某些决定性因素的作用，在一段较长时期内呈现持续向上增长或向下降低的态势，一般记为 T。

第二，季节变动。季节变动是指受到自然条件、社会风俗习惯等原因的影响，某些社会经济现象表现出随着季节的更换呈现有规律的变动，记为 S。

第三，循环变动。循环变动是指经济现象发生周期在一年以上，出现涨落起伏有规律的商业景气循环，记为 C。

第四，不规则变动。不规则变动是指社会经济现象除了受上述因素变动的影响之外，还受到临时、偶然因素或突发、不明因素影响而呈现的无规律性的变动，记为 I。

以上四类因素对现象变动的影响，可分为两种分析模型。一种是当各因素彼此相互独立时，时间序列观察值可以看成是四因素相加的结果：$Y=T+S+C+I$；另一种是当因素间互相影响时，其时间序列模型为 $Y=T\cdot S\cdot C\cdot I$。

时间序列分析可以反映现象在不同时间上的规模和水平，反映社会经济现象发展变化的过程和趋势。通过随时间序列的趋势进行分析，可以探索某些社会经济现象发展变化的规律性。根据时间序列的特点，可构建数学模型，预测未来。因此，研究时间序列具有重要的作用。

3.4.2 季节性调整的时间序列

如前所述，季节变动是指受自然条件、社会风俗习惯等原因的影响，某些社会经济现象表现出随着季节的更换呈现有规律的变动，主要是指时间序列在短时期内（一年内）所呈现的周期变动。

通常一些经济现象呈现着季节性的变化模式，在预测前，应处理季节性因素。一方面，弄清季节变动规律，可将其从序列中分离，以进一步研究其他因素的变化规律；另一方面，弄清楚季节变动的规律可达到预测的目的，有助于规划未来的经济活动，为决策提供依据。

测度季节变动的指标为季节性因子。一般来说，一年中任何一个时期（一个季度、一个月等）的季节性因子表示了将期间平均数与整个年份的总平均数相比较的结果。

$$季节性因子=\frac{期间平均数}{总平均数}$$

【例 3.7】杰森是一家电器销售公司的经理，表 3-9 的数据是该公司一种电器过去三年每季度的销售额。他希望能预测下一年该电器的销售额。

表 3-9　某电器三年的销售额

季度	第一年销售额（万元）	第二年销售额（万元）	第三年销售额（万元）
1	3 405	3 628	3 496
2	3 233	3 532	3 411
3	3 285	3 892	3 975
4	4 133	4 362	4 825

该电器过去三年的总平均值为 3 734.5。计算过去三年中每个季度的平均销售额，例如，第一季度的平均销售额为

$$\text{平均销售额(第一季度)} = \frac{3\,045 + 3\,628 + 3\,496}{3} = 3\,389$$

$$\text{季节性因子} = \frac{3\,389}{3\,734.5} = 0.91$$

四个季度的平均销售额如表 3-10 所示，第三列表示该电器的季节性因子。

表 3-10　季节性因子

季度	三年的平均值（万元）	季节性因子
1	3 389	0.91
2	3 392	0.91
3	3 717	1.00
4	4 440	1.19

然后对数据进行去除季节性影响的处理，为了消除表 3-9 所示的时间序列的季节性影响，每一个平均销售额都需要除以表 3-10 中的季节性因子。公式为

$$\text{去除季节性影响的销售额} = \frac{\text{实际销售额}}{\text{季节性因子}}$$

将这个公式应用于表 3-9 所示 12 个的实际销售额，就能得到如图 3-15 所示的 Excel 文档中 F 列所给出的去除季节性因素影响的销售额。

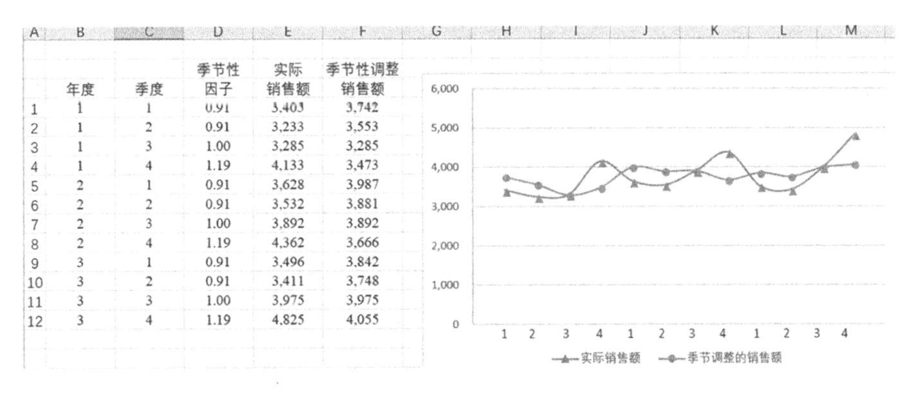

	年度	季度	季节性因子	实际销售额	季节性调整销售额
1	1	1	0.91	3,403	3,742
2	1	2	0.91	3,233	3,553
3	1	3	1.00	3,285	3,285
4	1	4	1.19	4,133	3,473
5	2	1	0.91	3,628	3,987
6	2	2	0.91	3,532	3,881
7	2	3	1.00	3,892	3,892
8	2	4	1.19	4,362	3,666
9	3	1	0.91	3,496	3,842
10	3	2	0.91	3,411	3,748
11	3	3	1.00	3,975	3,975
12	3	4	1.19	4,825	4,055

图 3-15　实际销售额与去除季节性调整后的销售额

比较图 3-15 中右边的两条折线，不难发现经调整后的折现图与比实际销售额折线图波动要小得多，这是因为去除了季节性因素的影响。然而，这个折线图还未达到完全水平状态，是因为还可能受除季节之外其他因素的影响，如促销活动等。

3.4.3 移动平均预测法

移动平均法是依照时间顺序，对数列中最近一段时间的观察值求平均，并作为下一期的预测值，随着时间的推移，舍弃一个历史远期数值，纳入一个近期数值，保持平均数所含的观察值个数恒定。

设有时间序列：$Y_1, Y_2, \cdots, Y_t, \cdots$，移动平均公式为

$$\hat{Y}_{t+1} = \frac{Y_t + Y_{t+1} + \cdots + Y_{t-n+1}}{n} (t \geqslant n)$$

其中 n 为与预测下一时期相关性高的最近的时期数。

在例 3.7 中，如果销售额大约每 4 个季度（一年）保持相对稳定，于是令 $n=4$，对于图 3-15 中的 F 列，经季节性调整过的销售额预测值计算为

$$第二年一季度：季节性调整预测值 = \frac{3\,742 + 3\,553 + 3\,285 + 3\,473}{4} = 3\,513$$

$$第二年二季度：季节性调整预测值 = \frac{3\,553 + 3\,285 + 3\,473 + 3\,987}{4} = 3\,574$$

$$第二年三季度：季节性调整预测值 = \frac{3\,285 + 3\,473 + 3\,987 + 3\,881}{4} = 3\,657$$

依此类推，每次预测去掉一个历史观察值，再加上一个新的观察值而得到。图 3-16 Excel 表中的 G 列显示了季节调整预测值。

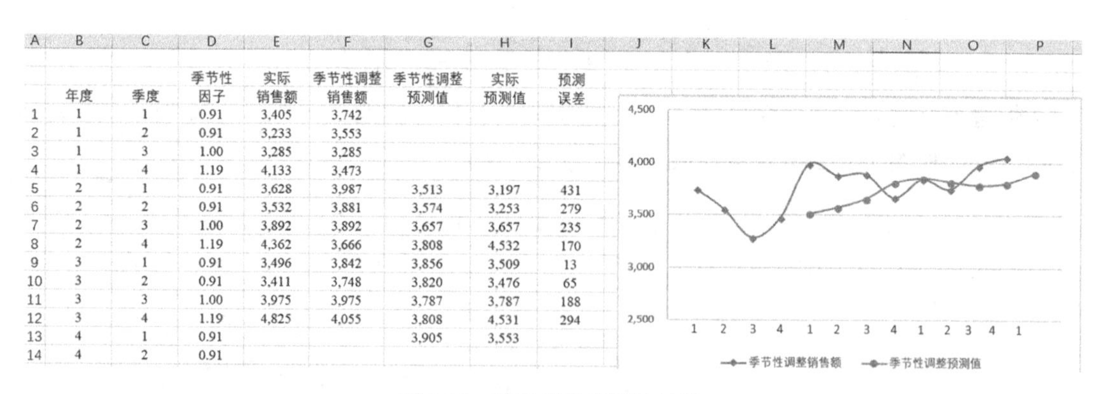

A	B	C	D	E	F	G	H	I
	年度	季度	季节性因子	实际销售额	季节性调整销售额	季节性调整预测值	实际预测值	预测误差
1	1	1	0.91	3,405	3,742			
2	1	2	0.91	3,233	3,553			
3	1	3	1.00	3,285	3,285			
4	1	4	1.19	4,133	3,473			
5	2	1	0.91	3,628	3,987	3,513	3,197	431
6	2	2	0.91	3,532	3,881	3,574	3,253	279
7	2	3	1.00	3,892	3,892	3,657	3,657	235
8	2	4	1.19	4,362	3,666	3,808	4,532	170
9	3	1	0.91	3,496	3,842	3,856	3,509	13
10	3	2	0.91	3,411	3,748	3,820	3,476	65
11	3	3	1.00	3,975	3,975	3,787	3,787	188
12	3	4	1.19	4,825	4,055	3,808	4,531	294
13	4	1	0.91			3,905	3,553	
14	4	2	0.91					

图 3-16 移动平均预测法结果

移动平均法比使用历史数据的直接平均法要合理。但从图 3-16 中可看出，当环境变化较大时，比如第二年初的大幅波动，会使得预测值误差较大，也就是说移动平均法在环境变化大时的反应较慢。这是因为移动平均法虽然舍弃了远期历史数据，但对于最近几期与预测值有关的时间序列值赋予了同等的权重。

3.4.4　指数平滑预测法

指数平滑预测法相当于移动平均法的一种改进方法，它对时间序列中最近的值赋予最大的权重，对最远的值赋予最小的权重。

设有时间序列：$Y_1,Y_2,\cdots,Y_t,\cdots$，$\alpha$ 为平滑系数，若计算时间序列的下一个预测值时，则本期及以前各期的观测值 $Y_t,Y_{t-1},\cdots,Y_{t-n},\cdots$ 的权重分别为 $\alpha,\alpha(1-\alpha),\alpha(1-\alpha)^2,\cdots,\alpha(1-\alpha)^{t-n}$，公式为

$$\hat{Y}_{t+1}=\alpha(1-\alpha)^0Y_t+\alpha(1-\alpha)Y_{t-1}+\alpha(1-\alpha)^2Y_{t-2}+\cdots+\alpha(1-\alpha)^{t-n}Y_{t-n}+\cdots \tag{3-59}$$

其中平滑系数 α 是一个介于 0 和 1 之间的常数，使得权数符合指数规律，具有平滑波动的功能。预测公式（3-59）又可以转化为上期值与上期预测值的结合，如下式：

$$\hat{Y}_{t+1}=\alpha Y_t+(1-\alpha)\hat{Y}_t \tag{3-60}$$

进行指数平滑预测时，首先要确定初始预测值 $\hat{Y}_t$。当序列较短时，可以用初始观察值作为该期的预测值；当序列较长时，可取开头若干观察值的平均数。此外，平滑系数 α 的选取对预测的影响很大，因此在选取时也应谨慎，α 值的大小反映了预测模型对时间序列数据变化的反应速度。较小的 α 值适用于环境相对稳定的情况，较大的 α 值则适用于环境变化相对较快的情况。

对于例 3.7 杰森所管理的电器的销售额，可认为平滑系数取 0.3 是一个合理的值。因为该电器的销售额在过去三年里均超过 3 700，因此可采用 3 700 作为初始估计值。这里用 $\hat{Y}_{i,j}$ 表示第 i 年的第 j 个季度的季节性预测值，将 α 与 $\hat{Y}_{1,1}$ 代入式（3-60）计算得到第一年的前几个季度性调整预测值：

$$\hat{Y}_{1,1}=3\,700$$

$$\hat{Y}_{1,2}=0.3\times 3\,742+0.7\times 3\,700=3\,713$$

$$\begin{aligned}\hat{Y}_{1,3}&=0.3\times 3\,700+0.7\times 3\,713\\&=0.3\times 3\,700+0.7(0.3\times 3\,742+0.7\times 3\,700)\\&=0.3\times 3\,700+0.21\times 3\,742+0.49\times 3\,700\\&=3\,655\end{aligned}$$

$$\begin{aligned}\hat{Y}_{1,4}&=0.3\times 3\,285+0.7\times 3\,665\\&=0.3\times 3\,285+0.7\times(0.3\times 3\,700+0.21\times 3742+0.49\times 3\,700)\\&=0.3\times 3\,285+0.21\times 3\,700+0.147\times 3\,742+0.343\times 3\,700\\&=3\,551\end{aligned}$$

这样，α 值的选取相当于赋予时间序列的权重，并且较近的值赋予了较大的权重，较远的权重快速下降。对式（3-60）进行如下变形：

$$\begin{aligned}\hat{Y}_{t+1} &= \alpha Y_t + (1-\alpha)\hat{Y}_t \\ &= \alpha Y_t + \hat{Y}_t - \alpha\hat{Y}_t \\ &= \hat{Y}_t + \alpha(Y_t - \hat{Y}_t)\end{aligned}$$

上式中，$(Y_t - \hat{Y}_t)$ 的绝对值是上次预测的误差，因此每次预测是加上或减去 α 倍的上次预测的误差值来对上次预测进行调整。图 3-17 中 G 列是当初始值为 3 700，$\alpha=0.3$ 的季节调整预测值，右边是季节性调整预测值与季节性调整销售额实际值的折线图，不难发现每个预测值都是介于上个观察值与上个预测值之间。因此，当销售额有较大波动时，预测结果能较快地跟上这个变动。

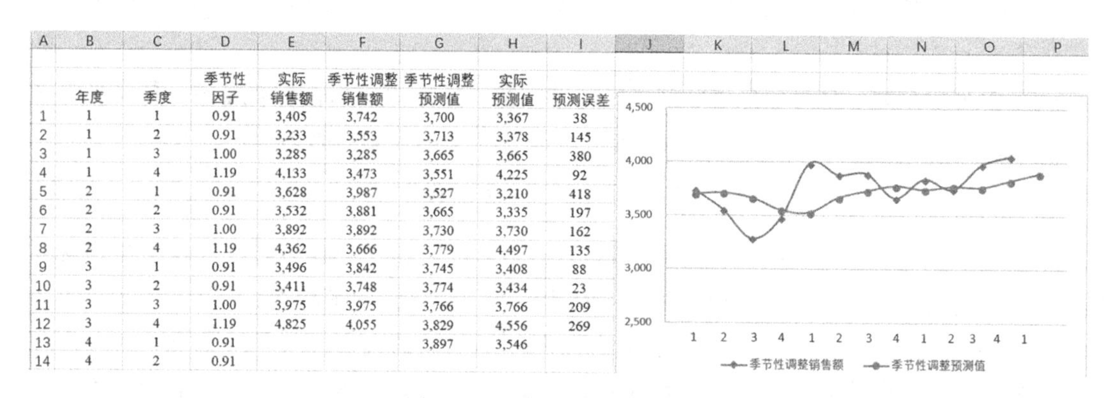

A	B	C	D	E	F	G	H	I
	年度	季度	季节性因子	实际销售额	季节性调整销售额	季节性调整预测值	实际预测值	预测误差
1	1	1	0.91	3,405	3,742	3,700	3,367	38
2	1	2	0.91	3,233	3,553	3,713	3,378	145
3	1	3	1.00	3,285	3,285	3,665	3,665	380
4	1	4	1.19	4,133	3,473	3,551	4,225	92
5	2	1	0.91	3,628	3,987	3,527	3,210	418
6	2	2	0.91	3,532	3,881	3,665	3,335	197
7	2	3	1.00	3,892	3,892	3,730	3,730	162
8	2	4	1.19	4,362	3,666	3,779	4,497	135
9	3	1	0.91	3,496	3,842	3,745	3,408	88
10	3	2	0.91	3,411	3,748	3,774	3,434	23
11	3	3	1.00	3,975	3,975	3,766	3,766	209
12	3	4	1.19	4,825	4,055	3,829	4,556	269
13	4	1	0.91			3,897	3,546	
14	4	2	0.91					

图 3-17　指数平滑预测法结果

本章小结

回归分析的主要研究对象是客观事物变量间的统计关系，是处理多个变量之间相关关系的一种重要数学方法。首先，本章介绍了进行回归分析与预测的主要方法，包括一元线性回归、多元线性回归、非线性回归与自回归分析。其次，本章介绍了时间序列预测的主要方法。时间序列可以反映现象在不同时间上的规模和水平，反映社会经济现象发展变化的过程和趋势。通过对时间序列的趋势进行分析，可以探索某些社会经济现象随时间发展变化的规律性。在时间序列预测的小节中，对应用最为广泛的移动平均预测法和指数平滑预测法进行了介绍，并给出了详细的算例。

思考与习题

1. 单项选择题。

(1) 变量之间的关系可以分为哪两大类？(　　)

A. 函数关系与相关关系

B. 正相关关系与负相关关系

C. 线性相关关系与非线性相关关系

D. 简单相关关系与复杂相关关系

(2) 销量（X，台）与单位产品成本（Y，元/台）之间的回归方程为 $\hat{Y}_i = 225 - 1.8X_i$，这说明（　　）。

A. 销量每增加一台，单位产品成本增加 225 元

B. 销量每增加一台，单位产品成本减少 1.8 元

C. 销量每增加一台，单位产品成本平均减少 1.8 元

D. 销量每增加一台，单位产品成本平均增加 225 元

(3) 参数 β 的估计量具备有效性是指（　　）。

A. $(\hat{\beta}-\beta)=0$　　B. $(\hat{\beta}-\beta)$ 为最小　　C. $\mathrm{Var}(\hat{\beta})=0$　　D. $\mathrm{Var}(\hat{\beta})$ 为最小

(4) 判断下列所示相关系数的取值哪个是错误的？（　　）

A. −0.88　　B. 0.999 9　　C. 1.23　　D. 0

(5) 对于可决系数 R^2，以下说法错误的是（　　）。

A. $R^2 \in [0, 1]$

B. 可决系数 R^2 反映了样本回归线对样本观测值拟合优劣程度的一种描述

C. 可决系数 R^2 的定义为被回归方程已经解释的变差与总变差之比

D. 可决系数 R^2 的大小不受回归模型中解释变量个数的影响

(6) 时间序列与变量数列（　　）。

A. 都是根据时间顺序排列的

B. 都是根据变量值大小排列的

C. 前者是根据时间顺序排列的，后者是根据变量值大小排列的

D. 前者是根据变量值大小排列的，后者是根据时间顺序排列的

(7) 在假设成立的条件下用 OLS 方法估计线性回归模型参数，则参数估计量具有（　　）的统一性质。

A. 有偏特性　　B. 非线性特性　　C. 最小方差特性　　D. 非一致性特性

(8) 用一组有 30 个观测值的样本估计模型 $y_t = b_0 + b_1x_{1t} + b_2x_{2t} + u_t$ 后，在 0.05 的显著性水平上对 b_1 的显著性作 t 检验，则 b_1 显著地不等于零的条件是其统计量 t 大于等于（　　）。

A. $t_{0.05}(30)$　　B. $t_{0.025}(28)$　　C. $t_{0.025}(27)$　　D. $t_{0.025}(1,28)$

2. 从 $n=20$ 的样本中得到如下回归结果：SSR=90，SSE=70。检验 x、y 之间的关系是否显著。

(1) SSR 与 SSE 的自由度分别是多少？

(2) 线性关系检验的统计量 F 值是多少？

(3) 判定系数是多少？其含义代表什么？

(4) 假设 x 与 y 之间是正相关，计算其相关系数？

(5) 给定显著性水平 $\alpha=0.05$，临界值 $F_\alpha=4.414$，检验 x 与 y 之间的线性关系是否显著。

3. 根据两个自变量得到的多元回归方程 $\hat{y}=-18.4+2.01x_1+4.74x_2$，SST=6 724.125，SSR=6 216.375，$S_{\hat{\beta}_1}=0.0813$，$S_{\hat{\beta}_2}=0.0567$

(1) 在 $\alpha=0.05$ 的显著性水平下，x_1、x_2 与 y 线性关系是否显著？

(2) 在 $\alpha=0.05$ 的显著性水平下，β_1 是否显著？

(3) 在 $\alpha=0.05$ 的显著性水平下，β_2 是否显著？

4. 一家电器销售公司的管理人员将近 8 个月的销售额与广告费用数据收集如下，认为每月销售额是广告费用的函数，想通过广告费用对月销售额进行估计。

月销售收入 y（万元）	电视广告费用 x_1（万元）	报纸广告费用 x_2（万元）
96	5.0	1.5
90	2.0	2.0
95	4.0	1.5
92	2.5	2.5
95	3.0	3.3
94	3.5	2.3
94	2.5	4.2
94	3.0	2.5

(1) 用电视广告费用作自变量，月销售额作因变量，建立估计的回归方程。

(2) 用电视广告费用和报纸广告费用作自变量，月销售额作因变量，建立估计的回归方程。

(3) 上述 (1) 和 (2) 所建立的估计方程，电视广告费用的系数是否相同？对其回归系数分别进行解释。

(4) 根据问题 (2) 所建立的估计方程，在销售收入的总变差中，被估计的回归方程解释比例是多少？

(5) 根据问题 (2) 所建立的估计方程，检验回归系数是否显著 ($a=0.05$)。

5. 甲地区历年综合货运量（万吨/年）的调查结果见下表，试采用时间序列预测该地区 2018 年综合货运量（比较 $N=3$ 与 $N=4$ 的计算结果）。

年份	综合货运量（万吨/年）	年份	综合货运量（万吨/年）
2006	3 988	2012	7 745
2007	4 327	2013	8 455
2008	4 822	2014	9 395
2009	5 818	2015	10 201
2010	6 352	2016	10 870
2011	7 023	2017	11 816

6. 利用第 5 题的数据，试用指数平滑法预测 2018 年的货运量（比较 $a=0.1$ 与 $a=0.9$ 时预测模型结果）。

线性规划建模与应用

本章学习目的

- 掌握线性规划的基本概念和应用场景，能根据实际问题建立线性规划模型；
- 掌握线性规划的标准型，学会将非标准形式转化为标准型；
- 熟练掌握线性规划的图解法；
- 熟练掌握线性规划的单纯形法、大 M 法和两阶段法；
- 熟练掌握线性规划的 Excel 求解方法。

4.1 线性规划的提出及数学模型

4.1.1 线性规划概述

线性规划（linear programming，LP）是运筹学规划论的一个重要分支，研究线性约束条件下线性目标函数极值问题的数学理论和方法。它发展较早，理论比较成熟，广泛应用于军事作战、经济分析、经营管理和工程技术等方面，能为合理利用有限的人力、物力、财力等资源，作出最优决策，提供科学的依据。

法国数学家傅里叶和瓦莱一普森分别于 1832 年和 1911 年独立提出线性规划的想法，但未引起注意。1939 年，苏联数学家康托洛维奇在《生产组织与计划中的数学方法》一书中提出线性规划问题，也未引起重视。1947 年，美国数学家丹捷格提出线性规划的一般数学模型和求解线性规划问题的通用方法——单纯形法，为这门学科奠定了基础。由于提出了单纯形法，丹捷格被誉为“线性规划”之父。1951 年，美国经济学家库普曼斯把线性规划应用到经济领域，与康托洛维奇一起获得了 1975 年诺贝尔经济学奖。

20 世纪 50 年代后对线性规划进行大量的理论研究，并涌现出一大批新的算法。例如，1954 年，莱姆基提出对偶单纯形法。1954 年，加斯和萨迪等人解决了线性规划的灵敏度分析和参数规划问题。1956 年，塔克提出互补松弛定理。1960 年，丹捷格和沃尔夫提出分解算法等。线性规划的研究成果还直接推动了其他数学规划问题，如整数规划、随机规划和非线性规划的研究。

关于线性规划的研究与应用工作，我国开始于 20 世纪 50 年代初期。中国科学院数学所筹建了运筹室，最早应用在物资调运方面。目前，国内高等学校已将其列为运筹学中必选的课程内容之一。

随着强有力算法的发展与应用，线性规划所能解决的问题也越来越多。在海湾战争期间，美国军方利用线性规划，有效地解决了部队给养和武器调运问题，对促进战争的胜利，起到了十分重要的作用。有人说，因为使用了炸药，第一次世界大战可称为“化学的战争”；因为使用了原子弹，第二次世界大战可称为“物理的战争”；因为使用了线性规划，海湾战争可称为“数学的战争”。在历史上，没有哪种数学方法，可以像线性规划那样，直接为人类创造如此巨额的财富，并对历史的进程发生如此巨大的影响。

4.1.2 线性规划模型

线性规划的基本思路就是在满足一定的约束条件下，使预定的目标达到最优。它的研究内容可归纳为两个方面：一是系统的任务已定，如何合理筹划，精细安排，用最少的资源（人力、物力和财力）去实现这个任务；二是资源的数量已定，如何合理利用、调配，使任务完成得最多。前者是求极小，后者是求极大。线性规划是在满足企业内、外部的条件下，实现管理目标和极值（极小值和极大值）问题，就是要以尽可能少的资源输入来实现尽可能多的社会需要的产品的产出。因此，线性规划是辅助企业“转轨”“变型”的有利工具，它在辅助企业经营决策、计划优化等方面具有重要的作用。

现代管理问题虽然千变万化，但大致上总是要利用有限的资源，去追求最大的利润或最小的成本，所以其中许多都可以转化为线性规划问题。

要对实际规划问题进行定量分析，必须先加以抽象，建立数学模型。一般而言，线性规划模型包括以下三个方面的内容：

（1）选定决策变量。决策变量有时也称为设计变量，它是待决定问题的未知量，也是决策系统中的可控因素，一组决策变量的取值构成一个规划方案。常用英文字母加下标来表示，如 x_1，x_2，…，x_n。

（2）明确问题的目标。一般表示为决策变量的函数 f（x_1，x_2，…，x_n），也称为目标函数，用 max（min）表示最优。

(3) 建立约束条件。约束条件是指实现系统目标的限制因素。一般表示为决策变量的等式或不等式方程，也称为约束方程。

线性规划问题就是在决策变量满足若干约束条件的情况下使目标函数达到极大值或极小值。

线性规划模型的一般形式如下：

$$\max(\min) Z = c_1x_1 + c_2x_2 + \cdots + c_nx_n$$

$$\text{s. t.}\begin{cases} a_{i1}x_1 + a_{i2}x_2 + \cdots + a_{in}x_n \geqslant b_i, i = 1,2,\cdots,m_1 \\ a_{j1}x_1 + a_{j2}x_2 + \cdots + a_{jn}x_n \leqslant b_j, j = m_1+1, m_1+2,\cdots,m_2 \\ a_{k1}x_1 + a_{k2}x_2 + \cdots + a_{kn}x_n = b_k, k = m_2+1, m_2+2,\cdots,m \\ x_i \geqslant 0, i = 1,2,\cdots,n \end{cases}$$

下面将分类讨论线性规划模型的应用场景。

1. 生产计划问题

【例 4-1】某工厂生产甲、乙两种产品，每件甲产品消耗钢材 2kg、煤 2kg、产值为 120 元；每件乙产品消耗钢材 3kg，煤 1kg，产值为 100 元。现钢厂有钢材 600kg，煤 400kg，试确定甲、乙两种产品各生产多少件，能使该厂的总产值最大？

案例的问题在于如何生产甲、乙两种产品。故两种产品的产量是待确定的决策变量，设甲、乙两种产品的产量分别为 x_1，x_2。问题的目标在于如何使得产值最大，产值可以用决策变量来表示 $f(x_1, x_2) = 120x_1 + 100x_2$，要求最大产值即求 $\max Z = 120x_1 + 100x_2$。

对于两种产品的生产，主要受到工厂所有的资源多少的限制，生产必须满足资源的约束条件：

由于钢的限制，应满足 $2x_1 + 3x_2 \leqslant 600$；

由于煤的限制，应满足 $2x_1 + x_2 \leqslant 400$；

生产产品的数量应该不小于 0，所以 $x_1, x_2 \geqslant 0$。

因此，可以建立该问题的线性规划模型如下：

$$\max Z = 120x_1 + 100x_2$$

$$\text{s. t.}\begin{cases} 2x_1 + 3x_2 \leqslant 600 \\ 2x_1 + x_2 \leqslant 400 \\ x_1, x_2 \geqslant 0 \end{cases}$$

经求解，该问题的最优解为 $x_1 = 150, x_2 = 100$，最优值为 Z=28 000 元。

【例 4-2】某矿山由 A、B 两个采区组成，共有工人 120 名，共用大型运输设备 10 台，技术经济指标如表 4-1 所示。

表 4-1　A、B 采区的技术经济指标

要素 \ 指标 \ 采区	A	B
工人劳动生产率（T/人・天）	40	56
运输能力（T/天・台）	600	380

续表

要素 \ 指标 \ 采区	A	B
提升能力（T/天）	4 000	3 000
矿仓（T/天）	5 000	
利润（元/T）	20	30

问：如何安排生产，可使总利润最大？

解：设 x_1，x_2分别表示采区 A、B 的日产量，目标是使两采区总利润最大，即

$$\max Z = 20x_1 + 30x_2$$

约束条件为

$\frac{1}{40}x_1 + \frac{1}{56}x_2 \leqslant 120$（A、B 采区工人总需求不得超过 120 人）；

$\frac{1}{600}x_1 + \frac{1}{380}x_2 \leqslant 10$（A、B 采区运输设备总需求不得超过 10 台）；

$x_1 \leqslant 4\,000$（A 采区提升能力限制）；

$x_2 \leqslant 3\,000$（B 采区提升能力限制）；

$x_1 + x_2 \leqslant 5\,000$（矿仓限制）。

综合起来，约束条件为

$$\text{s. t.}\begin{cases} \frac{1}{40}x_1 + \frac{1}{56}x_2 \leqslant 120 \\ \frac{1}{600}x_1 + \frac{1}{380}x_2 \leqslant 10 \\ x_1 \leqslant 4\,000 \\ x_2 \leqslant 3\,000 \\ x_1 + x_2 \leqslant 5\,000 \\ x_1, x_2 \geqslant 0 \end{cases}$$

经求解，该问题的最优解为 $x_1 = 3\,272.73, x_2 = 1\,727.27$，最优值为 z=117 272.7 元。

2. 优化下料问题

【例 4-3】某工厂为维修全厂某类设备制造备件，需由一批长 5.5m 的相同直径的圆钢截取 3.1m、2.1m、1.2m 的坯料。每台设备所需的件数如表 4-2 所示。用 5.5m 长的圆钢截取上述三种规格的零件时，有下列五种截取方法可供选择，如表 4-3 所示。请问当设备总数为 100 台时，采取何种方案可使 5.5m 的圆钢用料最省？

表 4-2 每台设备所需的件数

规格（m）	每台设备所需件数
3.1	1
2.1	2
1.2	4

解：假设按第 1、2、3、4、5 种下料方式截取的 5.5m 长的圆钢数分别为 x_1、x_2、x_3、x_4、x_5，目标函数是要使所需 5.5m 长的圆钢数最少，因而有

$$\min Z = x_1 + x_2 + x_3 + x_4 + x_5$$

表 4-3　五种截取方法

下料方式	3.1m 坯料（根）	2.1m 坯料（根）	1.2m 坯料（根）	余料长（m）
1	1	1	0	0.3
2	1	0	2	0
3	0	2	1	0.1
4	0	1	2	1
5	0	0	4	0.7

因为设备总台数为 100 台，而每台设备所需规格为 3.1m、2.1m、1.2m 的坯料件数分别为 1、2、4，故所需这三种坯料总件数分别为 100 根、200 根、400 根。因此，按各方案截取的零件数应满足下列约束条件：

规格为 3.1m 的坯料，应满足 $x_1 + x_2 = 100$；

规格为 2.1m 的坯料，应满足 $x_1 + 2x_3 + x_4 = 200$；

规格为 1.2m 的坯料，应满足 $2x_2 + x_3 + 2x_4 + 4x_5 = 400$。

综合上述，得如下线性规划模型：

$$\min Z = x_1 + x_2 + x_3 + x_4 + x_5$$

$$\text{s. t.}\begin{cases} x_1 + x_2 = 100 \\ x_1 + 2x_3 + x_4 = 200 \\ 2x_2 + x_3 + 2x_4 + 4x_5 = 400 \\ x_1, x_2, x_3, x_4, x_5 \geqslant 0 \text{ 且为整数} \end{cases}$$

经求解，该问题的最优解为 $x_1=0$，$x_2=100$，$x_3=100$，$x_4=0$，$x_5=25$，最优值（圆钢最省方案）为 $Z=225$ 根。

思考：如果将“用料最省”改为“余料总长最短”，上述模型有变化吗？为什么？

3. 配方问题

【例 4-4】 用三种原料 B_1、B_2、B_3 配制某种食品，要求该食品中蛋白质、脂肪、糖、维生素的含量不低于 15、20、25、30 单位。以上三种原料的单价及每单位原料所含各种成分的数量，如表 4-4 所示。请问应如何配制该食品，使所需成本最低？

注意：这个问题是在食品的营养要求得到满足的前提下，如何通过适当的原料配比，使食品的成本最低。

解：设 x_1、x_2、x_3 分别表示原料 B_1、B_2、B_3 的用量（千克），Z 表示食品的成本（元），则这一食品配制问题的线性规划模型如下：

表 4-4 三种原料所含成分

营养成分	原料			食品中营养成分的最低需要量（单位）
	B_1	B_1	B_1	
蛋白质（单位/千克）	5	6	8	15
脂肪（单位/千克）	3	4	6	20
糖（单位/千克）	8	5	4	25
维生素（单位/千克）	10	12	8	30
原料单价（元/千克）	20	25	30	

目标函数为

$$\min Z = 20x_1 + 25x_2 + 30x_3$$

约束条件为食品中蛋白质、脂肪、糖和维生素的含量分别不能低于最低需要量：

$$\text{s.t.}\begin{cases}5x_1 + 6x_2 + 8x_3 \geqslant 15\\3x_1 + 4x_2 + 6x_3 \geqslant 20\\8x_1 + 5x_2 + 4x_3 \geqslant 25\\10x_1 + 12x_2 + 8x_3 \geqslant 30\\x_1, x_2, x_3 \geqslant 0\end{cases}$$

经求解，该问题的最优解 $x_1 = 1.944, x_2 = 0, x_3 = 2.361$ 为，最优值为 $Z=109.71$ 元。

4. 运输问题

【例 4-5】 设某种物资从两个供应地 A_1，A_2运往三个需求地 B_1，B_2，B_3。各供应地的供应量、各需求地的需求量、每个供应地到每个需求地的单位物资运输成本如表 4-5 所示。

表 4-5 单位物资运输成本

运价（元/吨）	B_1	B_2	B_3	供应量（吨）
A_1	2	3	5	35
A_2	4	7	8	25
需求量（吨）	10	30	20	

问如何安排运输计划，从而使总的运输成本最小？

解： 设 x_{ij} 为从供应地 A_i 运往需求地 B_j 的物资数量（$i=1$，2；$j=1$，2，3），Z 为总运费，则总运费最小的线性规划模型为

$$\min Z = 2x_{11} + 3x_{12} + 5x_{13} + 4x_{21} + 7x_{22} + 8x_{23}$$

$$\text{s.t.}\begin{cases}x_{11} + x_{12} + x_{13} = 35\\x_{21} + x_{22} + x_{23} = 25\\x_{11} + x_{21} = 10\\x_{12} + x_{22} = 30\\x_{13} + x_{23} = 20\\x_{11}, x_{12}, x_{13}, x_{21}, x_{22}, x_{23} \geqslant 0\end{cases}$$

经求解，该问题的最优解为 $x_{11} = 0, x_{12} = 30, x_{13} = 5, x_{21} = 10, x_{22} = 0, x_{23} = 15$，最优值为 $Z=275$ 元。

在上述模型中，当供给量大于需求量时，供给地约束不能再是严格等式，应改为小于等于约束。

5. 投资问题

【例 4-6】 某投资公司为某建设项目从 2013 年起的 4 年中每年初分别提供以下数额贷款：2013 年 100 万元，2014 年 150 万元，2015 年 120 万元，2016 年 110 万元。该公司将于 2012 年年底前为该项目进行一次性资金筹集。筹集的资金在满足该项目每年所需金额的情况下，多余的资金可在不同的时段投资以下项目：

(1) 于 2013 年年初购买 A 种债券，期限 3 年，到期后本息合计为投资额的 140%，但限购 60 万元；

(2) 于 2013 年年初购买 B 种债券，期限 2 年，到期后本息合计为投资额的 125%，且限购 90 万元；

(3) 于 2014 年年初购买 C 种债券，期限 2 年，到期后本息合计为投资额的 130%，但限购 50 万元；

(4) 于每年年初将任意数额的资金存放于银行，年息 4%，于每年年底取出。

问该公司筹集到的资金应如何进行投资，以保证在每年的工程所需的前提下，筹集到的资金总数最少？

解： 设 x 为 2012 年该公司需筹集到的资金额，x_{iA}，x_{iB}，x_{iC}，x_{iD} 为从 2012 年后第 i 年初投资 A、B、C、D 四个项目的资金数，可根据各项目特征建立一个按时间顺序进行投资和回报的表格，如表 4-6 所示。

表 4-6　各项目投资金额

项目＼年份	2013	2014	2015	2016
A	x_{1A}			
B	x_{1B}			
C		x_{2C}		
D	x_{1D}	x_{2D}	x_{3D}	

可写出该问题的数学模型：

$$\min Z = x$$

$$\text{s.t.}\begin{cases} x - x_{1A} - x_{1B} - x_{1D} \geqslant 100 \\ 1.04x_{1D} - x_{2D} - x_{2C} \geqslant 150 \\ 1.04x_{2D} + 1.25x_{1B} - x_{3D} \geqslant 120 \\ 1.04x_{3D} + 1.4x_{1A} + 1.3x_{2C} \geqslant 110 \\ x_{1A} \leqslant 60 \\ x_{1B} \leqslant 90 \\ x_{2C} \leqslant 50 \\ x, x_{1A}, x_{1B}, x_{2C}, x_{1D}, x_{2D}, x_{3D} \geqslant 0 \end{cases}$$

经求解，该问题的最优解为 $x = 420.3957, x_{1A} = 60, x_{1B} = 90, x_{2C} = 20, x_{1D} = 107.3957, x_{2D} = 7.2115, x_{3D} = 0$，最优值 Z=420.395 7 万元。

6. 排班调度问题

【例 4-7】 某医院护士值班班次、每班工作时间及各班所需护士数如表 4-7 所示。

表 4-7 各班次时间及所需护士数

班次	工作时间	所需护士数（人）
1	6：00～10：00	60
2	10：00～14：00	70
3	14：00～18：00	60
4	18：00～22：00	50
5	22：00～2：00	20
6	2：00～6：00	30

试决定：若护士上班后连续工作 8h（小时），该医院最少需多少名护士，以满足轮班需要？

解： 在本例中，每一时段上班的工作人员，既包括本时段开始上班的人，又包括上一个时段开始上班的人。因此，设 x_i 为第 i 个时段开始上班的人员数，得到数学模型为

$$\min Z = x_1 + x_2 + x_3 + x_4 + x_5 + x_6$$

$$\text{s. t.}\begin{cases} x_6 + x_1 \geqslant 60 \\ x_1 + x_2 \geqslant 70 \\ x_2 + x_3 \geqslant 60 \\ x_3 + x_4 \geqslant 50 \\ x_4 + x_5 \geqslant 20 \\ x_5 + x_6 \geqslant 30 \\ x_j \geqslant 0 \text{ 且为整数}, j = 1,2,\cdots,6 \end{cases}$$

经求解，该问题的最优解为 $x_1 = 60, x_2 = 10, x_3 = 50, x_1 = 0, x_2 = 30, x_3 = 0$，最优值为 Z=150 人。

4.1.3 线性规划的标准形式

由于线性规划模型有多种表达形式，如目标函数可以是求最大值，也可以是求最小值；约束方程可以是“⩾”、“⩽”或“=”；决策变量可以非负，也可以非正，还可以无限制。为方便求解，本书规定线性规划的标准型如下：

$$\max Z = c_1 x_1 + c_2 x_2 + \cdots + c_n x_n$$

$$\text{s. t.}\begin{cases} a_{11} x_1 + a_{12} x_2 + \cdots + a_{1n} x_n = b_1 \\ a_{21} x_1 + a_{22} x_2 + \cdots + a_{2n} x_n = b_2 \\ \qquad\vdots \\ a_{m1} x_1 + a_{m2} x_2 + \cdots + a_{mn} x_n = b_m \\ x_i \geqslant 0, i = 1,2,\cdots,n \end{cases} \tag{4-1}$$

同时，要求右端项 $b_j \geqslant 0$，$j=1$，2，…，m.

使用向量和矩阵符号，上式可以用如下简化形式表示。令

决策变量 $X=(x_1,x_2,\cdots,x_n)^{\mathrm{T}}$，$X$ 为列向量；

目标系数 $C=(c_1,c_2,\cdots,c_n)$，C 为行向量；

右端项 $b=(b_1,b_2,\cdots,b_m)^{\mathrm{T}}$，$b$ 为列向量；

约束方程的系数矩阵

$$A=\begin{pmatrix} a_{11} & a_{12} & \cdots & a_{1n} \\ a_{21} & a_{22} & \cdots & a_{2n} \\ \vdots & \vdots & \vdots & \vdots \\ a_{m1} & a_{m2} & \cdots & a_{mn} \end{pmatrix}=(a_{ij})_{m\cdot n}$$

约定 $n>m$，R（A）$=m$，即 A 为满秩矩阵，且 $b\geqslant 0$。

则线性规划模型可简写为

$$\max Z=(c_1,c_2,\cdots,c_n)\begin{pmatrix} x_1 \\ x_2 \\ \vdots \\ x_n \end{pmatrix}$$

$$\begin{pmatrix} a_{11} & a_{12} & \cdots & a_{1n} \\ a_{21} & a_{22} & \cdots & a_{2n} \\ \vdots & \vdots & \vdots & \vdots \\ a_{m1} & a_{m2} & \cdots & a_{mn} \end{pmatrix}\begin{pmatrix} x_1 \\ x_2 \\ \vdots \\ x_n \end{pmatrix}=\begin{pmatrix} b_1 \\ b_2 \\ \vdots \\ b_m \end{pmatrix}$$

$$\begin{pmatrix} x_1 \\ x_2 \\ \vdots \\ x_n \end{pmatrix}\geqslant\begin{pmatrix} 0 \\ 0 \\ \vdots \\ 0 \end{pmatrix}$$

即

$$\max Z=CX$$
$$\text{s. t. } AX=b$$
$$X\geqslant 0$$

实际线性规划问题的数学模型，通常不是标准形式。有时为了方便计算，需将非标准形式的线性规划模型化为标准形式。

1. 将求极小值化为求极大值

即把 $\min Z=CX$ 改写成 $\max Z'=-CX$，

因为 $\min Z=-\max(-Z)$

所以令 $Z'=-Z$

于是得到：

$$\max Z'=-CX$$

需要注意：$Z^{*} = -Z'^{*}$。

2. 将不等式约束化为等式约束

（1）对于小于等于型不等式，

$$a_{i1}x_1 + a_{i2}x_2 + \cdots + a_{in}x_n \leqslant b_i,$$

引进新变量 $y_i \geqslant 0$，可以将不等式化为

$$a_{i1}x_1 + a_{i2}x_2 + \cdots + a_{in}x_n + y_i = b_i,$$

其中 y_i称为“松弛变量”。

（2）对于大于等于型不等式，

$$a_{l1}x_1 + a_{l2}x_2 + \cdots + a_{ln}x_n \geqslant b_l$$

引进新变量 $y_l \geqslant 0$，将不等式化为

$$a_{l1}x_1 + a_{l2}x_2 + \cdots + a_{ln}x_n - y_l = b_l,$$

其中 y_l称为“剩余变量”。

3. 将自由变量化为非负变量

若在线性规划的数学模型中，某个变量 x_k的取值没有要求，则称 x_k为“自由变量”通过变换：

$$x_k = x'_k - x''_k, x'_k \geqslant 0, x''_k \geqslant 0,$$

可将一个自由变量化为两个非负变量。

【例 4-8】 请将以下线性规划模型化为标准型

$$\min Z = x_1 + 3x_2$$

$$\text{s.t.}\begin{cases} x_1 + 4x_2 \leqslant 10 \\ 3x_1 + 2x_2 \geqslant 4 \\ x_1 \geqslant 0 \end{cases}$$

解：式中 x_2是自由变量，设

$$x_2 = x'_2 - x''_2, x'_2 \geqslant 0, x''_2 \geqslant 0,$$

同时令 $Z' = -Z$，第一个约束中引入松弛变量 y_1，第二个约束中引入剩余变量 y_2，则上式化为如下的标准形式：

$$\max(-Z) = -x_1 - 3(x'_2 - x''_2)$$

$$\text{s.t.}\begin{cases} x_1 + 4(x'_2 - x''_2) + y_1 = 10 \\ 3x_1 + 2(x'_2 - x''_2) - y_2 = 4 \\ x_1 \geqslant 0, x'_2 \geqslant 0, x''_2 \geqslant 0, y_1 \geqslant 0, y_2 \geqslant 0 \end{cases}$$

在实际经济管理活动中运用线性规划模型时，需要注意以下问题：

（1）实际运用过程中，有些因素难以抽象化，这就使得线性规划模型有点理想化；

（2）运用线性规划模型时，虽然一些因素或约束条件被考虑到了，但是由于这些因素或约束条件的数据不易量化或获取（如进行总生产计划常需考虑到的能源消耗数据就不易获取），线性规划模型的运用和有效性因而受到了限制；

（3）线性规划模型假定价值系数 c、资源系数 b 和技术系数 A 中的元素是常数，但实

际上这些系数往往只是估计值，随着时间的推移或情况的改变，往往需要修改原线性规划问题中的相应参数。

总之，根据线性规划模型得出的最优解只能作为决策参考。为避免决策失误，还需要进一步了解线性规划的对偶理论、灵敏度分析等内容。

4.2 线性规划的图解法

线性规划问题建模后要求解出最优方案。目前，最常用的两种解法是图解法和单纯形法。图解法是直接在直角坐标系中作图来求解线性规划的一种方法。一般而言，对于只有两个变量的简单的线性规划问题，可采用图解法求解。它的特点是简单直观。图解法求解的目的有两点：一是判别线性规划问题的求解结果；二是在有最优解的条件下，把问题的最优解找出来。通过图解法还可以加深对线性规划的一些基本概念的理解。

假设线性规划模型具有如下形式，

$$\max Z=CX \tag{4-2}$$

$$\text{s.t. } AX=b \tag{4-3}$$

$$X\geqslant 0 \tag{4-4}$$

定义 4.1　若 X 满足式（4-3）和式（4-4），则称 X 为 LP 的**可行解**。满足式（4-2）的可行解称为 LP 的**最优解**。LP 的可行解全体

$$D=\{X\mid AX=b,X\geqslant 0\},$$

称为 LP 的**可行域**。

4.2.1　图解法步骤

一般来说，使用图解法的步骤为：

（1）画出可行域。分别画出满足每个约束条件的区域，其交集就是可行解集合，也就是可行域。

（2）画出等高线，确定最优方向。等高线是目标函数 Z 取不同值形成的一个平行直线族。

（3）找出最优点。沿着最优方向，等高线与可行域边界相交的点所对应的坐标就是最优点。

（4）求出最优解及最优值。计算最优点的坐标，代入目标函数中求出最优值。

【**例 4-9**】用图解法求解下面的线性规划问题。

$$\max Z = 2x_1 + 5x_2$$

$$\text{s.t.}\begin{cases} x_1 + x_2 \leqslant 4 \\ -x_1 + 2x_2 \leqslant 2 \\ x_1 - x_2 \leqslant 2 \\ x_1, x_2 \geqslant 0 \end{cases}$$

求解步骤如下：

（1）画出可行域。由约束方程的边界线围成一个凸多边形，就是可行域。

由于 x_1，$x_2 \geqslant 0$，所以在直角坐标系第一象限作图。

对于约束 $x_1 + x_2 \leqslant 4$，令 L_1：$x_1 + x_2 = 4$ 为一直线，取两点（0，4）、（4，0）画出该直线。由于（0，0）满足约束方程，所以包含原点。

对于约束 $-x_1 + 2x_2 \leqslant 2$，令 L_2：$-x_1 + 2x_2 = 2$ 为一直线，取两点（0，1）、（4，3）画出该直线。由于（0，0）满足约束方程，所以包含原点。

对于约束 $x_1 - x_2 \leqslant 2$，令 L_3：$x_1 - x_2 = 2$ 为一直线，取两点（2，0）、（4，2）画出该直线。由于（0，0）满足约束方程，所以包含原点。

因此，可行域为 $OABCD$ 所围区域，如图 4-1 所示。

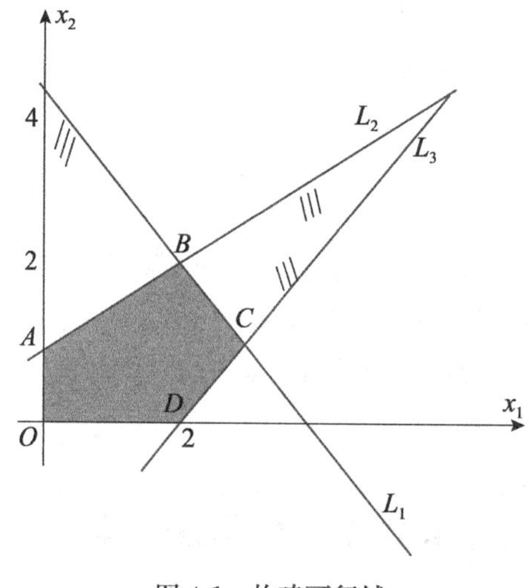

图 4-1 构建可行域

（2）画出等高线，确定最优方向。

对于目标 $Z = 2x_1 + 5x_2$，

令 $Z_1 = 2x_1 + 5x_2 = 1$，取两点（1/2，0）、（3，−1）画出该等直线；

令 $Z_2 = 2x_1 + 5x_2 = 2$，取两点（1，0）、（6，−2）画出该等直线，可确定最优方向为右上，如图 4-2 所示。

（3）找出最优点。在可行域内沿最优方向平移等高线，在可行域边界可得最优点 B。

（4）求出最优解及最优值。计算 B 点坐标，B 点位于 L_1 与 L_2 的交点处，如图 4-2 所示。

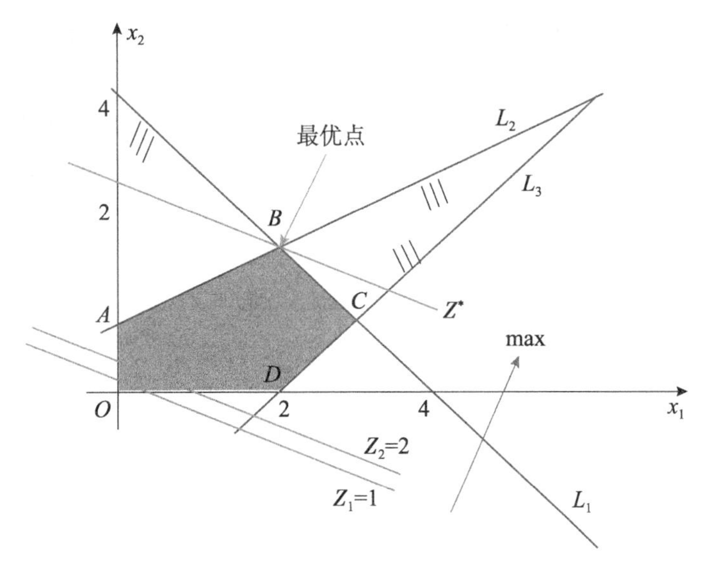

图 4-2　等高线与最优方向

$$\begin{cases} x_1 + x_2 = 4 \\ -x_1 + 2x_2 = 2 \end{cases}$$

可得最优解及最优值：$X^* = (2,2)^T$，$Z^* = 2\times2+5\times2=14$。

线性规划的解有三种情况：有最优解、有解但无最优解和无可行解。有最优解又有两种情况：有唯一的最优解和有无穷多个最优解。

(1) 有无穷多个最优解的情况。线性规划问题有时会有无穷多个最优解。如例 4-7 的约束条件不变，而将目标函数改为 $\max Z = 2x_1 + 2x_2$，则在可行域内沿最优方向平移等高线时，等高线与边界线 BC 重合，如图 4-3 所示。

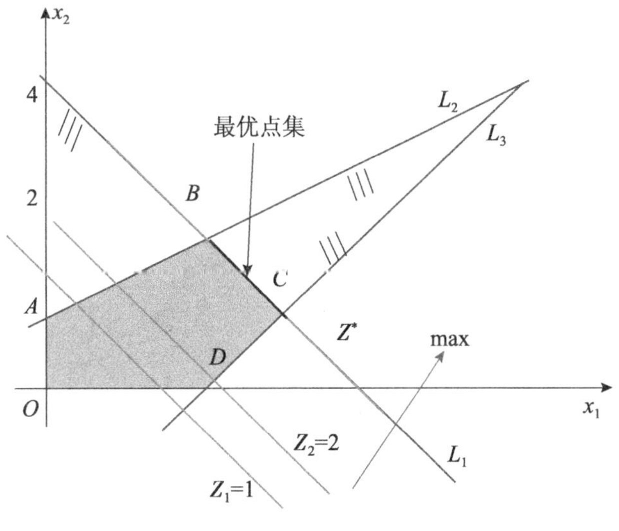

图 4-3　无穷多最优解

这说明：BC 线段上的点均为最优点，即有无穷多最优解。这时最优解集为

$$\{(x_1, x_2) \mid x_2=4-x_1, 2\leqslant x_1\leqslant 3\}。$$

（2）有可行解无最优解的情况。可行域 OAB 为开域，在可行域内向最优方向平移等直线时，永远达不到边界。因此，找不到最优点，即该问题无最优解，如图 4-4 所示。

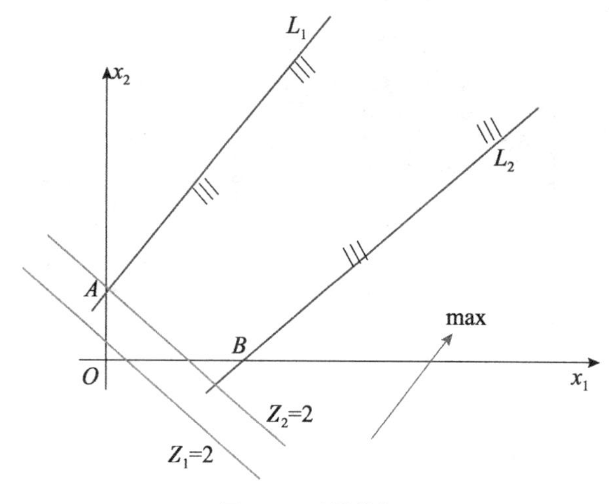

图 4-4 无最优解

需要注意的是，线性规划没有最优解，并非无解，它有可能有可行解。例如，企业的产品在市场开拓之初，商机无限，而市场上这一种商品严重供不应求。

（3）无可行解的情况。当线性规划的约束条件中出现矛盾约束时，即二元一次不等式组无解时，线性规划问题无可行解。

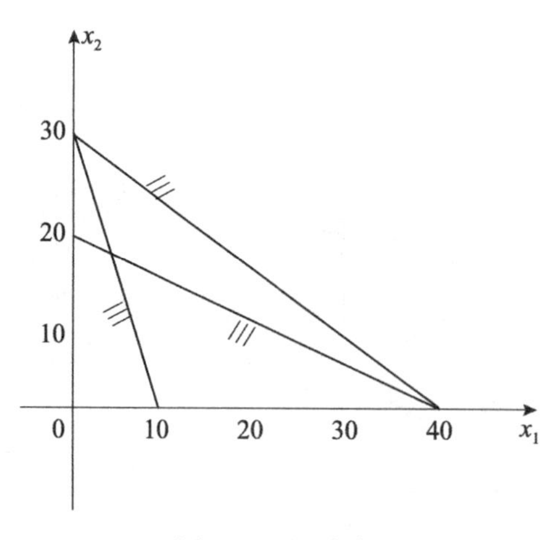

图 4-5 无可行解

如下列线性规划的数学模型为

$$\max Z = 200x_1 + 100x_2$$

$$\text{s. t.}\begin{cases}3x_1+4x_2\geqslant 120\\x_1+2x_2\leqslant 40\\3x_1+x_2\leqslant 30\\x_1,x_2\geqslant 0\end{cases}$$

不难发现，约束条件无公共部分，如图 4-5 所示。因此，这一线性规划问题没有可行解，更不可能有最优解！

【例 4-10】 某工厂生产 A、B 两种产品，已知生产 1 千克 A 耗煤 9 吨，耗电 4 千瓦，用劳力 3 个工；生产 1 千克 B 耗煤 4 吨，耗电 5 千瓦，用劳力 10 个工。生产 1 千克 A 的利润是 500 元，生产 1 千克 B 的利润是 900 元。现根据工厂条件，只能提供煤 360 吨，电力 200 千瓦，劳力 300 个工。请问如何安排两种产品的生产量，才能使总的利润最大？

解： 设 A、B 的产量分别为 x_1，x_2（千克），则上述问题的线性规划模型为

$$\max Z=500x_1+900x_2$$

$$\text{s. t.}\begin{cases}9x_1+4x_2\leqslant 360\\4x_1+5x_2\leqslant 200\\3x_1+10x_2\leqslant 300\\x_1,x_2\geqslant 0\end{cases}$$

此问题的可行域为图 4-6 中的多边形区域 $OABCD$，即阴影部分。目标函数的等高线为平行于直线 z_1的平行直线族。将直线 z_1向右上方平行移动，对应的目标函数值逐渐增大，在即将脱离可行域之际，它与可行域的交点 B 便对应于问题的最优解。

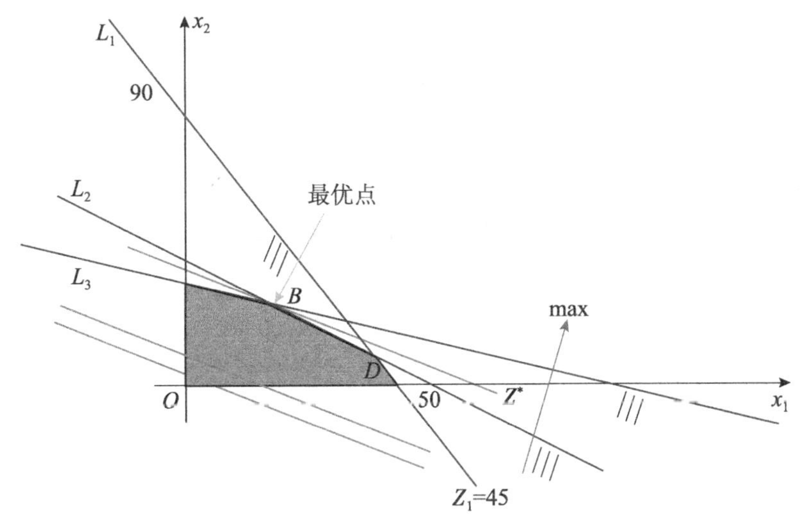

图 4-6　可行域与最优解

由此可知，在可行域的顶点 B 处，即约束 L_2和 L_3的交点处，目标函数达到最大值。因此，问题的最优解为：$x_1=20$ 千克，$x_2=24$ 千克，最大总利润为 3.16 万元。

4.2.2 图解法的启示

由上述图解法可知，线性规划问题的解具有如下特点：

（1）若线性规划的可行域存在，则可行域为凸多边形；

（2）线性规划的最优解可能有三种情况：唯一解、无穷多解和无解；

（3）线性规划的最优解若存在，则在可行域的某个或某些顶点（极点）处达到。

4.3 线性规划的单纯形法

4.3.1 基本概念和基本定理

对于线性规划

$$\max Z = CX$$

$$\text{s.t.}\begin{cases} AX = b \\ X \geqslant 0 \end{cases}$$

假定 A 的秩为 m（$m \leqslant n$），我们从 A 的 n 列中选出 m 个线性无关的列组成一个 m 阶矩阵。为了方便起见，假定选择的是 A 的前 m 列，并且用 B 表示这个矩阵，于是 B 是非奇异的，称为线性规划的一个基。我们之所以把 B 称为基，是因为 B 由 m 个线性无关列组成，这 m 个线性无关的列向量可以作为 m 维空间的一组基。设 $P_1, P_2 \cdots P_n$ 是 A 的列向量，令

$$B = (P_1, P_2, \cdots, P_m)$$

$$N = (P_{m+1}, P_{m+2}, \cdots, P_n)$$

即，将 A 分解成为 $A=$（B，N）

相应的把 X 分解成为 $X = \begin{pmatrix} X_B \\ X_N \end{pmatrix}$

其中

$$X_B = (x_1, x_2, \cdots, x_m)^T$$

$$X_N = (x_{m+1}, x_{m+2}, \cdots, x_n)^T$$

$\boldsymbol{B}$ 的列称为**基列**，$\boldsymbol{X_B}$的分量称为**基变量**；$\boldsymbol{N}$ 的列称为**非基列**，$\boldsymbol{X_N}$的分量称为**非基变量**。将式（4-3）改写成

$$AX=(B,N)\begin{pmatrix}X_B\\X_N\end{pmatrix}=BX_B+NX_N=b$$

由于 B 为非奇异矩阵，故有

$$\boldsymbol{X_B}=\boldsymbol{B}^{-1}b-\boldsymbol{B}^{-1}NX_N \tag{4-5}$$

上式将基变量用非基变量线性表示，若令 $X_N=0$，则有

$$\boldsymbol{X}=\begin{pmatrix}\boldsymbol{X_B}\\0\end{pmatrix}=\begin{pmatrix}\boldsymbol{B^{-1}b}\\0\end{pmatrix} \tag{4-6}$$

定义 4.2　$X=\begin{pmatrix}\boldsymbol{B^{-1}b}\\0\end{pmatrix}$ 是式（4-3）的一个解，称为线性规划关于基 $\boldsymbol{B}$ 的**基本解**，若 $\boldsymbol{B^{-1}b}\geqslant 0$，称 $\boldsymbol{B}$ 为**可行基**，这时，称 $X=\begin{pmatrix}B^{-1}b\\0\end{pmatrix}$ 为 **LP** 关于可行基 $\boldsymbol{B}$ 的**基本可行解**。

相应的将 C 分解为

$$C=(C_B,C_N)$$

其中

$$C_B=(c_1,c_2,\cdots,c_m)$$
$$C_N=(c_{m+1},c_{m+2},\cdots,c_n)$$

注意到式（4-2）中，目标函数 $Z=CX$ 也可以用非基变量线性表示：

$$CX=(C_B,C_N)\begin{pmatrix}X_B\\X_N\end{pmatrix}=C_BX_B+C_NX_N=C_B(B^{-1}b-B^{-1}NX_N)+C_NX_N$$

整理得到

$$CX=C_BB^{-1}b+(C_N-C_BB^{-1}N)X_N \tag{4-7}$$

定理 4.1　最优性判别定理。

对于 LP 的基 B，若有 $B^{-1}b\geqslant 0$，且 $C-C_BB^{-1}A\leqslant 0$，则对应于 B 的基本可行解 $X^*=\begin{pmatrix}X_B^*\\0\end{pmatrix}$，是 LP 的最优解，称为**最优基本可行解**，称 B 为**最优基**。

证明： $C-C_BB^{-1}A$

$$\begin{aligned}&=(C_B,C_N)-C_BB^{-1}(B,N)\\&=(C_B,C_N)-(C_B,C_BB^{-1}N)\\&=(0,C_N-C_BB^{-1}N)\end{aligned}$$

故 $C-C_B^{-1}A\leqslant 0\Leftrightarrow C_N-C_BB^{-1}N\leqslant 0$

则对一切可行解 X，根据式（4-4）有

$$X_N\geqslant 0,\text{且},C_N-C_BB^{-1}N\leqslant 0$$
$$(C_N-C_BB^{-1}N)X_N\leqslant 0$$
$$\begin{aligned}CX&=C_BB^{-1}b+(C_N-C_BB^{-1}N)X_N\\&\leqslant C_BB^{-1}b\\&=CX^*\end{aligned}$$

因此，X^* 是最优解。

线性规划的可行解集非空且有界则一定有最优解；若可行解集无界，则线性规划可能有最优解，也可能没有最优解。若线性规划具有无界解，则可行域一定无界。

定义 4.3 若在基本解中至少一个基变量为零，则这个解为退化解。

我们注意到，在非退化解的基本解中，基变量可以直接从这个解的非零解分量辨认出来；而在退化的基本解中，零基变量不容易辨认。

线性规划解的关系可用图 4-7 表示。其中，箭尾的解一定是箭头的解，反之，不一定成立。例如，基本最优解是基本可行解也是基本解，基本解不一定是基本可行解，也不一定是可行解。

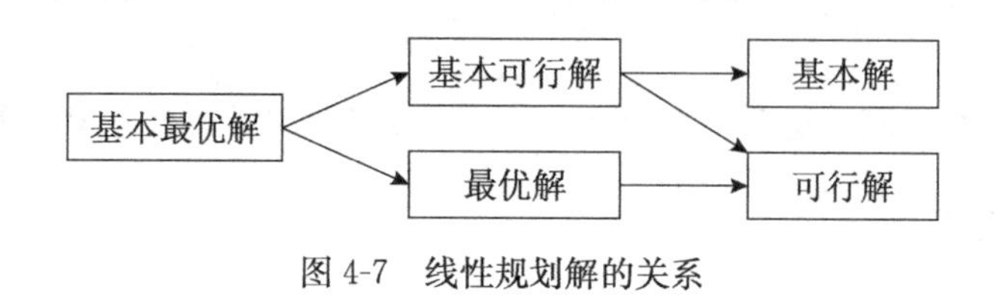

图 4-7 线性规划解的关系

4.3.2 单纯形法计算步骤

由图解法可知，线性规划的基本可行解与可行域的顶点是一一对应的；如果线性规划有最优解，一定在可行域的某个（某些）顶点处达到。据此，单纯形法的基本思路是先找出一个初始的基可行解（可行域的某一顶点），判断其是否为最优解。如果不是，则转换到另一个基可行解（另一顶点），并使目标函数的值逐步增大，一直到找到最优解为止。

单纯形法的实质，就是在单纯形表上实行运算。对下列标准化后的线性规划模型而言，使用单纯形法的计算步骤如下：

$$\max Z = c_1x_1 + c_2x_2 + \cdots + c_nx_n$$

$$\text{s.t.}\begin{cases} x_1 + a_{1m+1}x_{m+1} + a_{1m+2}x_{m+2} + \cdots + a_{1n}x_n = b_1 \\ x_2 + a_{2m+1}x_1 + a_{2m+2}x_{m+2} + \cdots + a_{2n}x_n = b_2 \\ \vdots \\ x_i \geqslant 0, i = 1,2,\cdots,n \end{cases}$$

假设 $x_1,x_2,\cdots,x_m$ 在方程中有上述形式。

第一步：找出初始可行基，确定初始基可行解，建立准备表，如表 4-8 所示。

表 4-8 单纯形准备表

		x_1	x_2	$\cdots$	x_m	x_{m+1}	$\cdots$	x_n
$-Z$	0	c_1	c_2	$\cdots$	c_m	c_{m+1}	$\cdots$	cn
x_1	b_1	1	0	$\cdots$	0	a_{1m+1}	$\cdots$	a_{1n}
x_2	b_2	0	1	$\cdots$	0	a_{2m+1}	$\cdots$	a_{2n}
$\vdots$	$\vdots$				$\vdots$			
x_m	b_m	0	0	$\cdots$	1	a_{mm+1}	$\cdots$	a_{mn}

通过方程运算，使基变量对应的目标系数为 0，即将第 1 行乘以$-c_1$、第 2 行乘以$-c_2$、第 n 行乘以$-c_m$全部加到$c_1,c_2,\cdots,c_n$ 所在行，得到初始表 4-9。

其中，$-Z_0=-(c_1b_1+c_2b_2+\cdots+c_mb_m)$，恰好是当前基可行解目标函数值的负值。$r_1$，…，$r_m$，$r_{m+1}$，…，$r_n$称为检验数，其中基变量对应的检验数为 0。

第二步：最优性判断。

检查对应于非基变量的检验数 r_j，若所有 $r_j\leqslant 0$（$j=m+1$，…，n），则已达最优，停止运算。此时，最优解为　$X^*=(b_1,b_2,\cdots,b_m,0,\cdots,0)^{\mathrm{T}}$，最优值为：$Z^*=Z_0$。否则，若有 $r_j>0$，转入下一步。

第三步：无解判断。

表 4-9　初　始　表

初始表		x_1	x_2	…	x_m	x_{m+1}	…	x_n
$-Z$	$-Z_0$	0	0	…	0	r_{m+1}	…	rn
x_1	b_1	1	0	…	0	a_{1m+1}	…	a_{1n}
x_2	b_2	0	1	…	0	a_{2m+1}	…	a_{2n}
⋮	⋮				⋮			
x_m	b_m	0	0	…	1	a_{mm+1}	…	a_{mn}

在所有 $r_j>0$ 的检验数中，若有一个 r_j所对应的列 P_j的所有元素均非正，则此 LP 问题无解（无有限最优解），停止运算；否则，转入下一步。

第四步：进基列确定。

在所有 $r_j>0$ 的检验数中，选最大的正检验数 r_q所对应的列 P_q进基，其目的是使新基解的目标值比原来的好。若两个检验数一样大，则按照惯例取左边的检验数所对应的列进基。

第五步：选主元。

按最小比值原则，进基列 P_q所有正元素与右端项对应元素的比值最小者为主元。如 $\min\{b_i/a_{iq}\mid a_{iq}>0,i=1,\cdots,m\}=b_p/a_{pq}$，则 a_{pq}为主元。其目的是确定离基列 P_p，并保证新基可行。

第六步：换基运算。

利用初等变换，将主元变成 1，将进基列其他元素变成 0，将进基列对应的检验数变成 0。这样，就得到了一个能描述新基可行解的单纯形表。

重复第二步至第六步，直到找到最优解为止。

【例 4-11】利用单纯形法求解下列线性规划问题

$$\max Z=x_1-2x_2+2x_3-2x_4+5x_5$$

$$\text{s.t.}\begin{cases}x_1+2x_4+x_5=2\\x_2+2x_4-x_5=3\\x_3-x_4=2\\x_i\geqslant 0,i=1,2,\cdots,5\end{cases}$$

第一步：建立单纯形准备表，如表 4-10 所示。

表 4-10　单纯形准备表

准备表		x_1	x_2	x_3	x_4	x_5
$-Z$	0	1	-2	2	-2	5
X_1	2	1	0	0	2	1
X_2	3	0	1	0	2	-1
X_3	2	0	0	1	-1	0

找出初始可行基，确定初始基可行解。建立初始单纯形表，如表 4-11 所示。将目标系数行改为检验数行。

表 4-11　初　始　表

初始表		x_1	x_2	x_3	x_4	x_5
$-Z$	0	0	0	0	2	2
X_1	2	1	0	0	2	1
X_2	3	0	1	0	2	-1
X_3	2	0	0	1	-1	0

当前，初始基可行解：$X^{(0)}=(2,3,2,0,0)^{\mathrm{T}}$，目标值：$z^{(0)}=0$。

第二步：检查检验数 r_j，由于 r_4、$r_5\geqslant 0$，所以未达最优!

第三步：在正检验数 r_4、r_5 所对应的列 P_4、P_5 中，没有所有元素均非正的列，不能判断此 LP 问题无解，则进入下一步。

第四步：进基列的确定。最大的正检验数 r_4 所对应的列 P_4 进基。由于两个检验数一样大，则取左边的检验数 2 所对应的 X_4 进基，如表 4-12 所示。

表 4-12　进基列的确定

判断表 1		x_1	x_2	x_3	x_4	x_5
$-Z$	0	0	0	0	②	2
X_1	2	1	0	0	2	1
X_2	3	0	1	0	2	-1
X_3	2	0	0	1	-1	0

第五步：利用最小比值原则选主元。

由于 $\min\{b_1/a_{14},\ b_2/a_{24}\}=\{2/2,\ 3/2\}=2/2=b_1/a_{14}$，所以 a_{14} 为主元。如表 4-13 所示。

表 4-13　确 定 主 元

判断表 1		x_1	x_2	x_3	x_4	x_5
$-Z$	0	0	0	0	2	2
X_1	2	1	0	0	②	1
X_2	3	0	1	0	2	-1
X_3	2	0	0	1	-1	0

第六步：换基运算。将主元变成 1，将进基列其他元素变成 0，将进基列对应的检验

数变成 0，得到新基变量 X_2，X_3，X_4。

当前，基可行解：$X^{(1)}=(0,1,3,1,0)^{\mathrm{T}}$，目标值：$Z^{(1)}=2$。

由于 $r_5 \geqslant 0$，所以未达最优，如表 4-14 所示。

表 4-14　最优解的判断

迭代表 1		x_1	x_2	x_3	x_4	x_5
$-Z$	-2	-1	0	0	0	1
X_4	1	1/2	0	0	1	1/2
X_2	1	-1	1	0	0	-2
X_3	3	1/2	0	1	0	1/2

将 r_5 所对应的列 P_5 作为进基列，利用最小比值原则可得 a_{15} 为主元。如表 4-15 所示。

表 4-15　确定新的主元

判断表 2		x_1	x_2	x_3	x_4	x_5
$-Z$	-2	-1	0	0	0	①
X_4	1	1/2	0	0	1	(1/2)
X_2	1	-1	1	0	0	-2
X_3	3	1/2	0	1	0	1/2

迭代运算，运算结果如表 4-16 所示。

表 4-16　迭代运算结果

迭代表 2		x_1	x_2	x_3	x_4	x_5
$-Z$	-4	-2	0	0	-2	0
X_5	2	1	0	0	2	1
X_2	5	1	1	0	4	0
X_3	2	0	0	1	-1	0

得到新基变量 x_2，x_3，x_5。由于所有检验数 $r_j \leqslant 0$，所以已达最优。此时，基可行解：$X^{(2)}=X^*=(0,5,2,0,2)^{\mathrm{T}}$ 为最优解；目标值：$Z^{(2)}=Z^*=4$ 为最优值。

4.3.3　大 M 法和两阶段单纯形法

前文所讨论的线性规划问题系数矩阵都已经含有了单位矩阵，很容易确定一组基本可行解。在实际问题中，建立的线性规划模型往往并不含有单位矩阵，这时线性规划的基本可行解便难以确定。为了得到不含单位矩阵的线性规划的一组基向量和初始基本可行解，在约束条件的等式左端加一组虚拟变量，得到一组基变量。这种人为加的变量称为人工变量，构成的可行基称为人工基。用大 M 法或两阶段法求解，是一种用人工变量作为桥梁的求解方法，也称为人工变量法。

设线性规划的标准模型为

$$\max Z = \sum_{j=1}^{n} c_j X_j$$

$$\begin{cases} \sum_{j=1}^{n} a_{ij} X_j = b_i, i = 1,2,\cdots,m \\ X_j \geqslant 0, j = 1,2,\cdots,n \end{cases}$$

在每个约束等式的左边加上一个人工变量 $R_i \geqslant 0$，得到

$$\sum_{j=1}^{n} a_{ij} X_j + R_i = b_i, i = 1,2,\cdots,m$$

此时，线性规划的约束条件中 R_1，R_2，…，R_m 可以作为一组初始基变量，对应的系数矩阵为 m 阶单位阵，是人工基。如果令 $X_j=0$（$j=1$，2，…，n），则可得到一组初始基本可行解。人工变量是人为加的，与决策变量、松弛变量有本质的区别，若线性规划有最优解，人工变量必定为零，以保持原约束条件不变。为了使人工变量为零，就要使人工变量从基变量中离基变为非基变量。下面介绍大 M 单纯形法和两阶段单纯形法。

1. 大 M 单纯形法

大 M 单纯形法的基本思想：约束条件加入人工变量后，求极大值时，将目标函数变为

$$\max Z = \sum_{j=1}^{n} c_j x_j - M \sum_{i=1}^{m} R_i$$

其中 M 为任意大的正数，因而 $-MR_i$ 为很小的负数，在迭代过程中，Z 要达到极大化，R_i 就会迅速离基。求极小值时，将目标函数变为

$$\min Z = \sum_{j=1}^{n} c_j x_j + M \sum_{i=1}^{m} R_i$$

同理，在迭代过程中 Z 要达到极小化，R_i 就会迅速离基。

在迭代过程中，人工变量一旦出基后就不会再进基，所以当某个人工变量出基后，R_k 对应的 k 列的系数可以不再计算，以减少计算量。

当用大 M 单纯形法计算得到最优解并且存在 $R_i>0$ 时，则表明原线性规划无可行解。

在加入人工变量时，应加入最少的人工变量数，不一定每个约束都加入人工变量。如某约束是“$\leqslant$”约束，则加入松弛变量后，松弛变量可以作为一个基变量。

【例 4-12】 用大 M 法求解下列线性规划问题

$$\min Z = 2x_1 + 3x_2$$

$$\text{s.t.} \begin{cases} x_1 + x_2 \geqslant 350 \\ x_1 \geqslant 125 \\ 2x_1 + x_2 \leqslant 600 \\ x_1, x_2 \geqslant 0 \end{cases}$$

解： 首先将数学模型化为标准形式

$$\max Z' = -2x_1 - 3x_2$$

$$
\text{s.t.}\begin{cases}x_1+x_2-s_1=350\\x_1-s_2=125\\2x_1+x_2+s_3=600\\x_1,x_2,s_1,s_2,s_3\geqslant 0\end{cases}
$$

其中 s_1，s_2为剩余变量，s_3为松弛变量，s_3可以作为一个基变量。第一、第二约束中分别加入人工变量 a_1、a_2，目标函数中加入$-Ma_1$，$-Ma_2$，得到大 M 单纯形法数学模型，

$$
\max Z'=-2x_1-3x_2-Ma_1-Ma_2
$$

$$
\text{s.t.}\begin{cases}x_1+x_2-s_1+a_1=350\\x_1-s_2+a_2=125\\2x_1+x_2+s_3=600\\x_1,x_2,s_1,s_2,s_3,a_1,a_2\geqslant 0\end{cases}
$$

对大 M 数学模型用单纯形法进行求解即可。

由表 4-17 可知，最优解为 $x_1=250$，$x_2=100$，$s_1=0$，$s_2=125$，$s_3=0$，$a_1=0$，$a_2=0$，最优值为 800。

表 4-17　大 M 法求解过程

迭代次数	基变量	C_B	x_1	x_2	s_1	s_2	s_3	a_1	a_2	b	比值
			-2	-3	0	0	0	$-M$	$-M$		
0	a_1	$-M$	1	1	-1	0	0	1	0	350	350
	a_2	$-M$	1	0	0	-1	0	0	1	125	125
	s_3	0	2	1	0	0	1	0	0	600	300
	Z_j		$-2M$	$-M$	M	M	0	$-M$	$-M$	$-475M$	
	$\sigma_j=c_j-Z_j$		$-2+2M$	$-3+M$	$-M$	$-M$	0	0	0		
1	a_1	$-M$	0	1	-1	1	0	1	-1	225	225
	x_1	-2		1	0	0	-1	0	01	125	—
	s_3	0	0	1	0	2	1	0	-2	350	175
	Z_j		-2	$-M$	M	$-M+2$	0	$-M$	$M-2$	$-225M-2$	
	c_j-Z_j		0	$-3+M$	$-M$	$M-2$	0	0	$2-2M$	50	
2	a_1	$-M$	0	1/2	-1	0	$-1/2$	1	0	50	100
	x_1	-2	1	1/2	0	0	1/2	0	0	300	600
	s_2	0	0	1/2	0	1	1/2	0	-1	175	350
	Z_j		-2	$-1/2M-1$	M	0	$1/2M-1$	$-M$	0	$-50M-60$	
	c_j-Z_j		0	$1/2M-2$	$-M$	0	$-1/2M+1$	0	$-M$	0	
3	x_2	-3	0	1	-2	0	-1	2	0	100	
	x_1	-2	1	0	1	0	1	-1	0	250	
	s_2	0	0	0	1	1	1	-1	-1	125	
	Z_j		-2	-3	4	0	1	-4	0	-800	
	c_j-Z_j		0	0	-4	0	-1	$-M+4$	$-M$		

2. 两阶段单纯形法

两阶段单纯形法与大 M 单纯形法的目的类似，将人工变量从基变量中换出，以求出

原问题的初始基本可行解。将问题分成两阶段求解，第一阶段的目标函数是

$$\max Z = \sum_{i=1}^{m} a_i$$

约束条件是加入人工变量后的约束方程，当第一阶段的最优解中没有人工变量作为基变量时，得到原线性规划的一个基本可行解，第二阶段就以此为基础对原目标函数求最优解。当第一阶段的最优值 $w \neq 0$ 时，说明还有不为零的人工变量是基变量，则原问题无可行解。

【例 4-13】 用两阶段法求解例 4-10 中的线性规划问题。

解： 首先将数学模型化为标准形式

$$\max Z' = -2x_1 - 3x_2$$

$$\text{s. t.} \begin{cases} x_1 + x_2 - s_1 = 350 \\ x_1 - s_2 = 125 \\ 2x_1 + x_2 + s_3 = 600 \\ x_1, x_2, s_1, s_2, s_3 \geqslant 0 \end{cases}$$

其中 s_1，s_2 为剩余变量，s_3 为松弛变量，s_3 可以作为一个基变量。

第一阶段，往第一、第二约束中分别加入人工变量 a_1、a_2。要判断原线性规划是否有基本可行解，方法是先求解下列线性规划问题，

$$\max Z = -a_1 - a_2$$

$$\text{s. t.} \begin{cases} x_1 + x_2 - s_1 + a_1 = 350 \\ x_1 - s_2 + a_2 = 125 \\ 2x_1 + x_2 + s_3 = 600 \\ x_1, x_2, s_1, s_2, s_3, a_1, a_2 \geqslant 0 \end{cases}$$

表 4-18　第一阶段计算表

迭代次数	基变量	C_B	x_1	x_2	s_1	s_2	s_3	a_1	a_2	b	比值
			0	0	0	0	0	−1	−1		
0	a_1	−1	1	1	−1	0	0	1	0	350	350
	a_2	−1	1	0	0	−1	0	0	1	125	125
	s_3	0	2	1	0	0	1	0	0	600	300
	Z_j		−2	−1	1	1	0	−1	−1	−475	
	$\sigma_j = c_j - Z_j$		2	1	−1	−1	0	0	0		
1	a_1	−1	0	1	−1	1	0	1	−1	225	225
	x_1	0	1	0	0	−1	0	0	1	125	—
	s_3	0	0	1	0	2	1	0	−2	350	350
	Z_j		0	−1	1	−1	0	−1	1	−225	
	$c_j - Z_j$		0	1	−1	1	0	0	−2		
2	x_2	0	0	1	−1	1	0	1	−1	225	
	x_1	0	1	0	0	−1	0	0	1	125	
	s_3	0	0	0	1	1	1	−1	−1	125	
	Z_j		0	0	0	0	0	0	0	0	
	$c_j - Z_j$		0	0	0	0	0	−1	−1		

用单纯形法求解，得到第一阶段问题的计算表 4-18。此线性规划的约束条件与原线性规划一样，而目标是求人工变量的相反数之和的最大值，也就是人工变量之和的最小值。如果此值大于零，说明不存在使所有人工变量都为零的可行解，即原问题无可行解，应立即停止计算。如果此值为零，说明存在一个可行解，使所有的人工变量都为零。

第二阶段，将第一阶段的最终单纯形表中的人工变量（都是非基变量）取消，将目标函数换成原问题的目标函数，把此可行解作为初始解进行计算，具体过程如表 4-19 所示。

表 4-19　第二阶段计算表

迭代次数	基变量	C_B	x_1	x_2	s_1	s_2	s_3	b	比值
			-2	-3	0	0	0		
0	x_2	-3	0	1	-1	1	0	225	225
	x_1	-2	1	0	0	-1	0	125	—
	s_3	0	0	0	1	1	1	125	125
	Z_j		-2	-3	3	-1	0		
	c_j-Z_j		0	0	-3	1	0	-925	
1	x_2	-3	0	1	-2	0	-1	100	
	x_1	-2	1	0	1	0	1	250	
	s_2	0	0	0	1	1	1	125	
	Z_j		-2	-3	4	0	1		
	c_j-Z_j		0	0	-4	0	-1	-800	

由表 4-19 可知，最优解为 $x_1=250$，$x_2=100$，$s_1=0$，$s_2=125$，$s_3=0$，最优值为 800。

可以看出：两种方法的每一步迭代结果类似，最终结果相同。在第二阶段计算时，初始表中的检验数不能引用第一阶段最优表的检验数，必须换成原问题的检验数。应该注意的是第一阶段最优值为 0，只能说明原问题有可行解，第二阶段不一定有最优解，原问题可能无解。

4.4 案例分析——汽车组装问题

为满足未来顾客的要求和公司的发展，精益汽车公司上海分公司根据市场调研，打算开发两种新型号的轿车。经过设计和研发部门的分析，初步打算开发如下两款汽车：A 型和 B 型汽车。以下是这两种型号汽车的相关信息。

A 型，它是一个带有乙烯树脂材料座椅的 4 门轿车，内部是塑料材质，带有标准配置并且拥有单位里程耗油量低的特点。它面向的市场人群主要是一些收入相对较低的家庭，并且每卖出一辆A型汽车能给公司获得一个相对适中的利润——3 600美元。

B型，它是一个带有羽绒座椅的2门轿车，内部为纯实木材质，顾客可以自己定制配置，并且具有很强的导航功能。它面向的市场人群主要是那些富裕的中上层家庭，每卖出去一辆B型汽车，能为公司获得一个丰厚的利润——5 400美元。

该公司拥有48 000小时的可用劳动力，并且也知道该公司每组装一辆A型汽车需花6小时的劳动力，每组装一辆B型汽车需要花10.5小时的劳动力。

该公司在上海只有一条组装生产线，所需的零部件，如轮胎、方向盘、车窗、座椅和车门等，都是从相应的供应商那里直接配送而来。一般情况下，该公司每个月能从车门供应商那里获得20 000个车门（左车门和右车门各10 000个），而且A型和B型汽车使用的是相同型号的车门部件。

该公司每个月对不同型号的汽车销售情况进行预测。市场部预测下个月的B型汽车客户需求量在3 500辆以内，而A型车（在公司生产能力的范围内）市场需求量则没有数量限制。

(1) 公司决策层需要确定每个月组装A型和B型汽车数量。为此应构建一个的数学规划模型，并用Excel求解。

虽然得到了对于目前情况来说最优的生产方案，但公司考虑到未来各种可能发生的不同情况，特别召开了一个专题讨论会，对下面的这些问题进行了探讨和研究：

(2) 市场部门了解到如果拿出500 000美元作为新款汽车的广告宣传活动，将使B型汽车的需求量提高20%，请问应该采取这次广告宣传吗？

(3) 人力资源部门了解到，如果让工人加班，将使工厂下个月的生产能力提高25%。请问在新的生产能力下，生产计划有何变化，这时应生产A型和B型汽车各多少辆？

(4) 公司明白加班在带来利润增加的同时，也会带来为劳动力所支付费用的增加。那么请问公司能够为工人加班支付的最高费用是多少？请解释计算的理由。

(5) 财务部门发现，通过广告宣传或工人加班，都有可能使公司的收益提高。他们想知道，工厂在同时采用广告宣传和加班的情况下，又应该生产A型和B型汽车各多少辆？

(6) 经过财务部门初步预测，可以支付广告宣传费用500 000美元，支付加班费用1 600 000美元。那么采用宣传加加班的方案是不是比在问题(1)中提到的方案好呢？

(7) 公司的销售部门了解到，可以通过代理商来对A型汽车打折促销。但要和代理商有一个利润分成的约定，因此每辆A型汽车为公司创造的利润由原来的3 600美元变成2 800美元。请问在这样的利润下，A型和B型汽车应该各组装多少辆？

(8) 公司在随机测试A型车的时候，在超过60%的测试中发现A型汽车的两个车门存在没有合理密封的情况。由于A型汽车随机测试出现的缺陷率如此之高，因此高级管理层决定对A型汽车执行质量安全控制。因为安全控制的增加，A型汽车的组装时间由原来的6小时变成了7.5小时。请问在新的组装时间下，A型和B型汽车应该各组装多少辆？

(9) 公司高层为提高豪华轿车的市场占有率，想要在提供给市场的产量上最大限度地满足B型车的市场需求。因此，相对于问题(1)中获得的利润，公司为满足B型汽车的最大市场需求，利润会受到怎样的影响？

（10）对会议所考虑的这些问题，请形成一个综合分析报告，供管理决策层参考。

4.5 用 Excel 求解线性规划

本章小结

线性规划主要用于研究有限资源的最佳分配问题，即如何对有限的资源进行最佳的配置和最有利的使用，以获取最佳的经济效益。本章介绍了线性规划这一运筹学重要分支。首先，对线性规划产生的历史、线性规划模型的结构、标准形式，以及如何建立线性规划模型进行了介绍。两个变量的线性规划模型，可用图解法求解。其次，对如何使用图解法，以及使用图解法时遇到的一些特殊情况进行了介绍。单纯形法是求解线性规划的经典方法，其基本思路是先找出一个初始的基可行解，判断其是否为最优解；如果不是，则转换到另一个基可行解，并使目标函数的值逐步增大，直到找到最优解为止。最后，介绍了如何用计算机对线性规划问题进行求解，并给出了一个线性规划应用的综合案例。

思考与习题

1. 用图解法求解下列问题。

(1) $\max Z = 2x_1 + x_2$

$$\text{s. t.}\begin{cases} x_2 \leqslant 10 \\ 2x_1 + 5x_2 \leqslant 60 \\ x_1 + x_2 \leqslant 18 \\ 3x_1 + x_2 \leqslant 44 \\ x_1, x_2 \geqslant 0 \end{cases}$$

(2) $\max Z = 10x_1 + 20x_2$

$$\text{s. t.}\begin{cases} -x_1 + 2x_2 \leqslant 15 \\ x_1 + x_2 \leqslant 12 \\ x_1x_1 + 3x_2 \leqslant 18 \\ 3x_1 + x_2 \leqslant 44 \\ x_1, x_2 \geqslant 0 \end{cases}$$

(3) $\min Z = 2x_1 + 3x_2$

$$\text{s. t.}\begin{cases} x_1 + x_2 \geqslant 350 \\ 2x_1 + x_2 \leqslant 600 \\ x_1 \geqslant 125 \\ x_1, x_2 \geqslant 0 \end{cases}$$

(4) $\max Z = x_1 + 2x_2$

$$\text{s. t.}\begin{cases} x_1 + x_2 \leqslant 6 \\ x_1 + 2x_2 \leqslant 8 \\ x_2 \leqslant 3 \\ x_1, x_2 \geqslant 0 \end{cases}$$

(5) $\max Z = x_1 + x_2$

$$\text{s. t.}\begin{cases} -2x_1 + x_2 \leqslant 4 \\ x_1 - x_2 \leqslant 2 \\ x_1, x_2 \geqslant 0 \end{cases}$$

(6) $\max Z = 3x_1 + 4x_2$

$$\text{s. t.}\begin{cases} x_1 + x_2 \geqslant 6 \\ x_1 \leqslant 2 \\ x_2 \leqslant 3 \\ x_1, x_2 \geqslant 0 \end{cases}$$

2. 某机构建立了如下的数学模型，但模型中 c_1 的值尚未确定。

$$\max Z = c_1 x_1 + x_2$$

$$\text{s. t.}\begin{cases} x_1 + x_2 \leqslant 6 \\ x_1 + 2x_2 \leqslant 10 \\ x_1, x_2 \geqslant 0 \end{cases}$$

请使用图解法来分析：对于 c_1（$-\infty < c_1 < +\infty$）的各种可能值下（x_1，x_2）的最优解。

3. 某食品公司使用三种原料生产两种糖果，生产的技术要求见下表“生产的技术要求”，原料的成本和可供量见下表“供应量与成本”。

生产的技术要求

品种	成分			售价 元/千克
	原料 A	原料 B	原料 C	
高级奶糖	≥50%	≥25%	≤10%	24.0
水果糖	≤15%	≤15%	≥60%	15.0

供应量与成本

原料	原料可供量（千克）	成本（元/千克）
A	500	20.00
B	750	12.00
C	625	8.00

该厂根据已有的订单，需要生产至少 600 千克高级奶糖，800 千克水果糖，请写出一个求该厂利润最大的线性规划问题。

4. 一位大学生喜欢吃牛排和土豆，因此他决定一日三餐只吃这两种食物（加上一些饮料和维生素补充物）。但他也意识到这不是最健康的饮食，所以他想确保他吃了合理数量的两种食物，以满足一些关键的营养需求。经调查，他获取了下表所示的牛排与土豆的营养及费用数据：

牛排与土豆的营养及费用数据

成分	每份含有多少克的原料		日常需求（克）
	牛排	土豆	
碳水化合物	5	15	⩾50
蛋白质	20	5	⩾40
脂肪	15	2	⩽60
每份食品的费用/美元	4	2	

该大学生希望确定每天的牛排和土豆的份数（可以是份数的任何比例），并且以最低的成本满足这些要求。

（a）为这个问题制订一个线性规划模型。

（b）用图解法求解该模型。

（c）使用 Excel 求解该模型。

5. 某钢铁企业希望从几种具有以下特性的可用合金中混合出含 40％锡、35％锌和 25％铅的新合金。几种原材料的特性如下表所示。

特性	合金				
	1	2	3	4	5
锡的百分比	60	25	45	20	50
锌的百分比	10	15	45	50	40
铅的百分比	30	60	10	30	10
成本（美元/磅）	22	20	25	24	27

管理层决策的目标是确定这些合金的比例，让这些合金以最低的成本混合出新的合金。为这个问题制订一个线性规划模型，并使用 Excel 求解。

6. 某互联网商户通过互联网出售许多家居用品，因此其需要大量的仓储空间来存放货物。目前，该商户正计划在未来 5 个月内租赁仓库来存储货物，每个月需要多少仓储空间是已知的。然而，由于每个月的仓储空间需求是完全不同的，因此每月只租用所需的数量可能是最经济的做法。另外，多租几个月的额外费用要比第一个月少得多，所以租满整个 5 个月的最大需求量可能会便宜一些。另一种折中的选择是至少更改一次（通过添加新租约或者旧租约到期）总租赁面积，但不是每个月都这样。各租赁时段的空间需求及租赁费用如下面两个表所示。

月份	所需空间（平方英尺）
1	30 000
2	20 000
3	40 000
4	10 000
5	50 000

租赁时长（月）	每平方英尺租赁价格/美元
1	65
2	100
3	135
4	160
5	190

为了在满足空间需求的情况下尽量减少总租赁成本，请为这家商户制订一个线性规划模型，并用 Excel 求解。

7. 某城市的空气污染十分严重，市政府准备制订一个减少污染的环保计划，要求每年减少碳氢化合物排放量 50 万吨，二氧化硫 60 万吨，固体尘埃 80 万吨。研究部门提供了各种减排技术方案、每种方案 100%实施的减排量和成本，详见下表。请构造一个线性规划模型，确定每种技术方案所采用的实施比例，并在满足减排指标的同时使总成本最小。

减 排 方 案

	技术方案			
减排效果（万吨）	减少机动车数量	安装烟筒除硫、除尘器	提高能源利用效率	关闭高污染的工厂
碳氢化合物	60	30	70	45
二氧化硫	55	70	65	55
固体尘埃	70	100	80	70
成本（万元）	1 500	3 000	2 500	2 000

8. 某制造公司拥有两个工厂，为医疗中心提供精密医疗诊断设备。三个医疗中心已经为本月的产量下了订单。下表显示了将每单位设备从各个工厂运送到各个客户的成本。还显示了每个工厂的生产能力和每个客户的订货量。

至 / 从	单位运输成本			生产量
	客户 1	客户 2	客户 3	
工厂 1	600	800	700	400
工厂 2	400	900	600	500
订货量	300	200	400	

（1）现在请决定如何安排发货，即从每个工厂向每个客户发货数量的运输计划。

（2）为这个问题制订一个线性规划模型，并通过 Excel 求解。

9. 某矿业集团目前正在两个矿场开采铁矿石。这些铁矿石会被运往两个储藏设施之一。在需要的时候，它会被运到公司的钢铁厂。下图描绘了这个配送网络，其中 M_1 和 M_2 是两个矿山，S_1 和 S_2 是两个存储设施，P 是钢铁厂。该图还显示了矿场和工厂所需的每月产量，以及运输成本和每月通过每个运输通道可以运输的最大数量。

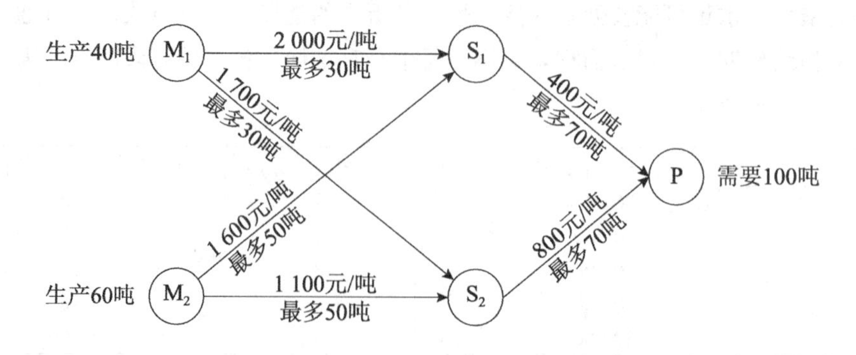

管理层现在希望确定最经济的计划，将铁矿石从矿山通过配送网络运输到钢铁厂。

为这个问题制订一个线性规划模型，并用 Excel 求解。

10. 恒业投资公司有 100 万元资金可用于 A、B 和 C 三个项目的投资。每个项目的投入产出情况如下：

项目 A：当年投入 1 元钱，一年后可收回 0.1 元，三年后可收回 1.4 元；

项目 B：当年投入 1 元钱，一年后可收回 0.2 元，三年后可收回 1.3 元；

项目 C：当年投入 1 元钱，三年后可收回 1.6 元。

每个项目的最大投资额为 50 万元，此外，公司还可将钱存入银行，存款利息为每年 10%。请构造一个使该公司三年后收益最大的线性规划模型。

11. 某体育爱好者幸运地赢得了 10 000 元的体育彩票。他花费了 4 000 元用于交税和聚会，然后决定将剩下的 6 000 元进行投资，有两个投资项目供选择。第一个投资项目需要投资 5 000 元和 400 个小时的参与时间，回报是 4 500 元；第二个投资项目额需要投资 4 000元和 500 个小时的参与时间，回报也是 4 500 元。这两个项目都可以按投资份额的任意比例来投资和参与。他打算最多用 600 个小时参与这两个项目。请帮助该体育爱好者找到最佳的投资组合，使得总回报最高。

(a) 为这个问题制订一个线性规划模型。

(b) 用图解法求解该模型。

12. 一位投资者希望投资 6 万元，以便用这笔钱在 5 年后（第 6 年年初）使用。在咨询了他的财务顾问之后，有四种投资 A、B、C、D 可供选择。投资 A 和 B 可在未来 5 年的每一年开始时均可使用（第 1 年至第 5 年）。每年投资于 A 的每一元在 2 年后（到时可重新投资）回报率为 1.40 元（40%的利润）。年初投入 B 的每一元 3 年后（到时也可重新投资）回报率为 1.70 元。投资 C 只能在第 2 年年初投入，在第 2 年年初投资于 C 的每一元在第 5 年年底回报为 1.90 元。投资 D 只能在第 5 年年初投入，在第 5 年年初投资于 D 的每一元在第 5 年年底回报为 1.30 元。

这位投资者希望知道什么样的投资计划能使他第 6 年年初的积累金额最大化。

为这个问题制定一个线性规划模型并用 Excel 求解。

13. 一家电力公司的首席财政官面临一项投资决策。该公司计划在 5 年、10 年和 20 年后建设一些新的水力发电厂，以满足该公司服务区域不断增长的人口需求。为了满足未来的现金流需求，公司现在需要开始筹措资金，并将这些资金进行一系列投资。已知目前可以购买三种金融资产，每种金融资产每单位份额的费用均为 100 万元（可以购入任意比例的份额）。这些资产在未来 5 年、10 年和 20 年后产生收益，而这些收益至少需要满足当年的最低现金流需求（超过每个时期最低要求的超额收入将不再投资，而是用于其他用途）。下表显示所能购买的每个金融资产的每份额收益，以及未来每个时期建造新水电站的最低需求金额。

单位：百万元

年份	每单位份额金融资产收益			最低现金流量需求
	资产 1	资产 2	资产 3	
第 5 年后	2	1	0.5	400
第 10 年后	0.5	0.5	1	100
第 20 年后	0	1.5	2	300

首席财政官希望确定这些金融资产的投资组合，以满足现金流需求的同时尽量减少筹措金额的总额。为这个问题制订线性规划模型，并用 Excel 求解。

14. 某大型计算机中心的主管考虑对中心的值班人员排班问题进行优化。他知道，中心从早上 8 点开到午夜 12 点，每个时间段对值班人员的需求不同，如下表所示。

时段	需要值班的人数
上午 8 点—中午 12 点	4
中午 12 点—下午 4 点	8
下午 4 点—晚上 8 点	10
晚上 8 点—午夜 12 点	6

中心现在聘用了两类值班人员：全职和兼职。全职人员每天需要连续工作两个班次，工资是每小时 140 元；兼职人员每天只需工作一个班次，工资是每小时 120 元。

另外，在每一个时段内，对于一个兼职人员，必须同时配备有至少两名全职人员，以保证很好地满足客户服务。中心主管想知道，如何制订排班计划，才能使为值班人员支付的总工资最少。为这个问题制订一个线性规划模型，并使用 Excel 求解。

15. 用单纯形法求解下列问题：

(1)
$$\max Z = 70x_1 + 30x_2$$
$$\text{s. t.}\begin{cases}3x_1 + 9x_2 \leqslant 540 \\ 5x_1 + 5x_2 \leqslant 450 \\ 9x_1 + 3x_2 \leqslant 720 \\ x_1, x_2 \geqslant 0\end{cases}$$

(2)
$$\max Z = -x_1 + x_2$$
$$\text{s. t.}\begin{cases}3x_1 - 2x_2 \leqslant 1 \\ -2x_1 + x_2 \geqslant -4 \\ x_1, x_2 \geqslant 0\end{cases}$$

(3)
$$\max Z = 2x_1 + 4x_2$$
$$\text{s. t.}\begin{cases}-x_1 + 2x_2 \leqslant 4 \\ x_1 + 2x_2 \leqslant 10 \\ x_1 - x_2 \leqslant 2 \\ x_1, x_2 \geqslant 0\end{cases}$$

(4)
$$\max Z = 20x_1 + 30x_2$$
$$\text{s. t.}\begin{cases}3x_1 + 10x_2 \leqslant 150 \\ x_1 \leqslant 30 \\ x_1 + x_2 \geqslant 40 \\ x_1, x_2 \geqslant 0\end{cases}$$

16. 分别用大 M 法和两阶段法求解下列问题：

(1)
$$\max Z = 10x_1 + 15x_2$$
$$\text{s. t.}\begin{cases}5x_1 + 3x_2 \leqslant 9 \\ -5x_1 + 6x_2 \leqslant 15 \\ 2x_1 + x_2 \geqslant 5 \\ x_1, x_2 \geqslant 0\end{cases}$$

(2)
$$\min Z = x_1 - 2x_2$$
$$\text{s. t.}\begin{cases}x_1 + x_2 \geqslant 2 \\ -x_1 + x_2 \geqslant 1 \\ x_2 \leqslant 3 \\ x_1, x_2 \geqslant 0\end{cases}$$

线性规划的对偶理论与灵敏度分析

本章学习目的

- 掌握对偶线性规划的基本性质及影子价格的经济含义；
- 了解对偶单纯形法；
- 了解线性规划的灵敏度分析，掌握使用 Excel 进行灵敏度分析的方法；
- 掌握线性规划对偶理论与灵敏度分析的应用场景与管理内涵。

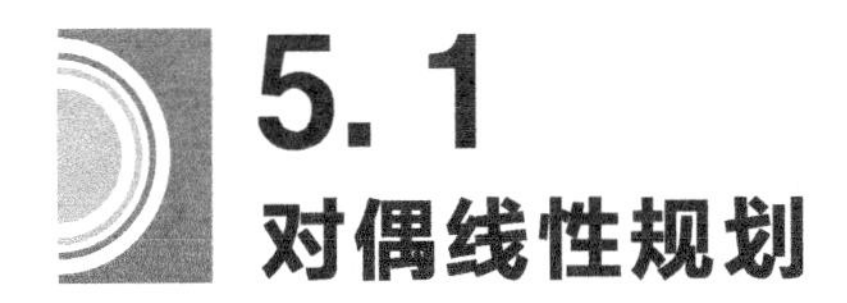

5.1 对偶线性规划

5.1.1 基本概念

对偶理论是线性规划中最重要的理论之一，充分显示出线性规划理论逻辑的严谨性和结构的对称美。由对偶问题引申出来的对偶解有重要的经济意义，是进行经济分析的重要手段。

内涵一致但从相反角度提出的一对问题互为对偶问题（dual problem，DP）。例如，“在周长一定的四边形中，正方形的面积最大”，或者“在面积一定的四边形中，正方形的周长最小”，这实际上是一个现象的两种提法。对偶现象相当普遍，它广泛地存在于数学、物理学、管理学、经济学等诸多领域。

对于线性规划问题也有类似的情况。每一个线性规划都伴随着另一个线性规划，两者有密切关系，互为对偶。其中一个问题称为原问题，另一个问题称为其对偶问题。两者间只要得到其中一个问题的最优值，那么也就得到了另一个问题的最优值。下面通过实例来说明对偶线性规划的概念。

【例 5-1】 市场上有六种保健食品Ⅰ～Ⅵ供给消费者每天所需的维生素。已知各食品VA、VC的含量、食品单价以及每天最低营养需求数据如表 5-1 所示。

(1) 问题 1：消费者如何采购，在确保其 VA、VC 最低营养需求的同时，使所花费用最少？

解：设食品Ⅰ～Ⅵ的采购量分别为 $x_1 \sim x_6$，则线性规划模型为

$$\min Z = 35x_1 + 30x_2 + 60x_3 + 50x_4 + 27x_5 + 22x_6$$

$$\text{s. t.} \begin{cases} x_1 + 2x_3 + 2x_4 + x_5 + 2x_6 \geqslant 9 \\ x_2 + 3x_3 + x_4 + 3x_5 + 2x_6 \geqslant 19 \\ x_i \geqslant 0, i = 1,2,\cdots,6 \end{cases}$$

表 5-1　例 5-1 相关数据

营养 \ 含量 \ 食品	Ⅰ	Ⅱ	Ⅲ	Ⅳ	Ⅴ	Ⅵ	最低营养需求（毫克）
VA	1	0	2	2	1	2	9
VC	0	1	3	1	3	2	19
食品单价	35	30	60	50	27	22	

目标函数是保证采购各食品费用最少。约束方程（1）保证各食品中 VA 含量不低于最低营养需求量 9 毫克；约束方程（2）保证各食品中 VC 含量不低于最低营养需求量 19 毫克。

问题 1 求解结果：最优解 $X^* = (x_1, x_2, x_3, x_4, x_5, x_6)^{\mathrm{T}} = (0, 0, 0, 0, 5, 2)^{\mathrm{T}}$，

最优值 $Z^* = 0 + 27x_5 + 22x_2 = 27 \times 5 + 22 \times 2 = 179$

现在从另一个角度来考虑该问题。

(2) 问题 2：一药商想通过直接销售 VA、VC 片占领该市场，问该药商生产的每毫克 VA、VC 片该如何定价，可使销售收入最高，同时消费者又愿意购买？

解：设 VA 与 VC 的单价分别为 y_1，y_2，则有：

$$\max g = 9y_1 + 19y_2$$

$$\text{s. t.} \begin{cases} y_1 \leqslant 35 & (1) \\ y_2 \leqslant 30 & (2) \\ 2y_1 + 3y_2 \leqslant 60 & (3) \\ 2y_1 + y_2 \leqslant 50 & (4) \\ y_1 + 3y_2 \leqslant 27 & (5) \\ 2y_1 + 2y_2 \leqslant 22 & (6) \\ y_1, y_2 \geqslant 0 \end{cases}$$

目标函数是使营养片销售总收入最大。约束方程（1）说明买营养片替代食品Ⅰ中营养的含量，费用不能比买食品Ⅰ贵；约束方程（2）说明买营养片替代食品Ⅱ中营养的含量，费用不能比买食品Ⅱ贵；其他约束方程含义类似。

问题 2 求解结果：最优解 $y^* = (y_1, y_2)^T = (3, 8)^T$，

最优值 $g^* = 9y_1 + 19y_2 = 9\times3 + 19\times8 = 179$。

问题 2 的最优值与问题 1 的最优值相同。

【例 5-2】 某厂生产Ⅰ、Ⅱ两种产品，其技术经济指标如表 5-2 所示：

（1）问题 1：该厂应如何安排生产，可使用利润最大？

解：设 x_1，x_2分别代表产品Ⅰ、Ⅱ的日产量，则有：

表 5-2　例 5-2 的技术经济指标

设备＼能耗＼产品	Ⅰ	Ⅱ	每日可用资源
A	2	3	18
B	1	2	10
C	3	1	16
D	2	2	12
单位利润	20	30	

$$\max Z = 20x_1 + 30x_2$$

$$\text{s. t.}\begin{cases}2x_1 + 3x_2 \leqslant 18\\ x_1 + 2x_2 \leqslant 10\\ 3x_1 + x_2 \leqslant 16\\ 2x_1 + 2x_2 \leqslant 12\\ x_1, x_2 \geqslant 0\end{cases}$$

目标函数是两产品利润之和。约束方程分别表示 A、B、C、D 四种设备资源约束。

（2）问题 2：若另一厂商想租借该厂的设备，且该厂也考虑设备出租。该厂的管理人员想知道，通过设备出租，他们能够接受的总租金最低是多少？也就是说，在保证利润收入不受影响的情况下，如何确定各种设备的单位时间租金，以使总租金最低？

解：设 A，B，C，D 的单位时间租金分别为 y_1，y_2，y_3，y_4，则有：

$$\min g = 18y_1 + 10y_2 + 16y_3 + 12y_4$$

$$\text{s. t.}\begin{cases}2y_1 + y_2 + 3y_3 + 2y_4 \geqslant 20\\ 3y_1 + 2y_2 + y_3 + 2y_4 \geqslant 30\\ y_1, y_2, y_3, y_4 \geqslant 0\end{cases}$$

目标函数表示租金越低越好。约束方程一表示生产Ⅰ所需资源出租的租金，比生产Ⅰ的利润高；约束方程二表示生产Ⅱ所需资源出租的租金，比生产Ⅱ的利润高。解此线性规划问题，得到的单位时间设备租金，是该厂能够承受的最低水平。有了这个最低水平的租金，该厂在和其他厂商谈判的时候，就能够把握底线。只要租金等于或大于这个最低水平

租金，就可以保证收取的租金总额能够与原来生产所获得的利润相当或更高。

由上面两个例题，不难发现：任何一个线性规划问题均有一个从其他角度出发考虑的问题——对偶问题。它们既不相同，又有联系。例如，原问题目标函数是求最小化，则对偶问题目标函数是求最大化；原问题目标函数系数成为对偶问题的右边项，而对偶问题的目标系数变为原问题的右边项；原问题的约束系数矩阵是对偶问题约束系数矩阵的转置；它们的最优值相同，等等。原问题与对偶问题的位置不是绝对的，如果将问题 1 称为原问题，则问题 2 是对偶问题；反过来，如果将问题 2 称为原问题，则问题 1 是对偶问题。

5.1.2 对偶规划的规范形式

如果一个线性规划具备下面两个条件，则称它具有规范形式，又称为对称形式：①所有的变量都是非负的；②所有的约束条件都是不等式，而且在目标函数是求极大值的情况下，不等式为小于等于（$\leqslant$）符号；③在目标函数是求极小值的情况下，不等式为大于等于（$\geqslant$）符号。对称形式的原问题和对偶问题称为对称的对偶线性规划。

如果把线性规划

$$\max Z = c_1x_1 + c_2x_2 + \cdots + c_nx_n$$

$$\text{s.t.}\begin{cases} a_{11}x_1 + a_{12}x_2 + \cdots + a_{1n}x_n \leqslant b_1 \\ a_{21}x_1 + a_{22}x_2 + \cdots + a_{2n}x_n \leqslant b_2 \\ \qquad\qquad\vdots \\ a_{m1}x_1 + a_{m2}x_2 + \cdots + a_{mn}x_n \leqslant b_m \\ x_j \geqslant 0, j = 1,2,\cdots,n \end{cases} \tag{5-1}$$

称为原问题，则同时存在如下线性规划问题，称为对偶问题：

$$\min g = b_1y_1 + b_2y_2 + \cdots + b_my_m$$

$$\text{s.t.}\begin{cases} a_{11}y_1 + a_{21}y_2 + \cdots + a_{m1}y_m \leqslant c_1 \\ a_{12}y_1 + a_{22}y_2 + \cdots + a_{m2}y_m \leqslant c_2 \\ \qquad\qquad\vdots \\ a_{1n}y_1 + a_{2n}y_2 + \cdots + a_{mn}y_m \leqslant c_n \\ y_j \geqslant 0, j = 1,2,\cdots,m \end{cases} \tag{5-2}$$

而且 $\min g = \max Z$。

用矩阵形式表示如下：

若原问题为

$$\max Z = CX$$

$$\begin{cases} AX \leqslant b \\ X \geqslant 0 \end{cases} \tag{5-3}$$

则对偶问题为

$$\min g = b^{T}Y$$

$$\begin{cases} A^{\mathrm{T}}Y \geqslant c^{\mathrm{T}} \\ Y \geqslant 0 \end{cases} \tag{5-4}$$

【例 5-3】 设原问题为

$$\max Z = 4x_1 + 3x_2 + 8x_3$$

$$\text{s. t.} \begin{cases} x_1 + x_3 \leqslant 2 \\ x_2 + 2x_3 \leqslant 5 \\ x_1, x_2, x_3 \geqslant 0 \end{cases}$$

试写出它的对偶问题。

解： 这是一个规范形式的线性规划，可参考式（5-2）或式（5-4），直接写出对偶问题

$$\min g = 2y_1 + 5y_2$$

$$\text{s. t.} \begin{cases} y_1 \geqslant 4 \\ y_2 \geqslant 3 \\ y_1 + 2y_2 \geqslant 8 \\ y_1, y_2 \geqslant 0 \end{cases}$$

5.1.3　对偶规划的非规范形式

如果遇到非规范形式的线性规划，可首先将其化为等价的规范形式的线性规划问题，然后再按规范的对偶线性规划原问题与对偶问题之间的对应关系，找出其对偶问题。实际上，也可以按表 5-3 所示原问题与对偶问题之间的对应关系，直接进行变换，得到线性规划的原问题或对偶问题。

表 5-3　原问题与对偶问题的对应关系

	原问题	对偶问题
目标函数类型	max（min）	min（max）
系数矩阵	A	A^T
目标系数	c	b
右端项	b	c
原问题变量与对偶问题约束的对应关系	n 个	n 个
	第 j 个变量$\geqslant 0$	第 j 个约束为$\geqslant$
	第 j 个变量$\leqslant 0$	第 j 个约束为$\leqslant$
	第 j 个变量无约束	第 j 个约束为$=$
原问题约束与对偶问题变量的对应关系	m 个	m 个
	第 i 个约束为$\leqslant$	第 i 个变量$\geqslant 0$
	第 i 个约束为$\geqslant$	第 i 个变量$\leqslant 0$
	第 i 个约束为$=$	第 i 个变量无约束

【例 5-4】 设原问题为

$$\max Z = 4x_1 + 3x_2 + 8x_3$$

$$\text{s. t.}\begin{cases}x_1+x_3\leqslant 2\\x_2+2x_3\leqslant 5\\x_1,x_2,x_3\geqslant 0\end{cases}$$

试写出它的对偶问题。

解：对照表 5-3 所示的对应关系，直接写出原问题的对偶问题如下。

$$\min g=2y_1+5y_2$$

$$\text{s. t.}\begin{cases}y_1\geqslant 4\\y_2\geqslant 3\\y_1+2y_2\geqslant 8\\y_1,y_2\geqslant 0\end{cases}$$

【例 5-5】 写出下面线性规划模型的对偶模型。

$$\min Z=x_1+5x_2-4x_3+9x_4$$

$$\text{s. t.}\begin{cases}7x_1-2x_2+8x_3-x_4\leqslant 18\\6x_2-5x_4\geqslant 10\\2x_1+8x_2-x_3=-14\\x_2\leqslant 0;x_3,x_4\geqslant 0\end{cases}$$

解：对照表 5-3 所示的对应关系，直接得出原问题的对偶问题如下。

$$\max g=18y_1+10y_2-14y_3$$

$$\text{s. t.}\begin{cases}7y_1+2y_3=1\\-2y_1+6y_2+8y_3\geqslant 5\\8y_1-y_3\leqslant -4\\-y_1-5y_2\leqslant 9\\y_1\leqslant 0,y_2\geqslant 0\end{cases}$$

5.1.4 对偶问题的性质与影子价格

1. 对偶规划基本性质

性质 5.1 对称性，即对偶问题的对偶是原问题。

证明：设原问题为

$$\max Z=CX$$

$$\text{s. t.}\begin{cases}AX\leqslant b\\X\geqslant 0\end{cases}\tag{5-5}$$

其对偶问题为

$$\min g=b^TY$$

$$\text{s. t.}\begin{cases}A^TY\geqslant C^T\\Y\geqslant 0\end{cases}\tag{5-6}$$

将上面的对偶问题改写为

$$\max(-g)=-b^TY$$

$$\text{s. t.}\begin{cases}-A^TY\leqslant -C^T\\ Y\geqslant 0\end{cases}\tag{5-7}$$

式（5-7）的对偶规划为

$$\min g'=-CX$$

$$\text{s. t.}\begin{cases}-AX\geqslant -b\\ X\geqslant 0\end{cases}\tag{5-8}$$

式（5-8）与下列线性规划问题等价：

$$\max Z=CX$$

$$\text{s. t.}\begin{cases}AX\leqslant b\\ X\geqslant 0\end{cases}\tag{5-9}$$

即为原问题。

性质 5.2　弱对偶性设 X 和 Y 分别是原规划和对偶规划的可行解，则有 $C^TX\leqslant b^TY$.

证明：设 X 为原问题可行解，则有

$$AX\leqslant b\,,$$

$$Y^TAX\leqslant Y^Tb\tag{5-10}$$

Y 是对偶问题可行解，则有

$$A^TY\geqslant C$$

$$X^TA^TY\geqslant X^TC$$

$$Y^TAX\geqslant C^T\tag{5-11}$$

由式（5-10）和式（5-11）可知

$$b^TY=Y^Tb\geqslant C^TX$$

由性质 5.2 可知，对偶规划的任一问题的可行解的目标函数值是另一问题的目标函数值的界，因此有下面的推论。

推论 5.1　X^* 和 Y^* 分别是原问题和对偶问题的可行解，若 $C^TX^*=b^TY^*$，则 X^* 和 Y^* 分别是原问题和对偶问题的最优解。

证明：设 X 是原问题的任一可行解，由性质 5.2 可知

$$C^TX\leqslant b^TY=C^TX^*$$

所以，X^* 是原问题的最优解。同理可证 Y^* 是对偶规划的最优解。

推论 5.2　原问题任一可行解的目标函数值是其对偶问题目标函数值的下界，反之，对偶问题任一可行解的目标函数值是其原问题目标函数值的上界。

推论 5.3　若原问题有可行解且目标函数值无界（或具有无界解），则其对偶问题无可行解，反之，对偶问题有可行解且目标函数值无界则其原问题无可行解（注意：此性质的逆不成立，当对偶问题无可行解时，其原问题或具有无界解或无可行解，反之亦然）。

推论 5.4　若原问题有可行解而其对偶问题无可行解，则原问题目标函数值无界，反之对偶问题有可行解而其原问题无可行解，则对偶问题的目标函数值无界。

性质 5.3 强对偶性。若原问题和对偶问题都有可行解，则两者都有最优解，且最优解相等。

证明：由于两者都有可行解，从弱对偶性质的推论 5.2 可知，原问题与对偶问题的目标函数分别有上界和下界，所以两者都有最优解；同时我们又知道原问题的对偶价格极为对偶问题的一个可行解，并知这个可行解的目标函数值即为原问题的目标函数值，从最优性即可知这个目标函数即为原问题和对偶问题的目标函数值。

性质 5.4 互补松弛性。设 X^* 和 Y^* 分别是原规划 P 和对偶规划 D 的可行解，Xs 和 Ys 分别是它们的松弛变量的可行解，则 X^* 和 Y^* 是最优解当且仅当 $Y^*Xs=0$ 和 $YsX^*=0$。

证明：X^* 和 Y^* 是最优解，则 $C^TX^*=b^TY^*$，由于 Xs 和 Ys 是松弛变量，则有

$$AX^*+X_5=b$$

$$Y^*A-Y_5=C$$

将第一式左乘 Y^*，第二式右乘 X^* 得到

$$Y^*AX^*+Y^*X_5=Y^*b,$$

$$Y^*AX^*-Y_5X^*=CX^*$$

显然有 $Y^*X_s=-Y_sX^*$。又因为 Y^*，X_s，Y_s，$X^*\geqslant 0$，所以 $Y^*X_S=0$ 和 $Y_SX^*=0$ 成立。

反之，当 $Y^*X_s=0$ 和 $Y_sX^*=0$ 时，有

$$Y^*AX^*=Y^*b,$$

$$Y^*AX^*=CX^*$$

显然有 $Y^*b=CX^*$，由性质 5.2 和推论 5.1 可知，X^* 和 Y^* 分别为原问题与对偶问题的最优解。

通过互补松弛性可知，已知一个问题的最优解时求另一个问题最优解的方法，即已知 Y^* 求 X^* 或已知 X^* 求 Y^*。$Y^*X_s=0$ 和 $Y_sX^*=0$ 两式称为互补松弛条件。

将互补松弛条件写成下式：

$$\sum_{i=1}^{m} y_i^* x_{5i}=0$$

$$\sum_{j=1}^{n} y_{5j} x_j^*=0$$

由于变量都非负，要使求和式等于 0，则必定每一分量为 0。因而有下列关系：

(1) 当 $y_i^*>0$ 时，$x_{si}=0$，反之，当 $x_{si}>0$ 时，$y_i^*=0$；

(2) 当 $y_{s_j}>0$ 时，$x_j^*=0$，反之，当 $x_j^*>0$ 时，$y_{s_j}=0$。

利用上述关系，建立对偶问题（或原问题）的约束线性方程组，方程组的解即为最优解。

性质 5.5 线性规划的检验数的相反数对应于对偶规划的一组基本解，其中第 j 个决策变量 x_j 的检验数的相反数对应于对偶规划中第 j 个松弛变量 y_{sj} 的解，第 i 个松弛变量 x_{si} 的检验数的相反数对应于第 i 个对偶变量 y_i 的解。反之，对偶规划的检验数（注意：不乘负号）对应于线性规划的一组基本解。

对于以上性质的证明都假定原规划和对偶规划为规范形式，对于非规范形式结论依然有效。

【例 5-6】已知线性规划

$$\max Z = 3x_1 + 4x_2 + x_3$$

$$\text{s. t.}\begin{cases} x_1 + 2x_2 + x_3 \leqslant 10 \\ 2x_1 + 2x_2 + x_3 \leqslant 16 \\ x_i \geqslant 0, i = 1,2,3 \end{cases}$$

的最优解为 $X=(6,\ 2,\ 0)^T$，求对偶问题的最优解。

解：对偶问题是

$$\min g = 10y_1 + 16y_2$$

$$\text{s. t.}\begin{cases} y_1 + 2y_2 \geqslant 3 \\ 2y_1 + 2y_2 \geqslant 4 \\ y_1 + y_2 \geqslant 1 \\ y_1, y_2 \geqslant 0 \end{cases}$$

因为 x_1，x_2都不等于 0，所以对偶问题的第一、二个约束的松弛变量等于 0，即

$$\begin{cases} y_1 + 2y_2 = 3 \\ 2y_1 + 2y_2 = 4 \end{cases}$$

解此线性方程组得 $y_1=1$，$y_2=1$，从而对偶问题的最优解为 $Y=(1,\ 1)$，最优值为 $g=26$。

【例 5-7】证明下列线性规划无最优解

$$\min Z = x_1 - x_2 + x_3$$

$$\text{s. t.}\begin{cases} x_1 - x_3 \geqslant 4 \\ x_1 - x_2 + 2x_3 \geqslant 3 \\ x_i \geqslant 0, i = 1,2,3 \end{cases}$$

证明：容易看出 $X=(4,\ 0,\ 0)$ 是一组可行解，故原问题可行。对偶问题为

$$\max g = 4y_1 + 3y_2$$

$$\text{s. t.}\begin{cases} y_1 + y_2 \leqslant 1 \\ -y_2 \leqslant -1 \\ -y_1 + 2y_2 \leqslant 1 \\ y_1, y_2 \geqslant 0 \end{cases}$$

将三个约束条件的两端相加得到 $y_2 \leqslant 1/2$，而对偶规划的第二个约束有 $y_2 \geqslant 1$，故对偶问题无可行解，因而原问题具有无界解，即无最优解。

2. 影子价格

通过上述讨论，可以知道线性规划的原问题和对偶问题是从两个不同的角度对同一个问题进行了描述。通过计算可以得到相同的最优值。

$$Z = CX = b^T Y = \sum_{i=1}^{m} b_i y_i \tag{5-12}$$

$$\frac{\partial z}{\partial b_i} = y_i, i = 1,2,\cdots,m \tag{5-13}$$

原规划问题的约束式（5-5）可以视为是对资源的约束，目标函数的系数可视为产品的价格，而目标函数是企业的利润。由式（5-12）可知，目标函数可表示为b_i的函数。当资源b_i增加一个单位时，目标函数增长y_i单位。对于式（5-5）而言，其对偶问题式（5-6）的最优解Y^*给出了右侧常数项b_i增加一个单位时目标函数最优值的变化量。因此，对偶变量成为约束资源的影子价格（shadow price），它可以用来辅助决定按照一定的价格生产某种产品时，增加或减少某种资源是否有利。

对资源合理分配的线性规划模型来说，其对偶规划的最优解Y^*的第i项y_i*（$i=1, 2, \cdots, m$），称为相应第i种资源的影子价格。由式（5-13）可知，y_i^*是第i种资源的变化率，说明当其他资源供应量不变时，b_i增加一个单位时目标函数值z增加y_i个单位。它并不是某种资源在市场上的价格，而是代表单位资源在最优利用的条件下所产生的经济效果，它属于边际效益指标，是企业内部分析的重要深层数据。为了和市场价格相区别，我们才称它为影子价格。影子价格决定了企业内部资源调整的方向或投资方向，并可估计投资产生的效益。通过影子价格可以知道，当增加某种资源（在一定限度内）时，利润增长的大小。另外，影子价格还给出了是否应当购进某种资源以增加生产量，而获得更多利润的价格标准。如果市场上某种资源的价格低于影子价格，那么应当购进这种资源，增加生产，提高利润。如果市场上某种资源的价格高于影子价格，则应考虑售出这种资源，以求得更高的利润。由此可见，影子价格是进行经营决策的一个非常有用的参数。

利用影子价格进行辅助决策时，需要注意以下几点。

由性质5.4可知，第i个松弛变量大于0时第i个对偶变量等于0，并不能说明该资源在生产过程中没有产生附加值，只能理解为第i中资源有剩余时再增加该资源不能给企业带来利润或产值的增加。

影子价格是企业生产过程中资源的一种隐含的潜在价值，表明单位资源的贡献，与市场中的市场价格是两个不同的概念。同样的资源在不同企业中进行加工，所产生的价值是不一样的，它们的市场价格相同（买入价格），但是影子价格（不同企业中资源的边际效用）不同。影子价格是一个变量。由式（5-13）可以看出，影子价格是一种边际产出价值，与b_i的基数有关，在最优基B不变的条件下y_i不变，当某种资源增加或减少后，最优基B可能发生了变化，此时y_i也会相应地发生变化。

【例5-8】某厂生产甲、乙、丙三种产品，分别可获利3万元、4万元、1万元。生产三种产品都要用到A、B两种原材料。各产品原料消耗如表5-4所示，该厂应如何安排生产计划才能使得获利最大？

表5-4 原料消耗数据

	甲	乙	丙	
A	1	2	1	10吨
B	2	2	1	16吨
	3万元	4万元	1万元	

解： 设该厂生产甲、乙、丙三种产品数量为 x_1，x_2，x_3，建立如下的线性规划模型。

$$\max Z=3x_1+4x_2+x_3$$
$$\text{s. t.}\begin{cases}x_1+2x_2+x_3\leqslant 10\\2x_1+2x_2+x_3\leqslant 16\\x_1,x_2,x_3\geqslant 0\end{cases}$$

其对偶数学模型为

$$\min g=10\,y_1+16\,y_2$$
$$\text{s. t.}\begin{cases}y_1+2\,y_2\geqslant 3\\2\,y_1+2\,y_2\geqslant 4\\y_1+y_2\geqslant 1\\y_1,y_2\geqslant 0\end{cases}$$

求解得原规划的解为 $X=$（6，2，0），最优解为 $Z=26$。对偶规划的解为 $Y=$（1，1），最优解为 $g=26$。上述原规划的经济含义为：x_1，x_2，x_3表示产品的数量，目标函数的系数表示产品的价格，目标函数表示生产产品的利润，约束表示资源对产品生产的制约。对偶规划的含义为：y_1、y_2分别表示了A、B两种资源的影子价格，目标函数的系数表示资源的数量，目标函数表示在该资源环境下的最小成本，约束条件表示资源生产的约束条件，如第一个约束 $y_1+2y_2\geqslant 3$ 表示按照1单位A、2单位B资源生产出的甲产品的价值应该大于或等于3万元。

在最优解 $X=$（6，2，0）时，对于产品丙：

成本丙＝1单位A×A的影子价格＋1单位B×B的影子价格＝1×1＋1×1＝2

生产1单位的丙产品所能产生的利润为1万元，故丙产品不应该被生产，即丙的产量应该为0。同理，由于产品甲、乙的利润和成本相等，故可以生产。

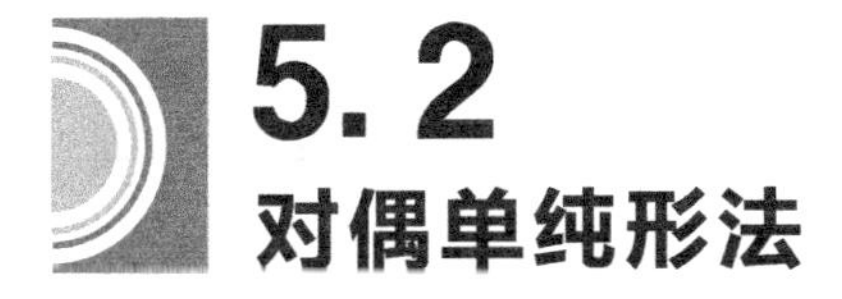

5.2 对偶单纯形法

对偶单纯形法和单纯形法一样都是求解原线性规划问题的一种方法。单纯形法是在保持原问题的所有约束条件的常数大于等于零的情况下，通过迭代，使得所有的检验数都小于等于零，最后求得最优解；而对偶单纯形法则是在保持原问题的所有检验数都小于等于零的情况下，通过迭代，使得所有约束条件的常数都大于等于零，最后求得最优解。

使用对偶单纯形法时初始解可以是非可行解，对于约束关系是大于等于的不等式约束，不需要添加人工变量，只要把该不等式两边同时乘以－1，化成小于等于不等式的约束，就可以用对偶单纯形法求解。简化计算是对偶单纯形法的优点，但是对偶单纯形法在使用上有很大的局限性，这主要是因为对于大多数线性规划问题而言，很难找到一个初始解使得其所有检验数都小于等于零，因而这种方法在求解线性规划问题时很少单独应用。但在灵敏度分析中，有时需要用对偶单纯形法，这样可以使问题处理简化。

根据性质 5.5，线性规划问题和对偶规划问题在迭代过程中有以下三种情形。

(1) 线性规划的常数项 $b_i \geqslant 0$，且全部检验数都小于等于 0，则对偶规划的检验数大于等于 0，且 $y_i \geqslant 0$，这时线性规划与对偶规划均达到最优解。

(2) 线性规划的常数项 $b_i \geqslant 0$，某个检验数大于 0，则对偶规划的某个变量 $y_i < 0$，说明原问题可行、对偶问题不可行。

(3) 线性规划中某个常数项 $b_i < 0$，全部检验数小于等于 0，则对偶规划检验数小于 0，全部 $y_i \geqslant 0$，说明原问题不可行，对偶问题可行。

若线性规划出现第 (2) 种情形，可以直接用单纯形法求解。若出现第 (3) 种情形，可采取保持对偶问题可行，即检验数小于等于零，逐步迭代使原问题由不可行达到可行，这时就能得到最优解。这种计算方法就是对偶单纯形法。

对偶单纯形法的条件：初始表中对偶问题可行，即极大化问题时检验数小于等于零，极小化问题时检验数大于等于零。由此可知，并非所有线性规划都能用对偶单纯形法求解。

对偶单纯形法计算步骤如下所示。

(1) 将线性规划化为规范形，求出一组基本解，若对偶问题基本解可行，即全部检验数 $\lambda_i \leqslant 0$ (max)，则达到最优解，计算结束；若基本解不可行，即有某个基变量的解 $b_i < 0$，则进行换基计算。

(2) 确定离基变量。

$$b_i = \min_i \{b_i \mid b_i < 0\} \tag{5-14}$$

l 行对应的变量 x_l 离基。

(3) 选择进基变量。

$$\theta_k = \min_i \{ \mid \frac{\lambda_i}{a_{li}} \mid \mid a_{li} < 0 \} \tag{5-15}$$

选取最小比值 θ_k 的列对应的变量 x_k 进基，λ_i 为非基变量的检验数，x_l 为离基变量对应的行系数；若第 l 行有 $a_{li} \geqslant 0$ ($i=1，2，\cdots，n$)，这时没有最小比值，说明线性规划无可行解。

(4) 求新的基本解，用初等变换将主元 a_{lk} 化为 1，主元所在列其他元素化为零，得到新的基本解，转到第 (1) 步重复计算。

【例 5-9】 用对偶单纯形法求解

$$\min Z = x_1 + 3x_2$$

$$\text{s. t.} \begin{cases} 2x_1 + x_2 \geqslant 3 \\ 3x_1 - 2x_2 \geqslant 4 \\ x_1 + 2x_2 \geqslant 1 \\ x_1, x_2 \geqslant 0 \end{cases}$$

解：先将上式约束条件两端乘以−1，使其变为“≤”，

$$\begin{cases}-2x_1-x_2\leqslant -3\\-3x_1+2x_2\leqslant -4\\-x_1-2x_2\leqslant -1\end{cases}$$

化为标准形式：

$$\max -Z=-x_1-3x_2$$

$$\begin{cases}-2x_1-x_2+x_3=-3\\-3x_1+2x_2+x_4=-4\\-x_1-2x_2+x_5=-1\\x_i\geqslant 0,i=1,2,\cdots,5\end{cases}$$

用对偶单纯形法，迭代过程如表 5-5 所示。

表 5-5　对偶单纯形法

X_B	b	x_1	x_2	x_3	x_4	x_5
λ	0	−1	−3	0	0	0
X_3	−3	−2	−1	1	0	0
X_4	−4	−3	2	0	1	0
X_5	−1	−1	−2	0	0	1
θ		1/3	—			
λ	4/3	0	−11/3	0	−1/3	0
X_3	−1/3	0	−7/3	1	−2/3	0
X_1	4/3	1	−2/3	0	−1/3	0
X_5	1/3	0	−8/3	0	−1/3	1
θ		0	11/7	0	1/2	0
λ	3/2	0	−5/2	−1/2	0	0
X_4	1/2	0	7/2	−3/2	1	0
X_1	3/2	1	1/2	−1/2	0	0
X_5	1/2	0	−3/2	−1/2	0	1

最优解为 $x^*=(3/2,\ 0,\ 0,\ 1/2,\ 1/2)$，最优值 $z^*=-3/2$。

用对偶单纯形法求解时需要注意以下几点。

（1）对偶单纯形法是求解线性规划的一种方法，而不是去求对偶问题的最优解。

（2）初始表中一定要满足对偶问题可行，也就是说检验数满足最优判别准则。

（3）最小比值中 $\left|\dfrac{\lambda_i}{a_{li}}\right|$ 的绝对值是使得比值非负，在极小化问题时 $\lambda_i\geqslant 0$，分母 $a_{li}<0$，这时必须取绝对值。在极大化问题中 $\lambda_i\leqslant 0$，分母 $a_{li}<0$，$\dfrac{\lambda_i}{a_{li}}$ 总是满足非负，这时绝对值不起作用，可以去掉。

（4）对偶单纯形法与普通单纯形法的换基顺序不一样，普通单纯形法是先确定进基变

量后再确定离基变量。对偶单纯形法是先确定离基变量后再确定进基变量。

（5）普通单纯形法的最小比值是 $\min_i\left\{\frac{b_i}{a_{ik}} \mid a_{ik}>0\right\}$，其目的是保证下一个原问题的基本解可行，对偶单纯形法的最小比值是 $\min_i\left\{\left|\frac{\lambda_i}{a_{li}}\right| \mid a_{li}<0\right\}$，其目的是保证下一个对偶问题的基本解可行。

（6）对偶单纯形法在确定离基变量时，若不遵循 $b_i=\min_i\{b_i \mid b_i<0\}$ 原则，任选一个小于零的 b_i 对应的基变量出基，不影响计算结果，只是迭代次数可能不一样。

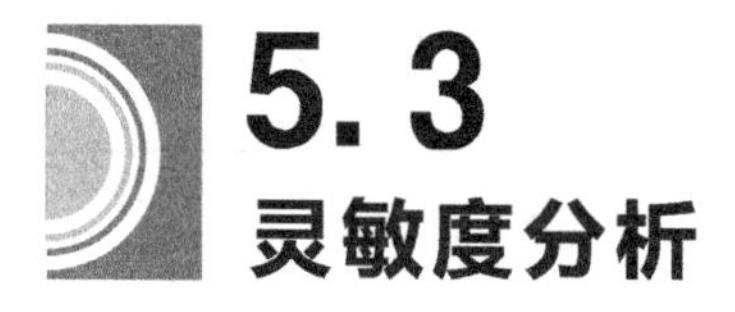

5.3 灵敏度分析

灵敏度分析是指对系统因环境变化显示出来的敏感程度的分析。在线性规划问题中讨论灵敏度分析，目的是描述一种能确定线性规划模型结构中元素变化对问题解的影响的分析方法。前面的讨论都假定价值系数、资源系数和技术系数向量或矩阵中的元素是常数，但实际上这些系数往往只是估计值，不可能十分准确和一成不变。这就是说，随着时间的推移或情况的改变，往往需要修改原线性规划问题中的若干参数。因此，求得线性规划的最优解，还不能说问题已得到了完全的解决。决策者还需要获得两方面的信息：一是当这些参数（b、c、A）有一个或几个发生变化时，已求得的最优解会有什么变化；二是这些系数在什么范围内变化时，线性规划问题的最优解（或最优基）不变。

5.3.1 资源系数的变化

资源系数发生变化，即 b 发生变化的灵敏度分析，该类问题关键是如何将 b 的变化直接反映进原问题的最终单纯形表。

线性代数的知识告诉我们，对分块矩阵［$\boldsymbol{B}$，$\boldsymbol{I}$］进行初等变换，当矩阵 $\boldsymbol{B}$ 变为单位矩阵 $\boldsymbol{I}$ 时，单位矩阵 I 将变为矩阵 $\boldsymbol{B}-1$，即［$\boldsymbol{I}$，$\boldsymbol{B}-1$］。

由此可知，如果已知最终单纯形表中基可行解所对应的基“$\boldsymbol{B}$”（最终单纯形表中的基变量在初始单纯形表中的列向量所构成的矩阵），即可在最终单纯形表中找到“$B-1$”（初始单纯形表中的单位矩阵 $\boldsymbol{I}$ 在最终单纯形表中所对应的矩阵），而最终单纯形表中的每一列均可用其在初始单纯形表中的相应列左乘 $B-1$ 来得到；即 $b'=B-1b$。

【例 5-10】 已知线性规划问题如下：

$$\max Z=2x_1+x_2$$

$$\text{s. t.}\begin{cases}5x_2 \leqslant 15 \\ 6x_1 + 2x_2 \leqslant 24 \\ x_1 + x_2 \leqslant 5 \\ x_1, x_2 \geqslant 0\end{cases}$$

根据单纯形求解，可得如表 5-6 所示的最终单纯形表，问 b_3在什么范围内变化时，最优解（实际上是最优基）保持不变?

解： 给 b_3一个增量 Δb_3，由于

表 5-6　单纯形表

c_j		2	1	0	0	0	b
C_B	X_B	X_1	X_2	X_3	X_4	X_5	
0	X_3	0	0	1	5/4	−15/2	15/2
2	X_1	1	0	0	1/4	−1/2	7/2
1	X_2	0	1	0	−1/4	3/2	3/2
σ_j		0	0	0	−1/4	−1/2	Z=17/2

$$\Delta b'_3 = B^{-1}\Delta b_3 = \begin{bmatrix}1 & 5/4 & -15/2 \\ 0 & 1/4 & -1/2 \\ 0 & -1/4 & 3/2\end{bmatrix}\begin{bmatrix}0 \\ 0 \\ \Delta b_3\end{bmatrix} = \begin{bmatrix}-\dfrac{15}{2}\Delta b_3 \\ -\dfrac{1}{2}\Delta b_3 \\ \dfrac{3}{2}\Delta b_3\end{bmatrix}$$

将其反映进最终单纯形表，b 列数字变为

$$b' = \begin{bmatrix}\dfrac{15}{2} - \dfrac{15}{2}\Delta b_3 \\ \dfrac{7}{2} - \dfrac{1}{2}\Delta b_3 \\ \dfrac{3}{2} + \dfrac{3}{2}\Delta b_3\end{bmatrix}$$

为保持最优基不变，应有 $b' \geqslant 0$，即 $\dfrac{15}{2} - \dfrac{15}{2}\Delta b_3 \geqslant 0$，$\dfrac{7}{2} - \dfrac{1}{2}\Delta b_3 \geqslant 0$，$\dfrac{3}{2} + \dfrac{3}{2}\Delta b_3 \geqslant 0$，解得 $-1 \leqslant \Delta b_3 \leqslant 1$ 。所以 b_3的变化范围应在［4，6］之内，最优基保持不变。

5.3.2　价值系数的变化

价值系数发生变化，即对 c 发生变化的灵敏度分析。价值系数的变化只会对最终单纯形表中的检验数发生影响，而与其他量无关。因此，将变化的价值系数反映进最终单纯形表，只需对检验数行进行修正。

1. 价值系数发生变化的变量在最终单纯形表中为非基变量

价值系数发生变化的变量在最终单纯形表中为非基变量，将变化的价值系数反映进最

终单纯形表只会影响此变量自身的检验数，而与其他变量的检验数无关。

【例 5-11】 已知线性规划问题

$$\min g = -2x_1 - 3x_2 - x_3 + 0x_4 + 0x_5$$

$$\text{s. t.}\begin{cases} x_1 + x_2 + x_3 + x_4 = 3 \\ x_1 + x_2 + x_3 + x_4 = 3 \\ x_1, x_2, x_3, x_4, x_5 \geqslant 0 \end{cases}$$

利用单纯形法求解，可得如表 5-7 所示的最终单纯形表，问（1）c_3在什么范围内变化时，最优解保持不变；（2）c_3由“-1”减少至“-6”，求新的最优解。

表 5-7　最终单纯形表

c_j		-2	-3	-1	0	0	b
C_B	X_B	X_1	X_2	X_3	X_4	X_5	
-2	X_1	1	0	-1	4/3	$-1/3$	1
-3	X_2	0	1	2	$-1/3$	1/3	2
σ_j		0	0	3	5/3	1/3	$g=-8$

解：（1）由于 x_3 在最终单纯形表中是非基变量，因此 c_3 的变化只会影响 x_3 自身的检验数 σ_3，而与其他变量的检验数无关。计算变化后的 σ_3 并令其非负，即可求得保持最优解不变 c_3 的变化范围。

$$\sigma_3 = c_3 - (-2, -3)\begin{pmatrix} -1 \\ 2 \end{pmatrix} = c_3 + 4 \geqslant 0$$

即只要 $c_3 \geqslant -4$，就可以保持最优解不变。

（2）将 $c_3 = -6$ 直接放入最终单纯形表，用单纯形法继续迭代即可得到新的最优解，过程见表 5-8。

表 5-8　迭 代 过 程

c_j		-2	-3	-6	0	0	b
C_B	X_B	X_1	X_2	X_3	X_4	X_5	
-2	X_1	1	0	-1	4/3	$-1/3$	1
-3	X_2	0	1	[2]	$-1/3$	1/3	2
σ_j		0	0	-2	5/3	1/3	$g=-8$
-2	X_1	1	1/2	0	7/6	$-1/6$	2
-6	X_3	0	1/2	1	$-1/6$	1/6	1
σ_j		0	1	0	4/3	2/3	$g=-10$

2. 价值系数发生变化的变量在最终单纯形表中为基变量

因为基变量的价值系数发生变化会引起 C_B 的变化，进而可能引起整个检验数行的变化。

【例 5-12】 对于例 5-11 中的线性规划问题，问：（1）c_1 在什么范围内变化时，最优解保持不变；（2）c_1 由“-2”减少至“-6”，求新的最优解。

解：（1）为保持原最优解不变，应有：

$$\sigma_3=-1-(c_1,-3)\binom{-1}{2}=c_1+5\geqslant 0\rightarrow c_1\geqslant -5$$

$$\sigma_4=0-(c_1,-3)\binom{4/3}{-1/3}=-\frac{4}{3}c_1-1\geqslant 0\rightarrow c_1\leqslant -\frac{3}{4}$$

$$\sigma_5=0-(c_1,3)\binom{-1/3}{1/3}=\frac{1}{3}c_1+1\geqslant 0\rightarrow c_1\geqslant -3$$

即保持原最优解不变应有 $c_1\in[-3,-3/4]$。

(2) 将 $c_1=6$ 直接反映进最终单纯形表，用单纯形法继续迭代即可得到新的最优解，过程如表5-9所示。

表5-9 迭代过程表

c_j		-6	-3	-1	0	0	b
C_B	X_B	X_1	X_2	X_3	X_4	X_5	
-6	X_1	1	0	-1	$4/3$	$-1/3$	1
-3	X_2	0	1	[2]	$-1/3$	$1/3$	2
σ_j		0	0	-1	7	-1	$g=-12$
-6	X_1	1	$1/2$	0	$7/6$	$-1/6$	2
-1	X_3	0	$1/2$	1	$-1/6$	[1/6]	1
σ_j		0	$1/2$	0	$41/6$	$-5/6$	$g=-13$
-6	X_1	1	1	1	1	0	3
0	X_5	0	3	6	-1	1	6
σ_j		0	3	5	6	0	$g=-18$

5.3.3 技术系数的变化

技术系数发生变化，即对 A 发生变化的灵敏度分析。如果发生变化的变量在最终单纯形表中为非基变量，那么只需将变化反映进最终单纯表后，重新计算该非基变量的检验数即可完成对问题的求解；如果发生变化的变量在最终单纯形表中为基变量，那么必须在将变化反映进最终单纯形表后，首先围绕该变量进行初等变换，将该基变量的列向量变为单位向量，再重新计算各个变量的检验数，才能完成对问题的求解。

1. 技术系数发生变化的变量在最终单纯形表中为非基变量

【例5-13】 对于例5-11中的线性规划问题，请问 a_{23} 在什么范围内变化时，最优解保持不变。

$$\sigma_3=c_3-C_BB^{-1}P_3=-1-(-2,-3)\begin{bmatrix}4/3 & -1/3\\ -1/3 & 1/3\end{bmatrix}\binom{1}{a_{23}}=\frac{1}{3}a_{23}+\frac{2}{3}$$

$$\sigma_3=\frac{1}{3}a_{23}+\frac{2}{3}\geqslant 0\rightarrow a_{23}\geqslant -2$$

即保持原最优解不变应有 $a_{23}\in[-2,+\infty]$。

2. 技术系数发生变化的变量在最终单纯形表中为基变量

由于基变量的技术系数发生了变化，将变化的量反映进最终单纯形表，将破坏基变量在最终单纯形表中的单位向量形式；为获得变化后新问题的基解，要首先将基变量对应的列向量转化为单位向量。转化后的结果可能是原问题与对偶问题都可行，也可能是原问题和对偶问题只有一个是可行的，还可能原问题与对偶问题均不可行。

【例 5-14】 对于例 5-11 中的线性规划问题，请问当 a_{11} 由 1 变为 3 时，原最优解是否发生改变？如果该最优解发生改变，求新的最优解。

解： 首先将变化反映进最终单纯形表，形成表 5-10。

$$P'_1=\begin{pmatrix}4/3 & -1/3\\ -1/3 & 1/3\end{pmatrix}\begin{pmatrix}3\\ 1\end{pmatrix}=\begin{pmatrix}11/3\\ -2/3\end{pmatrix}$$

表 5-10 迭代过程表

c_j		-2	-3	-1	0	0	b
C_B	X_B	X_1	X_2	X_3	X_4	X_5	
-2	X_1	11/3	0	-1	4/3	$-1/3$	1
-3	X_2	$-2/3$	1	2	$-1/3$	1/3	2
-2	X_1	1	0	$-3/11$	4/11	$-1/11$	3/11
-3	X_2	0	1	20/11	$-1/11$	3/11	24/11
σ_j		0	0	43/11	5/11	7/11	$w=-78/11$

由表 5-10 可知，当 a_{11} 由 1 变为 3 时，原最优基并未发生改变，而最优解变为 $x^*=\left(\frac{3}{11},\frac{24}{11},0,0,0\right)^T$。

5.3.4 增加一个新的变量

增加一个新的变量相当于在单纯形表中增加一列，只要新增变量在最终单纯形表中的检验数非负，原问题的最优解就不会改变，所以应首先计算新增变量的检验数。在实际问题中，增加一个新的变量相当于增加一种新的产品，分析的是在资源不变的前提下，新产品是否值得进入产品组合。

【例 5-15】 对于例 5-11 中的线性规划问题，增加一个新的变量 x_6，已知该变量的价值系数 $c_6=-3$，技术系数向量 $\boldsymbol{P}_6=(1,1)^T$，请问原最优解是否改变？如果该最优解发生改变，求新的最优解。

解： 首先，将新增加变量 x_6 的技术系数向量 $\boldsymbol{P}_6$ 反映进最终单纯形表：

$$\boldsymbol{P}'_6=\begin{pmatrix}4/3 & -1/3\\ -1/3 & 1/3\end{pmatrix}\begin{pmatrix}1\\ 1\end{pmatrix}=\begin{pmatrix}1\\ 0\end{pmatrix}$$

其次，计算新增变量 x_6 在最终单纯形表中的检验数：

$$\sigma_6=-3-(-2,-3)\begin{pmatrix}1\\ 0\end{pmatrix}=-1$$

由于 x_6 在最终单纯形表中的检验数 $\sigma_6=-1$，所以原最优解发生变化，新的最优解的求解过程，如表 5-11 所示。

表 5-11　迭代过程表

c_j		−2	−3	−1	0	0	−3	b
C_B	X_B	X_1	X_2	X_3	X_4	X_5	X_6	
−2	X_1	1	0	−1	4/3	−1/3	[1]	1
−3	X_2	0	1	2	−1/3	1/3	0	2
σ_j		0	0	3	5/3	1/3	−1	$W=-8$
−3	X_6	1	0	−1	4/3	−1/3	1	1
−3	X_2	0	1	2	−1/3	1/3	0	2
σ_j		1	0	2	3	0	0	$W=-9$

表 5-11 给出了新的最优解 $X^*=(0,2,0,0,0,1)^T$，新的最优值 $W^*=-9$。由于非基变量 x_5 的检验数为“0”，所以此最优解为无穷多最优解中的一个。

5.3.5　增加一个新的约束

因增加约束条件不会使目标函数的最优值得到改善，所以若原最优解满足新增加的约束条件，那么它一定仍然是最优解；若原最优解已不能使新增加的约束条件成立，则需对问题做进一步的处理。

【例 5-16】 对于例 5-11 中的线性规划问题，分别增加如下约束条件：

(1) $x_1+2x_2+x_3\leqslant 10$；　　(2) $x_1+2x_2+x_3\leqslant 4$。

试分析其对最优解的影响。

解：

(1) 将原问题的最优解 $x^*=(1,2,0,0,0,0)^T$ 代入新增加的约束条件中，有 $1+2\times 2+0\leqslant 10$ 成立。由于原最优解使新增约束成立，所以最优解不变。

(2) 将原问题的最优解 $x^*=(1,2,0,0,0,0)^T$ 代入新增约束 $x_1+2x_2+x_3\leqslant 4$，新增约束已不成立，所以原最优解要发生变化。

在新增约束 $x_1+2x_2+x_3\leqslant 4$ 中引入松弛变量 x_6，并让 x_6 充当基变量，将新增约束直接反映进最终单纯形表。由于在最终单纯形表中增加了一行，原来基变量的单位列向量可能遭到破坏。因此，需要将基变量所对应的系数列向量变为单位向量，处理过程，如表 5-12 所示。

表 5-12 给出了新的最优解 $X^*=(2,1,0,0,3,0)^T$，新的最优值 $W^*=-7$。

表 5-12　迭 代 过 程

c_j		−2	−3	−1	0	0	0	b
C_B	X_B	X_1	X_2	X_3	X_4	X_5	X_6	
−2	X_1	1	0	−1	4/3	−1/3	0	1
−3	X_2	0	1	2	−1/3	1/3	0	2
0	X_6	1	2	1	0	0	1	4

续表

c_j		−2	−3	−1	0	0	0	b
C_B	X_B	X_1	X_2	X_3	X_4	X_5	X_6	
−2	X_1	1	0	−1	4/3	−1/3	0	1
−3	X_2	0	1	2	−1/3	1/3	0	2
0	X_6	0	0	−2	−2/3	(−1/3)	1	−1
σ_j		0	0	3	5/3	1/3	0	
−2	X_1	1	0	−1	2	0	−1	2
−3	X_2	0	1	0	−1	0	1	1
0	X_5	0	0	6	2	1	−3	3
σ_j		0	0	1	1	0	1	$w=-7$

5.4 用 Excel 进行灵敏度分析

5.5 案例分析——优品公司的生产运营问题

优品食品公司生产 4 种产品：普通纯净水 A，普通纯净水 B，矿物质水 C 和矿物质水 D。公司的产品均由天然的山泉水加工处理而成。已知每吨天然山泉水的价格为 50 元，经过相关处理后可以得到 0.5 吨的普通纯净水 A 和 0.3 吨的普通纯净水 B，处理一吨天然山泉水的成本是 10 元。

每吨普通纯净水 A 可以按照下列两种方式处理：

(1) 按照 80 元/吨的价格在市场出售；

（2）继续处理成 0.5 吨的矿物质水 C。已知深加工出 1 吨的矿物质水 C 的处理成本为 30 元，市场上矿物质水 C 的销售价格是 240/吨。

每吨普通纯净水 B 也可以按下列两种方式处理：

（1）按照 120 元/吨的市场价格出售；

（2）继续处理成 0.25 吨的矿物质水 D。已知深加工出 1 吨的矿物质水 D 的处理成本为 50 元，市场上矿物质水 D 的销售价格是 550 元/吨。

公司的处理设备每天能处理 400 吨原料，假定产品饮料水市场和原料供应市场没有限制。在生产过程中，由于机器设备的新旧和性能程度不同，导致每星期的设备故障次数也不一样，经过技术部门统计分析得知，为了保证所有设备的最大安全运行，每天需要的维修人员如表 5-13 所示。维修人员每周工作五天后，连续休息两天。

表 5-13　维修人员需求表

工作日	需要的最少维修人员	工作日	需要最少维修人员
星期一	15	星期五	31
星期二	24	星期六	28
星期三	25	星期日	28
星期四	19		

公司经过市场调研后，发现深奶加工市场很有前景，决定引进新型设备开发两种新型奶质饮品甲和乙。该奶质饮品生产线引进了 A、B、C、D 四种设备各一台。表 5-14 是产品甲和乙的在每台机器上的加工时间和单位利润。

表 5-14　加工时间和单位利润

工厂 \ 设备	A	B	C	D	产品利润（百元/件）
甲	2	1	4	0	2
乙	2	2	0	4	3
设备可用时数	12	8	16	12	

公司在中国有三个生产基地，分别在 A_1、A_2、A_3，并且将上述的所有产品运输到以下 4 个地区去销售，B_1、B_2、B_3、B_4。各地区的加工产量分别为 A_1 为 140 吨，A_2 为 80 吨，A_3 为 180 吨。各地区的销量为 B_1 为 60 吨，B_2 为 120 吨，B_3 为 100 吨，B_4 为 120 吨。各生产基地到各地区的单位运价（元/吨）见表 5-15。

表 5-15　单位运价（元/吨）

产地 \ 销地	B_1	B_2	B_3	B_4
A_1	6	22	6	20
A_2	2	18	4	16
A_3	14	8	20	10

（1）如何确定优品公司纯净水的生产策略，以使公司的销售利润最大。

(2) 如果纯净水市场中，公司的矿物质水C的市场份额的最大量为90吨/天，试求此时公司纯净水的生产策略。

(3) 对于公司的新型奶质饮品，在充分发挥机器作用的情况下，公司应生产甲和乙奶品各多少件时才能获得最大利润？

(4) 公司市场部门调查发现，由于公司新型引进的奶品加工设备属于世界领先水平，并且价格高昂且市场需求量大，因此该设备的租赁市场空间特别大。如果公司决定出租机器设备用于接受对外加工业务，只收加工费，那么这四台机器如何定价才比较合理？

(5) 为了保证公司生产计划按时完成，维修部门必须保证设备的正常运行时间，那么每天如何安排维修人员的作息，既能保证设备能快速维修，又能使雇佣的维修人员最少，并求出最少维修人员数量。

(6) 试确定优品公司运费最省的调运方案。

(7) 分析A、B、C、D四种设备的影子价格，并指出哪些设备是稀缺资源，哪些设备是冗余资源？

本章小结

本章介绍了线性规划的对偶理论及灵敏度分析方法。对偶理论是线性规划中最重要的理论之一，充分显示出线性规划理论逻辑的严谨性和结构的对称美。对偶问题引申出来的对偶解及影子价格具有重要的经济意义，是进行经济分析的重要手段。灵敏度分析是指对系统因环境变化而显示出来的敏感程度的分析。线性规划模型中的价值系数、资源系数和技术系数等随着时间的推移或环境的改变，往往会发生变化。因此，决策者需要知道当这些系数发生变化时，对最优解会有什么影响；还需要知道这些系数在什么范围内变化，以保证最优解或最优基保持不变，这是根据线性规划理论来指导经营管理的重要依据。

思考与习题

1. 写出下列线性规划问题的对偶问题：

(1) $\max Z = x_1 + 2x_2$

$$\text{s. t.}\begin{cases}2x_1 - 3x_2 \leqslant 6\\ x_1 + 2x_2 \leqslant 10\\ x_1, x_2 \geqslant 0\end{cases}$$

(2) $\min Z = 5x_1 + 4x_2$

$$\text{s. t.}\begin{cases}6x_1 + 5x_2 \geqslant 18\\ 2x_1 + 7x_2 \geqslant 16\\ x_1, x_2 \geqslant 0\end{cases}$$

(3) $\max Z = 2x_1 - 4x_2 + 3x_3$

$$\text{s. t.}\begin{cases}x_1-3x_2+2x_3\leqslant 12\\2x_2+x_3\geqslant 10\\x_1-2x_3=15\\x_1\geqslant 0,x_2\leqslant 0\end{cases}$$

2. 已知线性规划

$$\min Z=c_1x_1+c_2x_2+c_3x_3$$
$$\text{s. t.}\begin{cases}a_{11}x_1+a_{12}x_2+a_{13}x_3\geqslant b_1\\a_{21}x_1+a_{22}x_2+a_{23}x_3\geqslant b_2\\x_1,x_2,x_3\geqslant 0\end{cases}$$

(1) 写出它的对偶问题。

(2) 引入松弛变量，化为标准形式，再写出对偶问题。

(3) 引入人工变量，把问题化为等价模型：

$$\min Z=c_1x_1+c_2x_2+c_3x_3-M(x_6+x_7)$$
$$\text{s. t.}\begin{cases}a_{11}x_1+a_{12}x_2+a_{13}x_3-x_4+x_6=b_1\\a_{21}x_1+a_{22}x_2+a_{23}x_3-x_5+x_7=b_2\\x_1,\cdots,x_7\geqslant 0\end{cases}$$

再写出它的对偶问题。试说明上面3个对偶问题是完全一致的。由此，可以得出什么样的一般结论？

3. 用对偶单纯形法求解

(1) $\max Z=2x_1-x_2+x_3$

$$\text{s. t.}\begin{cases}2x_1-x_2\leqslant -2\\-x_1+2x_2\leqslant -2\\x_1,x_2\geqslant 0\end{cases}$$

(2) $\min Z=3x_1+4x_2+5x_3$

$$\text{s. t.}\begin{cases}x_1+2x_2+3x_3\geqslant 5\\2x_1+2x_2+x_3\geqslant 6\\x_1,x_2,x_3\geqslant 0\end{cases}$$

4. 已知线性规划

$$\min Z=8x_1+6x_2+3x_3+6x_4$$
$$\begin{cases}x_1+2x_2+x_4\geqslant 3\\3x_1+x_2+x_3+x_4\geqslant 6\\x_3+x_4\geqslant 2\\x_1+x_3\geqslant 2\\x_j\geqslant 0,j=1,2,3,4\end{cases}$$

(1) 写出对偶问题。

(2) 已知原问题的最优解为 $x^*=(1,1,2,0)^T$，求对偶问题的最优解。

5. 线性规划

$$\max Z = 2x_1 - x_2 + x_3$$

$$\text{s. t.}\begin{cases} x_1 + x_2 + x_3 \leqslant 6 \\ -x_1 + 2x_2 \leqslant 4 \\ x_1, x_2, x_3 \geqslant 0 \end{cases}$$

的单纯形表如下表所示。

单纯形表

C			2	−1	1	0	0
C_B	X_B	b	X_1	X_2	X_3	X_4	X_5
2	X_1	6	1	1	1	1	0
0	X_5	10	0	3	1	1	1
δ			0	−3	−1	−2	0

求：(1) x_2的系数 c_2在何范围内变化时，最优解不变？若 $c_2=3$，求新的最优解；

(2) b_1在何范围内变化时，最优解不变？若 $b_1=3$，求新的最优解；

(3) 增加新约束 $-x_1+2x_3 \geqslant 2$，求新的最优解；

(4) 增加新变量 x_6，其系数列向量 $P_6=\begin{pmatrix}-1\\2\end{pmatrix}$，价值系数 $c_6=1$，求新的最优解。

6. 某厂生产甲、乙、丙三种产品，有关资料如下表所示。

技术参数

原料 \ 消耗定额 \ 产品	甲	乙	丙	原料数量
A	6	3	5	45
B	3	4	5	30
产品价格	4	1	5	

建立线性规划模型，求该厂获利最大的生产计划；

若产品乙、丙的单件利润不变，产品甲的利润在什么范围变化时，上述最优解不变？

若有一种新产品，其原料消耗定额：A 为 3 单位，B 为 2 单位，单件利润为 2.5 单位。问该种产品是否值得安排生产，并求新的最优计划。

若原材料 A 市场紧缺，除拥有量外一时无法购进，而原材料 B 在数量不足时可去市场购买，单价为 0.5 元，问该厂应否购买，以购进多少为宜？

由于某种原因该厂决定暂停甲产品的生产，试重新确定该厂的最优生产计划。

7. 小组活动：在第四章的建模习题中选取一个应用场景进行头脑风暴，利用对偶理论和敏感性分析对原问题进行扩展讨论，构造一个该问题“后优化分析”的案例，并进行小组报告。

整数规划

本章学习目的

- 熟练掌握整数规划问题的数学模型，运用分支定界法和割平面法求解整数规划问题。
- 掌握 0—1 规划问题的基本求解方法。
- 掌握装载、指派、选址、投资等整数规划模型的建模与应用。
- 运用 Excel Solver 求解整数规划和 0—1 规划问题。

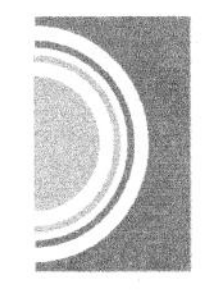

6.1 整数规划的数学模型

在前两章讨论的线性规划问题中，对决策变量只限于不能取负值的连续型数值，即可以是正分数或正小数。然而在许多经济管理的实际问题中，决策变量只有非负整数才有实际意义。在运筹学中，若一个规划问题中要求部分或全部决策变量是整数，则这个规划称为整数规划。要求全部变量取整数值的，称为纯整数规划（pure integer programming）；要求一部分变量取整数值的，称为混合整数规划（mixed integer programming，MIP）；决策变量全部取 0 或 1 的规划称为 0—1 整数规划（binary integer programming，BIP）；如果模型是线性的，称为整数线性规划（integer linear programming，ILP）。本章讨论的问题均属于整数线性规划。

不失一般性，整数规划问题的数学模型可描述为

求一组变量 $x_1,x_2,\cdots,x_n$，使

$$\max(\min)Z=\sum_{j=1}^{n}c_jx_j$$

$$\text{s. t.}\begin{cases}\sum_{j=1}^{n}a_{ij}x_j\leqslant b_i,(i=1,2,3,\cdots,m)\\x_j\geqslant 0,\text{且皆为整数或部分为整数}\end{cases}$$

如果决策变量有只能为 0、1 两个整数的要求，则属于 0—1 规划问题。

【例 6-1】 某制造公司正考虑在 A 市或 B 市，或同时在 A、B 两个城市，建立新工厂来进行扩建。该公司还考虑是否配合新工厂再扩建新仓库，如果建的话，最多建造一个，且仓库选址只能在建造新工厂的城市。表 6-1 给出了每种备选方案预期的净收益（考虑货币时间价值的总盈利能力），并给出了相应投资所需的资本。已知该公司可用于扩建的资金总额为 1 000 万元。该企业应该如何规划新工厂和新仓库的扩建方案，使得投资的总收益值最大化。

表 6-1 扩建问题的基础数据

方案编号	决策问题	决策变量	净收益（百万元）	资金需求量（百万元）
1	在 A 市建工厂?	x_1	9	6
2	在 B 市建工厂?	x_2	5	3
3	在 A 市建仓库?	x_3	6	5
4	在 B 市建仓库?	x_4	4	2

对于这一问题，由于所有决策变量都具有 0—1 形式，因此，可以设

$$x_j=\begin{cases}1,\text{如果决策 } j \text{ 是肯定的},\\0,\text{如果决策 } j \text{ 是否定的},\end{cases}(j=1,\ 2,\ 3,\ 4)$$

使得总收益 Z 最大。

如果投资是为了建立一个特定的设施（使得相应的决策变量的值为 1），那么该投资将取得预计净收益。如果没有进行投资（所以决策变量等于 0），则净收益为 0。因此，有

$$Z=9x_1+5x_2+6x_3+4x_4$$

这四个方案的资金支出不能超过 1 000 万元，因此，模型的第一个约束是

$$6x_1+3x_2+5x_3+2x_4\leqslant 10$$

其次，最后两个决策是相互排斥的替代方案（公司最多需要一个新仓库），我们还需要建立约束：

$$x_3+x_4\leqslant 1$$

此外，决策 3 和决策 4 是条件决策，因为它们分别取决于决策 1 和决策 2（公司会考虑只在新工厂所在地建立仓库）。因此，在决策 3 的情况下，如果 $x_1=0$，要求 $x_3=0$。这种对 x_3 的限制（当 $x_1=0$ 时）是通过添加如下约束来实现

$$x_3\leqslant x_1$$

类似地，如果 $x_2=0$，则通过添加如下约束来实现 $x_4=0$ 的约束

$$x_4\leqslant x_2$$

最后，把所有变量都放在左边，完整的 BIP 模型是

$$\max Z=9x_1+5x_2+6x_3+4x_4$$

$$\text{s. t.}\begin{cases}6x_1+3x_2+5x_3+2x_4\leqslant 10\\x_3+x_4\leqslant 1\\-x_1+x_3\leqslant 0\\-x_2+x_4\leqslant 0\\x_1,x_2,x_3,x_4\geqslant 0\text{ 且为 }0-1\text{ 的变量}\end{cases}$$

这个例子是整数规划众多实际应用中的一个典型例子，其中要做出的基本决策属于“是否问题”类型，这在管理决策中属于非常常见的一类问题。

6.2 纯整数规划的求解

解整数线性规划问题时，若将其相应的线性规划的最优解“化整”，常常得不到整数线性规划的最优解，甚至根本不是可行解。因此，前面两章所介绍的线性规划的算法对于整数规划不再完全适用，需要进行扩充和讨论。严格地说，IP 是个非线性问题。这是因为 IP 的可行解集是由一些离散的非负整数所组成，不是一个凸集。迄今为止，求解 IP 问题尚无统一的有效方法。整数规划的求解可以大致分为以下几类：

(1)“舍入取整”法：即先不考虑整数性约束，而取求解其相应的 LP 问题（称为松弛问题），然后将得到的非整数最优解用“舍入取整”的方法。但是这样“舍入取整”的解一般不是原问题的最优解，甚至是非可行解。

不过，在处理个别实际问题时，如果允许目标函数值在某一误差范围内，有时也可采用“舍入取整”得到的整数可行解作为原问题整数最优解的近似。这样可节省求解的人力、物力和财力。

(2) 完全枚举法：是将所有整数可行解进行比较，选择出最优解，但此方法仅在决策变量很少的情况下才实际有效。对于变量较多的 IP 问题则几乎不可能。如在指派问题中，当 $n=20$，则有可行解 20! 个，而 $20!>2\times 10^{18}$，这在计算机上也是不可能实现的。

(3) 针对整数规划而提出的常规解法有：分支定界法，割平面法，0—1 规划的特殊解法等。

下一小节我们将详细介绍求解纯整数规划模型的分支定界法、割平面法和隐枚举法。

6.2.1　分支定界法

分支定界法的步骤如下：

(1) 求整数规划的松弛问题最优解。

(2) 若松弛问题的最优解满足整数要求，得到整数规划的最优解，否则转至下一步。

(3) 任意选一个非整数解的变量 x_i，在松弛问题中加上约束 $x_i <= [x_i]$ 及 $x_i >= [x_i]+1$ 组成两个新的松弛问题，称为分支。新的松弛问题具如下特征：当原问题是求最大值时，目标值是分支问题的上界；当原问题是求最小值时，目标值是分支问题的下界。

(4) 检查所有分支的解及目标函数值，如果目标是求最大值时，若某分支的解是整数并且目标函数值大于（max，最大值）等于其他分支的目标值，则将其他分支剪去不再计算，若还存在非整数解并且目标值大于（max，最大值）整数解的目标值，需要继续分支，再检查，直到得到最优解。

【例 6-2】 用分支定界法求解如下装箱问题。

解： 设甲、乙两种物品各装 x_1，x_2 件，则某装箱问题的数学模型为

$$\max Z=4x_1+3x_2$$

$$\text{s.t.}\begin{cases}1.2x_1+0.8x_2\leqslant 10\\2x_1+2.5x_2\leqslant 25\\x_1,x_2\geqslant 0\text{ 且为整数}\end{cases}$$

(1) 用图解法解该问题的松弛问题可以得到最优解 $X=(3.57,\ 7.14)$，$Z_0=35.7$，如图 6-1 所示。

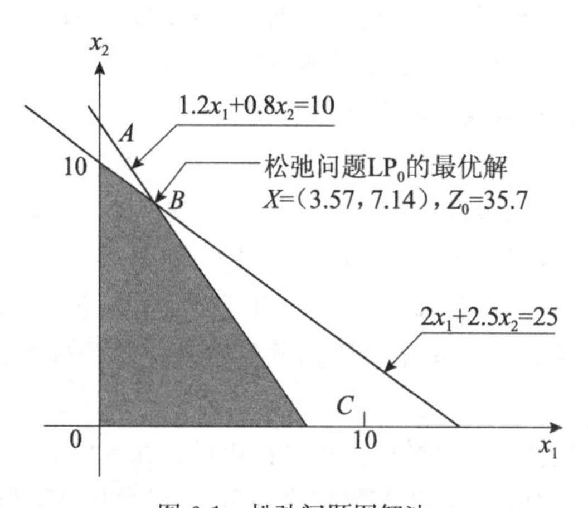

图 6-1 松弛问题图解法

(2) x_1，x_2 不是整数解，任意选一个非整数变量分支。这里选 x_1，在原约束中加入约束 $x_1\leqslant 3$ 及 $x_1\geqslant 4$，得到线性规划 LP_1 和 LP_2：

$$\max Z=4x_1+3x_2 \qquad\qquad \max Z=4x_1+3x_2$$

$$LP_1:\begin{cases}1.2x_1+0.8x_2\leqslant 10\\2x_1+2.5x_2\leqslant 25\\x_1\leqslant 3\\x_1,x_2\geqslant 0\end{cases}\qquad LP_2:\begin{cases}1.2x_1+0.8x_2\leqslant 10\\2x_1+2.5x_2\leqslant 25\\x_1\geqslant 4\\x_1,x_2\geqslant 0\end{cases}$$

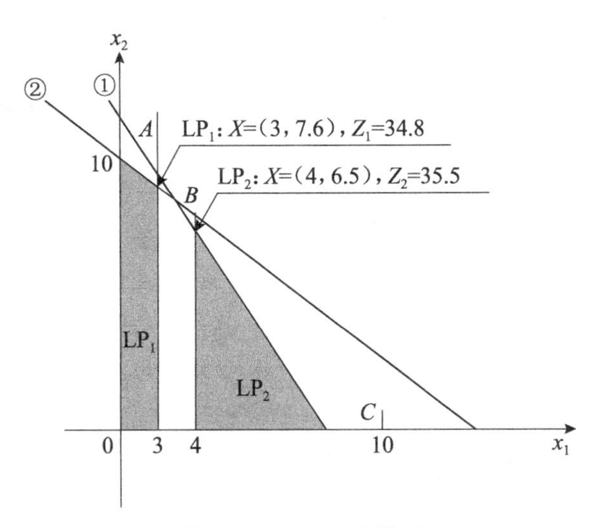

图 6-2　LP_1和 LP_2图解法

（3）用图解法如图 6-2 所示。选择目标值最大的分支 LP_2进行分支，增加约束 $x_2 \leqslant 6$ 及 $x_2 \geqslant 7$，由图 6-2 知 $x_2 \geqslant 7$ 不可行，因此得到线性规划 LP_3，继续图解法如图 6-3 所示。

$$\max Z = 4x_1 + 3x_2$$

$$LP_3: \begin{cases} 1.2x_1 + 0.8x_2 \leqslant 10 \\ 2x_1 + 2.5x_2 \leqslant 25 \\ x_1 \geqslant 4, x_2 \geqslant 6 \\ x_1, x_2 \geqslant 0 \end{cases}$$

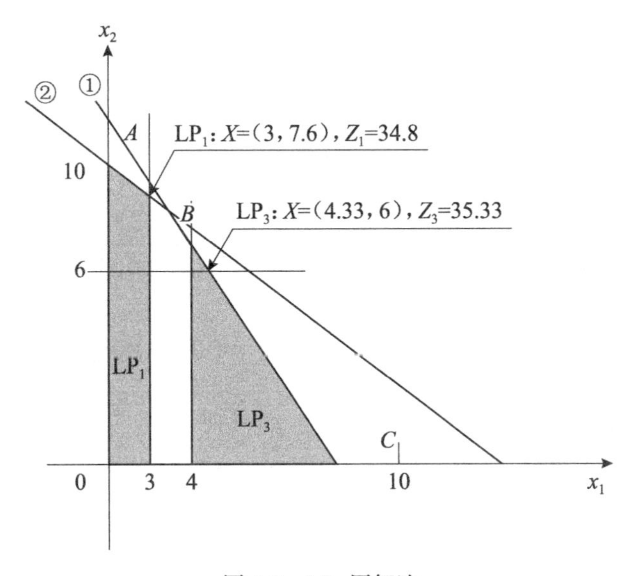

图 6-3　LP_3 图解法

（4）由图 6-3 可知，对 x_1 进行分支，取 $x_1 \leqslant 4$ 及 $x_1 \geqslant 5$，得到两个线性规划 LP_4和

LP_5。显然 LP_4的可行解在 $x_1=4$ 的线段上，图解法如图 6-4 所示。

$$\max Z=4x_1+3x_2$$

$$LP_4:\begin{cases}1.2x_1+0.8x_2\leqslant 10\\2x_1+2.5x_2\leqslant 25\\x_1\geqslant 4,x_2\leqslant 6,x_1\leqslant 4\\x_1,x_2\geqslant 0\end{cases}$$

$$\max Z=4x_1+3x_2$$

$$LP_5:\begin{cases}1.2x_1+0.8x_2\leqslant 10\\2x_1+2.5x_2\leqslant 25\\x_1\geqslant 5,x_2\leqslant 6\\x_1,x_2\geqslant 0\end{cases}$$

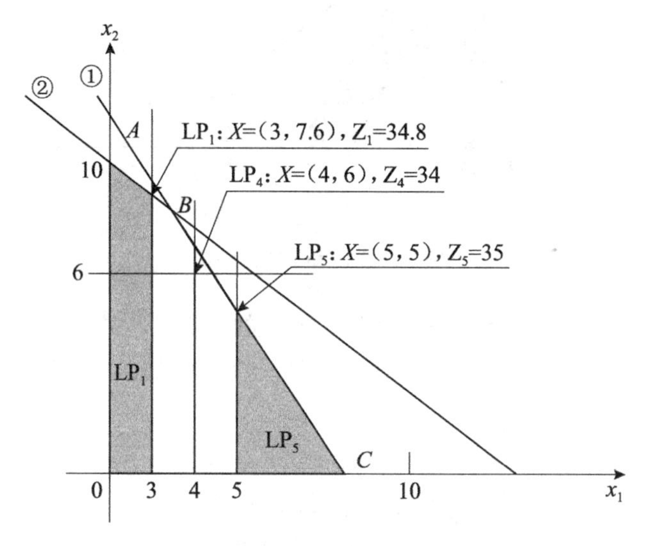

图 6-4 LP_4图解法

(5) 从图 6-4 可知，LP_4 和 LP_5 已是整数解，尽管 LP_1 还可以对 x_2 分支，但 Z_1 小于 Z_5，比较目标值 LP_5的解是整数规划的最优解，最优解为 $x_1=5$，$x_2=5$，最优值 $Z=35$。

上述分支过程可用图 6-5 表示。

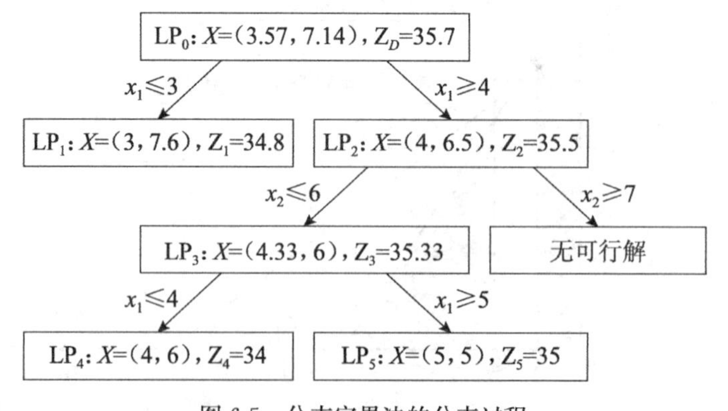

图 6-5 分支定界法的分支过程

由上述求解过程看出，分支定界法求解整数规划要比单纯形法求解线性规划复杂得多，尤其变量较多的大型整数规划问题，即使是计算机计算，所耗时间也令人难以容忍。

由于分支定界法是一种搜索与迭代的方法，选择不同的分支变量和子问题进行分支，难免会对求解的效率有一定的影响。

6.2.2 割平面法

割平面法由高莫雷（R. E. Gomory）于1958年提出。其基本思想是放宽变量的整数约束，首先求对应的松弛问题最优解，当某个变量 x_i 不满足整数要求时，寻找一个约束方程并添加到松弛问题中，其作用是切割掉非整数部分，缩小原松弛问题的可行域，最后逼近整数问题的最优解。具体计算步骤如下。

设整数规划

$$\max Z=\sum_{j=1}^{n}c_jx_j \qquad \sum_{j=1}^{n}a_{ij}x_j=b_i \qquad x_j\geqslant 0 \text{ 且为整数}，j=1，2，\cdots，n$$

对应的松弛问题

$$\max Z=\sum_{j=1}^{n}c_jx_j \qquad \sum_{j=1}^{n}a_{ij}x_j=b_i \qquad x_j\geqslant 0，j=1，2，\cdots，n$$

的最优解为 $X=(\boldsymbol{B}^{-1}\boldsymbol{b},0)^{\mathrm{T}},\bar{b}=\boldsymbol{B}^{-1}\boldsymbol{b}=(\bar{b}_1,\bar{b}_2,\cdots,\bar{b}_m)^{\mathrm{T}}$ 。

设 x_i 不为整数，$x_i+\sum_k[\overline{a_{ik}}]x_k=\overline{b_i}$，$x_i$ 为非基变量。将 $\overline{b_i}$ 及 $\overline{a_{ik}}$ 分离成一个整数与一个非负真分数之和

$$\overline{b_i}=[\overline{b_i}]+f_i，\overline{a_{ik}}=[\overline{a_{ik}}]+f_{ik}，0<f_i<1，0<f_{ik}<1$$

则有

$$x_i+\sum_k[\overline{a_{ik}}]x_k+\sum_k f_{ik}x_k=[\overline{b_i}]+f_i$$

$$x_i-[\overline{b_i}]+\sum_k[\overline{a_{ik}}]x_k=f_i-\sum_k f_{ik}x_k$$

上式两边都为整数，则有

$$f_i-\sum_k f_{ik}x_k\leqslant f_i<1$$

$$f_i-\sum_k f_{ik}x_k\leqslant 0$$

加入松弛变量 s_i（非负整数）得

$$s_i-\sum_k f_{ik}x_k=-f_i$$

上式称为以 x_i 行为源行（来源行）的割平面，或分数切割式，或高莫雷约束方程。将高莫雷约束加入松弛问题的最优表中，用对偶单纯形法计算，若最优解中还有非负整数解，再继续切割，直到全部为整数解。

例如，$x_1+\frac{5}{6}x_3-\frac{1}{6}x_4=\frac{5}{3}$ 分解成 $x_1+\frac{5}{6}x_3+(-x_4+\frac{5}{6}x_4)=1+\frac{2}{3}$，将整数部分列于等式左边，分数部分列于等式右边得

$$x_1 - x_4 - 1 = \frac{2}{3} - \frac{5}{6}x_3 - \frac{5}{6}x_4$$

$$\frac{2}{3} - \frac{5}{6}x_3 - \frac{5}{6}x_4 \leqslant 0$$

加入松弛变量得到以 x_i 行为源行的割平面

$$s_1 - \frac{5}{6}x_3 - \frac{5}{6}x_4 = -\frac{2}{3} \text{ 或 } 6s_1 - 5x_3 - 5x_4 = -4$$

又如 $x_2 - \frac{2}{3}x_3 + \frac{1}{3}x_4 = \frac{2}{3}$ 分解成 $x_2 + (-1 + \frac{1}{3})x_3 + \frac{1}{3}x_4 = \frac{2}{3}$，高莫雷方程是

$$s_2 - \frac{1}{3}x_3 - \frac{1}{3}x_4 = -\frac{2}{3} \text{ 或 } 3s_2 - x_3 - x_4 = -2$$

下面我们给个实例来看看割平面法的计算过程。

【例 6-3】 用割平面法求解下列 IP 问题。

$$\max Z = 4x_1 + 3x_2$$

$$\begin{cases} 6x_1 + 4x_2 \leqslant 30 \\ x_1 + 2x_2 \leqslant 10 \\ x_1, x_2 \geqslant 0 \text{ 且均为整数} \end{cases}$$

解：放宽变量约束（不考虑 x_1、x_2为整数的约束条件），对应的松弛问题是

$$\max Z = 4x_1 + 3x_2$$

$$\begin{cases} 6x_1 + 4x_2 \leqslant 30 \\ x_1 + 2x_2 \leqslant 10 \\ x_1, x_2 \geqslant 0 \end{cases}$$

加入松弛变量 x_3及 x_4后，用单纯形法计算，得到最优表 6-2。

表 6-2 单纯形最优表

C			4	3	0	0
C_B	X_B	$B^{-1}b$	X_1	X_2	X_3	X_4
4	X_1	5/2	1	0	1/4	−1/2
3	X_2	15/4	0	1	−1/8	3/4
σ_j			0	0	−5/8	−1/4

最优解 $X^{(0)}=$ (5/2, 15/4)，不是 IP 问题的最优解。由最终表得到变量的关系式

$$x_1 + \frac{1}{4}x_3 - \frac{1}{2}x_4 = \frac{5}{2}$$

$$x_2 - \frac{1}{8}x_3 - \frac{3}{4}x_4 = \frac{15}{4}$$

将以上二式系数和常数项都分解成整数和非负真分数之和，并移项得

$$x_1 - x_4 - 2 = \frac{1}{2} - \left(\frac{1}{4}x_3 + \frac{1}{2}x_4\right)$$

$$x_2 - x_3 - 3 = \frac{3}{4} - \left(\frac{7}{8}x_3 + \frac{3}{4}x_4\right)$$

现考虑整数条件，要求 x_1，x_2都是非负整数，于是由变量约束条件可知 x_3，x_4也是非负整数（如果不都是整数，则应在引进 x_3，x_4之前乘以适当常数，使之都是整数）。从以上二式中任选一个，如选择第一行。在式子中从等式左边看整数，等式右边也应该是整数。但是在等式右边的括号内是正数，所以等式右边必是非整数。这就是说，右边的整数值最大是零，于是有

$$x_1 - x_4 - 2 = \frac{1}{2} - (\frac{1}{4}x_3 + \frac{1}{2}x_4) \leqslant 0$$

$$即 -x_3 - 2x_4 \leqslant -2$$

这就是一个切割平面方程（或称为切割约束），将它作为增加约束条件，再解。

加入松弛变量 x_5得到约束方程

$$-x_3 - 2x_4 + x_5 \leqslant -2$$

将该式作为约束条件添加到表 6－2 中，用对偶单纯形法继续计算，得最后的最优解 $x^{(1)} =$（3，3），最优值 $z=21$，所有变量都为整数，所以 $x^{(1)}$是 IP 问题的最优解。如果不是整数解，需要继续切割，重复上述计算过程。

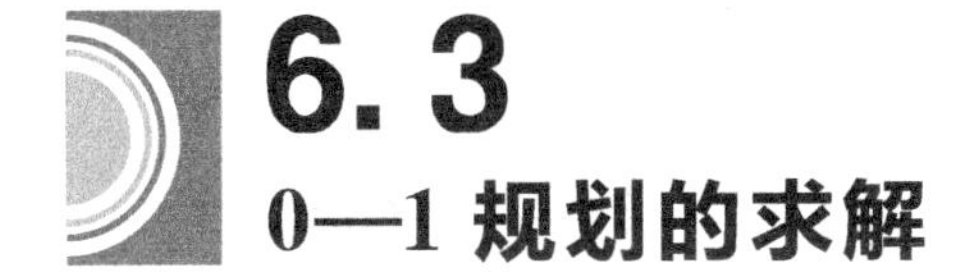

6.3 0—1 规划的求解

0—1 整数规划是整数规划中的特殊情形，它的变量 x_i仅取值 0 或者 1。这时 x_i称为 0—1变量，在实际问题中，如果引入 0—1 变量就可以把各种情况需要分别讨论的线性规划问题统一在一个问题中讨论。如果将 BIP（0—1 规划）的变量改为 $0 \leqslant x_i \leqslant 1$ 并且为整数，就可以用分支定界法或割平面法求解。由于 BIP 的特殊性，用下面求解更为简单。

6.3.1 隐枚举法

BIP 的变量只取两个值，当变量较少时用完全枚举法比较有效，变量所有可能取值的组合数为 2^n，可行解数小于等于 2^n。如两个变量，变量全部的组合解为（0，0）（0，1）（1，0）及（1，1）4 个，将 4 种组合代入约束得到可行解，然后将可行解代入目标函数求出最优解。当变量较多时，完全枚举法就不是一种有效的算法。

隐枚举法在完全枚举法的基础上进行了改进，对于最大值问题求解的基本步骤如下：

(1) 寻找一个初始可行解 x_0，得到目标值的下界 Z_0（最小值问题则为上界）；

(2) 按完全枚举法列出 2^n个变量取值的组合，当组合解 x_j对应的目标值 Z_j小于 Z_0（max）

时则认为不可行，当 Z_j 大于等于 Z_0（max）时，再检验是否满足约束条件，得到 BIP 的可行解；

（3）依据 x_j 的值确定最优解。

这里的下界 Z_0 可以动态移动，当某个 Z_j 大于 Z_0 时，则将 Z_j 作为新的下界。

【例 6-4】 用枚举法求解下列 BIP 问题

$$\max Z = 6x_1 + 2x_2 + 3x_3 + 5x_4$$

$$\text{s. t.}\begin{cases} 4x_1 + 2x_2 + x_3 + 3x_4 \leqslant 10 \\ 3x_1 - 5x_2 + x_3 + 6x_4 \geqslant 4 \\ 2x_1 + x_2 + x_3 - x_4 \leqslant 3 \\ x_1 + 2x_2 + 4x_3 + 5x_4 \leqslant 10 \\ x_j = 0 \text{ 或 } 1, j = 1,2,3,4 \end{cases}$$

解：（1）不难看出，当所有变量等于 0 或 1 的任意组合时，第一个约束满足，说明第一个约束没有约束力，是多余的，从约束条件中去掉。还能通过观察得到 $x_0 =$（1，0，0，1）是一个可行解，目标值 $Z_0 = 11$ 是 BIP 问题的下界，构造一个约束，原 BIP 问题变为

$$\max Z = 6x_1 + 2x_2 + 3x_3 + 5x_4$$

$$\begin{cases} 6x_1 + 2x_2 + 3x_3 + 5x_4 \geqslant 11 & \text{(a)} \\ 3x_1 - 5x_2 + x_3 + 6x_4 \geqslant 4 & \text{(b)} \\ 2x_1 + x_2 + x_3 - x_4 \leqslant 3 & \text{(c)} \\ x_1 + 2x_2 + 4x_3 + 5x_4 \leqslant 10 & \text{(d)} \\ x_j = 0 \text{ 或 } 1, j = 1,2,3,4 \end{cases}$$

（2）列出变量取值 0 和 1 的组合，共 $2^4 = 16$ 个，分别代入约束条件判断是否可行。首先判断式（a）是否满足，如果满足，接下来判断其他约束，否则认为不可行，计算过程如表 6-3 所示。

表 6-3 计算过程表

j	x_j	A	b	c	d	Z_j	j	x_j	a	b	c	d	Z_j
1	(0，0，0，0)	×					9	(1，0，0，0)	×				
2	(0，0，0，1)	×					10	(1，0，0，1)	√	√	√	√	11
3	(0，0，1，0)	×					11	(1，0，1，0)	×				
4	(0，0，1，1)	×					12	(1，0，1，1)	√	√	√	√	14
5	(0，1，0，0)	×					13	(1，1，0，0)	×				
6	(0，1，0，1)	×					14	(1，1，0，1)	√	√	√	√	13
7	(0，1，1，0)	×					15	(1，1，1，0)	√	×			
8	(0，1，1，1)	×					16	(1，1，1，1)	√	√	√	×	

（3）由表 6-3 知，BIP 问题的最优解为 $x =$（1，0，1，1），最优值 $Z = 14$。

选择不同的初始可行解，计算量会不一样。一般地，当目标函数求最大值时，首先考虑目标函数系数最大的变量等于 1，如例 6—5。当目标函数求最小值时，先考虑目标函数

系数最大的变量等于 0。

在表 6-3 的计算过程中，当目标值等于 14 时，将其下界 11 改为 14，可以减少计算量。

6.3.2　分支—隐枚举法

将分支定界法与隐枚举法结合起来用，可得到分支—隐枚举法。计算步骤如下：

(1) 将 BIP 问题的目标函数的系数化为非负，如

$$\max Z = 2x_1 - 3x_2 \text{ 令 } x_2 = 1 - x'_2, \max Z = 2x_1 + 3x'_2 - 3$$

当变量进行代换后，约束条件中的变量也相应进行代换。

(2) 变量重新排序。变量依据目标函数系数值按升排序，如

$$\max Z = 2x_1 - 3x_2 + x_3 + 4x_4, \text{令 } x_2 = 1 - x'_2, \max Z = x_3 + 2x_1 + 3x'_2 + x_4 - 3$$

(3) 求主支。目标函数是 max 形式时令所有变量等于 1，得到目标值的上界；目标函数是 min 形式时令所有变量等于 0，得到目标值的下界；如果主支的解满足所有约束条件则得到最优解，否则转下一步。

(4) 分支与定界。从第一个变量开始依次取“1”或“0”，求极大值时其后面的变量等于“1”，求极小值时其后面的变量等于“0”，用分支定界法搜索可行解和最优解。

分支—隐枚举法是从非可行解中进行分支搜索可行解，第 (1) 步到第 (3) 步用了隐枚举法的思路，第 (4) 步用了分支定界法的思路。

停止分支和需要继续分支的原则如下：

(1) 当某一子问题是可行解时，则停止分支并保留；

(2) 不是可行解但目标值劣于现有保留分支的目标值时停止分支并剪支；

(3) 后续分支变量无论取“1”或“0”都不能得到可行解时停止分支并剪支；

(4) 当某一子问题不可行但目标值优于现有保留分支的所有目标值，则要继续分支。

从以上原则可以看出，子问题可行时停止分支，子问题不可行时则有可能继续分支。注意：这里“保留”和“剪支”的含义，尽管它们的子问题都是停止分支，但保留的子问题是可行的，最优解就在其中，而剪支的子问题是不可行的。

下面用一个例子来加深对此方法的理解和熟悉。

【例 6-5】 用分支—隐枚举法求解下列 BIP 问题

$$\max Z = 6x_1 + 2x_2 + 3x_3 + 5x_4$$

$$\text{s.t.} \begin{cases} 3x_1 - 5x_2 + x_3 + 6x_4 \geqslant 4 \\ x_1 + 2x_2 + 4x_3 + 5x_4 \leqslant 10 \\ 2x_1 + x_2 + x_3 - x_4 \leqslant 3 \\ x_i = 0 \text{ 或 } 1, i = 1,2,3,4 \end{cases}$$

解：(1) 目标函数系数全部非负，直接对变量重新排序

$$\max Z = 2x_2 + 3x_3 + 5x_4 + 6x_1$$

$$\text{s. t.}\begin{cases}-5x_2+x_3+6x_4+3x_1\geqslant 4 & (1)\\ x_2+x_3-x_4+2x_1\leqslant 3 & (2)\\ 2x_2+4x_3+5x_4+x_1\leqslant 10 & (3)\\ x_j=0\text{ 或 }1, j=1,2,3,4\end{cases}$$

(2) 求主支。令 $X=$ (1, 1, 1, 1) 得到主支 1，检查约束条件，知约束条件 (3) 不满足，则进行分支。

(3) 令 $x_2=0$，同时令 $x_3=0$ 及 $x_3=1$ 得到分支 2 和分支 3，X_2和 X_3是可行解，分支停止并保留，如图 6-6 所示。

令 $x_2=1$，同时令 $x_3=0$ 得到分支 4，x_4是可行解，分支停止并保留。令 $x_2=1$，$x_3=1$，x_4 取 “0” 和 “1” 得到分支 5 和分支 6，分支 5 不可行并且 $Z_5=11$ 小于 Z_3和 Z_4，分支停止并剪支。注意到分支 6，$x_4=1$ 时只有 $x_1=0$ ($x_1=1$ 就是主支)，x_6不可行并且 $Z_6=10$ 小于 Z_3和 Z_4，分支停止并剪支，分支过程结束。整个计算过程可用图 6-6 和表 6-4 表示。

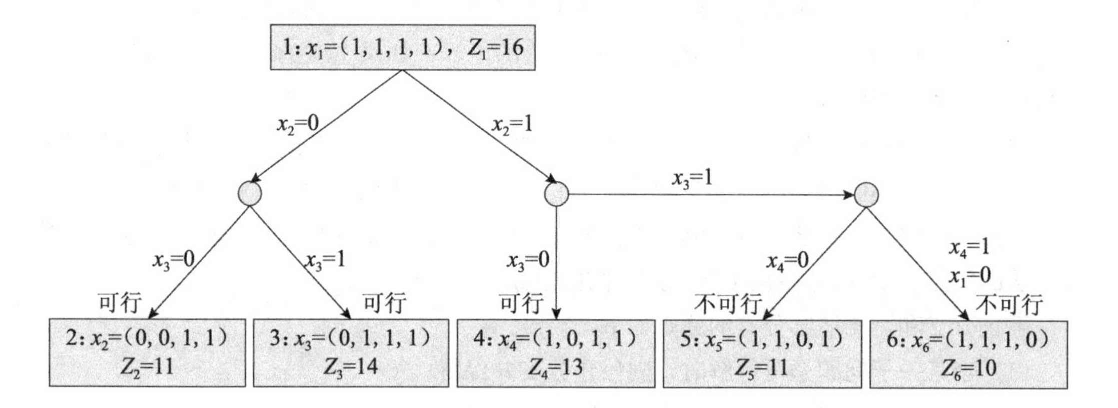

图 6-6 分支—隐枚举法

表 6-4 计算过程表

分支	(x_2,x_3,x_4,x_1)	约束一	约束二	约束三	Z_j	可行性
1	(1, 1, 1, 1)	√	√	×	16	不可行
2	(0, 0, 1, 1)	√	√	√	11	可行
3	(0, 1, 1, 1)	√	√	√	14	可行
4	(1, 0, 1, 1)	√	√	√	13	可行
5	(1, 1, 0, 1)	×			11	不可行
6	(1, 1, 1, 0)	×			10	不可行

搜索到 3 个可行解，3 个目标值中 Z_3最大，因此 X_3是最优解，转换到原问题的最优解为 $x=$ (1, 0, 1, 1)，最优值 $Z=14$。

【例 6-6】 用分支—隐枚举法求解下列 BIP 问题

$$\min Z=x_1-3x_2+6x_3+2x_4-4x_5$$

$$\text{s.t.}\begin{cases}6x_1+2x_2-x_3+7x_4+x_5\leqslant 12 & \text{(a)}\\ x_1+4x_2+5x_3-x_4+3x_5\geqslant 10 & \text{(b)}\\ x_j=0\text{ 或 }1,j=1,2,3,4\end{cases}$$

解：（1）令 $x_2=1-x'_2$ 及 $x_5=1-x'_5$，代入模型后整理得

$$\min Z=x_1+3x'_2+6x_3+2x_4+4x'_5-7$$

$$\text{s.t.}\begin{cases}6x_1-2x'_2-x_3+7x_4-x'_5\leqslant 9\\ x_1-4x'_2+5x_3-x_4-3x'_5\geqslant 3\\ x_j=0\text{ 或 }1,j=1,2,3,4\end{cases}$$

（2）目标函数系数按升序将对应的变量重新排列得到模型

$$\min Z=x_1+2x_4+3x'_2+4x'_5+6x_3-7$$

$$\text{s.t.}\begin{cases}6x_1+7x_4-2x'_2-x'_5-x_3\leqslant 9\\ x_1-x_4-4x'_2-3x'_5+5x_3\geqslant 3\\ x_j=0\text{ 或 }1,j=1,2,3,4\end{cases}$$

（3）求主支。由于目标函数求最小值，令所有变量等于零，得到主支的解为

$x_1=$（0，0，0，0，0），$Z_1=-7$，检验约束条件知 x_1 不可行，进行分支。

（4）取 $x_1=1$ 和 $x_1=0$，其他变量分别等于“1”和“0”分支，判断可行性，计算过程见表 6-5 及图 6-7。

表 6-5　可行性计算过程表

分支	上一分支	$X_j=(x_1,x_4,x'_2,x'_5,x_3)$	约束 1	约束 2	Z_j	可能性
1	1	(0，0，0，0，0)	√	×	−7	不可行
2	1	(0，1，0，0，0)	√	×	−5	不可行
3	1	(0，0，1，0，0)	√	×	−4	不可行
4	1	(0，0，0，1，0)	×	×	−3	不可行
5	1	(0，0，0，0，1)	√	√	−1	可行
6	1	(1，0，0，0，0)	√	×	−6	不可行
7	6	(1，1，0，0，0)	×	×	−4	不可行
8	6	(1，0，1，0，0)	√	×	−3	不可行
9	6	(1，0，0，1，0)	√	×	−2	不可行
10	6	(1，0，0，0，1)	√	√	0	可行

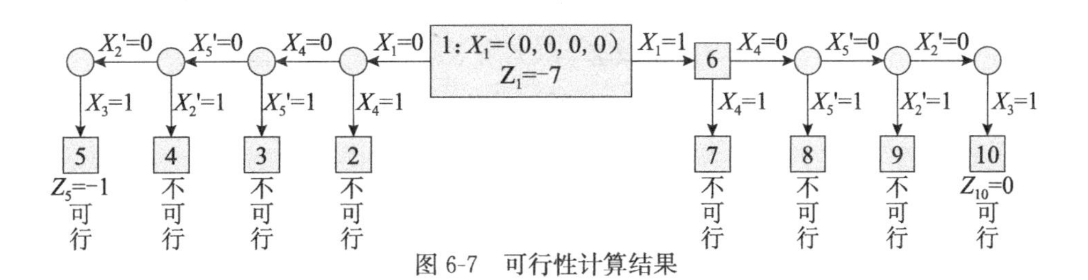

图 6-7　可行性计算结果

由表 6-5 知，分支 5 和分支 10 两个问题可行，分支 5 优于分支 10，其他不可行子问题尽管目标值优于分支 5，由约束（b）知，继续分支不可能得到其他可行解，因此停止分支，计算结束。分支 5 的解 $X_5=(x_1,x_4,x'_2,x'_5,x_3)=(0,0,0,0,1)$，原 BIP 的最优解为 $X=(x_1,x_2,x_3,x_4,x_5)=(0,1,1,0,1)$，最优值 $Z=-1$。

在分支—隐枚举法的计算过程中，由于变量已经按目标函数系数从小到大重新排列，因此在选择子问题分支的原则是按排序后的变量顺序分支，但变量较多时搜索可行解的过程可能非常漫长。针对转换后的目标函数特征，极大值问题的解中“1”越多越优，极小值问题的解中“0”越多越优，因此在选择变量分支时尽可能采用避“0”或“1”的方法，请观察表 6-4 和表 6-5。

6.4 整数规划在经济管理中的应用

6.4.1 装载问题

【例 6-7】某公司准备用集装箱托运甲、乙两种货物，而这两种货物每件的体积、重量、可获取利润及体积和重量托运限制如表 6-6 所示。

表 6-6 货物信息表

货物	每件体积（立方米）	每件重量（千克）	每件利润（百元）
甲	195	4	2
乙	273	40	3
托运限制	1 365	140	

又知甲种货物最多托运 4 件，乙种货物最多托运 5 件，请问两种货物各托运多少件，可使获得利润最大，建立其数学模型。

解：设 x_1，x_2分别为甲、乙两种货物的托运件数，其数学模型建立如下：

$$\max Z=2x_1+3x_2$$

$$\begin{cases}195x_1+273x_2\leqslant 1\,365\\4x_1+40x_2\leqslant 140\\x_1\leqslant 4\\x_2\leqslant 5\\x_1,x_2\geqslant 0\text{ 且为整数}\end{cases}$$

【例 6-8】某仓库准备用一种新型包装箱 A 盛放甲、乙两种物品，每种物品的重量、体积、价值如表 6-7 所示。已知该包装箱的容积限制为 25 立方分米，重量限制为 10 公斤。为了充分利用该包装箱，要求所盛放的物品总价值最高。请问如何建立该规划问题的数学模型？

表 6-7　物品信息表

物品	体积（dm^3/件）	重量（kg/件）	利润（元/件）
甲	2	1.2	4
乙	2.5	0.8	3

现在我们解这个问题，设 x_1，x_2分别为包装箱盛放甲、乙两种物品的数量（当然都是非负整数），则数学模型可表示为

$$\max Z=4x_1+3x_2$$

$$\text{s.t.}\begin{cases}1.2x_1+0.8x_2\leqslant 10\\2x_1+2.5x_2\leqslant 25\\x_1,x_2\geqslant 0\text{ 且为整数}\end{cases}$$

上述模型和线性规划模型的区别仅在于最后的一个全部决策变量取整数的约束条件，这一问题是典型的纯整数规划问题。

在例 6—8 中，假设该仓库还有另外一种包装箱 B 可以考虑盛放物品甲和乙，其容积限制为 20 立方分米，重量限制为 12 公斤。包装箱 A 和包装箱 B 只能选择其一，请设计新的盛放方案，使所装物品价值最大。

此问题可以引入 0—1 变量（或称逻辑变量）y_i，令

$$y_i=\begin{cases}1,\text{采用第 }i\text{ 种方式装载时}\\0,\text{不采用第 }i\text{ 种方式装载时}\end{cases}i=1,2$$

i=1，2 分别是采用包装箱 A 及包装箱 B。

其数学模型可以表示为

$$\max Z=4x_1+3x_2$$

$$\text{s.t.}\begin{cases}2x_1+2.5x_2\leqslant 25y_1+20y_2\\1.2x_1+0.8x_2\leqslant 10y_1+12y_2\\y_1+y_2=1\\x_1,x_2\geqslant 0\text{ 且为整数};y_i=0\text{ 或 }1,i=1,2\end{cases}$$

在这一模型中，决策变量引入了 0—1 变量 y_i。类似的情况还有很多，如对某一个项目要不要投资的决策问题，可选用一个 0－1 变量 x，当 x=1 表示投资，x=0 表示不投资；又如人员的合理安排问题，当变量 x_{ij}=1 表示安排第 i 人去做 j 工作，x_{ij}=0 表示不安排第 i 人去做 j 工作。

6.4.2　选址问题

【例 6-9】一餐饮企业准备在全市范围内扩展业务，将从已拟定的 14 个点中确定 8 个

点建立分店，由于地理位置、环境条件不同，建每个分店所用的费用将有所不同，现拟定的 14 个店的费用情况如表 6-8 所示。

表 6-8 地区利润表

店名	B_1	B_2	B_3	B_4	B_5	B_6	B_7	B_8	B_9	B_{10}	B_{11}	B_{12}	B_{13}	B_{14}
费用（万元）	1.2	1.5	1.7	2.1	3.3	1.2	2.8	2.5	1.9	3.0	2.4	2.4	2.1	1.6

公司决策层确定的选址原则如下：

(1) B_5、B_3 和 B_7 只能选择一个；

(2) 选择了 B_1 或 B_{14} 就不能选 B_6；

(3) B_2、B_6、B_1、B_{12}，最多只能选两个；

(4) B_5、B_7、B_{10}、B_8，最少要选两个。

请问应选择哪几个点，能使总的建店费用为最低？

解：设 0—1 变量 $x_i=\begin{cases}1,\text{当}A_i\text{ 点被选中}\\0,\text{当}A_i\text{ 点没被选中}\end{cases}\quad i=1,2,3,\cdots,14$

这样我们可建立如下数学模型

$$\min Z=1.2x_1+1.5x_2+1.7x_3+2.1x_4+3.3x_5+1.2x_6+2.8x_7+2.5x_8+1.9x_9+3x_{10}+2.4x_{11}+2.4x_{12}+2.1x_{13}+1.6x_{14}$$

约束条件如下

$$\text{s. t.}\begin{cases}x_1+x_2+x_3+x_4+x_5+x_6+x_7+x_8+x_9+x_{10}+x_{11}+x_{12}+x_{13}+x_{14}=8\\x_3+x_5+x_7\leqslant 1\\x_1+x_6\leqslant 1\\x_6+x_{14}\leqslant 1\\x_1+x_2+x_6+x_{12}\leqslant 2\\x_5+x_7+x_8+x_{10}\geqslant 2\\x_i\geqslant 0\text{ 且 }x_i\text{ 为 }0-1\text{ 变量},i=1,2,3,\cdots,14\end{cases}$$

此问题的最优解为：$X=$（1，1，1，1，0，0，0，1，1，1，0，0，0，1）

经求解，最优目标值为 15.5。

即选择 B_1，B_2，B_3，B_4，B_8，B_9，B_{10}，B_{14}，建店的最低费用为 15.5 万元。

【例 6-10】 某公司计划在本市东、南、西、北四区建立销售部门，初步考虑后有 10 个位置 A_i（i=1，2，3，…，10）可供选择，考虑到各地区居民消费的水平及居民居住密集度，设定：

在东城区由 A_1、A_2、A_3 三个点至多选择两个；

在西城区由 A_4、A_5 两个点中至少选一个；

在南城区由 A_6、A_7 两个点中至少选一个；

在北城区由 A_8、A_9、A_{10} 三个点中至少选两个；

A_i 各点的投资金额及每年可获利润由于地点不一样而不同，预测情况如表 6-9 所示。

表 6-9　不同区域的投资及利润　　单位：万元

	A1	A2	A3	A4	A5	A6	A7	A8	A9	A10
投资额	100	120	150	80	70	90	80	140	160	180
年利润	36	40	50	22	20	30	25	48	58	61

已知投资总额不超过 720 万元，请问应选择哪几个销售点能使年利润最大？

解：设 0—1 变量 $x_i = \begin{cases} 1, 当A_i 点被选中 \\ 0, 当A_i 点没被选中 \end{cases}$

这样我们可建立如下数学模型

$$\max Z = 36x_1 + 40x_2 + 50x_3 + 22x_4 + 20x_5 + 30x_6 + 25x_7 + 48x_8 + 58x_9 + 61x_{10}$$

约束条件如下

$$\text{s. t.} \begin{cases} 100x_1 + 120x_2 + 150x_3 + 80x_4 + 70x_5 + 90x_6 + 80x_7 + 140x_8 + 160x_9 + 180x_{10} \leqslant 720 \\ x_1 + x_2 + x_3 \leqslant 2 \\ x_4 + x_5 \geqslant 1 \\ x_6 + x_7 \geqslant 1 \\ x_8 + x_9 + x_{10} \geqslant 2 \\ x_i \geqslant 0 \text{ 且 } x_i \text{ 为 } 0-1 \text{ 变量}, i = 1,2,3,\cdots,10 \end{cases}$$

经求解，此问题的最优解为：$X=$（1，1，0，0，1，1，0，0，1，1）

最优目标值为 245。

即要在 A_1，A_2，A_5，A_6，A_9，A_{10} 6 个地点建立销售部门，既满足设定条件，又在投资不超过 720 万元的情况下（实际投资为 100＋120＋70＋90＋160＋180＝720 万元），获得的最大利润为 245 万元。

6.4.3　固定成本问题

【例 6-11】 某工厂生产三种类型的产品 A、B、C，所用的资源为：原材料、劳动力和机器设备。生产每个产品的资源需求量如表 6-10 所示。

表 6-10　产品资源需求量表

资源	产品 A	产品 B	产品 C
原材料/吨	2	4	8
劳动力（人/月）	2	3	4
机器设备（台/月）	1	2	3

不考虑固定成本，每种产品 A、B、C 的利润分别为 4 万元、5 万元、6 万元，可使用的材料总量为 500 吨，劳动力 300 人/月，机器 100 台/月。此外，如果工厂开通该产品的生长线，不管生产多少个 A、B、C 产品，工厂都需要付出一定量的固定成本，具体如下：A 产品为 100 万元，B 产品为 150 万元，C 产品为 200 万元。现在要制订一个生产计划，

使其获得利润最大。

解：设 x_1，x_2，x_3分别为 A、B、C 三种产品的生产数量。

各产品的固定费用只有在其生产该产品时才会投入，为了说明固定费用的性质，设：

$$y_i = \begin{cases} 1, \text{当生产第 } i \text{ 种产品即 } x_i > 0 \\ 0, \text{当不生产第 } i \text{ 种产品即 } x_i \leqslant 0 \end{cases}$$

这样扣除了固定费用的最大利润目标函数可以写为

$$\max Z = 4x_1 + 5x_2 + 6x_3 - 100\, y_1 - 150\, y_2 - 200\, y_3$$

约束条件首先可以写出受原材料、劳动力和机器设备等资源限制的三个不等式

$$\text{s. t.} \begin{cases} 2x_1 + 4x_2 + 8x_3 \leqslant 500 \\ 2x_1 + 3x_2 + 4x_3 \leqslant 300 \\ x_1 + 2x_2 + 3x_3 \leqslant 100 \end{cases}$$

然后，为了避免出现某种产品不投入固定成本就生产的不合理情况，因此必须加上如下约束条件

$$\text{s. t.} \begin{cases} x_1 \leqslant y_1 M \\ x_2 \leqslant y_2 M \\ x_3 \leqslant y_3 M \end{cases}$$

这里的 M 是一个充分大的数。从一个产品需要 2 个劳动力的约束条件可以知道，各种产品的生产数量不会超过 200 个，因此我们可以取 M 为 200，即得

$$\text{s. t.} \begin{cases} x_1 \leqslant 200\, y_1 \\ x_2 \leqslant 200 y_2 \\ x_3 \leqslant 200\, y_3 \end{cases}$$

当 $y_i = 0$ 时，即对第 i 种产品不投入固定费用，从 $x_i \leqslant 200\, y_i$，即得 $x_1 \leqslant 0$，则第 i 种产品不必生产。当 $y_i = 1$ 时，即对第 i 种产品投入固定费用，从 $x_i \leqslant 200\, y_i$，即得 $x_i \leqslant 200$，则第 i 种产品生产的数量要小于 200，这也是合理的。

综上所述，得到此问题的数学模型如下

$$\max Z = 4x_1 + 5x_2 + 6x_3 - 100y_1 - 150y_2 - 200y_3$$

$$\text{s. t.} \begin{cases} 2x_1 + 4x_2 + 8x_3 \leqslant 500 \\ 2x_1 + 3x_2 + 4x_3 \leqslant 300 \\ x_1 + 2x_2 + 3x_3 \leqslant 100 \\ x_1 - y_1 M \leqslant 0 \\ x_2 - y_2 M \leqslant 0 \\ x_3 - y_3 M \leqslant 0 \\ x_i \geqslant 0\ , y_i = 0 - 1 \text{ 变量}, i = 1,2,3 \end{cases}$$

经求解，此问题的最优解为：$x_1 = 100$，$x_2 = 0$，$x_3 = 0$，目标函数最优值为 300，也就是说生产 100 台 A 产品可获取最大利润 300 万元。

6.4.4　指派问题

在工作任务的安排中，有 n 项不同的任务，有 m 个人分别承担这些任务，但由于每个人特长不一样，完成各种任务的效率也不相同。现假设必须指派每个人去分别完成一项任务，怎么样把 n 项任务指派给 m 个人，使得完成 n 项任务的总效率最高，这就是指派问题。

对于有 m 个人 n 项任务的一般指派问题，设：

$$x_{ij}=\begin{cases}1,\text{当指派第 } i \text{ 个人去完成第 } j \text{ 项工作}\\0,\text{当不指派第 } i \text{ 个人去完成第 } j \text{ 项工作}\end{cases}$$

并设 c_{ij} 为第 i 个人去完成 j 项任务的成本（如所需时间、费用等），则一般指派问题的模型可以写成

$$\min Z=\sum_{i=1}^{m}\sum_{j=1}^{n}c_{ij}x_{ij}$$

约束条件

$$\text{s. t.}\begin{cases}\sum_{j=1}^{n}x_{ij}\leqslant 1, i=1,2,\cdots,m\\\sum_{i=1}^{m}x_{ij}=1, j=1,2,\cdots,n\\x_{ij}\text{ 为 } 0-1 \text{ 变量，对所有 } i \text{ 和 } j\end{cases}$$

因为 m 不一定等于 n，当 $m>n$ 时，即人多于任务时，就有人没有任务，所以前面 m 个约束条件都是小于等于 1，这就是说每人至多承担一个任务，而后面的 n 个约束条件说明每项工作正好有一个人承担，所以都是等于 1。

【例 6-12】 有四个人甲、乙、丙、丁，每人分别去完成四项不同的工作，要求每项工作都由一个人来完成，每个人都要承担一项工作。每人做各项工作所消耗的时间如表 6-11 所示，请问应该如何指派工作才能使总消耗的时间最短？

表 6-11　每人工作消耗时间表

工人 \ 时间/小时 \ 工作	A	B	C	D
甲	15	18	21	24
乙	19	23	22	18
丙	26	17	16	19
丁	19	21	23	17

解： 引入 0—1 变量 x_{ij}，并令：

$$x_{ij}=\begin{cases}1,\text{当指派第 } i \text{ 个人去完成第 } j \text{ 项工作}\\0,\text{当不指派第 } i \text{ 个人去完成第 } j \text{ 项工作}\end{cases}$$

为使总的消耗时间最少，写出目标函数

$$\min Z = 15x_{11} + 18x_{12} + 21x_{13} + 24x_{14} + 19x_{21} + 23x_{22} + 22x_{23} + 18x_{24} + 26x_{31} + 17x_{32} + 16x_{33} + 19x_{34} + 19x_{41} + 21x_{42} + 23x_{43} + 17x_{44}$$

每人只能完成一项工作，其约束条件如下

$$x_{11} + x_{12} + x_{13} + x_{14} = 1$$
$$x_{21} + x_{22} + x_{23} + x_{24} = 1$$
$$x_{31} + x_{32} + x_{33} + x_{34} = 1$$
$$x_{41} + x_{42} + x_{43} + x_{44} = 1$$

每项工作只能由一个人来完成，其约束条件如下

$$x_{11} + x_{21} + x_{31} + x_{41} = 1$$
$$x_{12} + x_{22} + x_{32} + x_{42} = 1$$
$$x_{13} + x_{23} + x_{33} + x_{43} = 1$$
$$x_{14} + x_{24} + x_{34} + x_{44} = 1$$

再加上约束条件：x_{ij} 为 0—1 变量，对 $i=1, 2, 3, 4$。以上就组成了此整数规划问题的数学模型。

经求解，此问题的最优解为：$x_{21}=1$，$x_{12}=1$，$x_{33}=1$，$x_{44}=1$，其最小目标函数值为 70，也就是说安排乙干 A 工作，甲干 B 工作，丙干 C 工作，丁干 D 工作，这时消耗的时间最少，即 70 小时。

6.4.5 投资配置问题

【例 6-13】某公司董事会正在考虑七项大型投资。每项投资只能进行一次，这些投资的预期长期利润（净现值）以及所需资本金额不同，如表 6-12 所示（以百万元为单位）。

表 6-12 各投资项目的利润及所需资金

	投资机会						
	1	2	3	4	5	6	7
预期利润	17	10	15	19	7	13	9
所需资金	43	28	34	48	17	32	23

这些投资的可用资金总额为 1 亿元。投资机会 1 和 2 是相互排斥的，3 和 4 也是相互排斥的。此外，除非采用 1、2 机会中的一个，否则不能进行 3 和 4。对投资机会 5，6 和 7 则没有限制。现在董事会要进行决策，请问如何选择资本投资组合能使预期的总利润最大化？

解： 引入 0—1 变量 x_{ij}，并令：

$$x_{ij} = \begin{cases} 1, \text{当选择第 } j \text{ 项投资} \\ 0, \text{当不选择第 } j \text{ 项投资} \end{cases}$$

为使总利润最高，写出目标函数

$$\max Z = 17x_1 + 10x_2 + 15x_3 + 19x_4 + 7x_5 + 13x_6 + 9x_7$$

投资机会 1 和 2 是互斥的、投资机会 3 和 4 是互斥的、其约束条件如下

$$43x_1+28x_2+34x_3+48x_4+17x_5+32x_6+23x_7\leqslant 100$$
$$x_1+x_2\leqslant 1$$
$$x_3+x_4\leqslant 1$$

除非采用前两个机会中的一个，否则不能进行 3 和 4，其约束条件如下

$$x_1\geqslant x_3+x_4$$
$$x_2\geqslant x_3+x_4$$

经求解，此问题的最优解为：$x_1=1$，$x_2=0$，$x_3=0$，$x_4=0$，$x_5=0$，$x_6=1$，$x_7=1$，其目标函数值为 3 900 万元。也就是说，投资项目为 1、4、5、6、7 时，可得最高利润 3 900 万元。

【例 6-14】 某公司在以后五年内考虑给以下项目投资，已知：

项目 A：从第一年到第四年年初需要投资，并于次年回收本利 115%，但要求第一年投资最低金额为 4 万元，第二、三、四年不限；

项目 B：第三年初需要投资，到第五年年末能收回本利 128%，但规定最低投资额为 3 万元，最高金额为 5 万元。

项目 C：第二年年初需要投资，到第五年年末能收回本利 140%，但规定其投资额为 2 万元或 4 万元、6 万元、8 万元。

项目 D：五年内每年年初可购买公债，于当年归还，并加息 6%，此项目投资金额不限。

该部门现有 10 万元，请问应该如何确定给这些项目的投资金额，使到第五年年末拥有的资金本利总额为最大？

解：(1) 用 x_{iA}，x_{iB}，x_{iC}，x_{iD}（$i=1, 2, 3, 4, 5$）分别表示第 i 年年初给项目 A、B、C、D 的投资额，设 y_{iA} . y_{iB}，是 0—1 变量，并规定：

$$y_{ij}=\begin{cases}1,\text{当第 } i \text{ 年给 } j \text{ 项目投资时}\\0,\text{当第 } i \text{ 年不给 } j \text{ 项目投资时}\end{cases}\quad i=1, 2, 3, 4, 5;\ j=A, B$$

设 y_{2c} 是个非负整数变量，并规定：

$$y_{2c}=\begin{cases}4,\text{当第二年投资 } C \text{ 项目 8 万元时}\\3,\text{当第二年投资 } C \text{ 项目 6 万元时}\\2,\text{当第二年投资 } C \text{ 项目 4 万元时}\\1,\text{当第二年投资 } C \text{ 项目 2 万元时}\\0,\text{当第二年不投资 } C \text{ 项目时}\end{cases}$$

根据给定条件，将投资金额列入表 6-13 中。

表 6-13　各项目投资金额表

项目 \ 投资额 \ 年份	第 1 年初	第 2 年初	第 3 年初	第 4 年初	第 5 年初
A	x_{1A}	x_{2A}	x_{3A}	x_{4A}	
B			x_{3B}		
C		$x_{2C}=20\,000y_{2C}$			
D	x_{1D}	x_{2D}	x_{3D}	x_{4D}	x_{5D}

(2) 下面来考虑约束条件。由于项目 D 每年都可以投资，且投资金额不限，当年末可以

收回本息，所以该公司应把所有资金全部投出去，即投资额应等于手中拥有的资金，因此：

第一年：该公司第一年年初拥有 10 000 元，所以

$$x_{1A}+x_{1D}=100\ 000$$

第二年：因第一年给项目 A 投资要到第二年年末才能收回，所以该公司在第二年年初只有项目 D 在第一年收回本息 x_{1D}（1+6%），于是第二年的投资分配为

$$x_{2A}+x_{2C}+x_{2D}=1.06x_{1D}$$

第三年：第三年年初的资金是从项目 A 第一年投资及项目 D 第二年投资所收回的本利总和 $1.15x_{1A}+1.06x_{1D}$，于是第三年的分配金额为

$$x_{3A}+x_{3B}+x_{3D}=1.15x_{1A}+1.06x_{2D}$$

第四年：同上分析，可得

$$x_{4A}+x_{4D}=1.15x_{2A}+1.06x_{3D}$$

第五年：

$$x_{5D}=1.15x_{3A}+1.06x_{4D}$$

此外，通过项目 A 投资金额的约束知道

$$My_{1A}\geqslant x_{1A}-40\ 000\ y_{1A}\geqslant 0$$

另外对项目 B 的投资规定同样有

$$My_{3B}\geqslant x_{3B}-30\ 000\ y_{3B}\geqslant 0$$

对项目 C 的投资规定也可以得到

$$x_{2C}=20\ 000\ y_{2C}$$

$$y_{2C}\leqslant 4\text{，且 }y_{2C}\text{ 为非负整数}$$

（3）目标就是要求第五年年末手中的资金为最大，可写为

$$\max Z=1.15x_{4A}+1.40x_{2C}+1.28x_{3B}+1.06x_{5D}$$

（4）此问题的数学模型如下：

$$\max Z=1.15x_{4A}+1.40x_{2C}+1.28x_{3B}+1.06x_{5D}$$

$$\text{s.t.}\begin{cases}x_{1A}+x_{1D}=100\ 000\\ x_{2A}+x_{2C}+x_{2D}-1.06x_{1D}=0\\ x_{3A}+x_{3B}+x_{3D}-1.15x_{1A}-1.06x_{2D}\\ x_{4A}+x_{4D}-1.15x_{2A}-1.06x_{3D}=0\\ x_{5D}-1.15x_{3A}-1.06x_{4D}=0\\ My_{1A}\geqslant x_{1A}-40\ 000\ y_{1A}\geqslant 0\\ My_{3B}\geqslant x_{3B}-30\ 000\ y_{3B}\geqslant 0\\ x_{2C}-20\ 000\ y_{2C}=0\\ y_{2C}\leqslant 4\text{，且 }y_{2C}\text{ 为非负整数}\\ x_{iA},x_{iB},x_{iC},x_{iD}\geqslant 0,i=1,2,3,4,5\\ y_{1A},y_{3B}\text{ 为 }0-1\text{ 变量}\end{cases}$$

经求解，此问题的最优解为　$Z=147\ 879.234$

$$x_{2C}=60\ 000$$

$$x_{3B}=49\ 905.641$$

$$x_{1A}=43\ 396.23$$

$$x_{1D}=56\ 603.777$$

$$y_{3B}=1$$

$$y_{2C}=3$$

$$y_{1A}=1$$

6.4.6　工件排序问题

【例 6-15】 用 4 台机床加工 3 件产品。各产品的机床加工顺序，以及产品 i 在机床 j 上的加工工时 a_{ij} 见表 6-14。

表 6-14　机床加工信息表

产品 1	a_{11}　　a_{13}　　a_{14} 机床1 → 机床3 → 机床4
产品 2	a_{21}　　a_{22}　　a_{24} 机床1 → 机床2 → 机床4
产品 3	a_{32}　　a_{33} 机床2 → 机床3

由于交货期要求，产品 2 的加工总时间不得超过 d。现要求确定各件产品在机床上的加工方案，使在最短的时间内加工全部的产品。

解： 设 x_{ij} 表示产品 i 在机床 j 上开始加工的时间（$i=1,2,3$；$j=1,2,3,4$）。

下面将逐步建立问题的整数规划模型。

（1）同一件产品在不同机床上的加工顺序约束：

对于同一件产品，在下一台机床上加工的开始时间不得早于在上一台机床上加工的结束时间，故应有

产品 1：$x_{11}+a_{11}\leqslant x_{13}$ 及 $x_{13}+a_{13}\leqslant x_{14}$

产品 2：$x_{21}+a_{21}\leqslant x_{22}$ 及 $x_{22}+a_{22}\leqslant x_{24}$

产品 3：$x_{32}+a_{32}\leqslant x_{33}$

（2）每一台机床对不同产品的加工顺序约束：

一台机床在工作中，如已开始的加工还没有结束，则不能开始另一件产品的加工。对于机床 1，有两种加工顺序：先加工产品 1，后加工产品 2；反之。对于其他 3 台机床，情况也类似。为了容纳两种相互排斥的约束条件，对于每台机床，分别引入 0—1 变量：

$$y_j=\begin{cases}K-0,\text{先加工某件产品}\\1,\text{先加工另一件产品}\end{cases}\quad j=1,2,3,4$$

那么，每台机床上的加工产品的顺序可用下列四组约束条件来保证：

机床 1：$x_{11}+a_{11}\leqslant x_{21}+My_1$ 及 $x_{21}+a_{21}\leqslant x_{11}+M(1-y_1)$
机床 2：$x_{22}+a_{22}\leqslant x_{32}+My_2$ 及 $x_{32}+a_{32}\leqslant x_{22}+M(1-y_2)$
机床 3：$x_{13}+a_{13}\leqslant x_{33}+My_3$ 及 $x_{33}+a_{33}\leqslant x_{13}+M(1-y_3)$
机床 4：$x_{14}+a_{14}\leqslant x_{24}+My_4$ 及 $x_{24}+a_{24}\leqslant x_{14}+M(1-y_4)$
其中，M 是一个足够大的数。

各 y_j 的意义是明显的：如果 $y_1=0$，表示机床 1 先加工产品 1，后加工产品 2；当加工产品 $y_1=1$ 时，表示机床先加工产品 2，后加工产品 1。y_2，y_3，y_4 意义类似。

(3) 产品 2 加工的总时间约束。

产品 2 的开始加工时间是 x_{21}，结束加工时间是 $x_{24}+a_{24}$，故应有

$$x_{24}+a_{24}-x_{21}\leqslant d$$

(4) 建立目标函数：

$$\text{取 } W=\max(x_{14}+a_{14},x_{24}+a_{24},x_{33}+a_{33})$$

因此，目标函数 Z 的表达式为

$$\min Z=W$$

$$\begin{cases}W\geqslant x_{14}+a_{14}\\W\geqslant x_{24}+a_{24}\\W\geqslant x_{33}+a_{33}\end{cases}$$

综上所述，该整数规划的数学模型为

$$\min Z=W$$

$$\text{s. t.}\begin{cases}x_{11}+a_{11}\leqslant x_{13}\\x_{13}+a_{13}\leqslant x_{14}\\x_{21}+a_{21}\leqslant x_{22}\\x_{22}+a_{22}\leqslant x_{24}\\x_{32}+a_{32}\leqslant x_{33}\\x_{11}+a_{11}\leqslant x_{21}+My_1\\x_{21}+a_{21}\leqslant x_{11}+M(1-y_1)\\x_{22}+a_{22}\leqslant x_{32}+My_2\\x_{32}+a_{32}\leqslant x_{22}+M(1-y_2)\\x_{13}+a_{13}\leqslant x_{33}+My_3\\x_{33}+a_{33}\leqslant x_{13}+M(1-y_3)\\x_{14}+a_{14}\leqslant x_{24}+My_4\\x_{24}+a_{24}\leqslant x_{14}+M(1-y_4)\\x_{24}+a_{24}-x_{21}\leqslant d\\W\geqslant x_{14}+a_{14}\\W\geqslant x_{24}+a_{24}\\W\geqslant x_{33}+a_{33}\\x_{11},x_{12},x_{13},x_{21},x_{22},x_{23},x_{31},x_{32},x_{33},W\geqslant 0\\y_j=0,j=1,2,3,4\end{cases}$$

6.4.7　整数规划问题的 Excel 求解

整数规划问题的 Excel 求解方法与线性规划基本相同，只是需要在约束中添加对决策变量的整数或 0—1 约束。

添加整数约束的界面如图 6-8 所示。在单元格引用的部分选择所有的决策变量，在约束关系处选择“int”，表示要求决策变量是整数（integer）。

添加 0—1 约束的界面如图 6-9 所示。在单元格引用的部分选择所有的决策变量，在约束关系处选择“bin”，表示要求决策变量是二进制数（binary）。

图 6-8　添加整数约束的界面

图 6-9　添加 0—1 约束的界面

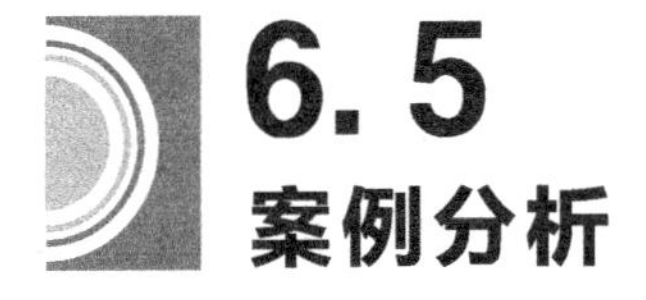

6.5 案例分析

6.5.1　服务器购置问题

某科技发展有限公司为了提高公司内部员工的信息和资源共享，提高公司人员之间的协作效率，经各方面调研和筹备，准备为公司各部门分别引进工作流软件系统。该系统可确保所有的部门能够收发重要的文件，从而加深公司各部门之间的联系。

但是，为了最大程度地不影响公司的正常运行和各部门的工作计划，公司决定分阶段建立系统，这样一方面可以使员工慢慢适应和习惯系统；另一方面也可以积累运行和建立系统的经验，从而逐步改善以后公司的整体工作流系统。具体的阶段计划如表 6-15 所示。

表 6-15　具体的阶段计划

第一个月	第二个月	第三个月	第四个月	第五个月
教育培训	在销售部门安装工作流系统	在制造部门安装工作流系统	在仓库安装工作流系统	在市场营销部门安装工作流系统

各部门成员情况如表 6-16 所示。

表 6-16　各部门成员情况

部门	员工数量/（名）	部门	员工数量/（名）
销售	60	仓库	30
制造	200	市场营销	75

采购部门负责硬件的采购，经过市场调查后，大致选取了适合自己公司的几种服务器。每个服务器能支持的员工人数以及每种服务器的价格的信息，如表 6-17 所示。

表 6-17　各部门成员情况

服务器种类	服务器支持的员工人数	服务器的价格/美元
标准英特尔奔腾个人电脑	至多 30 位员工	2 500
增强英特尔奔腾个人电脑	至多 80 位员工	5 000
SGI 工作站	至多 200 位员工	10 000
SUN 工作站	至多 2 000 位员工	25 000

通过与供应商接触后得知，如果公司在第一月或第二个月购买 SGI 服务器，SGI 愿意对每个服务器便宜 10%；SUN 公司也愿意对头两个月所购置的所有服务器便宜 25%，但是由于公司的财务状况，在前两个月公司能用于购买服务器的最大支出为 9 500 美元。由于制造部门人数众多，制造部门至少需要上表中三种功能最强大（支持的员工数多）的服务器中的一种。现在决策层面临的决策问题有：

（1）如果基于逐月地去估算购买服务器的数量和种类。每个月，规划出一个 IP 模型，在保证每个月支出最少的情况下，请计算出每个月应该各自购买多少台服务器和最终支付的金额。

（2）如果为了保证整体服务器的支出达到最低，但是必须满足每个阶段的配置要求，请规划出一个整体 IP 模型并且求出每个月购买的服务器种类、数量和最终的支付金额。

（3）分析为什么使用第一个方法的答案和使用第二个方法的答案不一样？

（4）在上述的规划中，有其他的费用没有被算进去吗？如果有，它们可能包括哪些？

6.5.2　旅行者服装搭配问题

一位旅行者要去一个遥远的地方旅游，她希望尽量将所有需要的物品都带去。在整理了她必须带去的物品后，她发现航空公司对托运行李的空间和重量的规定将严重限制她可以携带的衣服。她想放在托运行李箱中的服装包括 3 条裙子，3 件休闲裤，4 件上衣和 3 件连衣裙。她没有带毛衣，因此希望到达目的地后买一件毛衣。同时，她希望最大限度地增加在目的地拥有的可搭配的服装数量（包括她将在飞机上穿的特殊服装）。对她来说，每条连衣裙都是一套搭配。而其他服装搭配包括上衣和裙子或休闲裤的组合，可以形成一套服装搭配的组合标记为 x，如表 6-18 所示。

表 6-18　服装搭配组合

		上衣/（件）				毛衣/（件）
		1	2	3	4	
短裙/（条）	1	x	x			x
	2	x			x	
	3		x	x	x	x
休闲裤/（条）	1	x		x		
	2	x	x		x	x
	3			x	x	x

每件衣服的重量（以克为单位）和体积（以立方厘米为单位）如表 6-19 所示。

表 6-19　重量与体积限制

		重量/g	体积/cm^3
短裙/（条）	1	600	5 000
	2	450	3 500
	3	700	3 000
休闲裤/（条）	1	600	3 500
	2	550	6 000
	3	500	4 000
上衣/（件）	1	350	4 000
	2	300	3 500
	3	300	3 000
	4	450	5 000
连衣裙/（件）	1	600	6 000
	2	700	5 000
	3	800	4 000
总限制		4 000	32 000

请帮这位旅行者制定整数规划模型以选择要带的衣物，使得她本次旅游可供搭配穿着的服装数量最大。

本章小结

整数规划主要用于求解选址、装载、指派、投资配置、工件排序等问题，这些都是经济管理中常见的问题。本章首先从整数规划问题的提出出发，依次介绍了一般整数规划和

0—1 整数规划的一般数学模型、求解方法和在经济管理中的各种应用。分支定界法是求解整数规划的最经典的方法之一，其基本思路是：先求整数规划的线性问题，如果其最优解不符合整数条件，则求出整数规划的上下界，用增加约束条件的方法，把相应的线性规划的可行域分为子行域（称为分支），再求解这些子区域的线性规划问题，不断缩小整数规划的上下界的距离，最后得到整数规划的最优解。通过本章的学习，可以了解到整数规划与线性规划的一些区别，掌握整数规划的建模方法和求解方法。整数规划问题在实际生产、生活中有着重要的应用，如通过计算机分析确定最大利润和最优指派方案。在了解掌握建立整数规划问题的数学模型后，可以运用分支定界法、割平面法及 Excel Solver 软件程序来求解整数规划问题。

思考与习题

1. 用分支定界法求解下列整数规划问题。

(1) $\max Z = 2x_1 + 3x_2$

$$\text{s. t.}\begin{cases} 5x_1 + 7x_2 \leqslant 35 \\ 4x_1 + 9x_2 \leqslant 36 \\ x_1, x_2 \geqslant 0,\text{且取整数} \end{cases}$$

(2) $\max Z = x_1 + x_2$

$$\text{s. t.}\begin{cases} 2x_1 + 5x_2 \leqslant 16 \\ 6x_1 + 5x_2 \leqslant 30 \\ x_1, x_2 \geqslant 0,\text{且取整数} \end{cases}$$

2. 用割平面法求解下列整数规划问题。

(1) $\max Z = 7x_1 + 9x_2$

$$\text{s. t.}\begin{cases} -2x_1 + 3x_2 \leqslant 6 \\ 7x_1 + x_2 \leqslant 35 \\ x_1, x_2 \geqslant 0,\text{且取整数} \end{cases}$$

(2) $\max Z = 4x_1 + 5x_2$

$$\text{s. t.}\begin{cases} 3x_1 + 2x_2 \leqslant 7 \\ x_1 + 4x_2 \leqslant 5 \\ 3x_1 + x_2 \leqslant 2 \\ x_1, x_2 \geqslant 0,\text{且取整数} \end{cases}$$

3. 用隐枚举法求解下列 0—1 规划问题。

(1) $\max Z = 3x_1 + 2x_2 - 5x_3 - 2x_4 + 3x_5$

$$\text{s. t.}\begin{cases} x_1 + x_2 + x_3 + 2x_4 + x_5 \leqslant 4 \\ 7x_1 + 3x_3 - 4x_4 + 3x_5 \leqslant 8 \\ 11x_1 - 6x_2 + 3x_4 - 3x_5 \geqslant 3 \\ x_j = 0\text{ 或 }1, j = 1,2,\cdots,5 \end{cases}$$

(2) $\max Z = 2x_1 + x_2 + 5x_3 - 3x_4 + 4x_5$

$$\text{s. t.}\begin{cases}3x_1 - 2x_2 + 7x_3 - 5x_4 + 4x_5 \leqslant 6 \\ x_1 - x_2 + 2x_3 - 4x_4 + 2x_5 \leqslant 0 \\ x_j = 0 \text{ 或 } 1, j = 1,2,\cdots,5\end{cases}$$

4. 某塑料制品公司生产 6 种规格的塑料容器，每种容器的容量（cm^3）、需求量及可变费用（元/件）如下表所示。

容器代号	1	2	3	4	5	6
容量（cm^3）	1 500	2 500	4 000	6 000	9 000	12 000
需求量	500	550	700	900	400	300
可变费用（元/件）	5	8	10	12	16	18

每种容器分别用不同专用设备生产，其固定费用均为 1 200 元。当某种容器数量上不能满足需要时，可用容量大的代替。请问在满足需求情况下，如何组织生产能使总的费用为最小？试建立这个问题的整数规划模型，并用 Excel 求解。

5. 某钻井队要从以下 10 个可供选择的井位中确定 5 个钻井探油，使总的钻探费用为最小。若 10 个井位的代号为 s_1，s_2，…，s_{10}，相应的钻探费用为 c_1，c_2，…，c_{10}，并且井位选择方面要满足下列限制条件：

（1）s_1，s_7，s_8只能选择一个；

（2）选择了 s_3或 s_4就不能选 s_5；

（3）在 s_5，s_6，s_7，s_8中最多只能选两个。

试建立这个问题的 0—1 规划模型。

6. 某女子体操团队赛有以下规定：

（1）每个代表队由 5 名运动员组成，比赛的项目是高低杠、平衡木、鞍马及自由体操；

（2）每个运动员最多只能参加 3 个项目并且每个项目只能参加一次；

（3）每个代表队在每个项目上的参赛人数等于 3；

（4）团队的总分为所有参赛运动员的得分总和。

已知该代表队的预赛成绩如下表所示。

运动员	高低杠/（分）	平衡木/（分）	鞍马/（分）	自由体操/（分）
1	8.6	9.7	8.9	9.4
2	9.2	8.3	8.5	8.1
3	8.8	8.7	9.3	9.6
4	7.8	9.5	9.5	7.9
5	9.4	8.2	8.2	7.7

假设正式比赛中各运动员发挥的成绩和上述一致，那么如何安排运动员的参赛项目使团队总分最高？试建立这个问题的 0—1 规划模型，并用 Excel 求解。

7. 甲、乙两个室友希望共同分配他们共同的家务任务（购物、做饭、洗碗和洗衣服），这样每个人都有两项任务，如何使他们花在家务上的总时间最低？由于他们完成家务的效率各不相同，下表给出了他们完成各项家务所需的时间。

	每周所需时间（小时）			
	购物	做饭	洗碗	洗衣服
甲	4.5	7.8	3.6	2.9
乙	4.9	7.2	4.3	3.1

为这个问题制订0—1规划模型，在Excel电子表格中表示此模型并求解。

8. 一家房地产开发公司，正在考虑五个可能的开发项目。下表显示了每个项目可能产生的预期长期利润（净现值）以及进行项目所需的投资额（以百万元为单位）。

	开发项目				
	1	2	3	4	5
预期利润/百万元	1	1.8	1.6	0.8	1.4
所需资金/百万元	6	12	10	4	8

该公司为这些项目筹集了2 000万元的投资资金。公司现在想要选择项目组合，使其预估的长期利润总额（净现值）最大化，并且投入不超过2 000万元。

为这个问题制定0—1规划模型，在Excel电子表格中表示此模型并求解。

9. 某公司的研发部门一直在开发四种可能的新产品线。管理层现在必须决定实际生产这四种产品中的哪一种以及在何种水平进行生产。因此，要进行运营研究，必须找到最有利可图的产品组合。刚开始生产任何产品都需要相当大的启动成本。管理层的目标是找到使总利润最大化的产品组合（总利润＝总净收入－启动成本）。

	产品			
	1	2	3	4
启动成本/元	50 000	40 000	70 000	60 000
净收入/元	70	60	90	80

为这个问题制订整数规划模型，在Excel电子表格中表示此模型并求解。

10. 某公司开发了两种新玩具，可以在即将到来的圣诞节期间将其纳入产品线。投入生产设施以开始生产玩具1将花费50 000元，生产玩具2将花费80 000元。一旦开始盈利，玩具1将产生10元的单位利润，玩具2将产生15元的单位利润。

该公司有两家能够生产这些玩具的工厂。但是，为了避免启动成本过高，该公司将基于利润最大化原则，选择一个工厂进行生产。出于行政原因，如果同时生产这两种新玩具，则这两种新玩具由同一工厂生产。

玩具1可以在工厂1中以每小时50个的速度生产，在工厂2中以每小时40个的速度生产。玩具2可以在工厂1中以每小时40个的速度生产，在工厂2中以每小时25个的速度生产。工厂1和工厂2，在圣诞节前分别有500个小时和700个小时的生产时间可用于生产这些玩具。

目前尚不清楚这两种玩具是否会在圣诞节后继续生产。因此，问题是确定在圣诞节之前应该生产两种玩具各多少个（如果有的话），可实现总利润最大化？

为此问题制订整数规划模型并使用计算机解决这个模型

11. 越来越多的人在退休后考虑移居至气候温暖的地区。为了利用这一趋势，某房地产商进行了一项重大的房地产开发项目。该项目旨在开发一个全新的覆盖数平方英里的退休社区。其中一项决定是要确定已分配给社区的两个消防站的位置。出于规划目的，该社区被划分为五个区域，任何给定的区域中不能有超过一个消防站。每个消防站都要对它所在的道路中发生的所有火灾以及分配给该站点的其他区域发生的火灾负责。因此，要进行的决定包括：(1) 确定接收消防站的区域；(2) 将其他每个区域分配给其中一个消防站。目标是使平均火灾响应时间最小化。

下表给出了每个区域（列）对火灾的平均响应时间（如果该区域由给定区域中的站点（行）提供服务）。底行给出了每天每个区域中预测出的平均火灾次数。

分配站所在区域	反应时间（分钟）				
	发生火灾区域				
	1	2	3	4	5
1	5	12	30	20	15
2	20	4	15	10	25
3	15	20	6	15	12
4	25	15	25	4	10
5	10	25	15	12	5
平均火灾频率（每天）	2	1	3	1	3

为此问题制定 0—1 规划模型并用 Excel 进行求解。

系统仿真

本章学习目的

- 掌握系统仿真的概念、特点及步骤。
- 掌握服务系统仿真的模型构成，能使用离散系统仿真软件进行服务系统的分析及改进。
- 掌握系统动力学仿真的建模方法，能使用系统动力学软件进行管理系统的政策优化。

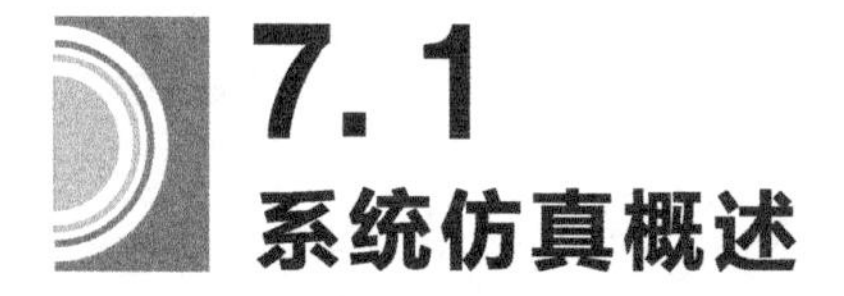

7.1 系统仿真概述

7.1.1 系统仿真的概念与特点

仿真是人们从古至今广泛使用的一种研究方法。系统仿真的通俗含义是指“设计一个实际系统的模型，对它进行实验以便理解和评价系统的各种运行策略”。仿真作为一门技术科学是在 19 世纪末 20 世纪初工业技术有了长足的发展之后确定下来的。1961 年，G. W. Morgenthater 首次对“仿真”进行了技术性定义，即“仿真意指在实际系统尚不存在的情况下对于系统或活动本质的实现”。1978 年，Korn 在他的著作《连续系统仿真》中提出了另一个典型的“仿真”的技术性定义，他将仿真定义为“用能代表所研究的系统的模型进行实验”。Oren 在 1984 在给出了仿真的基本概念框架“建模—实验—分析”的基础上，提出了“仿真是一种基于模型的活动”的定义，被认为是现代仿真技术的一个重要概念。

本书引用《管理系统仿真与GPSS/JAVA》中对系统仿真的定义：所谓系统仿真，是指利用计算机来运行仿真模型，模仿实际系统的运行状态及其随时间的变化过程，并通过对仿真过程的观察和统计，得到被仿真系统的仿真输出参数和基本特征，以此来估计和推断实际系统的真实参数和真实性能。这个过程被称为系统仿真。

对这一概念可从以下几个方面进行理解：

(1) 系统仿真是一种有效的“实验”手段，它为一些复杂系统创造了一种计算机实验环境，使系统的未来性能和长期动态特性，能在极短的时间内在计算机上得到实现和验证。

(2) 为了有效地进行仿真实验，就需要在一定的计算机语言支持下，建立经过抽象和简化的仿真模型。通常，仿真模型具有面向实际过程或实际问题的特征，它可以包含系统中的逻辑关系和数学关系。

(3) 系统仿真的输出结果是在仿真运行过程（仿真实验过程）中，不断对系统行为和系统状态进行观察和统计而得出的，并且这种观察和统计是由仿真软件自动完成的。

(4) 系统仿真往往需要对具有多种随机因素的复杂系统进行综合评估，每次仿真运行只是对系统行为的一次随机抽样，因此，一次完整的仿真实验往往由仿真模型的多次独立重复运行组成。所得到的仿真结果也只是对真实系统进行具有一定样本量的仿真实验的随机样本。因此，还需要通过必要的统计推断，才能得出对真实系统的性能估计。

从学科领域来看，系统仿真是运筹学的一个重要分支并且得到了广泛的应用，它与线性规划和网络技术一起被称为运筹学的三大支柱。在求解复杂系统过程中，系统仿真具有以下优势。

(1) 对于复杂的、带有多种随机成分的系统，要用数学模型来精确地描述，往往十分困难，或者虽然能建立相应的数学模型，却无法求解。但系统仿真则可以根据系统内部的逻辑关系和数学关系，面向系统的实际过程和系统行为来构造模型，从而能方便地得到复杂随机系统的解，这是系统仿真得到广泛应用的最基本原因。本书主要讲解系统仿真在管理领域中的应用。由于在管理系统中往往存在众多复杂、相互关联的非确定因素，系统中事件的发生具有随机性、不确定性，而且决策方案具有多样性，需要甄别选优。而解决此类问题，正是系统仿真方法的长处所在。

(2) 系统仿真直接面向问题的特点，使仿真模型与实际过程具有形式上和内容上的对应性与直观性，避免了建立数学模型的困难，从而显著简化了建模过程，使建模分析人员有可能把主要精力用于深入了解所研究问题或过程本身，使非计算机专业的广大科技人员和管理人员都能成为系统仿真的直接使用者。

(3) 系统仿真为分析人员和决策人员提供了一种有效的实验环境，从而可以直接控制实验条件或输入参数，得到不同的结果，并且从中选择最满意的方案。

然而，仿真技术也并非十全十美，还存在一些固有的缺点。

(1) 仿真模型本身并不具备优化功能，每次仿真实验只能给出实际问题的一个可行解，如果需要获得问题的最优解或最满意解，往往需要做多次仿真实验，因此带有枚举法的弱点，为取得最优解需要对多种备选方案逐一实验。

(2) 仿真建模是直接面向问题的建模过程，对于同一个问题，由于建模人员的素质和风格上的差异或对问题了解的深度不同，往往会构造出迥然不同的仿真模型，其仿真运行结果自然也就不同。因此，仿真建模常被称为非精确建模，或认为仿真建模是一种“艺术”而不是“技术”。

以上缺点虽然是由仿真本身的性质造成的，但是随着计算机科学的发展和系统仿真理论研究的深入，这些问题将得到不同程度的改善。近年来，把系统仿真与优化技术相互结合的新型仿真—优化软件已经出现，从而可以在仿真环境下同时进行优化处理。此外，由于仿真理论的发展，在仿真模型的代表性方面，近年来已经从统计学角度提出了仿真模型确认的理论，从而使仿真构模从非精确性逐步向精确性过渡，从“艺术”领域转向“技术”领域。

7.1.2 系统仿真的步骤

系统仿真需要通过计算机仿真软件或程序实现。因此，基于计算机的系统仿真包括三个要素，即系统、模型和计算机。联系这三个要素的有三个基本活动：系统模型建立、仿真模型建立和仿真实验。图 7-1 描述了仿真三要素及三个基本活动的关系。其中，系统是研究的对象；系统模型是对系统的形式化抽象；仿真则是通过建立计算机模型对系统进行仿真运行实验，以达到研究系统的目的。

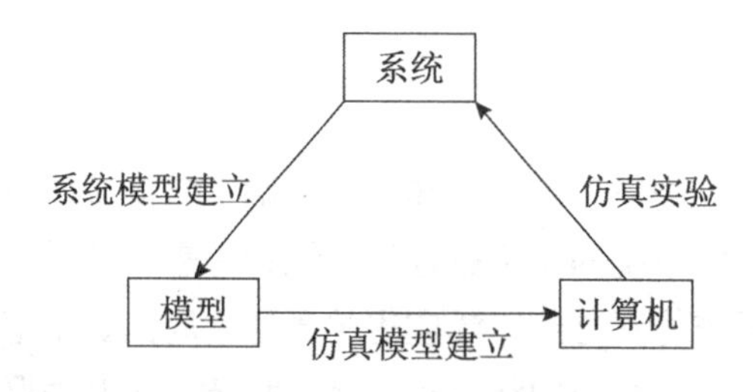

图 7-1 系统仿真三要素及相互关系

基于系统仿真的三要素，系统仿真的步骤如图 7-2 所示。

(1) 系统定义：求解问题前，首先要提出明确的准则来描述系统目标及是否达到的衡量标准，其次必须描述系统的约束条件，再确定研究范围，即哪些实体属于要研究的系统，哪些属于系统的环境。

(2) 建立系统模型：收集数据，通过某种建模语言来规范化地描述系统。为了使模型具有可信性，必须收集系统的先验知识及必要的系统数据，并保证数据的完整性和有效性。系统模型要求以研究目标为出发点，模型性质尽量接近原系统，尽可能简化，易于理解、操作和控制。

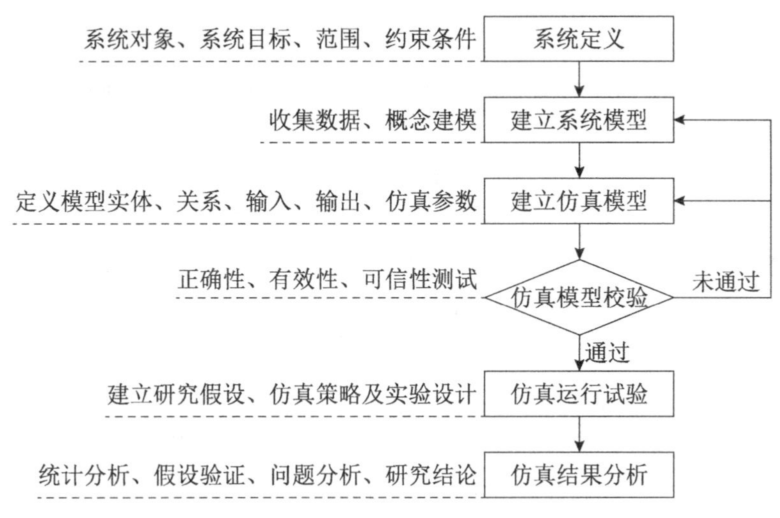

图 7-2 系统仿真的基本步骤

(3) 建立仿真模型：用计算机软件（或专用仿真语言）描述系统模型，使之成为可以在计算机上运行的模型。对于计算机软件功能无法支撑的系统属性、仿真目标和系统行为算法，则需要编制仿真程序加以实现。

(4) 仿真模型校验：仿真模型的校验是必不可少的。在系统模型构建和仿真模型的建立过程中，不可避免地会产生建模的错误或疏忽之处。通过对仿真模型进行试运行，并用一些实际数据和实际用例进行测试，可以提前发现系统模型和仿真模型中存在的问题，从而保证仿真模型的正确性、有效性和可信性。如果试运行的校验结果无法再现系统的本质行为或不满足正确性、有效性和可信性的要求，则需要回到步骤（2）或步骤（3），对系统模型和仿真模型进行修正。

(5) 仿真运行实验：经过测试的仿真模型，就可以根据仿真的目的设计一系列仿真实验。仿真实验的设计需要建立研究假设，提出多个对比仿真实验方案。对于每一个仿真实验，都需要通过统计学意义上足够多次的仿真，得到可靠的仿真实验数据。

(6) 仿真结果分析：仿真结果分析包括两方面内容。第一，通过对仿真输出数据的统计学分析对系统行为进行解释和挖掘，发现系统运行规律，验证研究假设；第二，实现对系统设计的多方案及策略的对比评估，为系统设计及改进决策提供定量依据。

7.1.3 系统仿真的应用场景

对于具有复杂性、随机性、模糊性的系统决策问题，很难用精确的数学模型来描述，也无从找到最优方案的解析解。此时，由于系统仿真具有直观、易于理解和支持复杂系统建模的特点，可以发挥重要的作用。

系统仿真的典型应用场景可分为两个方面。

(1) 评估与优化未来系统方案。在一个未来系统建立之前，建立未来系统的仿真模型，可通过设置仿真模型结构和调整参数来描述不同的系统方案，并通过仿真实验输出不同系统方案的指标数据，实现系统方案的评估与优选。这方面的应用包括：新车间的布局及物流方案评估、供应链网络设计、库存策略的设计、服务窗口及岗位设置方案、工作流及业务流程设计等。

(2) 分析与改进已有系统。当已有的系统性能不能满足管理要求时，可建立当前系统的仿真模型，然后在模型中对系统或系统的某一部分进行改进，再通过仿真实验评价改进后系统的性能和可行性。这方面的应用包括：生产线的产能分析、资源利用率及瓶颈分析、系统计划与控制策略的分析、排队服务系统的效率分析及提升、业务流程的绩效分析及提升等。

在系统仿真中，常用的仿真模型分为两大类，即离散系统仿真和连续系统仿真。在离散系统中，系统的状态仅在离散的时间点上发生变化，如一个排队系统，顾客会在特定的时间到达和离开，窗口会在特定的时间开启和关闭，这些离散事件发生才会改变系统状态。而在连续系统中，系统状态随时间连续变化，如市场需求、生产库存及产品销售过程，如果考察时间足够长的话，系统状态是随时变化的，因此可以认为是连续系统。结合管理系统仿真的应用场景，本章将重点介绍服务系统仿真和系统动力学仿真，其中服务系统仿真是典型的离散系统仿真方法，而系统动力学仿真则是典型的连续系统仿真方法。

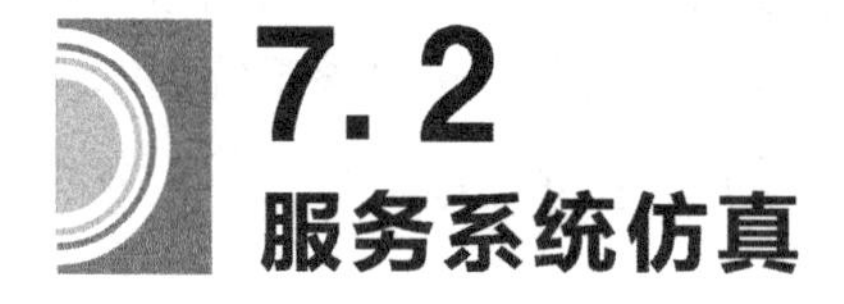

7.2 服务系统仿真

7.2.1 随机服务系统的基本理论

日常生活中存在大量有形和无形的排队或拥挤现象，如银行服务排队、旅客购票排队、电话占线等现象。排队论就是研究系统随机排队现象和随机服务系统工作过程的数学理论和方法，又称随机服务系统理论，为运筹学的一个重要分支。

排队系统现在普遍采用肯代尔（D. G. Kendall）所提出的分类方法。它采用的符号是：A/B/C。其中：A 表示相继到达间隔时间的分布，B 表示服务时间分布，C 表示服务台数目。表示到达间隔分布和服务时间的符号有：M 表示负指数分布；D 表示定长分布；E_k表示 k 阶爱尔朗分布；GI 表示一般相互独立的分布；G 表示一般分布。例如，M/M/C 表示泊松输入、负指数服务分布、C 个服务台排队系统，M/G/1 表示负指数输入、一般服务分布、单个服务台的排队系统。如果不特殊说明，则这种记号一般指先到先服务、单个服务的等待制系统。

7.2.1.1 排队系统的构成

图7-3是一个单服务台排队系统的模型。顾客从顾客源出发，到达服务机构按一定顺序排队等待接收服务，服务完之后就离开服务机构。

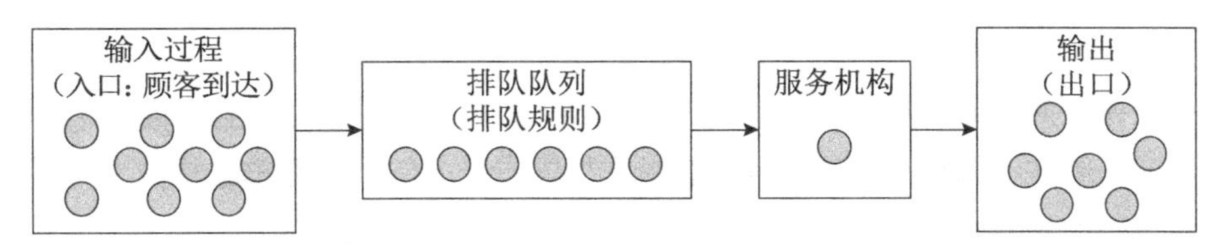

图7-3 单服务台排队系统模型

虽然现实中的排队系统各种各样，概括起来有输入过程、排队规则、服务机构三个部分组成。

1. 输入过程

输入过程就是顾客到达排队系统的规律。这里所说的“顾客”要进行广义的理解，它可能是商店的顾客、医院的病人、待修的机器、待加工的部件、待处理的文档、驶入港口的货船、待装运的货物等。“顾客”陆续以单个或成批到达系统，要求服务。这些“顾客”的来源可能是有限的；“顾客”相继到达间隔时间可能是随机的或非随机的；“顾客”到达是相互独立的或关联的。下面介绍几种常见的输入过程。

（1）定长输入。顾客以定长间隔到达服务机构，如间隔时间 a 到达一个顾客。此时到达时间间隔 T 的分布函数为

$$A(x)=P\{T\leqslant x\}=\begin{cases}1, x\geqslant a\\0, x<a\end{cases}$$

部件通过流水线的装配点、班车定时通过规定的站点都是定长输入的例子。

（2）泊松（Poisson）输入。顾客相继到达间隔时间 T 相互独立，并且服从负指数分布，其分布函数为

$$A(x)=\begin{cases}1-e^{-\lambda x}, x\geqslant 0\\0, x<0\end{cases}$$

其中 $\lambda>0$ 且为常数，表示单位时间内到达顾客的平均数，又称为顾客的平均到达率。

现实生活中很多到达过程都是泊松过程，如拨入电话交换台的呼叫、到医院看病的患者、到达商店购物的顾客等。

（3）爱尔朗（Erlang）输入。顾客相继到达间隔相互独立，具有相同的 k 阶（k 为自然数）爱尔朗分布密度，其密度函数为

$$A(x)=\frac{k\lambda\ (k\lambda x)^{k-1}}{(k-1)!}e^{-k\lambda x}, x\geqslant 0, \lambda>0 \text{ 为常数。}$$

（4）一般独立输入。顾客相继到达间隔相互独立且服从相同的分布。分布函数记为 A（x）。上面所有的输入都是一般输入的特例。

2. 排队规则

(1) 损失制。顾客到达后，若所有的服务台都已被占用，则该顾客就自动消失。通常电话系统属于损失制。

(2) 等待制。顾客到达时，若所有服务台都被占用，则他们就排队等待服务，服务次序可能是以下各种次序之一。

①先到先服务：就是按照顾客到达的先后顺序接受服务，这是最普遍的情形。

②后到先服务：就是最后到达的顾客最先接受服务。例如，把物品堆放在仓库看成是排队，使用时物品陆续取走视为是服务，则一般先取走最后放进去的。

③随机服务：当服务台空闲时，不管到达的先后次序，在队列中随机地选取一个顾客进行服务。

④高优先级先服务：到达系统的顾客有着不同的优先权，具有较高优先权的顾客先于具有较低优先权的顾客接受服务。例如，急诊病人、特快邮件等必须优先处理。

(3) 混合制。混合制具有以下几种情形。

①队长有限制情形：限制队长不能超过某一个固定常数 N，即某一顾客到达系统时，若其看到的队长小于 N，则排队等待服务；否则他就立即离开系统。例如，仓库的库容、医院的病床都是有限的。

②等待时间有限制情形：限制顾客在系统中等待的时间不能超过某一固定的常数 T，超过 T 后顾客就离开系统。例如，库存的药品、食物的有效期。

③逗留时间（等待时间和服务时间之和）有限制的情形，顾客在系统中逗留的时间不能超过某一常数 T，超过 T 后顾客自动离开。例如，敌机飞过高炮防空区域所需的时间为 T，超过时间 T 之后还未被击落，则离开了该防空区域。

3. 服务机构

一个服务机构中，服务台的数目可以是一个、n 个或者无穷个，服务的方式可以是单个服务，也可以是成批服务，服务时间可以是随机的，也可以是非随机的。以下是几种常见的服务时间分布。

(1) 定长分布。任意一个顾客的服务时间都是固定的常数 β，此时服务时间 T 的分布函数为

$$A(x)=P\{T\leqslant x\}=\begin{cases}1, x\geqslant\beta\\0, x<\beta\end{cases}$$

(2) 负指数分布。每个顾客的服务时间相互独立，而且有相同的负指数分布

$$A(x)=\begin{cases}1-e^{-\mu x}, x\geqslant 0\\0, x<0\end{cases}$$

其中：$\mu>0$ 且为常数，表示单位时间能服务完的顾客数，又称为平均服务率。设 ET 为平均服务时间，则

$$\mathrm{ET}=\int_0^{\infty}x\mathrm{d}A(x)=\mu\int_0^{\infty}xe^{-\mu x}\mathrm{d}x=\frac{1}{\mu}$$

方差为：

$$DT = E(E-ET)^2 = ET^2-(ET)^2 = \frac{1}{\mu^2}$$

(3) 爱尔朗分布。每个顾客的服务时间相互独立，具有相同的 k 阶爱尔朗分布，其密度函数为：

$$A(x)=\frac{k\mu(k\mu x)^{k-1}}{(k-1)!}e^{-k\mu x}, x\geqslant 0$$

其中，k 为某一固定的自然数；μ 为固定的正数。

其平均服务时间为：

$$ET=\int_0^{\infty} xA(x)dx=\frac{1}{\mu}$$

方差为：

$$DT=\frac{1}{k\mu^2}$$

当 $k=1$ 时，爱尔朗分布就成为负指数分布；当 $k\to\infty$ 时，爱尔朗分布就成为长度为 $\frac{1}{\mu}$ 定长分布。

(4) 一般服务分布。每个顾客的服务时间相互独立，而且具有相同的分布。前面所讲的都是一般服务分布的特例。

7.2.1.2 排队系统的评价指标

1. 队长与排队长

队长是指在系统中的顾客数，记为 L。排队长是指在系统中安排等待服务的顾客数，记为 L_q。队长等于排队长加上正在被服务的顾客数。队长（或排队长）是顾客与服务机构管理者都很关心的问题，L（或 L_q）越大，说明服务率越低。排队等待的顾客成群，是顾客最不希望看到的。

2. 等待时间与停留时间

等待时间是指从顾客到达系统到他开始接受服务为止的时间，记为 W_q。停留时间是指从顾客到达系统到他离开系统为止的时间，记为 W。停留时间等于等待时间加上服务时间。在机器修理问题中，等待修理和修理的时间都使工厂因停工而受损失，所以停留的时间是非常重要的指标；而对一般看病、购物等问题中的等待时间，常是顾客最关心的问题。

3. 忙期

忙期是指从顾客到达空闲服务机构开始，到服务机构再次变为空闲为止的时间。忙期是服务台工作人员最关心的，它关系到服务员的工作强度。此外，在不同类型的排队系统中，还有其他一些重要的数量指标，如损失制和混合制系统中因无等待场所而被损失的顾客比率，即损失率。

7.2.2 服务系统仿真模型的构成

1. 仿真模型的构成要素

基于排队论的基本理论，服务系统的仿真模型可通过以下要素进行描述，如图7-4所示。

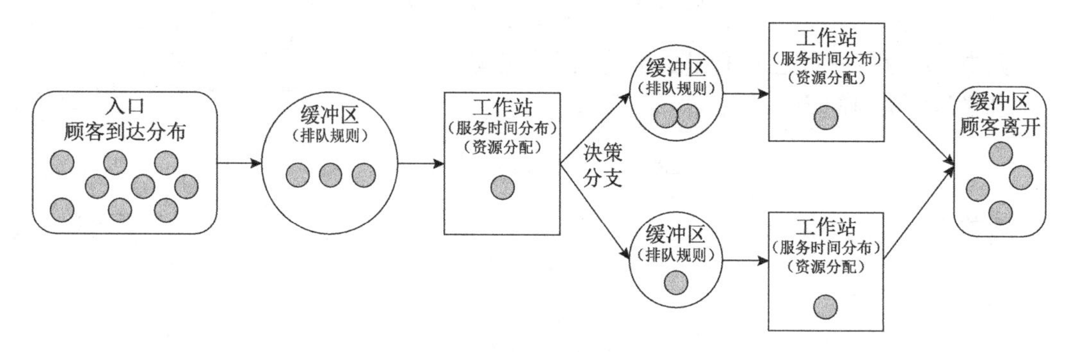

图7-4 服务系统仿真模型的构成

被服务对象：指接受服务的实体，如接受服务或处理活动的顾客、零件、文档等。

服务流程：指被服务对象进入服务系统后所经历的步骤，如在入口处到达，在缓冲区等候，在工作站接受服务或处理（串行、并行或分支），在出口处离开等。通常，服务系统仿真模型中需要对入口、缓冲区、工作站、分支、出口等要素进行具体的参数设置。例如，入口处通常用一个发生器设置顾客到达的分布，缓冲区需要设置顾客的最大容纳量，工作站需要设置服务时间分布和需要的服务资源等。分支可分为并行分支和选择分支两种。其中，并行分支是指某工作站后续的多个分支没有区别，顾客对等地进入到后续分支。选择分支是指顾客按照某种概率或某种条件选择进入后续分支。如对于检验工作站，经过观察80%的产品合格，20%的产品不合格，则服务对象以80%的概率进入合格分支，以20%的概率进入不合格分支。

服务分布：指被服务对象到达服务系统的分布以及服务时间的分布。

服务规则：指被服务对象在服务系统中的排队规则。

以一个银行服务系统为例，服务对象为需要接受金融服务的顾客。服务流程为进入银行、等待服务、接受服务、离开银行。顾客到达银行的时间间隔是平均值为4分钟的负指数分布，接受服务的时间是平均值为4分钟的负指数分布，排队规则为先进先出等待机制。

2. 仿真实验参数设置

仿真实验参数主要是指仿真模型运行的次数以及仿真时长。

第一，对于随机系统仿真，必须运行足够数量的仿真次数，才能得到具有统计意义的可信结果。通常，仿真的次数可采用统计学样本数的计算方法，即根据置信区间、抽样误差范围、标准差来计算样本容量。

第二，还需要设置每次仿真所跨越的系统时长。例如，在银行服务系统中，设置仿真时长为8个小时，即覆盖从早上9点到下午5点的工作时间。这样得到的仿真输出数据就代表该系统一天的绩效，如银行工作一天服务顾客的数量、一天当中顾客的平均排队长度和等待时间等。

3. 仿真输出

对于仿真模型中的不同要素，需要输出不同的评价指标。

入口：通过仿真运行，能够统计出在仿真时长中产生的顾客总数量。如果缓冲区队列具有容量限制，入口的输出数据还包括进入系统和不能进入系统的顾客数量。不能进入系统的顾客数量与总数量的比值可以描述系统的服务水平。也就是说，由于队列容量有限而不能进行系统的顾客比例越高，该系统的服务水平就越差。

缓冲区（队列）：缓冲区的主要输出指标是顾客在缓冲区的平均停留时间和缓冲区的平均顾客数量。平均停留时间对应的是顾客的平均等待时间，而平均顾客数量则对应服务系统的平均队长。此外，缓冲区的输出还包括进入缓冲区的顾客数量等。

工作站：工作站的主要仿真输出是工作站所服务的顾客数量，该指标对应着服务系统在仿真时段的服务能力。如果顾客通过工作站进入一个有限的缓冲区，则工作站的输出指标还包括由于下游缓冲区已满而导致的工作站停工率（阻塞率）。如果顾客在工作站中由特定资源提供服务，仿真输出还需要对资源的占用情况进行统计分析。

出口：出口的主要仿真输出是离开服务系统的顾客数量。

7.2.3　应用 SimQuick 软件进行服务系统仿真

7.2.3.1　SimQuick 控制面板

目前，成熟的过程仿真软件非常丰富，大多数都可进行服务系统仿真，如 Arena、GRSS、Flexsim、Anylogic 等。为方便讲解，本书介绍一个轻量级的仿真软件 SimQuick，该软件在 Excel 电子表格中就可以进行简单的仿真。

SimQuick 的控制面板如图 7-5 所示。

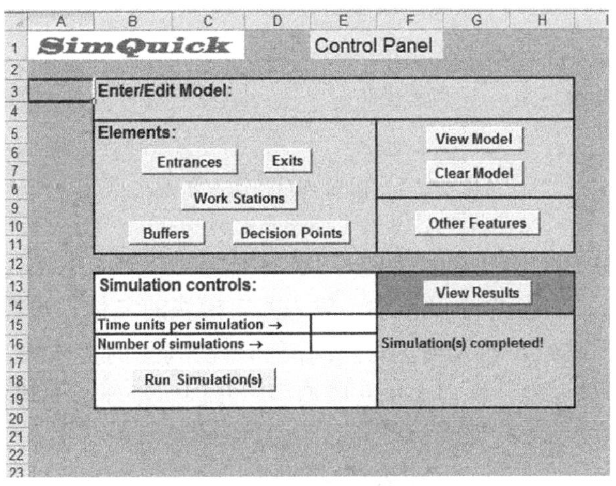

图 7-5　SimQuick 控制面板

SimQuick 有三种构建模型的单元：实体（objects）、要素（elements）和统计分布（statistical distribution）。

（1）实体指在整个过程中运动着的物体（如顾客、零件、信息等），即服务对象。

（2）SimQuick 中用要素描述服务流程，通过对要素及其特性的定义来构建仿真模型。SimQuick 中需要定义的要素有以下五种类型：

①入口（entrances）：实体进入系统的地方，通常是一个对象发生器。

②缓冲区（buffers）：能够存放实体之处（零件仓库、零件或顾客队列等）。

③工作站（work stations）：实体接受服务的地方（柜台、服务站等）。

④决策点（decision points）：实体向一个或多个方向前进之处，即服务流程的分支点。

⑤出口（exits）：实体根据特定的安排离开服务系统的地方。

（3）SimQuick 中的统计分布用于描述实体到达分布以及服务时间分布，包括以下几种：

①正态分布：Nor（mean，standard deviation）。

②负指数分布：Exp（mean）。

③均匀分布：Uni（lower，upper）。

④离散分布：Dis（i），i 可以参考离散分布工作表的表格。

7.2.3.2 构建 SimQuick 仿真模型

在这里以一个商店付款单工作台服务系统为例，说明 SimQuick 仿真模型的构建过程。在上午 9 点至下午 5 点的工作时间内，已完成购物的顾客以平均每小时 15 人的泊松分布到达，每人的服务时间为均值 3 分钟的负指数分布。管理层希望构建这一服务系统的仿真模型，来评估每个顾客的等待时间、服务系统的等待人数、工作人员的繁忙程度。

首先，需要利用 SimQuick 的五种要素描绘出实体在系统中的流程，如图 7-6 所示。此图为建模操作之前自行绘制的逻辑图，基于该图的具体操作步骤描述如下：

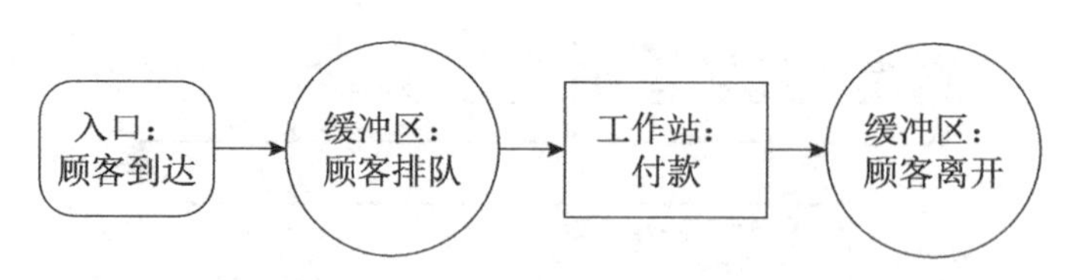

图 7-6　单服务台付款服务流程图

其次，点击控制面板上的“Entrances”按钮，弹出入口工作表。从左向右填写入口工作表中的信息。在“Name”单元格中，输入入口模块的名称“顾客到达”。接下来，点击“Other Features”按钮，输入到达时间间隔和每次到达的实体数，这属于统计分布的内容，也称为顾客时间安排。在许多排队模型中，我们假设到达人数在固定的时间段（λ）内服从泊松分布，那么到达时间间隔（1/λ）服从负指数分布。因此，我们指定此处的到达时间间隔为 Exp（4），以分钟作为模拟的单位。最后，指定进入系统后实体要去的地方，也就是流程图中下一模块所标示的等待队列（此例中为“顾客排队”缓冲区）。图 7-7

展示了一张完整的工作表。点击“Return to Control Panel”按钮回到控制面板。

Entrances　Return to Control Panel
Choices for "Time bet. arr." and "Num. ob. per arr.":
Nor(m,s), Exp(m), Uni(a,b), Constant, Dis(i), Cus(i)
Examples

1	
Name →	顾客到达
Time between arrivals →	Exp(4)
Num. objects per arrival →	1
Output destination(s) ↓	
顾客排队	

2	
Name →	
Time between arrivals →	
Num. objects per arrival →	
Output destination(s) ↓	

3	
Name →	
Time between arrivals →	
Num. objects per arrival →	
Output destination(s) ↓	

图 7-7　入口工作表

再次，点击“Buffers”按钮输入等待队列的信息。在出现的表格中输入缓冲区的名称（此例中为名称为“顾客排队”和“顾客离开”）、容量（缓冲区可储存的最大货物量，缓冲区容量无限大时输入“Unlimited”）、缓冲区实体数量的初始值（此例中为 0）以及缓冲区的输出目标。对于“顾客排队”缓冲区，输出目标为“付款”工作站；对于“顾客离开”缓冲区，由于这是流程图的最后一个模块，所以无输出目标。此处用“Buffers”而不用“Exits”描述顾客离开，是由于需要统计被服务的顾客数量等指标。图 7-8 显示了一张完整的缓冲区工作表。

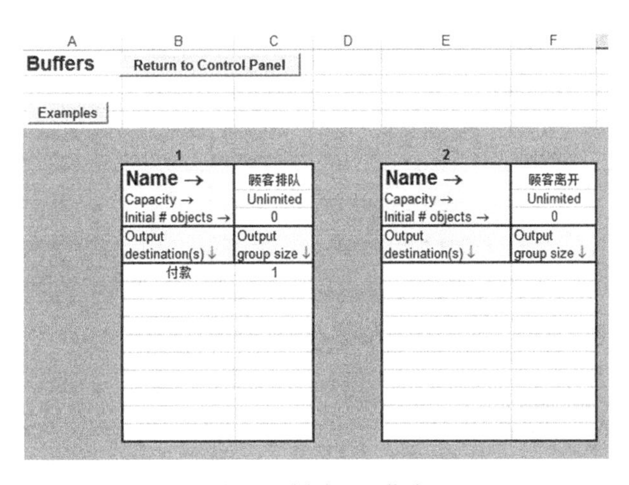

图 7-8　缓冲区工作表

接下来，定义标示为“Service”的工作站。点击控制面板中的“Work Stations”按钮，输入工作站名称（此例中为“付款”）以及服从某一统计分布的工作时间。在此案例中，假设服务时间服从均值为 3 分钟的负指数分布 Exp（3）。工作站的输出目标为“顾客离开”缓冲区（已经在定义缓冲区的时候进行了定义）。“Resource”暂时不填写，其将在后续章节介绍。图 7-9 展示了一张完整的工作站工作表。

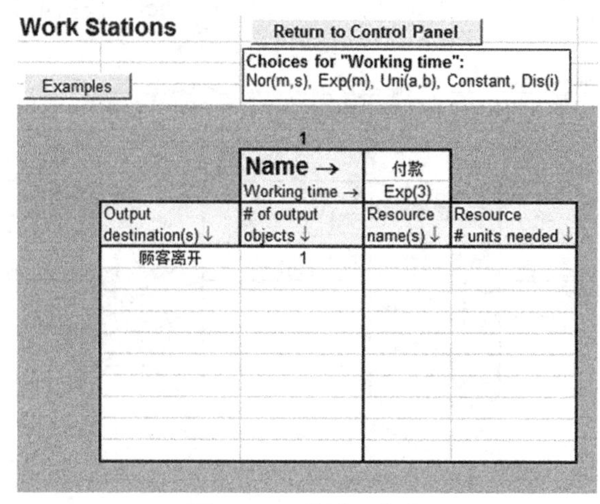

图 7-9 工作站工作表

最后，返回控制面板输入每次仿真的时长与仿真的次数。此处仿真时长是从 9：00 到 17：00（12：00—14：00 休息 2 小时），由于模型中定义的时间数据均以分钟为单位，因此输入 480（6 小时）作为每次仿真的时长。由于模拟的是随机过程，为得到具有统计意义的分析结果，这里按照经验将仿真次数设置为 30 次（或基于统计学公式计算所需的样本量）。

完成模型定义后，点击控制面板的“Run Simulation（s）”按钮，软件将开始进行仿真计算。完成仿真后，点击“View Results”按钮，SimQuick 软件为每一个模型要素的统计信息创建了一张表，包括每次运行时所有的均值和详细统计信息。图 7-10 是部分模拟结果。

	A	B	C	D	E	F	G	H
1	Simulation Results		Return to Control Panel					
2								
3	Element	Element	Statistics	Overall	Simulation Numbers			
4	types	names		means	1	2	3	4
5								
6	Entrance(s)	顾客到达	Objects entering process	119.80	123	115	130	124
7			Objects unable to enter	0.00	0	0	0	0
8			Service level	1.00	1.00	1.00	1.00	1.00
9								
10	Work Station(s)	付款	Final status	NA	Working	Not Working	Working	Working
11			Final inventory (int. buff.)	0.00	0	0	0	0
12			Mean inventory (int. buff.)	0.00	0.00	0.00	0.00	0.00
13			Mean cycle time (int. buff.)	0.00	0.00	0.00	0.00	0.00
14			Work cycles started	117.50	119	115	126	123
15			Fraction time working	0.73	0.73	0.63	0.80	0.76
16			Fraction time blocked	0.00	0.00	0.00	0.00	0.00
17								
18	Buffer(s)	顾客排队	Objects leaving	117.50	119	115	126	123
19			Final inventory	2.30	4	0	4	1
20			Minimum inventory	0.00	0	0	0	0
21			Maximum inventory	9.20	7	7	11	10
22			Mean inventory	2.10	1.28	0.90	2.75	2.03
23			Mean cycle time	8.54	5.18	3.76	10.46	7.94
24								
25		顾客离开	Objects leaving	0.00	0	0	0	0
26			Final inventory	116.93	118	115	125	122
27			Minimum inventory	0.00	0	0	0	0
28			Maximum inventory	116.93	118	115	125	122
29			Mean inventory	56.66	60.06	60.26	55.75	56.55
30			Mean cycle time	Infinite	Infinite	Infinite	Infinite	Infinite

图 7-10 SimQuick 付款仿真模型的部分模拟结果

(1) 对于入口要素，有两方面信息：第一，进入系统和不能进入系统的实体数量（应用于容量有限的缓冲区，因为可能会阻挡一些前来的顾客）；第二，服务水平，它用进入流程的实体数量占想要进入流程的实体总量的百分比表示。

(2) 对于工作站要素，仿真输出的统计信息如下：

①最终状态：仿真结束时工作站的状态。

②最终库存、平均库存以及平均周期时间：工作站内有小型缓冲区，即足够的供实体完成其服务过程的空间。一些模型也许没有足够的空间供实体在某工作站满员时转移到另一个缓冲区或另一个工作站。在此类情况下，工作站为阻塞状态。该统计数据提供了有关内部缓冲区水平的信息。

③开始的工作周期：工作站开始流程的总次数。

④工作时间比例：工作站的忙碌比。

⑤阻塞时间比例：工作站等待运送实体到另一要素的时间。

(3) 缓冲区的统计数据提供了以下等待队列信息：

①离开的对象：离开缓冲区的实体数。

②最终库存：库存表示仿真结束时缓冲区内的实体数。

③最小库存、最大库存和平均库存：仿真过程中有关实体数量的统计数据。

④平均周期：实体在缓冲区花费的平均时间。

此例中，30 次模拟的平均等待队伍长度为 2.10 人，排队的平均等待时间为 8.54 分钟。利用电子表格，可以非常简单地进行其他的统计分析，如计算各个统计量的最大值、最小值、标准差，以及 30 次运行结果差异的直方图。

本例的 Excel 文件为 SimQuick Store Simulation。

7.2.3.3 超市付款过程仿真

某便利超市有两条付款通道。一个流动装袋工服务于这两条通道，为顾客收款后提供装袋服务。平均每 9 分钟有顾客进入等候付款队列（负指数分布）。付款时间服从均值为 2 分钟的负指数分布。排队规则为：若两条通道空闲，顾客将优先通道 1；若通道 1 忙碌且通道 2 空闲，顾客将选择通道 2；若两条通道均处于忙碌状态，顾客将排队等候首先空出来的通道付款。装袋工只能在两条通道中选择其一装袋，装袋时间服从均值为 6 分钟的负指数分布。如果收银员扫描完顾客的全部物品后，装袋工正在另一条付款通道忙碌，那么顾客与收银员都将等待。在这一情况下，该收银员对于下一名排队等待的顾客来说处于阻塞状态。

装袋工是 SimQuick 软件里定义资源（resource）的一个例子。除非分配给某工作站的所有资源都是可用的，否则工作站将无法运行其流程。假如多个工作站为有限的资源竞争，那么资源将分配给优先权高的工作站。优先权由工作站面板中工作表的位置决定（在 SimQuick 中，表的位置越靠左，优先权越高）。

服务流程及时间分布如图 7-11 所示（该流程见 Excel 文件：SimQuick Cashier Base Case）。

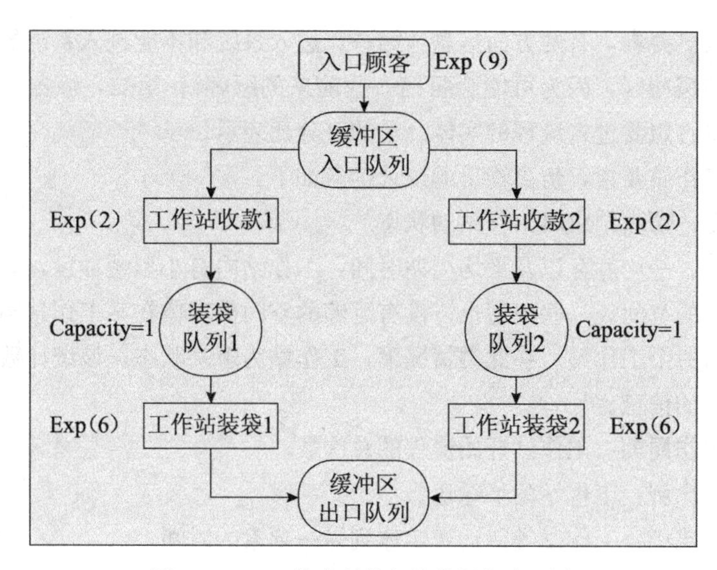

图 7-11　双工作台付款与装袋服务流程图

点击控制面板上的“Other Features”按钮，选择“Resources”来定义本模型的资源——装袋工。如图 7-12 所示，在资源工作表中，输入资源名称（装袋工）以及能够利用的数量“1”。

Resources　Return to Control Panel　Return to Other Features

	Name ↓	Number available ↓
1	装袋工	1
2		

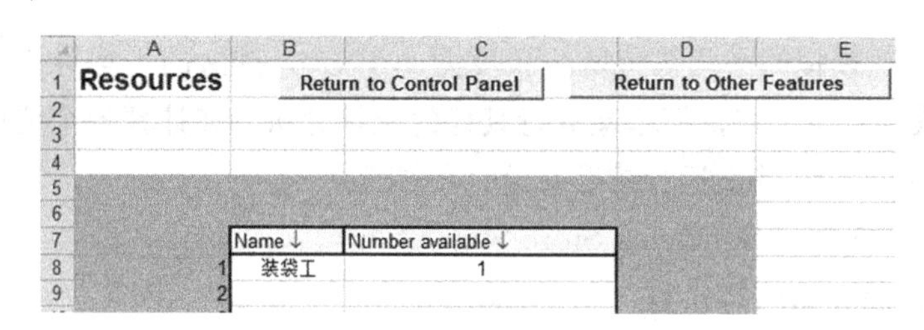

图 7-12　SimQuick 资源工作表

然后，装袋工作为一种资源将分配给与装袋服务相关的各个工作站（见图 7-13）。由于只有一个可用的装袋工，所以他只能在一个装袋流程中工作。

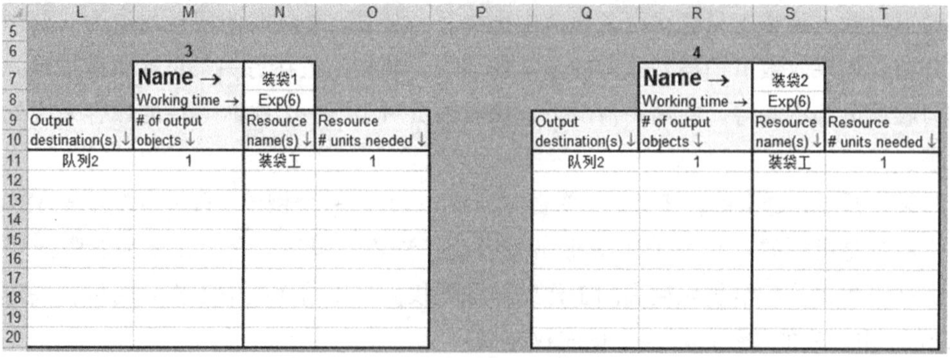

3

	Name →	装袋1	
	Working time →	Exp(6)	
Output destination(s) ↓	# of output objects ↓	Resource name(s) ↓	Resource # units needed ↓
队列2	1	装袋工	1

4

	Name →	装袋2	
	Working time →	Exp(6)	
Output destination(s) ↓	# of output objects ↓	Resource name(s) ↓	Resource # units needed ↓
队列2	1	装袋工	1

图 7-13　为工作站分配资源

图 7-14 显示了 SimQuick 模型重复运行 30 次、每次 600 时间单元的结果。

	A	B	C	D
1	Simulation Results			Return to Co
2				
3	Element	Element	Statistics	Overall
4	types	names		means
5				
6	Entrance(s)	入口顾客	Objects entering process	65.90
7			Objects unable to enter	0.00
8			Service level	1.00
9				
10	Work Station(s)	付款1	Final status	NA
11			Final inventory (int. buff.)	0.17
12			Mean inventory (int. buff.)	0.19
13			Mean cycle time (int. buff.)	2.53
14			Work cycles started	47.67
15			Fraction time working	0.16
16			Fraction time blocked	0.19
17				
18		付款2	Final status	NA
19			Final inventory (int. buff.)	0.07
20			Mean inventory (int. buff.)	0.12
21			Mean cycle time (int. buff.)	3.24
22			Work cycles started	17.90
23			Fraction time working	0.06
24			Fraction time blocked	0.12
25				
26		装袋1	Final status	NA
27			Final inventory (int. buff.)	0.00
28			Mean inventory (int. buff.)	0.00
29			Mean cycle time (int. buff.)	0.00
30			Work cycles started	46.90
31			Fraction time working	0.47
32			Fraction time blocked	0.00
33				
34		装袋2	Final status	NA
35			Final inventory (int. buff.)	0.00
36			Mean inventory (int. buff.)	0.00
37			Mean cycle time (int. buff.)	0.00
38			Work cycles started	17.53
39			Fraction time working	0.17
40			Fraction time blocked	0.00

入口队列	Objects leaving	65.57
	Final inventory	0.33
	Minimum inventory	0.00
	Maximum inventory	3.47
	Mean inventory	0.41
	Mean cycle time	3.40
装袋队列1	Objects leaving	46.90
	Final inventory	0.43
	Minimum inventory	0.00
	Maximum inventory	1.00
	Mean inventory	0.38
	Mean cycle time	4.95
装袋队列2	Objects leaving	17.53
	Final inventory	0.17
	Minimum inventory	0.00
	Maximum inventory	1.00
	Mean inventory	0.24
	Mean cycle time	7.45
出口队列	Objects leaving	0.00
	Final inventory	63.60
	Minimum inventory	0.00
	Maximum inventory	63.60
	Mean inventory	30.95
	Mean cycle time	Infinite
Resource(s)		
装袋工	Mean number in use	0.63

图 7-14　仿真模型的结果

工作站最重要的统计数据是有效工作率和阻塞率。有效工作率表示工作人员用于工作的时间占总上班时间的比率。阻塞率表示工作人员由于下一环节的阻塞而无法开展当前工作的时间占总工作时间的比率。付款 1、2 的阻塞率分别为 0.19 与 0.12。通道 1 的工作时间长于通道 2，是因为通道 1 有接待顾客的优先权。缓冲区的数据显示，平均有 0.41 个顾客在等待付款（平均库存），平均等待时间为 3.4 分钟（平均周期）。同时，装袋缓冲区的平均等待时间分别为 4.95 分钟、7.45 分钟，这对于购物顾客而言是相当漫长的。

一个有效的改善途径是将装袋工单独分配给付款通道 1 并让付款 2 的收银员兼职负责装袋。要建立此模型（见 Excel 文件：SimQuick Cashier Enhanced），需要在资源工作表的第二行将通道 2 的收银员定义为资源。此模型中装袋工不再是资源，因为两工作站不再为其竞争。而对于付款 2 与装袋 2，收银员 2 是其所需要的资源。在此情境中，收银员 2 同时只能进行一项工作。查看结果时会发现，通道 1 和通道 2 的阻塞时间分别大幅下降至大约 0.07 与 0，付款队列与装袋队列的等待时间也有所减少。付款顾客的平均等待时间现在仅有大约 0.19 分钟，且两装袋过程时间分别降至大约 0.52 分钟与 0.12 分钟。

7.2.3.4　制品检验过程仿真

在 SimQuick 模型中，用决策点来表示服务流程的概率分支结构。下面以制品检验的服务过程为例，说明带有决策点的仿真模型如何构建和分析。

在该案例中，某在制品需要进行检验，如果检验不合格，则需要进行维修，然后再检验。图 7-15 为此服务系统的流程图、时间分布与分支概率。在此流程中，制品以每 5 分钟一个的稳定水平到达检验过程队列，检验过程服从均值为 9 分钟、标准差为 2 分钟的正态分布，且有两个检验工作站并行工作。15%的制品需要进行维修并被送至维修过程队列，维修时间服从均值为 30 分钟、标准差为 5 分钟的正态分布。剩下 85%的制品被标记为合格并包装配送。

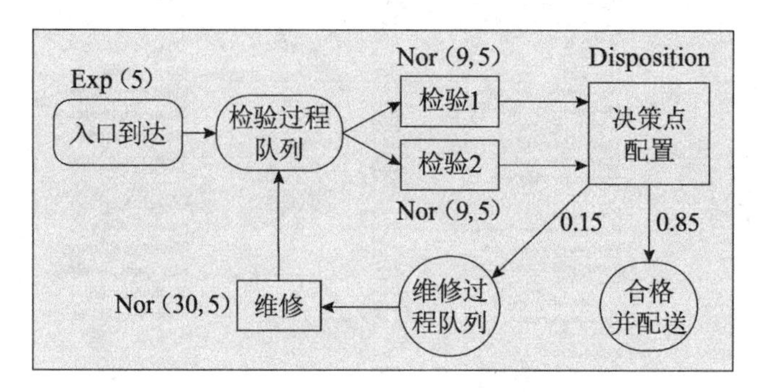

图 7-15 检验和维修过程流程图

点击控制面板中的“Decision Points”按钮定义决策点要素。在 SimQuick 决策点表中，需要定义输出目的地的名称以及被运送至这些目的地的概率，如图 7-16 所示。

Decision Points Return to Control

(Note: Percents columns must sum to 100)

Examples

1	
Name →	Disposition
Output destinations ↓	Percents ↓
维修过程队列	15
合格并配送	85

2	
Name →	
Output destinations ↓	Percents ↓

图 7-16 SimQuick 决策点表

设置每次仿真 400 分钟，仿真次数为 30 次，得到的仿真结果如图 7-17 所示。（见 Excel 文件：SimQuick Repair Model，描述书后二维码可获取）。可以看到，检验工作站有 92%与 87%的效率，维修工作站有 71%的效率。检验过程队列中的平均等待时间为 22.13 分钟，平均等待产品数为 4.46 个单位。维修过程队列中，平均等待时间为 28.58 分钟，平均等待产品数为 0.79 个单位。整个过程的运行能够满足需要。该模型可继续用来研究检验过程改进的途径及效果。

	A	B	C	D
1	**Simulation Results**			Return to Contrc
2				
3	**Element**	**Element**	**Statistics**	**Overall**
4	**types**	**names**		**means**
5				
6	Entrance(s)	入口达到	Objects entering process	77.33
7			Objects unable to enter	0.00
8			Service level	1.00
9				
10	Work Station(s)	检验1	Final status	NA
11			Final inventory (int. buff.)	0.00
12			Mean inventory (int. buff.)	0.00
13			Mean cycle time (int. buff.)	0.00
14			Work cycles started	40.27
15			Fraction time working	0.92
16			Fraction time blocked	0.00
17				
18		检验2	Final status	NA
19			Final inventory (int. buff.)	0.00
20			Mean inventory (int. buff.)	0.00
21			Mean cycle time (int. buff.)	0.00
22			Work cycles started	38.63
23			Fraction time working	0.87
24			Fraction time blocked	0.00
25				
26		维修	Final status	NA
27			Final inventory (int. buff.)	0.00
28			Mean inventory (int. buff.)	0.00
29			Mean cycle time (int. buff.)	0.00
30			Work cycles started	10.00
31			Fraction time working	0.71
32			Fraction time blocked	0.00

	A	B	C	D
34	Buffer(s)	检验过程队列	Objects leaving	78.90
35			Final inventory	7.53
36			Minimum inventory	0.00
37			Maximum inventory	11.57
38			Mean inventory	4.46
39			Mean cycle time	22.13
40				
41		维修过程队列	Objects leaving	10.00
42			Final inventory	1.37
43			Minimum inventory	0.00
44			Maximum inventory	2.93
45			Mean inventory	0.79
46			Mean cycle time	28.58
47				
48		合格并配送	Objects leaving	0.00
49			Final inventory	65.60
50			Minimum inventory	0.00
51			Maximum inventory	65.60
52			Mean inventory	30.74
53			Mean cycle time	Infinite
54				
55	Decision Point(s)	Disposition	Objects leaving	76.97
56			Final inventory (int. buff.)	0.00
57			Mean inventory (int. buff.)	0.00
58			Mean cycle time (int. buff.)	0.00

图 7-17　检验维修模型的结果

7.3 系统动力学仿真

7.3.1　系统动力学概述

系统动力学（system dynamics）是 1956 年由美国麻省理工学院的福瑞斯特（J. W. Forrester）教授提出，最初叫工业动态学。系统动力学是一门分析研究信息反馈系统的学科，也是一门认识系统问题和解决系统问题的交叉综合学科。

系统动力学的基础是系统论、控制论和信息论。系统动力学认为，系统内的众多变量在它们相互作用的反馈环里具有因果联系，这些关系构成了该系统的结构，而正是这个结构成为系统行为的根本性决定因素。因此，系统动力学强调系统的结构并从系统结构角度来分析系统的功能和行为，即系统的结构决定了系统的行为。因此，系统动力学是通过寻找系统的较优结构，来获得较优的系统行为。

具体而言，系统动力学把系统看成一个具有多重信息因果反馈机制。首先，在经过剖析系统，获得深刻、丰富的信息之后建立起系统的因果关系反馈图，其次，转变为系统流图，建立系统动力学模型。最后，通过仿真语言和仿真软件对系统动力学模型进行计算机模拟，来完成对真实系统的结构进行仿真。通过上述过程可以构造计算机仿真实验来寻找较优的系统结构，为战略与决策的制定提供依据。

在系统动力学中，寻找较优的系统结构被称作为政策分析或优化，包括参数优化、结构优化、边界优化。参数优化就是通过改变其中几个比较敏感参数以改变系统结构来寻找较优的系统行为。结构优化是指主要增加或减少模型中的水平变量、速率变量以改变系统结构来获得较优的系统行为。边界优化是指系统边界及边界条件发生变化时引起系统结构变化以获得较优的系统行为。系统动力学的计算机仿真实验，本质就是构造参数优化、结构优化、边界优化的各种系统结构方案，经仿真对系统行为进行比较决策，求得较优的系统结构方案。

通过上述介绍，可知系统动力学是一门包含了系统论、控制论、信息论、决策论以及系统分析、计算机仿真技术的交叉学科，如图 7-18 所示。

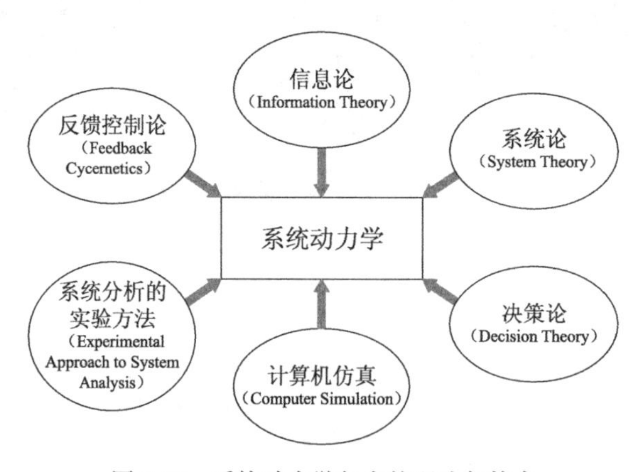

图 7-18 系统动力学包含的理论与技术

7.3.2 系统动力学的基本概念

在应用系统动力学进行建模和仿真时，应了解以下基本概念。

1. 反馈

反馈：系统内同一单元或同一子块其输出与输入间的关系。对整个系统而言，“反馈”则指系统输出与来自外部环境的输入的关系。

2. 反馈系统

反馈系统：包含有反馈环节与其作用的系统。它要受系统本身的历史行为的影响，把历史行为的后果回授给系统本身，以影响未来的行为，如库存订货控制系统。

3. 反馈回路

反馈回路：由一系列的因果与相互作用链组成的闭合回路或者说是由信息与动作构成的闭合路径。

4. 因果回路图

因果回路图：表示系统反馈结构的重要工具，因果图包含多个变量，变量之间由标出因果关系的箭头所连接。变量是由因果链所联系，因果链由箭头所表示。

5. 因果链极性

因果链极性：每条因果链都具有极性，或者为正（+）或者为负（−）。极性是指当箭尾端变量变化时，箭头端变量会如何变化。极性为正是指两个变量的变化趋势相同，极性为负指两个变量的变化趋势相反。如图 7-19 所示。

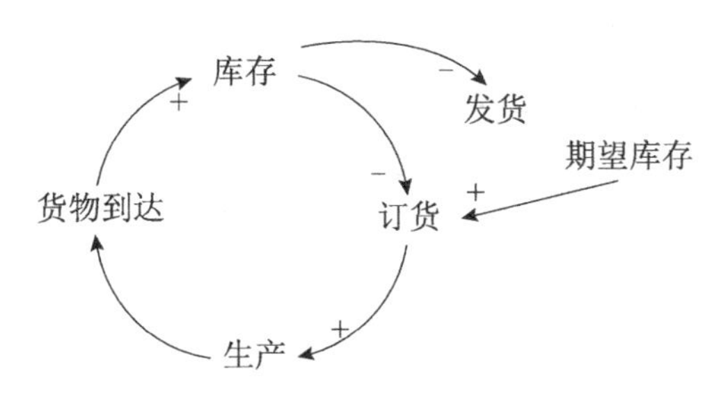

图 7-19　库存订货控制系统的因果回路示例

6. 反馈回路极性

反馈回路极性：取决于回路中各因果链符号。回路极性也分为正反馈和负反馈，正反馈回路的作用是使回路中变量的偏离增强，而负反馈回路则力图控制回路的变量趋于稳定。图 7-20 是添水系统的反馈回路图。确定回路极性的方法：若反馈回路包含偶数个负的因果链，则其极性为正；若反馈回路包含奇数个负的因果链，则其极性为负。

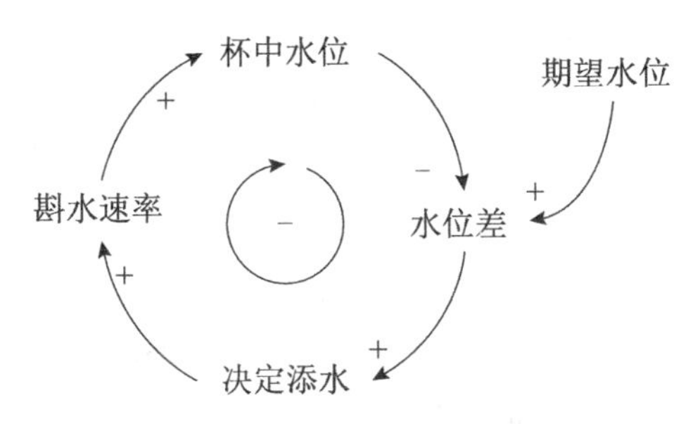

图 7-20　添水系统的反馈回路示例

7. 系统流图

系统流图：表示反馈回路中的各水平变量和各速率变量相互联系形式及反馈系统中各回路之间互连关系的图示模型，如图 7-21 所示。

水平变量：也被称作状态变量或流量，代表事物（包括物质和非物质的）的积累，其数值大小是表示某一系统变量在某一特定时刻的状况，也可以说是系统过去累积的结果，它是流入率与流出率的净差额。它必须由速率变量的作用才能由某一个数值状态改变另一数值状态。水平变量用矩形表示，具体符号中应包括有描述输入与输出流速率的流线、变量名称等。

速率变量：又称变化率，随着时间的推移，使水平变量的值增加或减少。速率变量表示某个水平变量变化的快慢。速率变量的图示用阀门符号表示，并标注出速率变量名称、其所控制的流的流向和其所依赖的信息输入量。

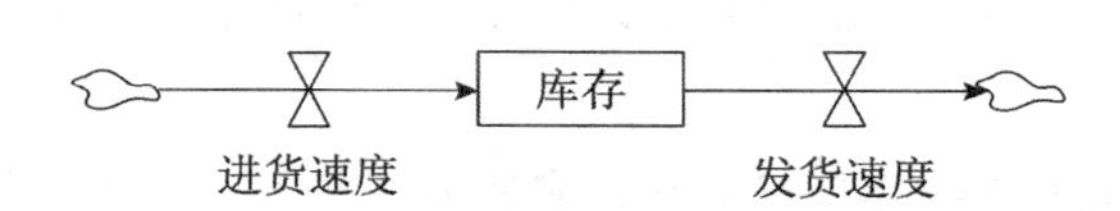

图 7-21 库存系统的系统流图示例

8. 延迟

延迟现象在系统内无处不在，如货物需要运输，决策需要时间。延迟对系统的行为有很大的影响，因此必须要刻画延迟机制。延迟包括物质延迟与信息延迟。系统动力学通过延迟函数来刻画延迟现象。例如，物质延迟中的 DELAY1，DELAY3 函数；信息延迟中的 DLINF3 函数。

9. 平滑

平滑是指从信息中排除随机因素，找出事物的真实趋势，如一般决策者不会直接根据销售信息制定决策，而是对销售信息求出一段时间内的平均值。系统动力学提供 SMOOTH 函数来表示平滑。

7.3.3 系统动力学的特点

系统动力学一个突出的优点在于：它能处理高阶次、非线性、多重反馈复杂时变系统的问题。

（1）高阶次：系统阶数在四阶或五阶以上者称为高阶次系统。典型的社会经济系统的系统动力学模型阶数则约在十至数百之间，如美国国家模型的阶数在两百以上。

（2）多重回路：复杂系统内部相互作用的回路数目一般在三个或四个以上。诸回路中通常存在一个或一个以上起主导作用的回路，被称为主回路。主回路的性质主要决定了系统内部反馈结构的性质及其相应的系统动态行为的特性，而且主回路并非固定不变，它们往往在诸回路之间随时间而转移，结果导致变化多端的系统动态行为。

（3）非线性：线性指量与量之间按比例、成直线的关系，在空间和时间上代表规则和光滑的运动；而非线性则指不按比例、不成直线的关系，代表不规则的运动和突变。线性关系是互不相干的独立关系，而非线性则是相互作用，而正是这种相互作用，使得整体不再是简单地等于部分之和，而可能出现不同于“线性叠加”的增益或亏损。实际生活中的过程与系统几乎毫无例外地带有非线性的特征。正是这些非线性关系的耦合导致主回路转移，使系统表现出多变的动态行为。

7.3.4 系统动力学的仿真分析步骤

系统动力学通过分析系统的问题，剖析系统获得丰富的系统信息，从而建立系统内部信息反馈机制，最后通过仿真软件来实现对系统结构的模拟，进行政策优化来到达寻找较优的系统功能。系统动力学建模及仿真具体包括以下步骤，如图 7-22 所示。

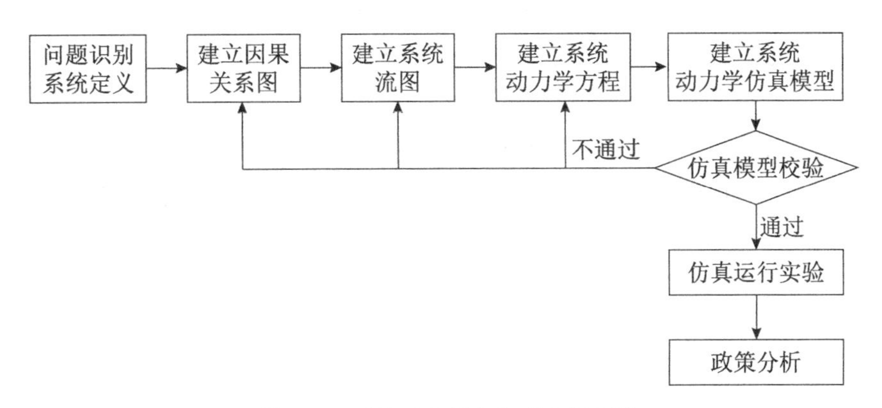

图7-22　系统动力学的仿真分析步骤

(1) 系统定义：确定系统分析涉及的对象和范围，明确系统分析的目标。

(2) 系统建模：系统调研，收集数据，建立系统动力学的因果关系图和流图。

(3) 定量描述：基于系统模型进行定量分析，建立定量的系统动力学方程。

(4) 建立系统动力学仿真模型：使用系统动力学软件进行仿真建模（如Vensim软件）。

(5) 模型验证：进行仿真模型的试运行，就仿真结果对模型进行验证。若验证不通过，则需要对系统动力学的模型及方程进行修正。

(6) 仿真实验：如模型通过验证，则根据系统分析的目标，构造系统优化的策略，设计系列对比仿真实验，并通过系统动力学软件进行仿真实验。

(7) 政策分析：对仿真输出数据进行比较与评价，基于分析结果进行政策分析，寻找最优或更合理的系统策略。

7.3.5　系统动力学应用案例

为增进对系统动力学的理解以及了解连续仿真模型如何工作，本节介绍一个医疗费、保险费等要素变化及其相互影响的系统动力学模型，并应用Excel软件去模拟它。在这一案例中，医院和医生要提高医疗服务费用，列举了如研究成本、设备及保险费等的不断增加。保险公司引用不断增加的医生玩忽职守事件及法庭判决作为它们提高收费的基础。律师强调有必要强迫专业人员为他们的病人提供尽可能最佳的医疗保健，并利用法庭作为实施病人权利的工具。那么，当某些要素变化时，各要素怎样相互作用和影响呢？

假定我们对医疗服务费（MEDRATE）如何受其他因素影响感兴趣，特别是以下几点：

(1) 医疗服务需求（DEMAND）；

(2) 保险费（INSRATE）；

(3) 人口水平（POPLVL）；

(4) 与医疗有关的诉讼（MEDSUIT）；

(5) 医生风险的规避（RISK）。

图7-23显示了这些因素的相互影响。具体来说，随着医疗服务需求的增加和保险费

用的上升，医疗费随之增加，而需求受人口水平及其增长率的影响。反过来，上升的费用对需求有负面影响，即随着费用的增加，需求将会减少。保险费随医疗诉讼费用的增加而增加，随医生风险规避的增加而减少。同时，诉讼费用随医疗费用的增加而增加，随医生风险规避的增加而减少。这里有一些影响因素不会立即产生，如图 7-23 中标记的延迟因素。有可能需要一年的时间，一些变量才会实际影响其他变量。

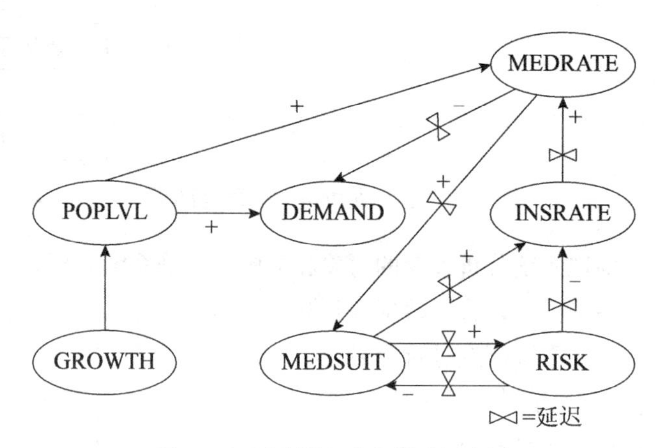

图 7-23　医疗服务成本影响因素图

我们可以通过一组方程表示这些数量关系，这些方程描述了每个变量的年度变化（$t-1$ 年到 t 年）。在时间 $t=0$，指出所有的变量为 1.0。假定每年的人口增长为 GROWTH（t），它服从均值 0.05，标准差为 0.03 的正态分布，用方程表示如下：

$$\text{POPLVL}(t)=\text{POPLVL}(t-1)+\text{GROWTH}(t)$$

医疗服务的需求随人口的增加而增加，随医疗服务成本的增加而减少（滞后一年）。因此，需求的计算公式如下：

$$\text{DEMAND}(t)=\text{POPLVL}(t)-[\text{MEDRATE}(t-1)-\text{MEDRATE}(t-2)]$$

医疗服务费随人口水平的变化而变化，同时按保险费用增加量的一定比例（80%）增加（滞后一年），计算公式如下：

$$\text{MEDRATE}(t)=\text{MEDRATE}(t-1)+\text{POPLVL}(t)-\text{POPLVL}(t-1)+0.8\times[\text{INSRATE}(t-1)-\text{INSRATE}(t-2)]$$

保险费按上一年诉讼水平的一定比例（10%）增加，因医生采取安全执业措施进行风险规避的费用而减少，计算公式如下：

$$\text{INSRATE}(t)=\text{INSRATE}(t-1)+0.10\times\text{MEDSUIT}(t-1)-[\text{RISK}(t-1)-\text{RISK}(t-2)]$$

诉讼费用的增加与医疗服务费的增加呈正比例关系，与风险规避的倒数也呈正比例关系，两者都滞后一年，计算公式如下：

$$\text{MEDSUIT}(t)=\text{MEDSUIT}(t-1)+[\text{MEDRATE}(t-1)-1]/\text{RISK}(t-1)$$

最后，风险规避按前一年诉讼水平增加量的一定比例（10%）增加，计算公式如下：

$$\text{RISK}(t)=\text{RISK}(t-1)+0.10\times[\text{MEDSUIT}(t-1)-1]$$

图 7-24 显示了该系统仿真的电子表格模型（见 Excel 文件：Continuous Simulation Model，扫描书后二维码可获取）。由于没有一个变量是不确定的，因此，该仿真模型为确定性模型。图 7-25 显示了 30 年内每个变量的仿真图。根据我们的假设，人口增加了将近 260%。然而，医疗服务的需求远没有达到该水平，这是由于医疗服务费增加了 5 倍，从而对需求产生了抑制作用。保险费增加了 5 倍，诉讼费增加了 13 倍（复利率为每年 9%），而执业风险的规避费用增加了 19 倍。

	A	B	C	D	E	F	G	H
1	Time	Population	Population	Med. Service	Medical	Insurance	Medical	Risk
2	period	growth	level	demand	rate	rate	lawsuits	avoidance
3	0		1	1	1	1	1	1
4	1	0.072	1.072	1.072	1.072	1	1	1
5	2	0.068	1.140	1.068	1.140	1.1	1.072	1
6	3	0.057	1.197	1.129	1.277	1.207	1.212	1.007
7	4	0.054	1.251	1.114	1.417	1.321	1.488	1.028
8	5	0.042	1.293	1.154	1.550	1.449	1.893	1.077
9	6	0.061	1.354	1.221	1.713	1.589	2.404	1.167
10	7	0.008	1.362	1.200	1.834	1.740	3.016	1.307
11	8	0.098	1.460	1.340	2.053	1.902	3.654	1.508
12	9	0.044	1.504	1.285	2.225	2.065	4.351	1.774
13	10	0.045	1.549	1.376	2.401	2.235	5.042	2.109
14	11	0.078	1.627	1.451	2.615	2.404	5.706	2.513
15	12	0.018	1.645	1.431	2.768	2.571	6.349	2.984
16	13	0.082	1.727	1.574	2.983	2.735	6.942	3.519
17	14	0.069	1.796	1.580	3.184	2.894	7.505	4.113
18	15	0.058	1.854	1.654	3.369	3.051	8.036	4.763
19	16	0.075	1.929	1.744	3.570	3.204	8.534	5.467
20	17	0.048	1.977	1.777	3.740	3.353	9.004	6.220
21	18	0.067	2.044	1.874	3.927	3.500	9.444	7.021
22	19	0.052	2.096	1.909	4.096	3.644	9.861	7.865
23	20	0.029	2.125	1.956	4.241	3.786	10.255	8.751
24	21	0.054	2.179	2.034	4.408	3.925	10.625	9.677
25	22	0.058	2.237	2.071	4.578	4.063	10.977	10.639
26	23	0.038	2.276	2.106	4.726	4.198	11.314	11.637
27	24	0.047	2.323	2.175	4.881	4.331	11.634	12.668
28	25	0.098	2.421	2.266	5.086	4.463	11.940	13.732
29	26	0.098	2.519	2.314	5.290	4.594	12.238	14.826
30	27	0.019	2.538	2.334	5.413	4.724	12.527	15.950
31	28	0.052	2.590	2.467	5.569	4.853	12.804	17.102
32	29	0.029	2.620	2.463	5.702	4.980	13.071	18.283
33	30	0.024	2.644	2.511	5.828	5.107	13.328	19.490

图 7-24　医疗费的连续模拟电子表格

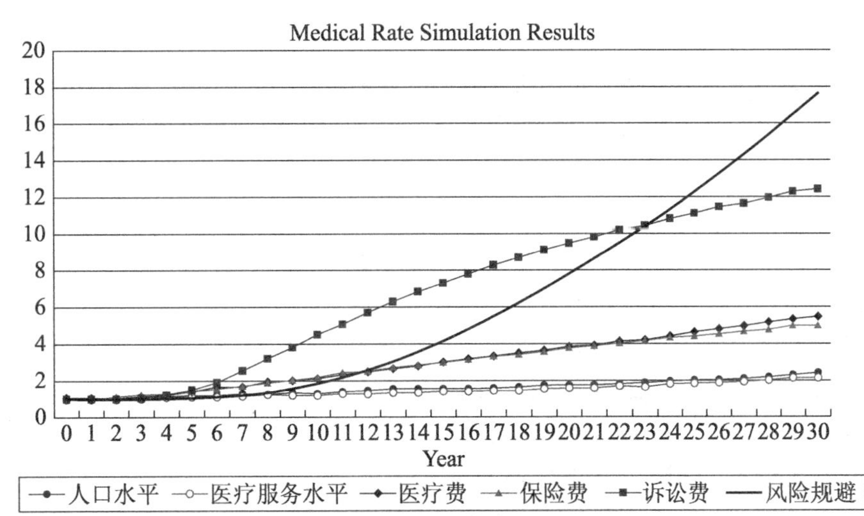

图 7-25　医疗费仿真动态分析

7.4 系统仿真的应用案例

7.4.1 服务系统仿真在医院流程优化中的应用

医院挂号诊疗是一个较为复杂的系统，其过程如图 7-26 所示。

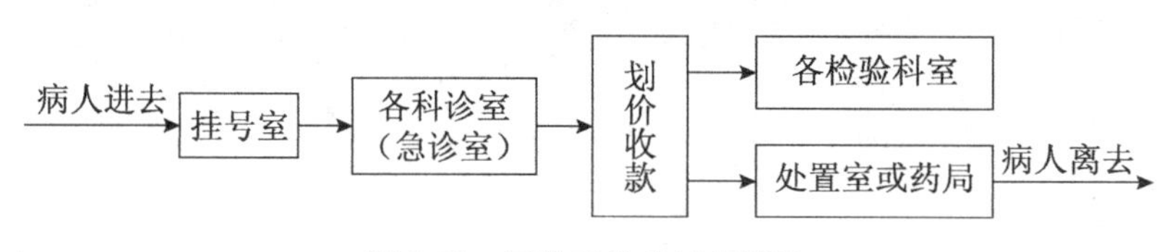

图 7-26　医院系统的过程描述

该系统的排队服务模型如图 7-27 所示。

图 7-27　医院排队服务模型

在医院的排队系统中，顾客源（病人源）的组成是有限或无限的，顾客单个到来或者成批到来。到达的时间间隔是确定的或是随机的，顾客的到来是相互独立的或是有关联的，顾客相继到达的间隔时间分布和所含参数（如期望值、方差等）都与时间无关或者有关。医院排队系统的排队规则，其特征是对排队等候顾客进行服务的次序：先到先服务，后到先服务，有优先权的服务（如医院对病情严重的患者给予优先治疗），随机服务等，还有具体排队（如在候诊室）和抽象排队（如预约排队）。排队的列数还分单列和双列等。服务机构特征有：一个或多台服务，服务时间也分确定和随机的，服务时间的分布与时间有关或者是无关。这些都需要通过大量的抽样调查来得到数学的定量化表达。基于数据，建立仿真模型，则可以通过服务系统仿真的研究方法，对医院的流程、服务、布局、资源等要素进行优化配置。下面介绍一个简单的应用。

该医院经调查发现，检验室每天都有很多人在排队，导致该科室人员拥挤，经医院研究决定购买相关设备，增设三个检验窗口。假设病人到达该窗口的时间服从泊松分布，平均到达率为每分钟 0.9 人，检验时间根据项目的不同大致服从负指数分布，平均服务率为每分钟 0.4 人。为病人制定的排队规则有两个：病人到达后依次排成一队向空闲窗口化验，如图 7-28（a）所示；顾客到达每个窗口各自排一队，如图 7-28（b）所示。这时，可以通过 SimQuick 仿真来分析该病人的平均等待时间和平均停留时间，来判断哪种排队规则具有较好的服务水平。

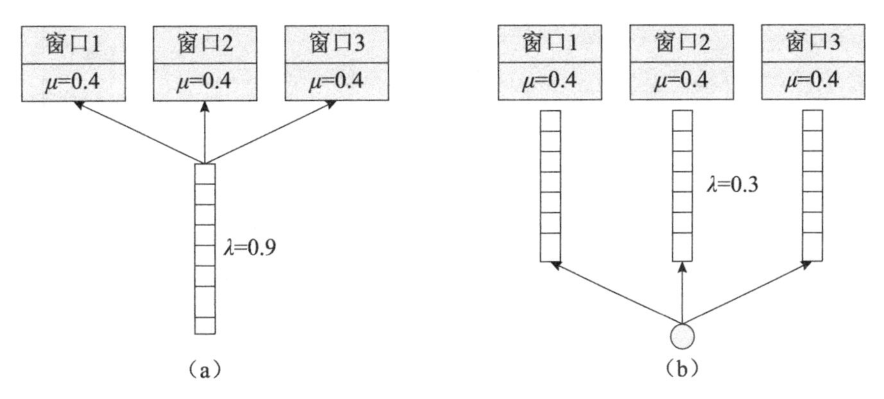

图 7-28 检验窗口的两种排队规则

经 SimQuick 仿真服务时间 8 小时的系统运行情况（见 Excel 文件：SimQuick Hospital Model1，SimQuick Hospital Model2，扫描书后二维码可获取），排队规则（a）的结果如图 7-29 所示，排队规则（b）的结果如图 7-30 所示。

Simulation Results Return to Cont

Element types	Element names	Statistics	Overall means
Entrance(s)	到达	Objects entering process	432.60
		Objects unable to enter	0.00
		Service level	1.00
Work Station(s)	检验1	Final status	NA
		Final inventory (int. buff.)	0.00
		Mean inventory (int. buff.)	0.00
		Mean cycle time (int. buff.)	0.00
		Work cycles started	161.40
		Fraction time working	0.81
		Fraction time blocked	0.00
	检验2	Final status	NA
		Final inventory (int. buff.)	0.00
		Mean inventory (int. buff.)	0.00
		Mean cycle time (int. buff.)	0.00
		Work cycles started	145.07
		Fraction time working	0.74
		Fraction time blocked	0.00
	检验3	Final status	NA
		Final inventory (int. buff.)	0.00
		Mean inventory (int. buff.)	0.00
		Mean cycle time (int. buff.)	0.00
		Work cycles started	124.17
		Fraction time working	0.66
		Fraction time blocked	0.00

Element names	Statistics	Overall means
检验队列	Objects leaving	430.63
	Final inventory	1.97
	Minimum inventory	0.00
	Maximum inventory	12.23
	Mean inventory	1.60
	Mean cycle time	1.75
离开队列	Objects leaving	0.00
	Final inventory	428.10
	Minimum inventory	0.00
	Maximum inventory	428.10
	Mean inventory	210.88
	Mean cycle time	Infinite

图 7-29 排队规则（a）的仿真结果

显然，排队规则（a）的服务能力（服务 432 名病人）明显高于排队规则（b）的服务能力（服务 384 名病人），同时排队规则（a）各窗口的效率水平也更为平均。

Simulation Results　　Return to Cont

Element types	Element names	Statistics	Overall means
Entrance(s)	到达	Objects entering process	384.83
		Objects unable to enter	49.13
		Service level	0.89
Work Station(s)	检验1	Final status	NA
		Final inventory (int. buff.)	0.00
		Mean inventory (int. buff.)	0.00
		Mean cycle time (int. buff.)	0.00
		Work cycles started	171.53
		Fraction time working	0.87
		Fraction time blocked	0.00
	检验2	Final status	NA
		Final inventory (int. buff.)	0.00
		Mean inventory (int. buff.)	0.00
		Mean cycle time (int. buff.)	0.00
		Work cycles started	131.53
		Fraction time working	0.70
		Fraction time blocked	0.00
	检验3	Final status	NA
		Final inventory (int. buff.)	0.00
		Mean inventory (int. buff.)	0.00
		Mean cycle time (int. buff.)	0.00
		Work cycles started	80.87
		Fraction time working	0.43
		Fraction time blocked	0.00

检验队列1	Objects leaving	171.53
	Final inventory	0.53
	Minimum inventory	0.00
	Maximum inventory	1.00
	Mean inventory	0.60
	Mean cycle time	1.68
检验队列2	Objects leaving	131.53
	Final inventory	0.23
	Minimum inventory	0.00
	Maximum inventory	1.00
	Mean inventory	0.41
	Mean cycle time	1.50
检验队列3	Objects leaving	80.87
	Final inventory	0.13
	Minimum inventory	0.00
	Maximum inventory	1.00
	Mean inventory	0.21
	Mean cycle time	1.25
离开队列	Objects leaving	0.00
	Final inventory	381.97
	Minimum inventory	0.00
	Maximum inventory	381.97
	Mean inventory	190.65
	Mean cycle time	Infinite

图 7-30　排队规则（b）的仿真结果

7.4.2　离散事件仿真在生产管理中的应用

本章小结

系统仿真是定量化管理决策普遍使用的一种重要分析工具。系统仿真所解决的管理系统决策问题通常具有复杂性、随机性、模糊性，无法用数学模型描述，也无从找到最优方案的解析解。此时，系统仿真由于直观、易于理解和支持复杂系统建模的特点，可以发挥重要的作用。首先，本章介绍了系统仿真的概念、特点及步骤。在此基础上，给出了系统仿真的概念和应用场景。其次，重点介绍了服务系统仿真和系统动力学仿真的建模及实现方法，前者可帮助管理者对服务系统进行分析及改进，后者可帮助管理者实现连续系统的政策优化。最后，给出了系统仿真用于医院流程优化和生产仿真的实际应用案例。

思考与习题

1. 一个快餐店为了使顾客更节约时间，开设了免下车服务窗口。预期为每个顾客提供餐食服务的时间是平均值为 3 分钟的负指数分布。预期的到达率是 10 名顾客/小时的泊松分布。

(a) 对这个单工作站服务系统进行仿真，分析这个免下车服务窗口的运行特征。

(b) 人们对免下车服务的需求预期会在接下来的几年里增加。如果你是餐厅经理，你会在平均到达率增加到多少时考虑增加第二个免下车窗口?

2. 某轮胎制造公司对所有从该公司购买的轮胎实行终生免费的轮胎平衡和转动服务，此项服务采用先到先服务原则。有一名机械师提供该项服务，并且通常可以在平均 20 分钟内完成。此项服务顾客的平到达率是 2 人/小时。

(a) 顾客在队列中的等待时间预期是多长?

(b) 顾客在店里花费的时间预期是多长?

(c) 平均会有多少名顾客在等待?

(d) 机械师空闲的概率是多少?

3. 某个高速公路服务区的一个加油站，有两个自助泵和一个只提供给残障顾客的全服务泵。其中，两个自助泵共用一个排队通道，全服务泵有一个专用排队通道。残障顾客占全部顾客的 10%。顾客的到达率为每分钟 1.6 名顾客，呈负指数分布。服务时间如下表所示，呈离散分布：

自助泵			
时间（分钟）	概率（%）	时间（分钟）	概率（%）
2.5	0.1	4.0	0.3
3.3	0.5	5.0	0.1

全服务泵			
时间（分钟）	概率（%）	时间（分钟）	概率（%）
3.0	0.2	6.0	0.06
4.2	0.3	7.0	0.04
5.3	0.4		

如果某个排队通道中的汽车数量大于或等于 4，顾客就不会再等待。模拟这个系统 8 个小时中的情况。顾客流失的百分比是多少? 如何改进这个系统?

4. 一个电商平台的网店使用一套订货点库存系统来销售一种畅销的手机，每当订货点有 25 件产品时，系统就会订购 40 件该产品。供货商的运货时间平均为 5 天，标准差为 0.25 天。顾客的订购要求间隔平均为 2 小时且服从负指数分布。零售店的营业时间为每天 10 小时，每周 7 天。假定订购费用为 50 美元/单，库存费用为 0.4 美元/天。网店经理希望能将供应链的花费降到最低。为这条供应链建立一个 SimQuick 模型，运行 2 个月时间的模拟，并以此模型进行试验，进而找到能把全部费用降到最低的订单数量（保持订货点固定在 25）。

5. 一个急救中心有 4 个工作站。急救中心的到达率为每小时 4 名病人，并且假定服从负指数分布。到来的患者会经过初步筛选以确定他们的严重等级。以往的数据表明 5%的患者需要住院并离开急救室，30%的患者需要门诊治疗并随后离开，20%的患者被送去 X 光室，剩下的 45%的患者被送去化验室。去 X 光室的患者中有 30%需要住院，10%的患者被送去化验室进一步检查，60%的患者不需要任何进一步治疗就此离开。去化验室的患者中有 10 %需要住院治疗，而有 90%的患者离开。上述数据的汇总如下表所示。

活动	持续时间	安排
到达	4 人/小时，负指数分布	初步接待
前台	0.05 小时（常数）	0.30 门诊
		0.20 X 光
		0.45 化验
		0.05 住院
门诊治疗	正态分布（0.25 小时，0.1）	离开
X 光	正态分布（0.25 小时，0.05）	0.1 化验
		0.3 住院
		0.6 离开
化验	正态分布（0.5 小时，0.1）	0.1 住院
		0.9 离开

该服务系统的流程如下图所示：

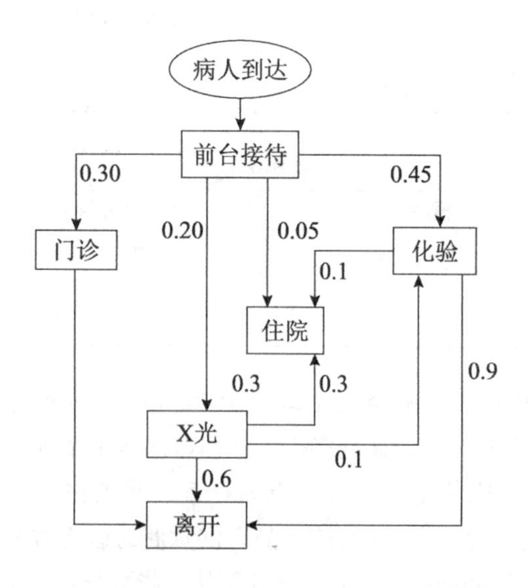

现有的设施可以保证满足平均的病人流量。不过现有的化验设施可能会在一些特别忙碌的晚上成为“瓶颈”，特别是随着社区的扩大，这种可能性会越来越大。

要求为此系统建立一个 SimQuick 模型，评估该急救中心的运行状态及设施使用情况，并分析随着社区的扩大，系统各项运行和服务指标的变化情况。

6. 对于本章的医疗费连续系统动态模型，有人提出了一个建议，即通过限制医疗费率或保险费率的增长使其每年最高为 5%来改进此系统。修改电子表格来模拟以下情况，并就结果进行讨论：

(a) 只限制医疗费率的增长达到每年 5%。

(b) 只限制保险费率的增长达到每年 5%。

(c) 同时限制医疗费率和保险费率的增长达到每年 5%。

决策分析

本章学习目的

- 掌握完全不确定型决策的决策准则及决策方法。
- 熟练掌握风险型决策的决策树建模与求解方法。
- 掌握决策分析的信息价值理论与效用理论，以及两种理论的应用。
- 能够熟练使用 Excel 软件进行决策树建模与求解。

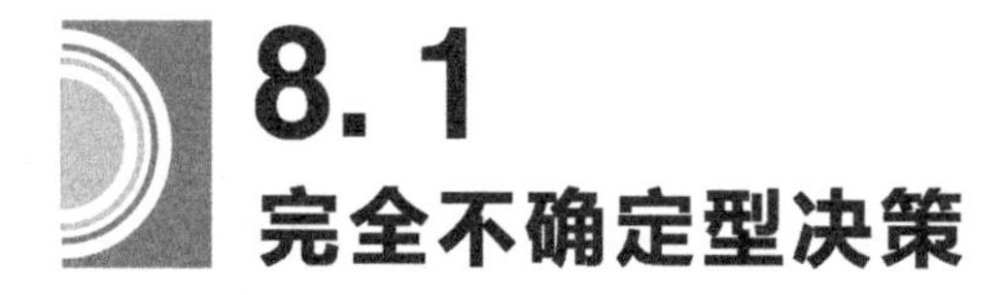

8.1 完全不确定型决策

8.1.1 完全不确定型决策概述

在本书第 1 章讲到，决策问题按决策环境的状态分类，可将决策分为确定型、完全不确定型和风险型三种。①确定型决策是指决策环境的状态空间是完全确定的，决策者可以确定地分析出各种可行方案的结果，从中选择出最佳方案。这类决策问题可通过建立线性规划、整数规划等数学模型得到确定的优化结果。②完全不确定型决策是指决策环境的状态空间具有不确定性，决策者对将发生的各种自然状态的概率一无所知。这类决策问题只能凭决策者的主观倾向进行决策。③风险型决策是指决策环境的状态空间具有不确定性，但其发生的概率是已知的。这类决策问题可以通过决策树等方法进行决策。从这一角度的分类可知，我们前面所讲的线性规划、整数规划等方法，其实质就是确定型决策。本节将重点介绍完全不确定型决策，下一节重点讲解风险型决策。

完全不确定型决策的特点是，如果采用不同的主观决策准则，得到的决策结果也会不同。下面介绍几种常用的决策准则，决策者可以根据具体情况，选择一个最合适的准则进行决策。下面以一个算例来说明如何运用各准则进行完全不确定型决策。

【例 8-1】 某食品公司成批生产某种新鲜食品，销售价格为 0.05 元/个，成本为 0.03 元/个，这种食品必须当天生产当天销售，如果当天卖不出去，每个损失 0.01 元。已知公司每天的产量可以是：0 个，1 000 个，2 000 个，3 000 个，4 000 个。根据市场调查和历史记录表明，这种产品的需求量也可能是：0 个，1 000 个，2 000 个，3 000 个，4 000 个，但各种需求量发生的概率不确定。试问该公司应如何进行批量决策？

设每天生产量的五个方案是 A_i：0 个，1 000 个，2 000 个，3 000 个，4 000 个。每个方案都会遇到五个需求状态 S_j：0 个，1 000 个，2 000 个，3 000 个，4 000 个。

根据该问题的备选方案、自然状态及益损值，首先需要构建出益损值矩阵表格（以下简称益损值表），如表 8-1 所示。益损值表非常重要，它是对决策问题的结构化梳理，是进行决策的第一步。后续所有决策都将基于该表进行。

表 8-1　益 损 值 表

益损矩阵 V_{ij}		自然状态				
		S_1	S_2	S_3	S_4	S_5
备选方案	A_1	0	0	0	0	0
	A_2	−10	20	20	20	20
	A_3	−20	10	40	40	40
	A_4	−30	0	30	60	60
	A_5^*	−40	−10	20	50	80

8.1.2　乐观准则（Max-Max 准则）

这种准则又称为大中取大准则，是冒险型决策。该准则对于每个行动方案 A_i，都会考虑最有利的情况，认为将是最好的状态发生，即益损值最大的状态发生，然后，比较各行动方案实施后的结果，取具有最大益损值的行动确定为最优行动，也称为最大—最大准则。设 M_i 为方案 A_i 的准则值，V_{ij} 为方案 A_i 在 j 状态的损益值，则其步骤为：

（1）计算 $M_i = \max\limits_{1 \leqslant j \leqslant n}\{V_{ij}\} \quad i = 1,2,\cdots,m$

（2）选 A_k 使得 $M_k = \max\limits_{1 \leqslant i \leqslant m}\{M_i\}$

即 $M_k = \max\limits_{i}\{\max\limits_{j}\{V_{ij}(A_i,S_j)\}\},(i = 1,2,\cdots,m),(j = 1,2,\cdots,n)$

根据乐观准则，首先要找到每种方案的最大盈利 M_i，再取 M_i 中的最大值 M_5，其对应的决策 A_5 为最优决策（产量=4 000），如表 8-2 所示。

表 8-2 乐观准则算例

益损矩阵 V_{ij}		自然状态					M_i	M_k
		S_1	S_2	S_3	S_4	S_5		
备选方案	A_1	0	0	0	0	0	0	
	A_2	−10	20	20	20	20	20	
	A_3	−20	10	40	40	40	40	
	A_4	−30	0	30	60	60	60	
	A_5^*	−40	−10	20	50	80	80	80 *

8.1.3 悲观准则（最大最小 Max-Min 准则）

该准则又称为小中取大准则，是保守型决策。该准则对于每个行动方案 Ai，都认为将是最坏的状态发生，即益损值最小的状态发生。对方案都考虑最不利的情况，以求稳妥。比较各行动方案实施后的结果（各方案最不利的情况），取具有最大益损值的行动确定为最优行动方案，也称为最大最小准则。其步骤为：

（1）计算 $M_i = \min\limits_{1\leqslant j\leqslant n}\{V_{ij}\} \quad i = 1,2,\cdots,m$

（2）选 A_k 使得 $M_k = \max\limits_{1\leqslant i\leqslant m}\{M_i\}$

即 $M_k = \max\limits_{i}\{\min\limits_{j}\{V_{ij}\ (A_i, S_j)\}\}, (i = 1,2,\cdots,m), (j = 1,2,\cdots,n)$

利用悲观准则分析上例，首先要找到每种方案的最小盈利 M_i，再取 M_i 中的最大值 M_1，其对应的决策 A_1 为最优决策（产量=0，即不生产），如表 8-3 所示。

表 8-3 悲观准则算例

益损矩阵 V_{ij}		自然状态					M_i	M_k
		S_1	S_2	S_3	S_4	S_5		
备选方案	A_1^*	0	0	0	0	0	0	0*
	A_2	−10	20	20	20	20	−10	
	A_3	−20	10	40	40	40	−20	
	A_4	−30	0	30	60	60	−30	
	A_5	−40	−10	20	50	80	−40	

8.1.4 乐观系数准则

该准则又称为折中值准则，是折中主义决策。当决策者既不愿太保守也不愿太冒险时，就考虑使用折中的办法。对于每个行动方案 A_i 最好与最坏的两个状态的益损值，求加权平均值。比较各行动方案实施后的结果，取具有最大加权平均值的行动确定为最优行动的决策原则。其步骤为：

（1）先确定一个“乐观”系数 α，$0\leqslant\alpha\leqslant1$

（2）计算折中值 $M_i = \alpha \max\limits_{1\leqslant j\leqslant n}\{V_{ij}\} + (1-\alpha) \min\limits_{1\leqslant j\leqslant n}\{V_{ij}\}, i = 1,2,\cdots,m$

（3）选 A_k 使得 $M_k = \max\limits_{1\leqslant i\leqslant m}\{M_i\}$

即 $M_k = \max\limits_{i}\{\alpha \max\limits_{j}\{V_{ij}(A_i, S_j)\} + (1-\alpha) \min\limits_{j}\{V_{ij}(A_i, S_j)\}\}, (i = 1,2,\cdots,m), (j = 1,2,\cdots,n)$

乐观系数 $\alpha=0$ 时，为悲观决策；$\alpha=1$ 时，则为乐观决策。

当 $\alpha=0.7$，0.5，0.4 时，例 8—1 的最优决策为 A_5（产量=4 000）；$\alpha=0.2$ 时，最优决策为 A_1（产量=0）如表 8-4 所示。

表 8-4　乐观系数准则算例

益损矩阵 V_{ij}		自然状态					max	min	M_i			
		S_1	S_2	S_3	S_4	S_5			0.7	0.5	0.4	0.2
备选方案	A_1	0	0	0	0	0	0	0	0	0	0	0*
	A_2	−10	20	20	20	20	20	−10	11	5	2	−4
	A_3	−20	10	40	40	40	40	−20	22	10	4	−8
	A_4	−30	0	30	60	60	60	−30	33	15	6	−12
	A_5	−40	−10	20	50	80	80	−40	44*	20*	8*	−16
								M_k	44*	20*	8*	0*
								A_i^*	A_5	A_5	A_5	A_1

8.1.5　等可能准则（Laplace 准则）

该准则又称为 Laplace 准则、等概率准则，是平均主义决策。在该准则下，认为各种状态出现的概率相同，于是根据益损值的最大平均数进行决策。求出每个行动方案 A_i 各状态下的益损值算术平均值。然后，比较各行动方案实施后的结果，取具有最大平均值的行动为最优行动的决策原则，其步骤如下：

（1）计算 $M_i = \dfrac{1}{n}\sum\limits_{j=1}^{n} V_{ij} \quad (i = 1,2,\cdots,m)$

（2）选择 M_k 使得 $M_k = \max\limits_{1\leqslant i\leqslant m}\{M_i\}$

即 $M_k = \max\limits_{i}\{\dfrac{1}{n}\sum\limits_{j=1}^{n} V_{ij}(A_i, S_j)\}, (i = 1,2,\cdots,m), (j = 1,2,\cdots,n)$

分析例【8-1】，根据等可能准则，首先要计算每种方案的益损值算术平均值 M_i，再取 M_i 中的最大值 M_4，其对应的决策 A_4 为最优决策（产量一3 000），如表 8-5 所示。

表 8-5　等可能准则算例

损益矩阵 V_{ij}		自然状态					M_i	M_k
		S_1	S_2	S_3	S_4	S_5		
备选方案	A_1	0	0	0	0	0	0	
	A_2	−10	20	20	20	20	14	
	A_3	−20	10	40	40	40	22	
	A_4^*	−30	0	30	60	60	24	24*
	A_5	−40	−10	20	50	80	20	

8.1.6 最小机会损失准则（Savage 准则）

该准则又称为后悔值准则。后悔值是用来描述由于决策不当而造成损失的后悔程度的数值。人们总是损失越大，后悔程度也越大，于是可用机会损失值来定义后悔值。称每个方案 A_i 在自然状态 S_j 结局下的最大可能收益与现收益的差为机会损失值，又称后悔值或遗憾值。

对（A_i，S_j）规定机会损失值为：

$R_{ij}=W_j-V_{ij}$，其中 $W_j=\max\limits_{1\leqslant i\leqslant n}\{V_{ij}\}$

记 $R_{ij}=\max\limits_{1\leqslant i\leqslant m}\{V_{ij}(A_i,S_j)\}-V_{ij}(A_i,S_j)$

R_{ij} 表示当状态 S_j 出现时，由于当初未选最大收益的方案而选了方案 A_i 所造成的机会损失值。最小机会损失准则就是对机会损失值进行大中取小。

对于任何行动方案 A_i，都认为将是最大的机会损失值所对应的状态发生。然后，比较各行动方案实施后的结果，取具有最小机会损失值的行动为最优行动。

即 $R_k=\min\limits_{i}\{\max\limits_{j}\{\max\limits_{1\leqslant i\leqslant m}\{V_{ij}(A_i,S_j)\}-V_{ij}(A_i,S_j)\}\}$

决策步骤为：

（1）在益损表中，从结局 S_j 这一列中找出最大值：

$$W_j=\max_{1\leqslant i\leqslant m}\{V_{ij}\}$$

（2）从结局 S_j 这一列中，计算机会损失值 R_{ij}，构造机会损失表。

$$R_{ij}=\max_{1\leqslant i\leqslant m}\{V_{ij}(A_i, S_j)\}-V_{ij}(A_i, S_j)$$

（3）在机会损失表中，从每一行选一个最大的值，即每一方案的最大机会损失值

$$R_i=\max_{1\leqslant j\leqslant n}\{R_{ij}\},\ (i=1,2,\cdots,m)$$

（4）在选出的 R_i 中选择最小者对应的方案即为最优方案。

$$R_k=\min_{1\leqslant i\leqslant m}R_i$$

利用最小机会损失准则分析例 8-1，首先计算每种方案的最大机会损失值 R_i，再取 R_i 中的最小值 R_4，其对应的决策 A_4 为最优决策（产量=3 000），如表 8-6 所示。

表 8-6 最小机会损失准则算例

机会损失矩阵 R_{ij}		自然状态					R_i	R_k
		S_1	S_2	S_3	S_4	S_5		
备选方案	A_1	0	20	40	60	80	80	
	A_2	10	0	20	40	60	60	
	A_3	20	10	0	20	40	40	
	A_4^*	30	20	10	0	20	30	30*
	A_5	40	30	20	10	0	40	

8.2 风险型决策

8.2.1 风险型决策概述

风险型决策是指决策者在目标明确的前提下，对客观情况并不完全了解，存在着决策者无法控制的两种或两种以上的自然状态，但对于每种自然状态出现的概率大体可以估计，并可算出在不同状态下的效益值。首先，本节将介绍风险型决策的期望值准则，在此基础上介绍多级决策的决策树法；其次，结合贝叶斯决策给出信息价值的分析方法；最后，介绍风险型决策的效用理论。

8.2.2 期望值准则及灵敏度分析

由于各种自然状态都有一定的可能性发生，因此，在风险型决策中，各方案的优劣通常用各种自然状态下的效益期望值来评价，具体方法如下：

（1）根据不同自然状态下的效益值 V_{ij} 和各种自然状态 S_j 出现的概率 P_j，求某方案 i 的效益期望值 EV_i（expected value）。

$$EV_i = \sum_{j=1}^{n} V_{ij} P_j, n \text{ 为自然状态数量。}$$

（2）比较效益期望值的大小，选择最大效益期望值所对应的方案为决策方案

$$EV^* = \max_{1 \leqslant i \leqslant m}\{EV_i\}, m \text{ 为备选方案数。}$$

【例 8-2】 某公司为经营业务的需要，决定在现有生产条件不变的情况下，生产一种新产品。现可供开发的产品有甲、乙、丙、丁四种不同产品，对应的方案为 A_1、A_2、A_3、A_4。假设未来市场需求大、中、小的概率也已知，每种方案在各状态下的损益值和需求概率如表 8-7 所示，那么工厂应生产哪种产品才能使其收益最大？

表 8-7　损 益 值 表　　（单位：万元）

方案 \ 效益 \ 自然状态	未来需求量较大 $P_1 = 0.3$	未来需求量中等 $P_2 = 0.4$	未来需求量较小 $P_3 = 0.3$
A_1：生产产品甲	700	400	−250
A_2：生产产品乙	500	300	−100
A_3：生产产品丙	600	200	100
A_4：生产产品丁	400	150	150

解：

(1) 先求各个产品的效益期望值

甲产品的效益期望值：$EV_1=700\times0.3+400\times0.4+(-250)\times0.3=295$

乙产品的效益期望值：$EV_2=500\times0.3+300\times0.4+(-100)\times0.3=240$

丙产品的效益期望值：$EV_3=600\times0.3+200\times0.4+100\times0.3=290$

丁产品的效益期望值：$EV_4=400\times0.3+150\times0.4+150\times0.3=225$

(2) $\max\{EV_1, EV_2, EV_3, EV_4\}=EV_1=EV^*$

即生产甲产品，效益值期望值为 295 万元。

在用期望值准则进行决策的过程中，依赖于各自然状态的发生概率及各方案在各自然状态下的收益值，而这些值都是估算或预测所得，不可能十分精确。所以我们用期望值准则求出最优策略后，有必要进行灵敏度分析，即判断决策所采用的各类参数在何种范围内变化时，原最优决策方案仍然有效。在此我们主要考察自然状态发生概率的变化如何影响最优方案的决策。

【例 8-3】 某公司需要对某新产品生产批量进行决策，现有三种备选方案。A_1 大批量生产，A_2 中批量生产，A_3 小批量生产，未来对这种产品的需求情况有两种可能发生的自然状态：S_1 需求量大；S_2 需求量小。经估计，采用某一行动方案而实际发生某一自然状态时，公司收益矩阵如表 8-8 所示，根据以往的经验 $P_1=0.3$，$P_2=0.7$，请用期望值准则进行决策。

表 8-8 损益值表 （单位：万元）

方案 \ 自然状态	需求量较大 $P_1=0.3$	需求量较小 $P_2=0.7$
A_1（大批量生产）	30	−6
A_2（中批量生产）	20	−2
A_3（小批量生产）	10	5

解： 利用期望值准则分别求出每个方案的收益期望：

$$EV_1=0.3\times30+0.7\times(-6)=4.8$$

$$EV_2=0.3\times20+0.7\times(-2)=4.6$$

$$EV_3=0.3\times10+0.7\times5=6.5$$

可知 $EV_3=6.5$，为最大收益值，故采用 A_3（小批量生产）的行动方案。

如果我们把例 8-3 中自然状态发生的概率作为一个变化，不妨设 $P_1=0.6$，$P_2=0.4$，这时我们用数学期望准则进行决策，有

$$EV_1=0.6\times30+0.4\times(-6)=15.6$$

$$EV_2=0.6\times20+0.4\times(-2)=11.2$$

$$EV_3=0.6\times10+0.4\times5=8$$

这样，随着自然状态概率的变化，最优行动方案就由 A_3 变成了 A_1 了，这时最大的数学期望值也由 6.5 万元变成 15.6 万元了。

为了进一步对自然状态发生的概率进行灵敏度分析，设自然状态 S_1 发生的概率为 P，则自然状态 S_2 的发生概率为 $1-P$，即

$$P_1 = P,$$
$$P_2 = 1 - P$$

这样可计算得到各行动方案的数学期望值

$$EV_1 = P\times(30) + (1-P)\times(-6) = 36P - 6$$
$$EV_2 = P\times(20) + (1-P)\times(-2) = 22P - 2$$
$$EV_3 = P\times(10) + (1-P)\times(5) = 5P + 5$$

为了说明问题，引入一个直角坐标系，横轴表示 P 的取值，从 0 到 1；纵轴表示数学期望值，这样就可以把以上三个直线方程在这个直角坐标系中表示出来，如图 8-1 所示。

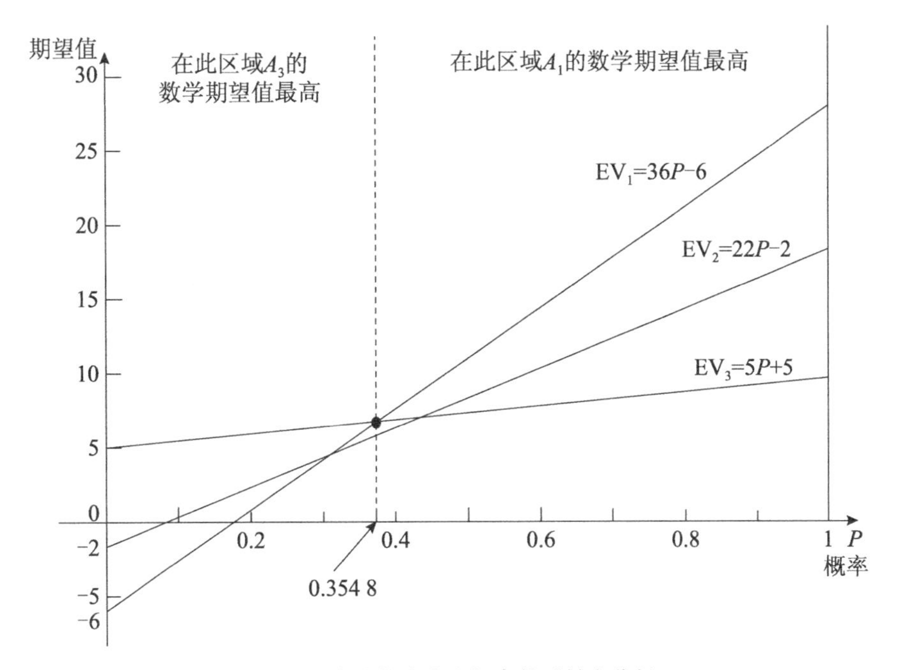

图 8-1 自然状态发生概率的灵敏度分析

在图 8-1 中，可以求出直线 $EV_1 = 36P - 6$ 与直线 $EV_3 = 5P + 5$ 的交点，此时 $EV_1 = EV_3$，即

$$36P - 6 = 5P + 5,$$
$$31P = 11,$$
$$P = \frac{11}{31} \approx 0.3548$$

可见当 $P = 0.3548$ 时，$EV_1 = EV_3$。而当 $P < 0.3548$ 时，从图 8-1 中可见到 EV_3 取值为最大，这时行动方案 S_3 为最优行动方案，当 $P > 0.3548$ 时，从图 8-1 中可见 EV_1 取值为最大，这时行动方案 S_1 为最优行动方案。我们称 $P = 0.3548$ 为转折概率。

在实际工作中，如果状态概率、收益值在其可能发生的范围内变化时，最优方案保持

不变，则这个方案是比较稳定的。反之，如果参数稍有变化，最优方案就有变化，则这个方案就是不稳定的，需要我们进一步的分析。就某自然状态的概率而言，当其概率值越远离转折概率，则其相应的最优方案就越稳定；反之，就越不稳定。

转折概率的分析如同第 4 章线性规划灵敏度分析中的影子价格一样，同属于决策程序中的灵敏度分析环节，是需要挖掘的重要管理数据，在管理实践中具有非常重要的意义。

8.2.3 决策树法

决策树法是通过图解方式来构造决策树模型，在决策树模型上计算各方案的最大收益期望值或最低期望成本，然后通过比较进行决策。决策树法具有直观、易于理解并支持序列多级决策的优点，是风险型决策的主要方法。

决策树是由决策节点、状态节点及结果节点构成的树形图，其基本模型如图 8-2 所示。

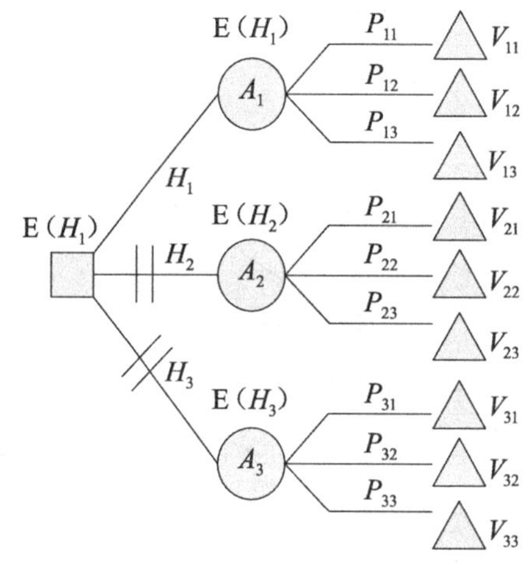

图 8-2 决策树模型

□：表示决策节点，也称为树根，由它引发的分枝称为方案分枝，方案分枝称为树枝。n 条分枝表示有 n 种供选方案。

○：表示状态节点，其上方数字表示该方案的收益期望值，由其引出的 m 条线称为概率枝，表示有 m 种自然状态，其发生的概率标明在分枝上。

△：表示结果节点，即每个方案在相应自然状态的损益值。

╪：表示经过比较选择此方案被否决，称之为剪枝。

决策过程如下：

(1) 根据题意从左向右制作决策树图；

(2) 从右向左计算各状态节点的效益期望值，并标注在各状态节点上；

(3) 对各状态节点的期望值进行比较，选出最大的效益期望值，写在决策节点上方，表明其所对应方案为决策方案，同时在其他方案上打剪枝符号进行删除。

下面先看一个单级决策树的例子。

【例 8-4】 某公司准备对某生产线进行改造，改造有三种方法，分别是购新机器、大修和维护。根据经验，相关投入额及不同销路情况下的效益值如表 8-9 所示，请选择最佳方案。

表 8-9　损 益 值 表　　（单位：万元）

供选方案	投资额 T_i	销路好 $P_1=0.6$	销路不好 $P_2=0.4$
A_1：购新	10	25	−20
A_2：大修	5	20	−12
A_3：维护	2	15	−8

解：

（1）根据题意，制作决策树，见图 8-3。

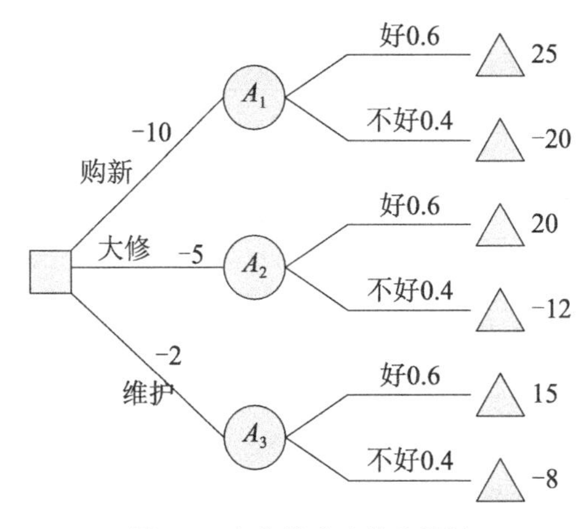

图 8-3　生产线改造的决策树

（2）计算各方案的效益期望值并标注在决策树图上，如图 8-4 所示，计算过程如下：

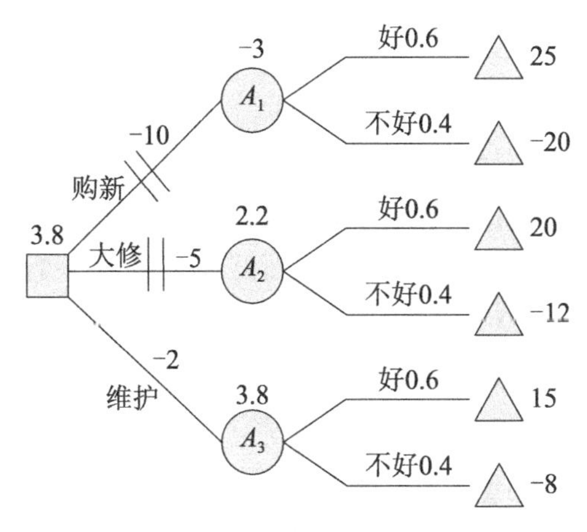

图 8-4　生产线改造的决策树计算图

$$EV_1=0.6\times25+0.4\times(-20)-10=-3$$

$$EV_2=0.6\times20+0.4\times(-12)-5=2.2$$

$$EV_3=0.6\times15+0.4\times(-8)-2=3.8$$

(3) 最大值为 EV_3，选对应方案 A_3，即维护机器，并将 A_1，A_2 剪枝。

例 8-4 这种类型被称为单级决策问题。在序列决策中，常常需要根据阶段的不同进行不同的多次决策，包括两级或两级以上的决策称为多级决策问题。

【例 8-5】 某公司由于市场需求增加决定扩大公司规模，供选方案有三种：第一种方案，新建一个大工厂，需投资 250 万元；第二种方案，新建一个小工厂，需投资 150 万元；第三种方案，新建一个小工厂，2 年后若产品销路好再考虑扩建，扩建需追加 120 万元，后 3 年收益与新建大工厂相同。根据预测该产品前 2 年畅销和滞销的概率分别为 0.6，0.4。若前 2 年畅销，则后 3 年畅销的概率为 0.8；若前 2 年滞销，则后 3 年一定滞销。损益值矩阵如表 8-10 所示，请对方案进行选择。

表 8-10 益损值表 （单位：万元）

自然状态	概率		供选方案与效益			
	前 2 年	后 3 年	大工厂	小工厂	先小后大	
					前 2 年	后 3 年
畅销	0.6	畅销 0.8 滞销 0.2	150	80	80	150
滞销	0.4	畅销 0.0 滞销 1.0	−50	20	20	−50

解：

(1) 决策树见图 8-5。

(2) 计算节点 5、6、7、8、10 的期望值

$$EV_5=[150\times0.8+(-50)\times0.2]\times3=330$$

$$EV_6=(-50\times1.0)\times3=-150$$

$$EV_7=(80\times0.8+20\times0.2)\times3=204$$

$$EV_8=(20\times1.0)\times3=60$$

$$EV_{10}=(20\times1.0)\times3=60$$

由于存在二级决策，则还应计算出节点 11、12 的效益期望值，决定是否扩建。

$$EV_{11}=[150\times0.8+(-50)\times0.2]\times3-120=210$$

$$EV_{12}=[80\times0.8+20\times0.2]\times3=204$$

由于 $EV_{11}>EV_{12}$，因此取最大值对应的方案，即在决策点 9 上，删去不扩建方案，选择扩建方案。

求节点 2、3、4 的效益期望值，分别为

$$EV_2=[150\times0.6+(-50\times0.4)]\times2+[330\times0.6+(-150)\times0.4]-250=28$$

$$EV_3=(80\times0.6+20\times0.4)\times2+(204\times0.6+60\times0.4)-150=108.4$$

$$EV_4=(80\times0.6+20\times0.4)\times2+(210\times0.6+60\times0.4)-150=112$$

(3) 比较期望值，EV_4 最大，则决策点 1 取最大值 112，对应的方案是先小后大作为

选定方案，即先建小厂，即当前两年畅销时再扩建为大工厂的方案为最终选择方案。

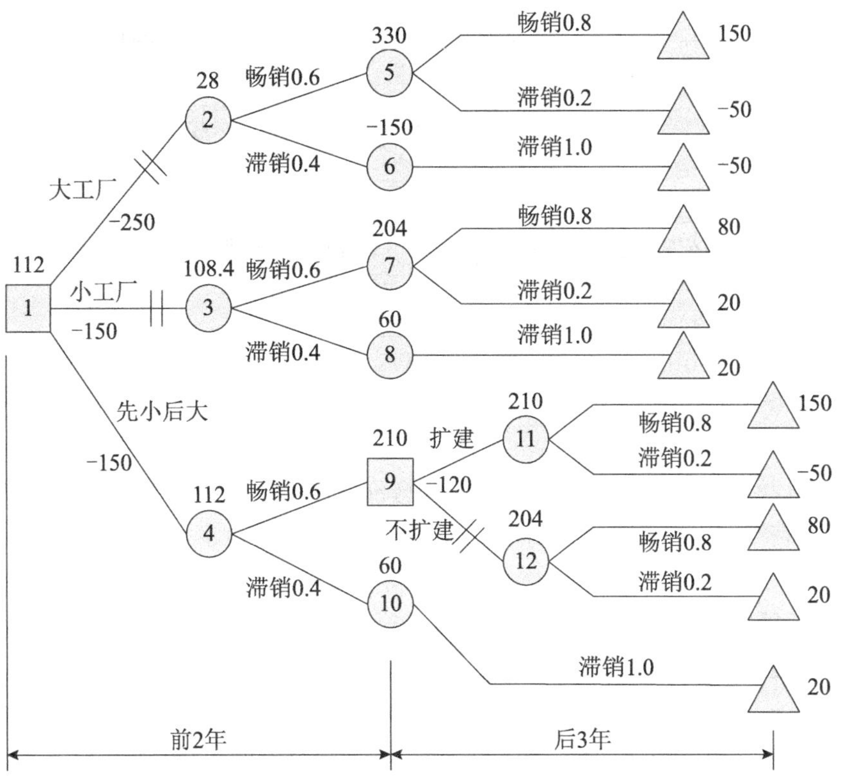

图 8-5　扩大生产规模的决策树图

8.2.4　信息价值

在风险型决策中，各种自然状态发生的概率是估计值，直接影响决策的效益期望值。该估计值越精确，决策的结果越可靠。因此，很多决策者通过实验或调查获取新信息，对自然状态的发生概率进行估计和修正，再进行决策。信息价值就是指通过实验或调查获取的新信息的价值，等于新信息得到的最优决策期望值和未得到新信息时的最优决策期望值的差。信息价值越高，说明可为获取该信息而投入的实验或调查的成本越高；反之越低。如果信息价值为负，则说明不值得为获取该信息进行实验或调查。

信息价值的计算涉及先验概率和后验概率的概念。在此，将由决策者估计的概率称为主观概率或先验概率；将收到新信息后，修正后的概率称为后验概率。由于后验概率的计算要用到贝叶斯全概率公式，因此该类决策也称为贝叶斯决策。

如图 8-6 所示，贝叶斯决策的步骤为：

(1) 先验分析。根据先验概率按照期望值准则进行决策，得到效益期望值 $EV_{先验}$。

(2) 后验分析。经过试验调查计算所得结果对先验概率分布作修正，得出后验概率分布，再作新决策得到效益期望值 $EV_{后验}$。

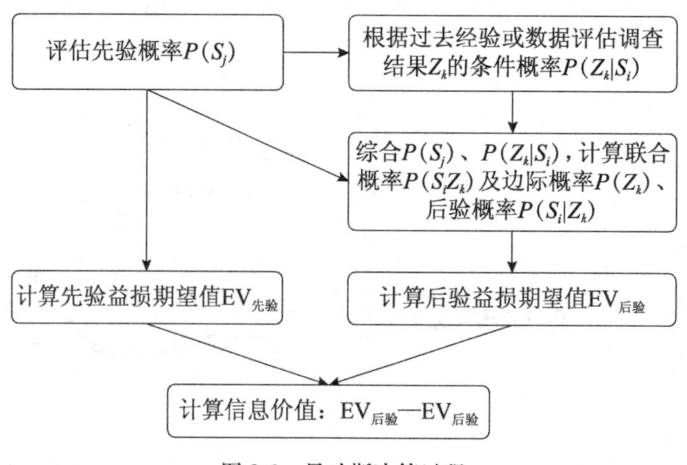

图 8-6　贝叶斯决策过程

对效益型指标而言，该项调查的信息价值为 $EV_{后验}-EV_{先验}$。显然，若 $EV_{后验}-EV_{先验}>$调查费用，则值得进行调查。

下面给出后验概率的算法：

设调查后得到结果为 L 种，即 $Z_1,Z_2,\cdots,Z_L$，根据过去经验可知自然状态为 S_j 条件下调查结果为 Z_k 的条件概率

$$P(Z_k \mid S_j)(k=1,2,\cdots,l;j=1,2,\cdots,n)$$

再利用贝叶斯公式和全概率公式，求当结果为 Z_k 的条件下自然状态为 S_j 的条件概率

$$P(S_j \mid Z_k)=\frac{P(Z_k \mid S_j)P(S_j)}{\sum_{i=1}^{n}P(Z_k \mid S)P(S)}(k=1,2,\cdots,l;j=1,2,\cdots,n)$$

在后验分析中用 $P(S_j \mid Z_k)$ 代替先验分析中的 $P(S_j)$，并用 $f(A_i,S_j)$ 代表 A_i 的效益函数，利用期望值准则计算出

$$EV_{ik}=\sum_{j=1}^{n}f(A_i,S_j)P(S_j \mid Z_k),i=1,2,\cdots,l;j=1,2,\cdots,l$$

$$EV_k^*=\max_j\{EV_{ij}\},i=1,2,\cdots,m$$

根据全概率公式，可知结果为 Z_k 的概率为 $P(Z_k)=\sum_{i=1}^{m}P(Z_k \mid N_i)P(N_i)$。因此，后验分析的效益期望值为

$$EV_{后验}=\sum_{k=1}^{l}EV_k^* \cdot P(Z_k)$$

【例 8-6】 某企业对一条生产线的换代问题进行决策，有三种方案：A_1 为引进一条新生产线；A_2 为对老生产线进行改建；A_3 是维持老生产线。该生产线所生产的产品未来市场需求有好与差两种状态，每种状态的先验概率和相应方案的收益如表 8-11 所示。由于该企业对产品未来市场需求的概率估计不够有把握，因此准备花 600 元进行一项市场调查。根据以往的经验，此类市场调查的可靠性如表 8-12 所示。请帮该企业决策是否应该投入 600 元进行市场调查。

表 8-11　收 益 值 表　（单位：万元）

市场需求 S_j	购新机器 A_1	改建老机器 A_2	维护老机器 A_3
S_1 好(0.3)	3	1.0	0.8
S_2 差(0.7)	−1.5	0.5	0.6

表 8-12　调查可靠性

$P(Z_k \mid S_j)$		实际市场需求	
		S_1 好	S_2 差
调查结果	Z_1 好	0.8	0.3
	Z_2 差	0.2	0.7

解：（1）若不进行市场调查，各方案的先验收益为

$$EV_1=3\times0.3+(-1.5)\times0.7=-0.15$$

$$EV_2=1.0\times0.3+0.5\times0.7=0.65$$

$$EV_3=0.8\times0.3+0.6\times0.7=0.66$$

$EV^*_{先验}=EV_3=0.66$ 万元，应选方案 3，维护老机器。

（2）为了计算后验概率，可绘制如图 8-7 所示的概率树。

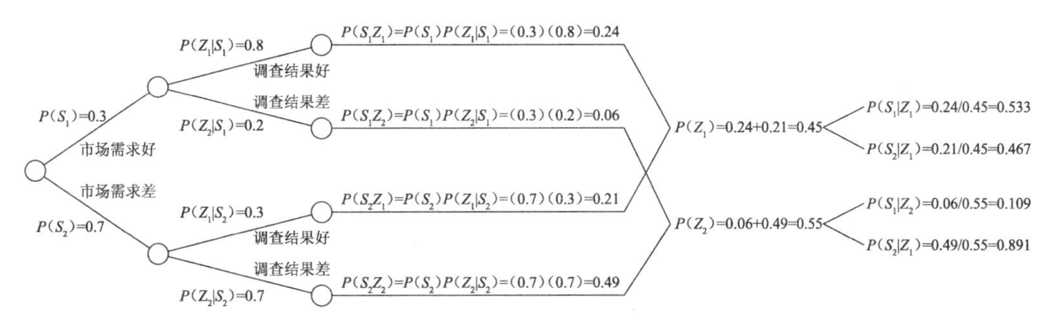

图 8-7　基于概率树计算后验概率

详细计算过程如下：

已知 $P(Z_k \mid S_j)$，求联合概率

$$P(S_1Z_1)=P(Z_1|S_1)P(S_1)=0.8\times0.3=0.24$$

$$P(S_1Z_2)=P(Z_2|S_1)P(S_1)=0.2\times0.3=0.06$$

$$P(S_2Z_1)=P(Z_1|N_2)P(S_2)=0.3\times0.7=0.21$$

$$P(S_2Z_2)=P(Z_2|S_2)P(S_2)=0.7\times0.7=0.49$$

边际概率

$$P(Z_1)=P(S_1Z_1)+P(S_2Z_1)=0.24+0.21=0.45$$

$$P(Z_2)=P(S_1Z_2)+P(S_2Z_2)=0.06+0.49=0.55$$

从而可得到后验概率

$$P(S_1 \mid Z_1)=P(S_1Z_1)/P(Z_1)=0.24/0.45=0.533$$

$$P(S_1 \mid Z_2)=P(S_1Z_2)/P(Z_2)=0.06/0.55=0.109$$

$$P(S_2 \mid Z_1)=P(S_2Z_1)/P(Z_1)=0.21/0.45=0.467$$

$$P(S_2 \mid Z_2)=P(S_2Z_2)/P(Z_2)=0.49/0.55=0.891$$

进行市场调查后，整个决策过程用决策树表示，见图 8-8。

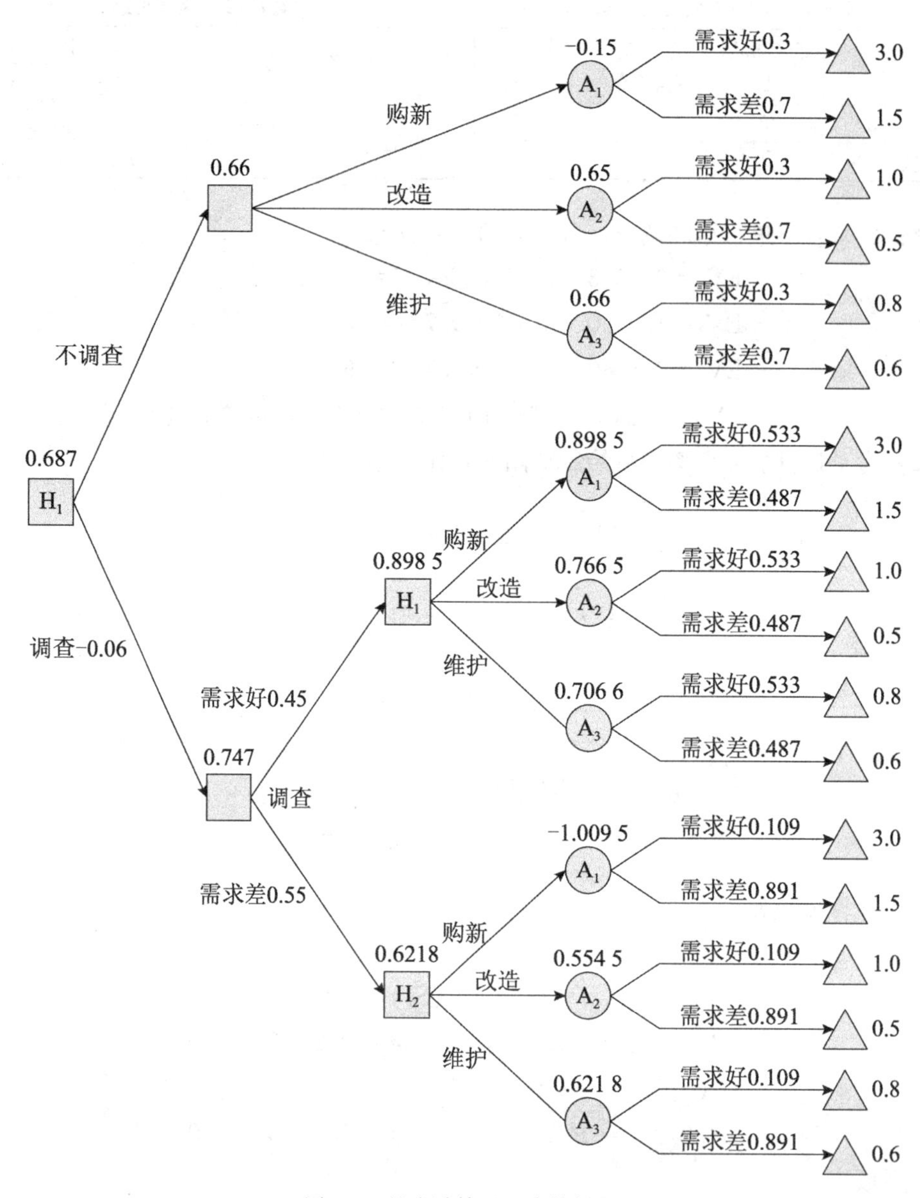

图 8-8　整个计算过程决策树图

由决策树可知，当调查结果为原料的需求好，则购买新机器；若调查结果为需求差，则维护老机器。

计算信息价值：

$$EV_{后验} = PE_k^* = (0.45\ 0.55)\begin{pmatrix}0.898\ 5\\0.621\ 8\end{pmatrix} = 0.747$$

$$EV_{后验} - EV_{先验} = 0.747 - 0.66 = 0.087 > 0.06$$

即应花 600 元进行市场调查，调查后若销量好，购入新生产线生产；若销量差，维持老生产线生产。

8.2.5　效用理论

8.2.5.1　效用的概念

效用是管理学中常用的一个概念，它是一种相对的指标值，它的大小表示决策者对风险的态度，对某事物的倾向、偏差等主管因素的强弱程度。在不同程度的风险下，不同的效益值可能具有相同的价值；在相同程度的风险下，不同的决策者的态度可能不同，即相同的效益值在不同决策者心目中的价值也可能不同。而这个效益值在人们心目中的价值被称为这个效益值的效用，用于量度决策者对风险的态度。

一般来说效用值在［0，1］之间取值，凡是决策者最看好、最倾向、最愿意的事物（事件）的效用值可取 1；反之，效用值取 0。当各方案期望值相同时，一般用最大效用值决策准则，选择效用值最大的方案。

8.2.5.2　效用曲线的绘制和类型

1. 效用曲线的绘制

在直角坐标系内，以横坐标 x 表示决策方案的效益值，纵坐标 y 表示效用值，将某决策者对风险的态度的变化关系画成曲线，便称为决策者的效用曲线。

确定效用曲线的基本方法由两种：一种是直接提问法，需要决策者回答提问，主观衡量，应用较少；第二种是对比提问法，此法使用较多，下面进行详细讲解。

设现有 A_0、A_1 两种方案供选。A_0 表示决策者不需要花费任何风险可获益 x_0，而 A_1 有两种自然状态，可以使概率 P 获得收益 x_1，以概率（$1-P$）获得收益 x_2，且 $x_1>x_0>x_2$。

令 y_i 表示效益 x_i 的效用值。则 x_0，x_1，x_2 的效用值分别表示为 y_0，y_1，y_2。若在某条件下，决策者认为 A_0、A_1 两方案等价，则有

$$Py_1+(1-P)y_2=y_0$$

用对比提问法来测定决策者的风险效用曲线，可提问如下：

（1）x_0，x_1，x_2 不变，改变 P，问“当 P 为何值时，A_0、A_1 等价”；

（2）P，x_1，x_2 不变，改变 x_0，问“当 x_0 为何值时，A_0、A_1 等价”；

（3）P，x_0，x_1 不变，改变 x_2，问“当 x_2 为何值时，A_0、A_1 等价”。

一般采用改进 $V-M$（Von Neumann－Morgenstern）方法，固定 $P=0.5$、x_1 和 x_2，改变 x_0 三次，得出相应的 y 的值，确定三点，制作效用曲线。下面以例 8-7 说明这一方法的计算过程。

【例 8-7】 设 $x_1=-100$，$x_2=400$，取 $y(x_1)=0$，$y(x_2)=1$，绘制效用曲线。

解：

第一次提问：取 $x_1=-100, x_2=400, P=0.5$，问题为：“决策者认为在不花费任何风险的获益值 x_0 为多少时，与以概率为 0.5 获得 400 的收益或以概率为 0.5 的概率损失 100 的收益相当。”决策者回答：“0”则有：

$$y(0)=0.5y(-100)+0.5y(400)=0.5\times0+0.5\times1=0.5$$

第二次提问：取 $x_1=0,x_2=400,P=0.5$ ，问题为："决策者认为在不花费任何风险的获益值 x_0 为多少时，与以概率为 0.5 获得 400 的收益或以概率为 0.5 的概率获得 0 收益相当。"决策者回答："200" 则有：

$$y(200)=0.5y(0)+0.5y(400)=0.5\times 0.5+0.5\times 1=0.75$$

第三次提问：取 $x_1=0,x_2=200,P=0.5$ ，问题为："决策者认为在不花费任何风险的获益值 x_0 为多少时，与以概率为 0.5 获得 200 的收益或以概率为 0.5 的概率获得 0 收益相当。"决策者回答："100" 则有：

$$y(100)=0.5y(0)+0.5y(200)=0.5\times 0.5+0.5\times 0.75=0.625$$

由点（−100，0）、（0，0.5）、（100，0.625）、（200，0.75）、（400，1）即可绘制效用曲线图，如图 8-9 所示。

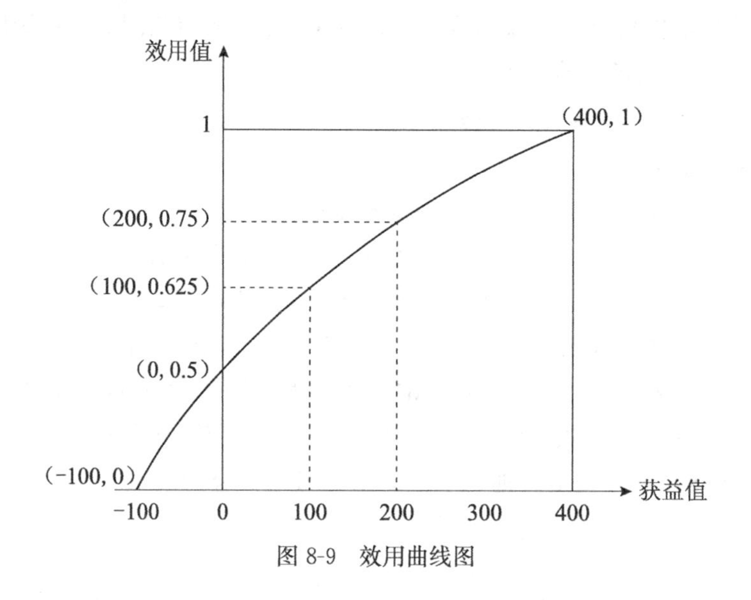

图 8-9　效用曲线图

2. 效用曲线的类型

不同决策者对待风险的态度不同，因而会得到不同形状的效用曲线。效用曲线一般可分为保守型、中间型、风险型，如图 8-10 所示。

图 8-10 中Ⅰ为保守型，其特点为：当收益值较小时，效用值增加较快；随收益值增大时，效用值增加速度变慢。这表明决策者不求大利，谨慎小心，较保守。

图 8-10 中Ⅱ为中间型，其特点为：收益值和效用值成正比，表明决策者完全按客观值办事，心平气和。

图 8-10 中Ⅲ为风险型，其特点为：当收益值较小时，效用值增加较慢；当收益值增大时，效用值增加速度变快。这表明决策者对增加收益反应敏感，愿冒较大风险，谋求大利，不怕冒险。

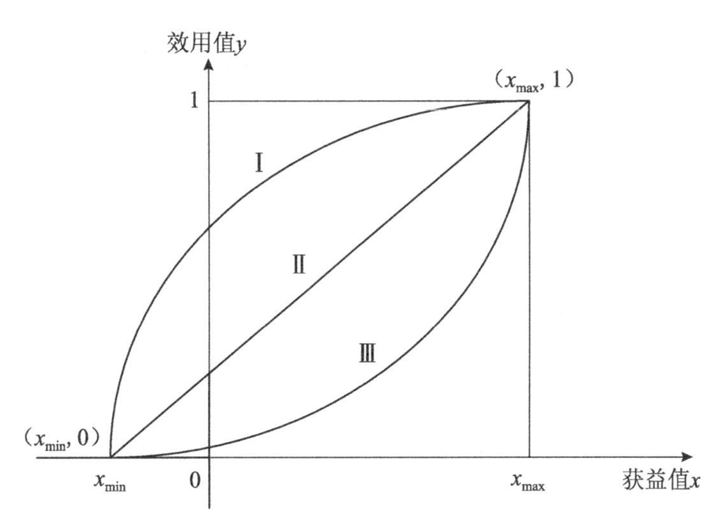

图 8-10　不同类型的效用曲线

8.2.5.3　效用曲线的应用

【例 8-8】 某公司计划开发新产品以开拓新市场，经过市场调研和高层决策后，现有两种备选方案 A_1 和 A_2，公司对该两种方案作了进一步的问卷调查和信息收集，决策树如图 8-11 所示。结果节点的两个数字分别为收益的金钱价值以及该决策者的效用值。例如，收益值 300 的效用值为 1，收益值－200 的效用值为 0。请对不考虑效用和考虑效用两种情况进行决策。

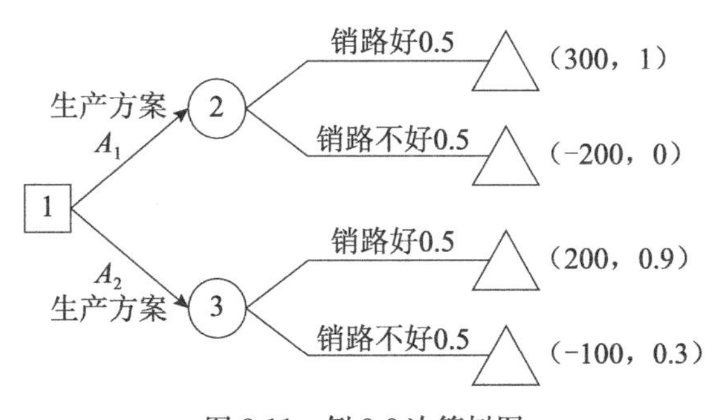

图 8-11　例 8-8 决策树图

解： (1) 不考虑效用，计算收益期望值分别为

$EV_1 = 0.5 \times 300 + 0.5 \times (-200) = 50$

$EV_2 = 0.5 \times 200 + 0.5 \times (-100) = 50$

根据最大效益期望值准则，无法判断优劣。

(2) 考虑效用，计算效用期望值分别为

$y_1 = 0.5 \times 1 + 0.5 \times 0 = 0.5$

$y_2 = 0.5 \times 0.9 + 0.5 \times 0.3 = 0.6$

A_2 方案效用值 $> A_1$ 方案效用值，因此取 A_2 方案为决策方案。

可知，当考虑效用时，决策者倾向于方案 A_2。如果进一步挖掘其原因，可根据益损值 M 和效用值 U 的对应关系，绘制该决策者的效用曲线，如图 8-12 所示。由该决策者效用曲线可知，该决策者偏向于保守型，不求大利、谨慎小心。

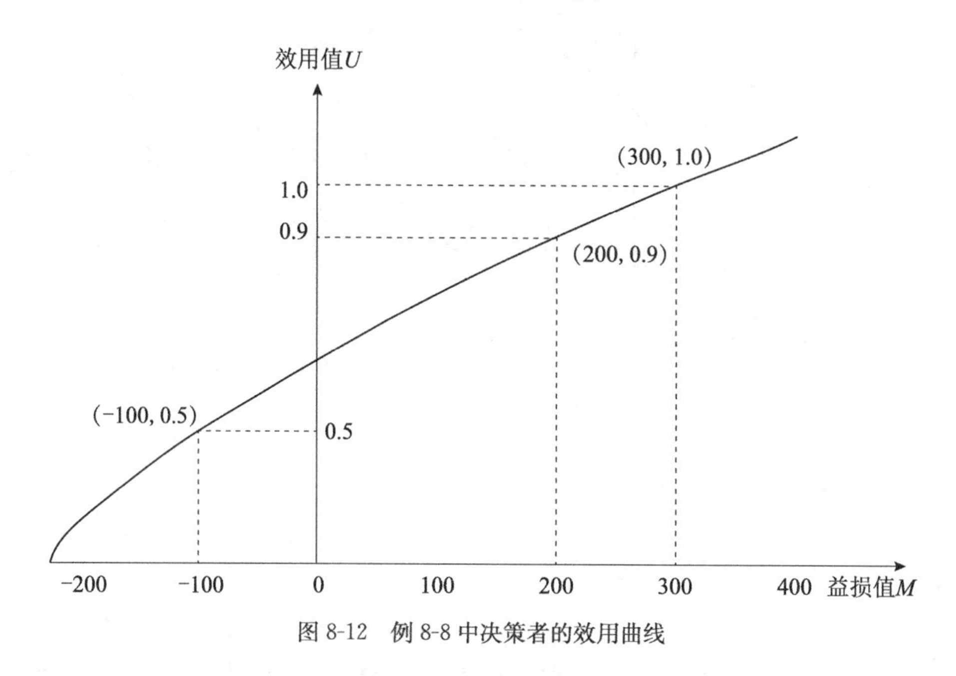

图 8-12　例 8-8 中决策者的效用曲线

在管理实践中，除了通过决策者的效用曲线来进行效用的定量化外，还可以直接使用效用函数。例如，为了表达保守、谨慎的效用，通常使用 $U=\sqrt{M}$ 的效用。因为这一类函数，可以使对高益损值压缩的效果大于对低益损值压缩的效果，从而抑制高益损值在决策中发挥作用，以描述谨慎的决策心理。为了表达激进、乐观的效用，通常使用 $U=M^2$ 的效用。因为这一类函数，可以使对高益损值放大的效果大于对低益损值放大的效果，从而放大高益损值在决策中的作用，以描述激进、乐观的决策心理。

8.3 用 Excel 求解风险决策问题

Excel 中通过加载项添加 TreePlan 可用于构建和分析决策树。Treeplan 的加载步骤为：Excel 菜单中的文件—选项—加载项—转到—浏览—选择 treeplan. xla 文件（treeplan. xla 文件在本书 Decision Tree 文件夹中，扫描书后二维码可获取）。加载后，Excel 菜单的加载项中将出现 Decision Tree 图标，表示加载成功，如图 8-13 所示。

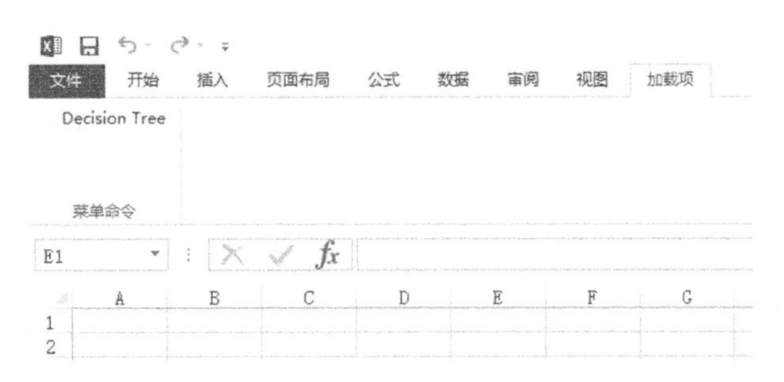

图 8-13　在 Excel 中加载 Treeplan 工具

下面我们将以例 8-4 生产线改造问题为例（见图 8-14），介绍如何用 TreePlan 创建一个决策树。

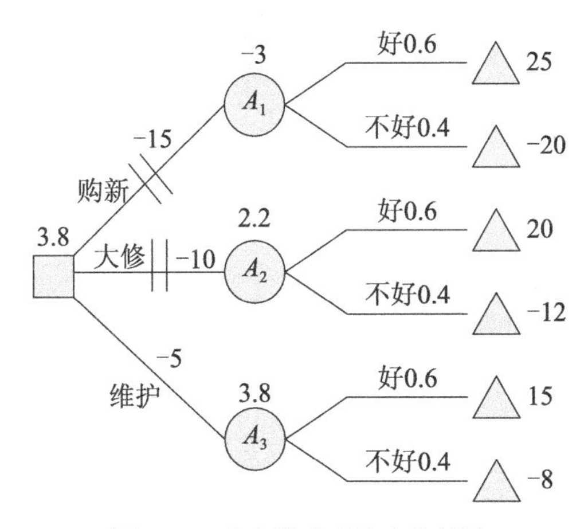

图 8-14　生产线改造的决策树图

建立一个 Excel 新文件，加载 Treeplan 后，点击加载项菜单下的 Decision Tree，选择 New Tree，出现一个两个分支的决策节点“■”，如图 8-15 所示。

选择决策节点“■”，再次点击加载项菜单下的 Decision Tree，出现如图 8-16（a）所示的窗口，选择 Add branch，增加决策节点的分支，使之成为有三个分支的决策节点，如图 8-16（b）所示。

选择一个决策分支节点的末端（见图 8-16（b）），点击加载项菜单下的 Decision Tree，出现如 8. 17（a）所示的窗口。选择 Change to event node（状态节点），Branches 选择 Two，则可生成如图 8-17（b）所示的决策树。

再选择 Decision2、Decision3 的末端（见图 8-17（b）），点击加载项菜单下的 Decision Tree，重复添加状态节点的步骤，然后修改决策树上的文本，可得如图 8-18（a）所示的决策树。在 8. 18（a）的基础上，给出决策树的参数（决策分支下方为方案的成本数据，状态分支上方为概率数据，最右侧为结果节点数据），如图 8-18（b）所示，可以观察到决策树会进行自动计算，得到最优的决策方案为“维护生产线”，期望受益为 3. 8 万元。

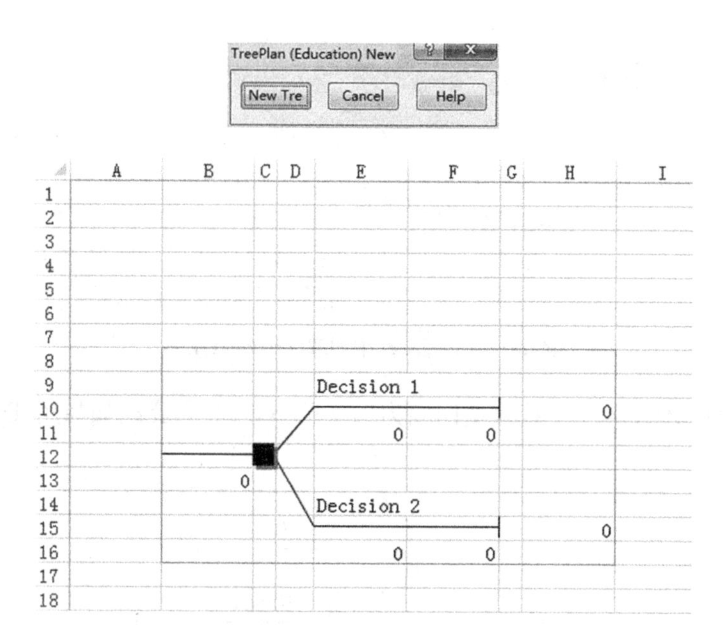

图 8-15 添加一个新的决策树

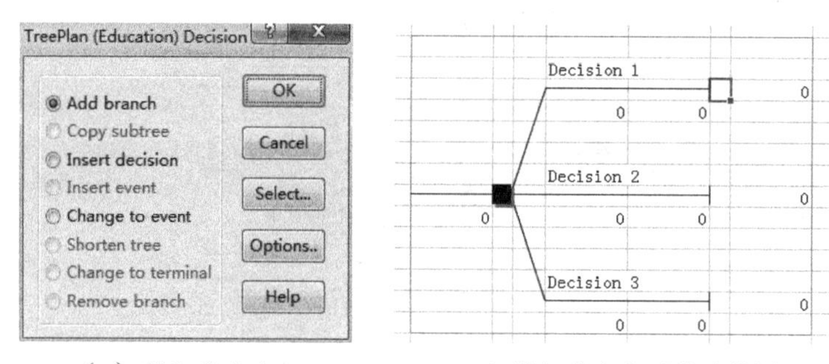

（a）增加分支窗口　　（b）增加分支之后的决策树

图 8-16 增加决策分支

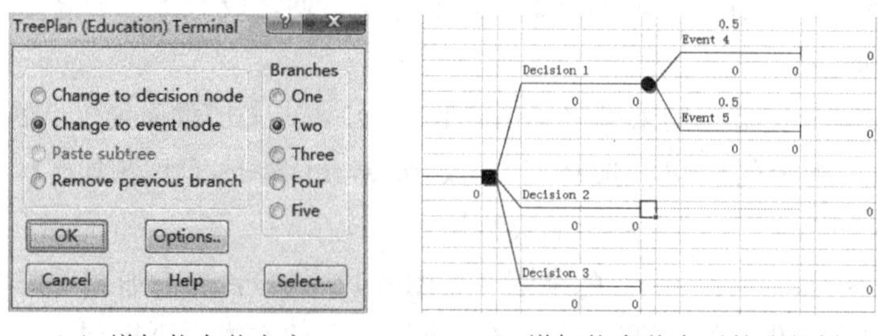

（a）增加状态节点窗口　　（b）增加状态节点后的决策树

图 8-17 增加状态节点

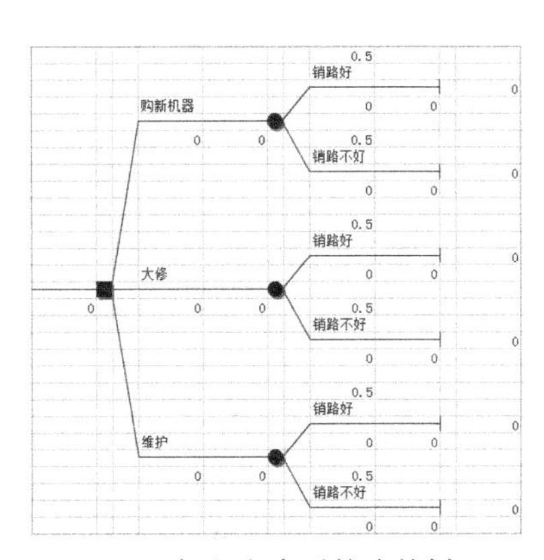

（a）加入文本后的决策树

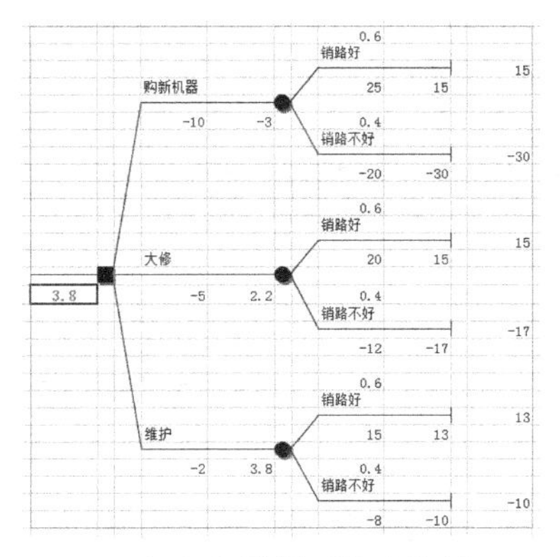

（b）加入数据后的决策树

图 8-18　决策树的自动计算

按照上述建模方法，例 8-4 的决策树如图 8-19 所示。

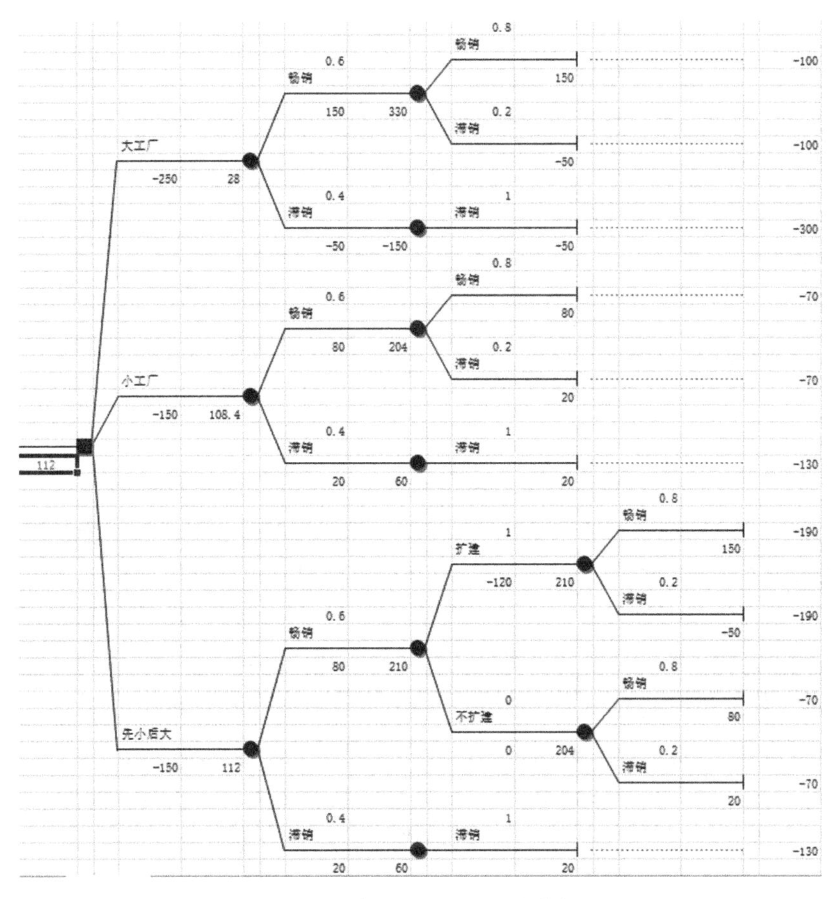

图 8-19　例 8-4 的 Excel 决策树

8.4 决策分析的应用案例

8.4.1 精益汽车公司的自动驾驶系统

在五月一个阳光明媚的早晨，精益汽车公司的首席执行官雷总走进了公司的最高会议室。这次会议的议程只有一个主题：为研发新的驾驶支持系统（drive support systerm，DSS）进行管理决策。研发经理黄海有点紧张，他知道雷总已经确定将DSS作为公司战略的新产品，所以今天的会议他将第一个进行项目陈述发言。市场副总裁张总将在研发经理黄海发言之后发言，她将对DSS相关的目标市场细分、预期销售和市场成本等给出详细的分析。

精益汽车公司主要为豪华汽车制造电子导航设备。最近几年，为了跟上科技发展和满足客户的需要，公司决定在导航系统中增加一些新的功能，研发融合了GPS最近技术以及语音识别和显示技术的全新产品。作为超过亚洲和欧洲竞争者的核心产品，因此CEO雷总强烈地支持DSS系统的研发。

DSS系统给司机提供了如方向、公路条件、交通更新等广泛的信息。信息交流可以通过口语或者文字进行实时通信，还有一些功能可以帮助司机避免行车障碍（例如，由其他司机提示的障碍信息以及路面的障碍信息）。雷总希望把这些功能和其他技术融合到一个支持系统当中，然后出售给公司的高端客户。

在所有与会者坐好后，研发经理黄海开始了他的报告："我首先介绍在驾驶支持系统尤其是公路扫描装置方面的研发成果。众所周知，这是驾驶支持系统的关键。我们已经掌握了如基于位置和方向的预测地面速度系统技术。我们当前必须解决的问题是判断在公路扫描装置上是否投入研究力量。如果我们决定投入技术研究，就有研究失败的危险。如果研究成功，我们还要决定是否开发产品。如果我们决定不开发产品，我们也可以出售技术。总之，如果我们决定在市场上推出DSS驾驶支持系统，我们面对的将是极大的不确定性。"

"黄经理，你能说清楚点吗?"雷总对于一大堆专业名词有点混乱。

黄海赶紧解释："抱歉让大家困惑了，现在让我详细地再讲解一遍。"

"思路可以慢点，一步一步地来。"市场副总裁张总显然不喜欢黄海的汇报风格。

"好的，首先是否要投资研发这个公路扫描装置是我们面临的第一个决定。"这次黄海沉住了气。

"这要花费多少钱"张总问道。

"估计得30万美元。投资之后技术研究的结果也是不确定的，我们的工程师估计成功的可能性为80%。"黄海回答。

“这是一个乐观的成功率，你不觉得吗?”张总讽刺道。她仍然记得上个项目（基于指纹的汽车防盗系统）的灾难，花费了五十万美元研究后，制造工程师却说以预期的价格来生产这种安全系统是不可能的。

黄海意识到了张总的话外之音，他回答：“工程中我们习惯于计算成功率，但我们无法预测市场……”

“下一步呢?”雷总插话。

“恩，抱歉，如果这项技术研究不成功，我们只能以目前的形式出售驾驶支持系统。”

“目前产品的利润大约为200万美元。”张总补充。

“而如果技术研究成功，我们将做另一项决定，即是否要继续开发产品。”

“如果我们在这个阶段不想继续开发产品，是否意味着我们还是要以目前的形式出售这个驾驶支持系统?”雷总继续询问。

“是的，但除此之外我们可以出售公路扫描装置的技术成果给通用公司，他们的研发部门对我们的工作很感兴趣，并且愿意支付20万美元。”

“哦，好消息啊!”张总说道。

黄海继续：“技术研究成功后，我们得用80万美元进行产品开发，35%的失败率。”

“你这是在告诉我们用80万的支票买彩票，而35%的概率我们什么都得不到?”张总声音提高了八成。

“张总，不要着眼于损失，也要看到潜在的利润。按你的方式，赢得彩票的机会是65%，我相信这数据远大于正常的彩票。”雷总说道。

“谢谢，雷总。”黄海道：“一旦我们在开发中投资80万美元，我们会有两种结果，要么成功开发出公路扫描产品，要么失败。如果我们失败了，我们也可以继续销售目前的驾驶支持系统，并同时将技术成果卖给通用获得20万美元。而如果开发成功，我们将决定是否要在市场上推出这个新产品。”

“开发成功后我们为什么不自己推出这个新产品呢?”雷总问。

“好问题。我的意思是我们需要决定是自己出售产品还是将产品转让给其他公司销售，例如，通用愿意付给我们400万美元。”

“听起来还不错。”张总道。

“一旦我们决定开发产品并且自己在市场上推出，我们需要面临市场的不确定性，张总已经为我们准备好了那些数据，请张总介绍一下，谢谢。”

说到这，黄经理坐下来，张总开始她的报告，一些彩色的幻灯片投影在她身后的墙上。

“谢谢，雷总。这是一些我们收集到的市场研究数据。新产品的市场接受度可能分为高、中、低三种”，张总指着身后投影在墙上一些图表：“我们评估显示，高接受度获利800万美元，中接受度获利400万美元，而不幸的情况，客户低接受度只能获利220万美元，我提到的这些利润不含市场营销成本和研发费用。”

“市场营销需要多少预算?”雷总问。

“20万美元。”张总回答。

“驾驶支持系统客户高、中、低接受度的概率是?”黄经理问道。

“我们可以看看幻灯片底部的这些数字，”张总指向幻灯片，上面显示有30%高市场接受度、50%中市场接受度和20%低市场接受度。

说到这，雷总移动了一下他的座位，说道：“考虑到这些数字和信息，大家有什么建议？我们的最佳策略是什么？”

(a) 用决策树的方法帮助精益汽车公司进行最优决策。

(b) 试分析技术研究概率对此决策问题的敏感性，求出技术研究的转折概率。

(c) 如果雷总的效用函数为$U=\sqrt{M}$，请使用效用理论再来帮助精益汽车公司进行决策。

8.4.2 软件 Mindnet 的定价策略

本章小结

决策分析是根据信息和评价准则，用数量方法寻找或选取管理过程中最优决策方案的过程。决策问题根据不同性质通常可以分为确定型、风险型和完全不确定型三种。通过本章的学习，应掌握完全不确定决策和风险决策的方法和应用，同时应能根据不同类型的决策问题，采用相应的决策方法进行科学决策。在管理系统中，大量决策属于风险决策问题。因此，风险决策应是本章学习的重点。应掌握多级风险决策的决策树建模方法，并能够结合管理实践应用信息价值和效用理论解决复杂的风险决策问题。风险决策的过程复杂、计算量较大，因此应能够使用Excel等建模及求解工具进行决策树的建模、求解和系统分析。

思考与习题

1. 简述确定型决策、风险型决策和完全不确定型决策之间的区别。如果想把完全不确定型决策转化为风险型决策，可能存在的方法有哪些？

2. 某决策问题的损益矩阵如下表所示，其中矩阵元素值为年利润。

备选方案	自然状态		
	E_1	E_2	E_3
	P_1	P_2	P_3
S_1	40	200	2 400
S_2	360	360	360
S_3	1 000	240	200

(a) 若各事件发生的概率 P_j 是未知的，分别用 Max-Min 决策准则、Max-Max 决策准则和最小机会损失准则选出决策方案。

(b) 若 P_j 值仍是未知的，并且 α 是乐观系数，问 α 取何值时，方案 S_1 和 S_3 是不偏不倚的?

(c) 若 $P_1=0.2$，$P_2=0.7$，$P_3=0.1$，那么用 EV（期望值）准则会选择哪个方案?

3. 某地方书店希望订购最新出版的图书。根据以往经验，新书的销售量可能为 50，100，150 或 200 本。假定每本新书的订购价为 4 元，销售价为 6 元，并且剩下的书的处理价为每本 2 元。要求：

(a) 建立损益矩阵；

(b) 分别用悲观法、乐观法（乐观系数 α 取 0.6）及等可能法决定该书店应订购的新书量；

(c) 对乐观系数 α 进行敏感性分析；

(d) 建立后悔矩阵，并用后悔值法决定书店应订购的新书量。

4. 某钟表公司计划通过它的销售网推销一种低价钟表，计划零售价为每块 10 元。对这种钟表有三个设计方案：方案Ⅰ，需一次投资 10 万元，投产后每块成本 5 元；方案Ⅱ，需一次投资 16 万元，投产后每块成本 4 元；方案Ⅲ，需一次投资 25 万元，投产后每块成本 3 元。该种钟表需求量不确切，但估计有三种可能：E_1—30 000；E_2—120 000；E_3—200 000。

(a) 建立这个问题的损益矩阵；

(b) 分别用悲观法、乐观法及等可能法决定公司应采用哪一个设计方案；

(c) 建立后悔值矩阵，用后悔值法决定采用哪一个设计方案。

5. 第 3 题中若书店根据以往统计资料预计未来新书各种销售量的概率如下表所示：

未来需求数	50	100	150	200
概率	20%	40%	30%	10%

(a) 分别用期望值法和后悔值法决定订购数量；

(b) 如果需求为 100 和 150 的概率保持为 40%和 30%，需求为 50 的概率可能会变动，试对这一概率进行敏感性分析，找出转折概率，并进行讨论分析。

6. 某投资者目前收到了三个投资请求方案，他希望选择其中的一个。第一个方案是保守性的投资，这个投资在良好的经济环境时会执行得很好，在差的经济环境下会遭受少量损失。第二个方案是投机性的投资。这个投资在良好的经济环境下会得到非常丰厚的回报，在差的经济环境下则会遭受严重的损失。第三个方案是反周期性的投资，它在良好的经济环境下会遭受一些损失，而在差的经济环境下会得到丰厚回报。张总相信对于这些投资有三种可能的情形：(1) 良好；(2) 停滞；(3) 差的。他对经济的未来充满了悲观，所以判断这三种情形的先验概率分别为 0.1、0.5、0.4。他也估计了在这三种情形下的收益，如下表所示：

	经济良好（0.1）	经济停滞（0.5）	经济差的（0.4）
保守性投资	30万元	5万元	－10万元
投资性投资	40万元	10万元	－30万元
反周期性投资	－10万元	0	15万元
先验概率	0.1	0.5	0.4

在以下几种情况下，张总应该选择哪种投资方案呢？

(a) 最大最小准则；

(b) 最大最大准则；

(c) 期望值决策准则。

7. A和B两家厂商生产同一种日用品。B估计A厂商对该日用品定价为6，8，10元的概率分别为0.25，0.50和0.25。若A的定价为P_1，则B预测自己定价为P_2时，它下一月度的销售额为1000＋250（P_2-P_1）元。B生产该日用品的每件成本为4元，试帮助其决策当将每件日用品分别定价为6，7，8，9元时的各自期望收益值，按期望值准则选哪种定价最优呢？

8. 某公司的金融部门有100万元的资金用于投资。第一年，计划把所有资金投入股票和债券中的一个；第二年，再把前一年所得收入投资到股票和债券的其中一个。目标是第二年结束时，使得资金的期望价值最大。每年的投资回报率根据环境而定，如下表所示。

经济环境	投资回报率	
	股票	债券
增长	20%	5%
衰退	－10%	10%
萧条	－50%	20%

第一年，经济增长、衰退、萧条的概率分别为0.7，0.3和0。若第一年经济增长，那么第二年的概率将保持不变；若第一年经济衰退，则第二年三种情况发生的概率分别变为0.2，0.7和0.1。

(a) 用Treeplan工具为该问题建立决策树图。

(b) 分析决策树，选择最优方案。

9. 某钢铁企业准备生产一种新产品，它的期望市场寿命为10年。管理层需要对该产品的生产进行决策，究竟是建造一个大车间生产，还是建造一个小车间生产呢？如果选择建造小车间，那么还要决策两年后是否对小车间进行扩建。

经过详细评估，管理层得到用于决策的基础信息如下：

A. 根据市场部门估计：

该产品在前2年市场需求量高，后8年需求量持续高的可能性为60%；

该产品在前2年市场需求量高，后8年需求量低的可能性为10%；

该产品在前2年市场需求量低，后8年需求量持续低的可能性为30%；

该产品在前2年市场需求量低，后8年需求量高的可能性为0。

B. 根据财务部门估计各种情况下的益损值为：

造大车间而需求高（在 10 年中），每年获利 100 万元。

造大车间而需求低（在 10 年中），由于固定费用高、开工不足，每年只能获利 10 万元。

造小车间而需求低（在 10 年中），每年可获利 40 万元。

造小车间，若前两年需求高，每年会获利 45 万元；

造小车间，在前两年需求高的情况下，若不扩建而后 8 年需求一直很高，由于竞争性产品进入市场，小车间每年收益就会跌到 25 万元；

造小车间，小车间在前两年需求高的情况下，过 2 年后扩建而遇到高需求，后 8 年每年能获利 70 万元；小车间在前两年需求高的情况下，过 2 年后扩建而遇到低需求，后 8 年每年能获利只有 5 万元。

C. 根据营建公司的估计：大车间从建造到投产要投资 300 万元，造小车间要 130 万元，如果在 2 年后扩建又要 220 万元。

(a) 用 Treeplan 工具为该问题建立决策树图。

(b) 分析决策树结果，制订获得最大利润的决策方案。

10. 某公司研制出一种新型产品。若该产品投产后销售成功，则于销售生命期内可获利 50 万元；若销售失败则损失 20 万元。该厂估计此产品销售成功的概率为 0.6。若不投产这种新产品，而仍生产原来的产品，则相应的生产能力可稳获利 20 万元。用期望值法来判断，该公司最优决策是什么？

该公司考虑先对新产品的市场需求量进行市场调查，然后再决定。据以往统计数据，这类调查的结果及实际销售情况的概率见下表。已知这类调查的费用为 0.2 万元。请问，该公司是否值得进行调查？

调查结果	实际销售情况	
	成功	失败
预测为成功	0.4	0.1
没有结论	0.4	0.5
预测为失败	0.2	0.4

11. 已知决策者 A 的效用函数为 $U(x)=\sqrt{x}$，根据下表给出的资料，确定状态 1 发生的概率 P 在什么范围时，决策者会选择方案 A 作为行动方案。

状态 方案	损益值	
	状态 1	状态 2
A	25	36
B	100	0
C	0	49
概率	P	$1-P$

12. 某投资者的效用函数为：

$$U(M)=\begin{cases}M^2,\text{当 }M\geqslant 0\\ M,\text{当 }M<0\end{cases}$$

该投资者有两个投资方案 A 和 B，其决策树如图所示：

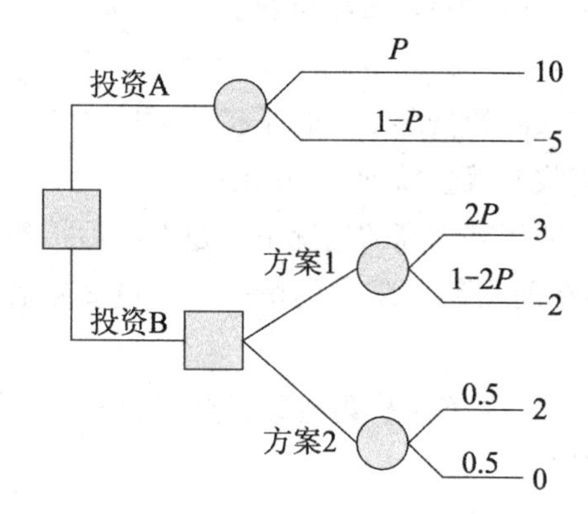

(a) 当 $P=0.25$ 时，依据期望效用值最大准则分析哪一投资方案更优；

(b) 分析 P 为何值时，按期望效用值计算得到的最优投资方案与（a）的结果相同。

博弈分析

本章学习目的

- 掌握博弈论的基本要素和分类；
- 掌握二人有限零和对策的最优策略及求解方法；
- 掌握实现共赢的条件和途径；
- 了解二人有限非零和对策的相关知识；
- 了解二人无限零和对策与多人合作对策的相关知识。

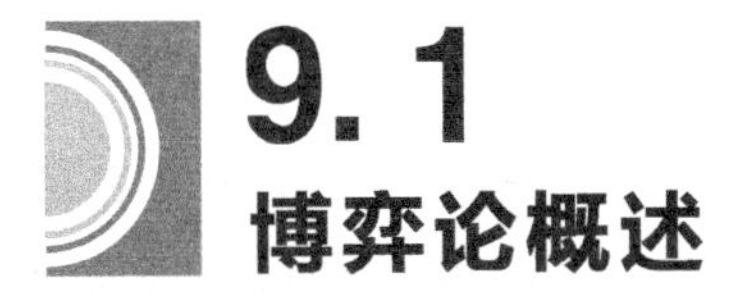

9.1 博弈论概述

9.1.1 博弈论定义

在人类社会中，人们在正常生产劳动、工作和学习之余，可能会参加乒乓球、羽毛球等体育项目。在这些具有竞争或对抗性质的活动中，人们总希望自己或自己所在一方夺得胜利，或者获得尽可能好的结局。因此，大家都积极寻找有利时机，施展自己的才智，制约、干扰和破坏对方长处或优势的发挥。我们把这种按照不同情况、根据不同对手、采取不同应对方法，以使比赛或斗争有利于自己的现象，称为“博弈现象”。

什么是博弈论？不同学者有不同的看法。下面给出了几种代表性的定义。

定义 9.1 一种处理竞争与合作问题的数学决策方法。

定义 9.2 研究竞争中参与者为争取最大利益应当如何进行决策的数学方法。

定义 9.3 根据信息分析及能力判断，研究决策主体之间行为相互作用及其相互平衡，以使收益或效用最大化的一种博弈理论。

概括起来，博弈论（game theory），又称对策论，是研究决策主体的行为在发生直接相互作用时，人们如何进行决策以及这种决策的均衡问题。它是研究具有对抗或竞争性质现象的数学理论与方法。

在博弈论分析中，一定场合中的每个对弈者在决定采取何种行动时有策略地、有目的地行事，他需要考虑自身决策行为对其他人可能产生的影响，以及其他人的行为对自身的影响，通过选择最佳行动计划，以寻求收益或效用的最大化。由于在现实生活中，人们的利益冲突与意识具有普遍性。因此，几乎所有的决策问题都可以认为是博弈。

在我国，博弈论的思想源远流长，古代人们很早就认识到了博弈问题，虽然没有形成一套完整的理论体系和方法，但博弈论的思想和实践活动可以追溯到 2 000 多年前。著名的“田忌赛马”就是一个经典事例。当时，田忌进行的是对“在齐王策略不变情况下如何取胜”这一策略的选择，实际上就是现代博弈论中完全信息条件下的两人博弈问题。著名的《孙子兵法》一书中对战争胜负的分析，以及对胜负之间诸因素相互作用的深刻论述，都反映出了系统的博弈论思想。《三十六计》可以称作是一部活生生的军事博弈论教科书。《孙子兵法》和《三十六计》虽然是两部兵书，但它们所揭示的各种情形下的谋略，已被大批企业家们学习和借鉴。

在国外，博弈论的思想与实践活动也有较长的历史。巴比伦王国的犹太法典，记载了公元 1～5 世纪的古代法律及传统。犹太法典中讨论了一个所谓的“婚姻合同问题”，它也被人们认为最早使用了现代合作博弈理论。1713 年，詹姆斯·瓦尔德格雷夫（James Waldegrave）在给朋友蒙特茅特（Montmort）关于两人玩扑克牌方法的信中，首次提出了著名的两人博弈最小最大混合策略解。瓦尔德格雷夫的观点曾引起许多学者的深入研究。

虽然博弈论的思想与实践在中外都有着很长的历史，但现代博弈论的建立及其理论体系的形成，却是在 20 世纪 40 年代中期到 50 年代初期。1944 年，冯·诺依曼和摩根斯坦利共著的划时代巨著《博弈论与经济行为》将二人博弈推广到 n 人博弈结构，并将博弈论系统应用于经济领域，奠定了这一学科的基础和理论体系。20 世纪 50 年代以来，纳什、泽尔腾、海萨尼等人使博弈论最终成熟并进入实用领域。此外，塞尔顿、哈桑尼等的研究也推动了博弈论的进一步发展。近年来，博弈论作为分析和解决冲突与合作的工具，在管理科学、国际政治、经济学等领域得到了广泛的应用。

9.1.2 博弈论的基本要素

为了对博弈问题进行分析，需要建立相应的数学模型，也称博弈模型。根据所研究问题的不同性质，可以建立不同的博弈模型，但这些模型本质上都包含以下几个基本

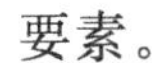

要素。

1. 局中人

在一场竞赛或博弈中，都必须有这样的参加者，他们为了在一局对策中力争好的结局，必须制定对付对手的行动方案，我们把这样有决策权的参加者称为“局中人”。例如，下象棋的双方。应当注意把那些利益一致的参加者看作一个局中人，如打桥牌的东西双方（或南北两人），他们必须齐心协力、行动一致、如同一人。因此，虽然有四人参加打牌，但只能视为两个局中人。在一局对策中，既不用决策，结局又与之无关的人不算局中人，就像球赛的裁判、游戏的公证人等。

需要补充的一点是，在对策中总是假定每一个局中人都是理智的，是聪明的决策者或竞争者，即对任一局中人来讲，不存在利用其他局中人决策的失误，来扩大自身利益的可能性。

2. 策略集

参加对策的每个局中人，每行动一步都有若干个行动方案可供选择，而在整个对策过程中，他们又必须考虑一个贯穿始终的行动方案，每个局中人的这种贯穿始终的行动方案也有若干个。我们把一个局中人的一个可行的行动方案称为这个局中人的一个策略，而把这个局中人的策略全体，称为这个局中人的策略集合。一个局中人的策略集合中至少有两个策略或者多个策略，甚至无穷个策略。

3. 赢得函数（支付函数）

一局对策结束时，对每个局中人来说，结果总是肯定的。可能以胜利或失败的形式反映，也可能表示为比赛名次的前后，还可表现为实物收入的多少等。我们称这样的结果为“赢得”，也可称为“支付”。

一局对策结束时，每个局中人的“赢得”和全体局中人各选取的策略所组成的策略组有关，即是该策略组的函数，通常称为“赢得函数”或“支付函数”。

9.1.3　博弈论的分类

博弈论非常强调时间和信息的重要性，认为时间和信息是影响博弈均衡的主要因素。在博弈过程中，参与者之间的信息传递决定了其行动空间和最优战略的选择。同时，博弈过程中始终存在一个先后问题，参与人的行动次序对博弈最后的均衡有直接的影响。根据不同的准则，博弈论有不同的分类方法。

（1）单人对策、两人对策和多人对策。根据局中人的数量可以分为单人对策、两人对策和多人对策。

（2）有限策略对策和无限策略对策。根据博弈中所选策略的数量可分为有限对策和无限对策。

（3）零和博弈、常和博弈与变和博弈。根据赢得函数的情况可分为零和、常和与变和博弈。

零和博弈： 在博弈中，一方所得就是另一方的损失，所有博弈方的收益之和为零。比如说打麻将，输的和赢的就是一样多的，所以零和博弈是损人利己的，一方输了另一方必赢且数量相等。

常和博弈： 所有博弈方的收益为非零的常数。例如，一个富翁去世了，留下了一笔遗产，价值很大，如果他的两个儿子出现争夺遗产的问题，无论谁得到这笔遗产，遗产的总额是不变的，是一个常量，这就是常和博弈。

变和博弈： 也称非常和博弈，它意味着不同的策略组合或结果下各博弈方的收益之和一般是不相同的。股市就是一种变和博弈，股市涨上去了，大家都赢了；反之，大家都输了。

(4) 合作博弈和非合作博弈。两者的区别在于参与人在博弈过程中是否能够达成一个具有约束力的协议，以使他们选择共同的或联合的策略。倘若不能达成协议，则称非合作博弈（non—cooperative game），非合作博弈是现代博弈论的研究重点。如两家企业 A、B 合作建设一条 VCD 的生产线，协议由 A 方提供生产 VCD 的技术，B 方则提供厂房和设备。在对技术和设备进行资产评估时就形成非合作博弈，因为每一方都试图最大化己方的评估值，这时 B 方如果能够获得 A 方关于技术的真实估价或参考报价这类竞争情报，则可以使自己在评估中获得优势。同理，A 方也是一样。至于自己的资产评估是否会影响合作企业的总体运行效率，这样的“集体利益”则不会非常被重视。非合作博弈中，参与人在选择自己的行动时，优先考虑的是如何维护自己的利益。

合作博弈强调的是集体主义和团体理性（collective rationality），是效率、公平、公正；而非合作博弈则强调个人理性、个人最优决策，其结果有时有效率，有时则不然。

(5) 静态博弈和动态博弈。从行为的时间序列性分析，博弈论可分为静态博弈、动态博弈两类。

静态博弈：指参与者同时采取行动，或者尽管有先后顺序，但后行动者不知道先行动者的策略。

动态博弈：指双方的行动有先后顺序，并且后行动者可以知道先行动者的策略。

“囚徒困境”就是同时决策的，属于静态博弈；而棋牌类游戏等决策或行动有先后次序，属于动态博弈。

(6) 完全信息和不完全信息博弈。按照参与人对其他参与人的了解程度分为完全信息博弈和不完全信息博弈。

完全信息博弈是指在博弈过程中，每一位参与人对其他参与人的特征、策略空间及收益函数有准确的信息。

不完全信息博弈是指参与人对其他参与人的特征、策略空间及收益函数信息了解得不够准确，或者不是对所有参与人的特征、策略空间及收益函数都有准确的信息，在这种情况下进行的博弈就是不完全信息博弈。

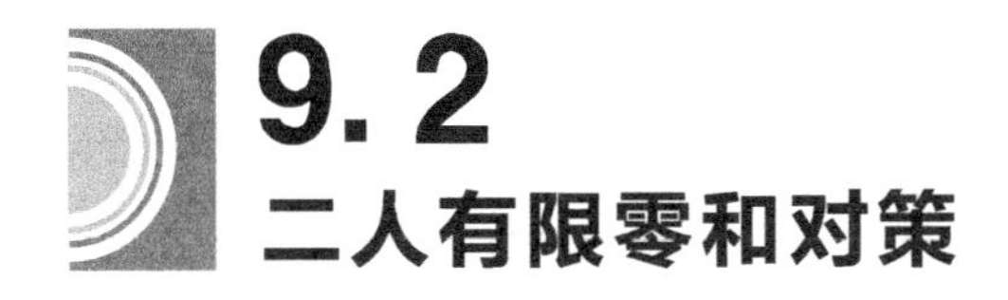

9.2 二人有限零和对策

在众多博弈模型中占有重要地位的是二人有限零和对策，又称矩阵对策。矩阵对策是到目前为止在理论研究和求解方法方面比较完善的一类对策，而且这类对策的研究思想和理论结果是研究其他类型博弈模型的基础。

矩阵对策就是有限零和二人对策，指的是参加对策的局中人只有两方（或两人），每一方局中人的可供选择策略数是有限多个，而且每一局对策结束时，一方的收入（或赢得）等于另一方的支出（或称输出）。换句话说，两方得失之和总是等于零。这类对策比较简单，理论上也比较成熟，在实践中应用的也极为广泛。由于矩阵对策的理论奠定了研究“对策现象”的基本思路，所以它是学习博弈论必须掌握的内容。

9.2.1 矩阵对策模型

对于矩阵对策，我们用甲、乙表示两个局中人，假设甲有 m 个策略（又称纯策略），分别以 $\alpha_1, \alpha_2, \cdots, \alpha_m$ 表示；乙有 n 个策略，分别以 $\beta_1, \beta_2, \cdots, \beta_n$ 表示。若甲选用第 i 个策略，乙选用第 j 个策略，则称（α_i，β_j）为一个纯局势。那么，甲的赢得可以用 a_{ij} 表示(若是负数时，表示甲是支付而不是收入)。于是，甲的支付表如 9-1 所示。

表 9-1　甲的支付表

甲的支付 ＼ 乙的策略 ＼ 甲的策略	β_1　β_2　$\cdots$　β_n
α_1	a_{11}　a_{12}　$\cdots$　a_{1n}
α_2	a_{21}　a_{22}　$\cdots$　a_{2n}
$\vdots$	$\vdots$
α_m	a_{n1}　a_{n2}　$\cdots$　a_{mn}

由于讨论的是有限零和二人对策，所以甲的收入就是乙的支付。那么，乙的支付表可在甲的支付表中每个 a_{ij} 之前加一个负号得到。

如果仅考虑支付表中的数值 a_{ij}，便可以得到一个矩阵 A，称为甲的支付矩阵（或赢得矩阵）：

$$A=\begin{bmatrix} a_{11} & a_{12} & \cdots & a_{1n} \\ a_{21} & a_{22} & \cdots & a_{2n} \\ \vdots & \vdots & \vdots & \vdots \\ a_{m1} & a_{m2} & \cdots & a_{mn} \end{bmatrix}$$

简写为 $A=(a_{ij})_{n\times n}$，对乙有 $B=(-a_{ij})_{n\times n}$

若用 S_1 表示甲的策略集合，即 $S_1=\{\alpha_1, \alpha_2, \cdots, \alpha_m\}$

以 S_2 表示乙的策略集合：$S_2=\{\beta_1, \beta_2, \cdots, \beta_n\}$

则甲、乙的有限零和二人对策可表示成：$G=\{S_1, S_2, A\}$

【例 9-1】 甲、乙两个小孩进行猜拳游戏，分别以拳头、两个指头、伸直五指的手掌代表石头、剪刀、布，并规定石头赢剪刀，剪刀赢布，布赢石头，且赢者得 1，输者得 −1，于是小孩甲的支付表如表 9-2 所示。

表 9-2 小孩甲的支付表

甲的支付 \ 乙的策略 \ 甲的策略	石头	剪刀	布
石头	0	1	−1
剪刀	−1	0	1
布	1	−1	0

甲、乙两个小孩的猜拳游戏（博弈）可表示成：$G=\{S_1, S_2, A\}$，其中 $S_1=S_2=$ {剪刀、石头、布}

$$A=\begin{bmatrix} 0 & 1 & -1 \\ -1 & 0 & 1 \\ 1 & -1 & 0 \end{bmatrix}$$

9.2.2 矩阵对策的纯策略

【例 9-2】 设有矩阵对策 $G=\{S_1, S_2, A\}$，其中，$S_1=\{\alpha_1, \alpha_2, \alpha_3, \alpha_4\}$，$S_2=\{\beta_1, \beta_2, \beta_3\}$。

$$A=\begin{bmatrix} 8 & 0 & -5 \\ -3 & 1 & 2 \\ 4 & 2 & 3 \\ -3 & -1 & 2 \end{bmatrix}$$

就局中人甲来说，对于他的四个纯策略，期望赢得分别是 8，2，4，2，即他的期望赢得都是其各纯策略中的最大值，而甲最希望赢得是 8。对于局中人乙来说，他拿出三个纯策略进行对策时，希望支付分别是 −3，−1，−5，即乙希望他的支付都是各策略中的最小值，其中 −5 是乙最希望的支付。

但是，每个局中人选择策略的行动都要受到对方的干扰或制约。当甲希望赢得 8 而选择纯策略 α_1 时，乙会考虑到甲的这种心理状态，所以乙可能采取他的纯策略 β_3，使甲得不到 8 而失去 5（得到 −5）。不过这仅仅是推测，究竟对方要采用哪个纯策略进行对策活动，双方都不知道，在这种情况下，决定自己的策略结果是赢还是输难以估计。因此，甲、乙双方都必然要考虑选择自己的哪一个纯策略才是可靠的？显而易见，甲的纯策略 α_1 的可靠赢得（最小赢得）是−5，不可能再小，甲的纯策略 α_2，α_3，α_4 的可靠赢得分别是−3，2，−3；同样，乙的纯策略 β_1，β_2，β_3 的可靠支付（最大支付）分别是 8，2，3，不可能超过这些数值。甲乙双方进行对策时，分别赢得或支付的结果如表 9-3 所示。

表 9-3　甲、乙的赢得结果

乙的策略 / 甲的支付 / 甲的策略	β_1	β_2	β_3	甲的希望赢得	甲的可靠赢得	甲的最优赢得
α_1	8	−1	−5	8	−5	
α_2	−3	1	2	2	−3	
α_3	4	2	3	4	2	2
α_4	−3	−1	2	2	−3	
乙的希望赢得	−3	−1	−5	最优纯策略（α_3，β_2）		
乙的可靠赢得	8	2	3			
乙的最优赢得		2				

局中人在分析了可靠赢得（或支付）之后，都会想到最优赢得（或最优支付）。可以看出，甲的可靠赢得数值中最大者为 2，是他的最优赢得值；而乙的最优支付值则是他的可靠支付值中最小者 2。

可以看出，任何一方局中人都在集中精力关心一件事，即在对方采取的策略对自己最不利时，要采取措施从最坏的事态中寻找最好的结果。

很显然，在有把握的对策情况下，甲选择策略的原则是，首先在每个纯策略（行）中找出最小值（可靠赢得），即

$$\min_j a_{ij} = a_{ij^*} \qquad (i=1, 2, \cdots, m) \tag{9-1}$$

然后在这些最小值中找到最大值（最优赢得），即

$$\max_i(\min_j a_{ij}) = \max_i a_{ij^*} = V_1 \tag{9-2}$$

在本对策中，$V_1=2$

局中人乙则和甲相反，他的原则首先是在各纯策略（列）中找出最大值（可靠支付），

$$\max_i a_{ij} = a_{i^*j^*} \qquad (j=1, 2, \cdots, n) \tag{9-3}$$

然后再找出各最大值中的最小值（最优支付），

$$\min_j(\max_i a_{ij}) = \min_j a_{i^*j} = V_2 \tag{9-4}$$

这里 $V_2=2$

我们把甲的最优赢得和乙的最优支付的这个公共值，称为矩阵对策的值，记作 V_G，即

$$V_G = \max_i(\min_j a_{ij}) = \min_j(\max_i a_{ij}) \tag{9-5}$$

这里 $V_G=2$

这是矩阵对策在纯策略下有解的充分必要条件，是求解矩阵对策的著名的极大极小定理。一般来说，当甲选择他的第 i 个纯策略时，已经考虑到最优赢得，所以他的赢得不可能比 V_1 再小，因此称 V_1 为对策的下值；当乙选择他的第 j 个纯策略和甲对局时，同样预

计了最优支付问题，这时甲的赢得是V_2，不可能比V_2大，因此称V_2为对策的上值。因此，有人把极大极小原理写成下面的不等式形式：

$$V_1 \leqslant V_G \leqslant V_2$$

对应于对策值V_G的策略（α_3，β_2）称为局中人甲和乙的最优纯策略α_i^* 和β_j^* 。

由最优纯策略组成的对策局势称为最优局势，记为（α_i^* ,β_j^*）。

并且称（α_i^* ,β_j^*）为矩阵对策G的“鞍点”，称$V_1=V_2$的矩阵对策为完全确定对策。

现在给出在纯策略中有解的（极大极小）定理及其证明。

定理 9.1 矩阵对策$G=\{S_1，S_2，A\}$在纯策略中有解的充要条件是，存在一个纯局势（α_i^* ,β_j^*），使得对一切$i=1，2，\cdots，m$；$j=1，2，\cdots，n$，都有

$$a_{ij^*} \leqslant a_{i^*j^*} \leqslant a_{i^*j} \tag{9-6}$$

证明：首先证明充分性。由于对一切i，j均有

$a_{ij^*} \leqslant a_{i^*j^*} \leqslant a_{i^*j}$，

故有：$\max_i a_{ij^*} \leqslant a_{i^*j^*}$ 和 $a_{i^*j^*} \leqslant \min_j a_{i^*j}$

所以，$\max_i a_{ij^*} \leqslant a_{i^*j^*} \leqslant \min_j a_{i^*j}$

而 $\min_j \max_i a_{ij} \leqslant \max_i a_{ij^*}$ ，$\min_j a_{ij^*} \leqslant \max_i \min_j a_{ij}$

从而得：$\min_j \max_i a_{ij} \leqslant a_{i^*j^*} \leqslant \max_i \min_j a_{ij}$

另外有：$\max_i \min_j a_{ij} \leqslant \min_j \max_i a_{ij}$

于是得：$\max_i \min_j a_{ij} = \min_j \max_i a_{ij} = a_{i^*j^*}$

必要性：既然对策G有解，假设$\min_j a_{ij}$ 在$i=i^*$时达到最大，$\max_i a_{ij}$ 在$j=j^*$时达到最大，即

$$\max_i \min_j a_{ij} = \min_j a_{i^*j}$$
$$\min_j \max_i a_{ij} = \max_i a_{ij^*}$$

而$a_{i^*j^*} = \max_i \min_j a_{ij} = \min_j \max_i a_{ij}$

故有：

$$a_{i^*j^*} = \min_j \max_i a_{ij} = \max_i a_{ij^*} \geqslant a_{ij^*}$$
$$a_{i^*j^*} = \max_i \min_j a_{ij} = \min_j a_{ij} \leqslant a_{i^*j}$$

于是得$a_{ij^*} \leqslant a_{i^*j^*} \leqslant a_{i^*j}$，对于一切i=1，2，…，m；j=1，2，…，n成立。证毕。

【例 9-3】稗斯麦海的海空对抗。1943 年 2 月，第二次世界大战中的日本，在太平洋战区已处于明显的劣势。为扭转战局，在日军统帅山本五十六统率下的一支舰队策划了一次军事行动：由集结地——南太平洋新不列颠群岛的拉包尔出发，穿过稗斯麦海，开往新几内亚的莱城，支援困守在那里的日军。当盟军获悉此情报后，盟军统帅麦克阿瑟即命令他麾下的太平洋战区空军司令肯尼将军组织空中打击。山本五十六心里很明白：在日本舰队穿过稗斯麦海的 3 天航程中，不可能躲开盟军的打击，他要谋划的是尽可能减少损失。日美双方的指挥官及参谋人员都进行了冷静与全面的谋划。自然条件对于双方来说都是已知的。基本情况如下：

（1）从拉包尔到莱城的海上航线有南线与北线两条，通过时间均为 3 天。

（2）气象预报表明：未来 3 天中，北线阴雨，能见度差；而南线则天气晴好，能见度佳。

（3）肯尼将军的轰炸机布置在南线的机场，侦察机全天候进行侦察飞行，但有一定的搜索半径限制。

经测算，双方均可得出如下估计：

局势 1：盟军侦察机重点搜索北线，日本舰队也恰好走北线。由于天气条件恶劣，能见度低以及轰炸机群在南线，因而盟军只能实施两天的有效轰炸。

局势 2：盟军侦察机重点搜索北线，而日本舰队走南线。由于发现晚，尽管盟军轰炸机群在南线，但有效轰炸也只有两天。

局势 3：盟军侦察机重点搜索南线，而日本舰队走北线。由于发现晚、盟军轰炸机群在南线，以及北线天气恶劣，故有效轰炸只能实施 1 天。

局势 4：盟军侦察机重点搜索南线，日本舰队也恰好走南线。此时，日舰队被迅速发现，盟军轰炸机群所需航程很短，加之天气晴好，这将使盟军空军在 3 天中皆可实施有效轰炸。这场海空遭遇与对抗战一定会发生，双方的统帅如何决策呢？历史的实际情况是：局势 1 成为现实，即肯尼将军命令盟军侦察机重点搜索北线，而山本五十六命令日本舰队取道北线航行。盟军飞机在 1 天后发现了日本舰队，基地在南线的盟军轰炸机群远程飞行，在恶劣的天气中，实施两天的有效轰炸，重创了日本舰队，但未能全歼。

此例中，肯尼将军与山本五十六大将的支付函数均可用矩阵来表示，它们分别是：A 和 B。

$$A=\begin{bmatrix}2 & 2\\1 & 3\end{bmatrix}$$

$$B=\begin{bmatrix}-2 & -2\\-1 & -3\end{bmatrix}$$

由上述矩阵可知：本例中的每一个对局，双方支付的代数和为零，且策略数有限，故为“二人有限零和对策”。

下面分析该二人零和对策模型的求解。此例中，局中人 1（盟军）希望获得支付（赢得轰炸天数）尽可能多，但同时，他们也深知：局中人 2（日军）必然设法使自己的付出（被炸天数）尽可能少。因此，盟军参谋部或肯尼将军（局中人 1）在进行选择时，首先要考虑：选择每个策略时至少能赢得多少，然后从中选取最有利的策略。具体来说：先对支付矩阵 A 各列求极小值（至少赢得），然后对由各列极小值组成的集合取极大值（争取最佳），于是有：

$$\max_i \min_j \{a_{ij}\}=\max_i\{1,2\}=2$$

对于日本参谋部或山本五十六（局中人 2），在选定策略时，因居于被动地位，故首先考虑在对方每个策略中最多损失是多少，在此前提下争取损失最小。具体来说：对同一支付矩阵 A 各行求极大值（最多损失），然后对各行极小值组成的集合中取极小值（争取最

佳)，于是有

$$\min_j \max_i\{a_{ij}\} = \min_j\{2,3\} = 2$$

在此例中，恰有

$$\max_i \min_j\{a_{ij}\} = \min_j \max_i\{a_{ij}\}$$

这就是实际对局结果。

上述求解蕴含的思想是朴素自然的，可以概括为“从最坏处着想，去争取最好的结果”，这是理性思考的表现。

9.2.3 矩阵对策的混合策略

我们都知道田忌赛马的故事。齐王要与大臣田忌赛马，双方各出上、中、下马各一匹，对局三次，每次胜负1 000金。田忌在著名军事谋略家孙膑的指导下，进行如下安排：

齐王	上	中	下
田忌	下	上	中

最终田忌净胜一局，赢得1 000金。

得到这个结局有一个基本前提：齐王在皇帝总是优先的思想驱动下，将自己的赛马出场顺序过早暴露，使得孙膑和田忌得以后发制人，以牺牲一局换取全局的胜利。

如果情况不是这样，赛前彼此都保密，则双方都要承担一定的风险。由于整体实力上的差异，用概率论的方法不难算出，田忌战胜齐王的概率仅为1/6。

在这种情况下，这场比赛就不属于纯策略的对策问题了，或者说，进入了矩阵对策的混合策略解的范畴。

在对局双方都不知对方将采取何种策略时，就都要冒一定的风险。混合策略研究的就是这一类问题。

混合策略与具有鞍点的对策的根本区别在于：对于一个二人零和对策来说，如果支付矩阵有鞍点，则对策的结果谁胜谁负均以局中人双方的意志为转移。胜方只要按Max-Min（或Min-Max）来选定自己的策略时，负方怎样选择也改变不了失败的结局。因此，在这种对局中，双方对于自己将要选用的纯策略无须保密。但在混合策略中，由于不存在鞍点，即不存在对局双方达到平衡的局势，因此必须对自己拟选取的策略加以保密。同时，也不存在纯策略最优的问题。

【例9-4】设有一个二人零和对策，支付矩阵为：

$$A = \begin{bmatrix} 0 & 2 \\ 3 & 1 \end{bmatrix}$$

可知，这是一个无鞍点对策。

设甲方选取策略α_1与α_2的概率分别为P和$(1-P)$，$(0 \leqslant P \leqslant 1)$。当乙方选取策略$\beta_1$时，则乙方支付的期望值为：

$$S = 0 \times P + 3 \times (1 - P) = 3 - 3P$$

甲方为使自己的收入（赢得）期望值非负，则应有

$$3 - 3P \geqslant 0\text{，即 } P \leqslant 1$$

另一方面，乙方为使甲方捉摸不定，也对策略 β_1，β_2 的选择设定概率，分别为 q 与 $(1-q)$，因此，乙方的支出 S 就成为一个随机变量。

由于甲、乙双方对于策略的选择是相互独立的，所以有以下概率等式：

$$P(S = a_{11} = 0) = Pq$$

$$P(S = a_{12} = 2) = P(1 - q)$$

$$P(S = a_{21} = 3) = (1 - P)q$$

$$P(S = a_{22} = 1) = (1 - P)(1 - q)$$

这就是 S 的分布函数，若记 S 的数学期望为 E，则有

$$\begin{aligned} E &= Pq \times 0 + P(1 - q) \times 2 + (1 - P)q \times 3 + (1 - P)(1 - q) \times 1 \\ &= \frac{3}{2} - 4(\frac{1}{2} - P) \cdot (\frac{1}{4} - q) \end{aligned}$$

可知，甲方希望 $E \geqslant 0$，而乙方则希望 $E \leqslant 0$。甲的期望收入不低于 3/2，因此他可以选用 $P = 1/2$ 来实现；同时，甲的期望收入也不会高于 3/2，因此乙方会按概率 $q = 1/4$ 选取策略 y_1 来控制甲方，使甲方的期望收入不多于 3/2。

同样的讨论方法施于乙方，可知：乙方的期望支出不会大于 3/2，也不会低于 3/2。

因此，此例中甲、乙双方都能接受的策略是：

$$X^* = (\frac{1}{2}, \frac{1}{2}), Y^* = (\frac{1}{4}, \frac{3}{4})$$

我们称这个甲、乙双方都能接受的策略为最优混合策略，（X^*，Y^*）称为最优混合局势，对策结果的数学期望值 E（这里是 3/2）称为对策的值。

不难发现，若给定一个无鞍点的矩阵对策 $G = \{S_1, S_2, A\}$。其中：$S_1 = \{\alpha_1, \alpha_2, \cdots, \alpha_m\}$，$S_2 = \{\beta_1, \beta_2, \cdots, \beta_n\}$ 分别为局中人甲、乙的纯策略集，$A = (\alpha_{ij})_{m \times n}$ 为支付矩阵，它们对应的概率向量分别为：

$$X = \{x_1, x_2, \cdots, x_m\}, x_i \geqslant 0, i = 1, 2, \cdots, m, \text{ 且 } \sum_{i=1}^{m} x_i = 1\text{；} \tag{9-7}$$

$$Y = \{y_1, y_2, \cdots, y_n\}, y_j \geqslant 0, j = 1, 2, \cdots, n \text{ 且 } \sum_{j=1}^{n} y_j = 1\text{。} \tag{9-8}$$

则 x，y 分别称为局中人甲、乙的混合策略，（x，y）称为混合局势。

$E(x, y) = \sum_{i=1}^{m} \sum_{j=1}^{n} a_{ij} x_i y_j$ 为对策值。

一般矩阵对策在纯策略意义下的纳什均衡往往不存在，但可以证明，矩阵对策在混合策略意义下的纳什均衡总是存在的。下面给出矩阵对策混合策略意义下解的存在性及其若干重要性质，它们在求解矩阵对策时发挥了重要作用。

定理 9.2　矩阵对策 $G = \{S_1, S_2, A\}$ 在混合策略意义下有解的充要条件是，存在 $x^* \in S_1^*, y^* \in S_2^*$，使（$x^*$，$y^*$）为函数 E（x，y）的一个鞍点，即对一切 $x^* \in S_1^*$，

$y^* \in S_2^*$ 有，

$$E(x,y^*) \leqslant E(x^*,y^*) \leqslant E(x^*,y) \tag{9-9}$$

将定理 9.1 的 a_{ij} 换成 $E(x, y)$，可得到上述定理的证明。定理 9.2 的等价形式是定理 9.3。

定理 9.3 设 $x^* \in S_1{}^*, y^* \in S_2{}^*$，则（$x^*$，$y^*$）为矩阵对策 $G=\{S_1,S_2,A\}$ 的解的充要条件是：存在数 V，使得 x^* 和 y^* 分别是以下两组不等式的解，且 $V=V_G$。

$$\begin{cases} \sum_{i=1}^{m} a_{ij}x_i \geqslant V, & j=1,2,\cdots,n \\ \sum_{i=1}^{m} x_i = 1, & \\ x_i \geqslant 0, & i=1,2,\cdots,m \end{cases} \tag{9-10}$$

$$\begin{cases} \sum_{j=1}^{n} a_{ij}y_j \leqslant V, & i=1,2,\cdots,m \\ \sum_{j=1}^{n} y_j = 1, & \\ y_j \geqslant 0, & j=1,2,\cdots,n \end{cases} \tag{9-11}$$

证明略。

定理 9.4 对任意矩阵对策 $G=\{S_1,S_2,A\}$，一定存在混合策略意义下的纳什均衡。

此定理的证明需要构造两个线性规划，并根据线性规划的相关知识点求解，在后面的矩阵对策求解方法中会进一步探讨。

定理 9.5 设（x^*，y^*）为矩阵对策 $G=\{S_1,S_2,A\}$ 的解，$V=V_G$，则

(1) 若 $x_i^* > 0$，则 $\sum_{j=1}^{n} a_{ij}y_j^* = V$ (9-12)

(2) 若 $y_j^* > 0$，则 $\sum_{i=1}^{m} a_{ij}x_i^* = V$ (9-13)

(3) 若 $\sum_{j=1}^{n} a_{ij}y_j^* < V$，则 $x_i^* = 0$ (9-14)

(4) 若 $\sum_{i=1}^{m} a_{ij}x_i^* > V$，则 $y_j^* = 0$ (9-15)

定理 9.6 设有两个矩阵对策 $G_1=\{S_1,S_2,A\}$，$G_2=\{S_1,S_2,A\}$，其中 α 为大于 0 的常数，T（G_1），T（G_2）为两个对策的解集合，则

(1) $V_{G_2} = \alpha V_{G_1}$

(2) $T(G_1) = T(G_2)$

定理 9.7 设有两个矩阵对策 $G_1=\{S_1,S_2,A\}$，$G_2=\{S_1,S_2,A\}$，其中 $A_1=(a_{ij})$，$A_2=(a_{ij}+L)$，L 为任意常数，T（G_1），T（G_2）为两个对策的解集合，则

(1) $V_{G_2} = V_{G_1} + L$

(2) $T(G_1) = T(G_2)$

9.2.4　混合策略的求解方法

由前所述，矩阵对策分为有鞍点对策与无鞍点对策两大类型。对于有鞍点的矩阵对策，其解法较为简单，即应用极大极小定理，可方便地求出对策值 V_G，以及与对策值相对应的纯策略 α_i 和 β_j，也就是局中人甲、乙的最优纯策略。因此，这里仅讨论无鞍点矩阵对策的解法。

求解混合策略问题的解法有四种：优超原则法、公式法、线性方程组法和线性规划法。

9.2.4.1　优超原则法

定义 9.4　设 $G=\{S_1,S_2,A\}$ 为矩阵对策，其中 $S_1=\{\alpha_1,\alpha_2,\cdots,\alpha_m\}$，$S_2=\{\beta_1,\beta_2,\cdots,\beta_n\}$，$A=(\alpha_{ij})_{m\times n}$，若对一切 $j=1,2,\cdots,n$ 有

$$a_{ij}\geqslant a_{kj}$$

即矩阵 A 的第 i 行元素均不小于第 k 行的对应元素，则称局中人甲的纯策略 α_i 优超于 α_k。同理，若对一切 $i=1,2,\cdots,m$，有

$$a_{ij}\leqslant a_{il}$$

则称局中人乙的纯策略 β_j 优超于 β_l。

定理 9.8　设 $G=\{S_1,S_2,A\}$ 为矩阵对策，其中 $S_1=\{\alpha_1,\alpha_2,\cdots,\alpha_m\}$，$S_2=\{\beta_1,\beta_2,\cdots,\beta_n\}$，$A=(\alpha_{ij})_{m\times n}$，若纯策略 α_1 被其余纯策略 α_2，α_3，…，α_m 中之一所优超，由 G 可得到一个新的矩阵对策 $G'=\{S_1',S_2,A'\}$，其中 $S_1'=\{\alpha_1,\alpha_2,\cdots,\alpha_m\}$，$A'=(\alpha_{ij})_{(m-1)\times n}$，$i=2,3,\cdots,m,j=1,2,\cdots,n$，则有：

(1) $V_G'=V_G$；

(2) G' 中局中人乙的最优策略就是 G 中的最优策略；

(3) 若（x_2^*，x_3^*，…，x_m^*）是 G' 中局中人甲的最优策略，则（0，x_2^*，x_3^*，…，x_m^*）是其在 G 中的最优策略。

上述定理实际给出了一个化简赢得矩阵 A 的原则，称为优超原则。根据这个原则，当局中人甲的纯策略 α_i 被其他纯策略的凸组合所优超时，可在矩阵 A 中划去第 i 行而得到一个与原对策 G 等价但赢得矩阵阶数较小的对策 G'。而 G' 的求解比 G 容易，通过求解 G' 而得到 G 的解。与此相同，对局中人乙而言，也可在赢得矩阵中划去被其他列的凸组合所优超的列。

【例 9-5】 试分析以下对策问题的解，其支付矩阵为

$$A=\begin{bmatrix}3 & 4 & 0 & 3 & 0\\ 5 & 0 & 2 & 5 & 9\\ 7 & 3 & 9 & 5 & 9\\ 4 & 6 & 8 & 7 & 6\\ 6 & 0 & 8 & 8 & 3\end{bmatrix}$$

解： 首先考虑甲方，支付矩阵 A 的第三行的诸元素均大于第一行的对应元素，即纯策略 α_4 优超于纯策略 α_1，因为纯策略 α_4 实施后，无论对方采取何种措施，甲方所获收益都高于纯策略 α_1。故根据定理 9.5，可划去第一行。同理，纯策略 α_3 也优超于纯策略 α_2，继而划去第二行。这样支付矩阵降为 3×5 阶的矩阵，即

$$A_1 = \begin{bmatrix} 7 & 3 & 9 & 5 & 9 \\ 4 & 6 & 8 & 7 & 6 \\ 6 & 0 & 8 & 8 & 3 \end{bmatrix}$$

接着从乙方的角度来考虑，支付矩阵第二列的诸元素均小于第四列的对应元素，即纯策略 β_2 优超于纯策略 β_4。同样，纯策略 β_2 优超于纯策略 β_3 和 β_5。于是划去第三、四、五列，得：

$$A_2 = \begin{bmatrix} 7 & 3 \\ 4 & 6 \\ 6 & 0 \end{bmatrix}$$

由矩阵 A_2 可知，第一行优超于第三行，故可划去第三行，得：

$$A_3 = \begin{bmatrix} 7 & 3 \\ 4 & 6 \end{bmatrix}$$

对于 A_3 易知无鞍点存在，根据定理 9.3，求解不等式方程组：

$$\begin{cases} 7x_3 + 4x_4 \geqslant v \\ 3x_3 + 6x_4 \geqslant v \\ x_3 + x_4 = 1 \\ x_3, x_4 \geqslant 0 \end{cases}, \quad \begin{cases} 7y_1 + 3y_2 \leqslant v \\ 4y_1 + 6y_2 \leqslant v \\ y_1 + y_2 = 1 \\ y_1, y_2 \geqslant 0 \end{cases}$$

求解得 $x_3{}^* = \frac{1}{3}, x_4{}^* = \frac{2}{3}; y_1{}^* = \frac{1}{2}, y_2{}^* = \frac{1}{2}, V = 5$。

故该矩阵对策的纳什均衡为 $G = (x^*, y^*), x^* = \left(0, 0, \frac{1}{3}, \frac{2}{3}, 0\right), y^* = \left(\frac{1}{2}, \frac{1}{2}, 0, 0, 0\right)$，$V_G = 5$。

9.2.4.2 公式法

公式法一般只适合于 2×2 的矩阵对策，设有支付矩阵

$$A = \begin{bmatrix} a_{11} & a_{12} \\ a_{21} & a_{22} \end{bmatrix}$$

如果 A 有鞍点，则可求出各局中人的最优纯策略；如果 A 无鞍点，则由定理 9.5 求其最优混合策略，即求等式方程组：

$$\begin{cases} a_{11}x_1 + a_{12}x_2 = v \\ a_{21}x_1 + a_{22}x_2 = v \\ x_1 + x_2 = 1 \end{cases}, \quad \begin{cases} a_{11}y_1 + a_{12}y_2 = v \\ a_{21}y_1 + a_{22}y_2 = v \\ y_1 + y_2 = 1 \end{cases}$$

上述方程组的最优混合策略及对策值如下：

$$x^* = (x_1{}^*, x_2{}^*), y^* = (y_1{}^*, y_2{}^*)$$

$$x_1^* = \frac{a_{22} - a_{21}}{(a_{11} + a_{22}) - (a_{12} + a_{21})} \tag{9-16}$$

$$x_2^* = \frac{a_{11} - a_{12}}{(a_{11} + a_{22}) - (a_{12} + a_{21})} \tag{9-17}$$

$$y_1^* = \frac{a_{22} - a_{12}}{(a_{11} + a_{22}) - (a_{12} + a_{21})} \tag{9-18}$$

$$y_2^* = \frac{a_{11} - a_{21}}{(a_{11} + a_{22}) - (a_{12} + a_{21})} \tag{9-19}$$

$$V_G = \frac{a_{11}a_{22} - a_{12}a_{21}}{(a_{11} + a_{22}) - (a_{12} + a_{21})} \tag{9-20}$$

【例 9-6】 求解矩阵对策 $G = \{S_1, S_2, A\}$，其中

$$A = \begin{bmatrix} 1 & 7 \\ 4 & 2 \end{bmatrix}$$

解： 易知 A 无鞍点，根据公式（9-16）至（9-20），可得出：

$$x^* = \left(\frac{1}{4}, \frac{3}{4}\right), y^* = \left(\frac{5}{8}, \frac{3}{8}\right), V_G = \frac{13}{4}$$

9.2.4.3　线性方程组法

根据定理 9.3，求矩阵对策的解（x^*，y^*）等价于求解不等式（9-10）和（9-11），又由定理 9.5 和 9.6，若最优策略中 x_i^* 和 y_j^* 均不为零时，即可将式（9-10）和（9-11）转化为：

$$\begin{cases} \sum_{i=1}^{m} a_{ij} x_i = V \\ \sum_{i=1}^{m} x_i = 1 \end{cases} \tag{9-21}$$

$$\begin{cases} \sum_{j=1}^{n} a_{ij} y_j = V \\ \sum_{j=1}^{n} y_j = 1 \end{cases} \tag{9-22}$$

若式（9-21）和（9-22）存在非负解（x^*，y^*），便得到矩阵对策的解。如果所求（x^*，y^*）有负分量，可视具体情况，将式（9-21）和（9-22）的某些等式改为不等式，继续试算直至求出其解。

【例 9-7】 求解矩阵对策 $G = \{S_1, S_2, A\}$，其中

$$A = \begin{bmatrix} 1 & 2 & -1 \\ -5 & -4 & 1 \\ 2 & -2 & -1 \end{bmatrix}$$

解： 由于上述矩阵对策不存在鞍点。设 $x^* = (x_1{}^*, x_2{}^*, x_3{}^*)$，$y^* = (y_1{}^*, y_2{}^*$，

y_3^*)，其中 $x_i^* > 0, y_j^* > 0, i,j = 1,2,3$ 。求线性方程组：

$$\begin{cases} x_1 - 5x_2 + 2x_3 = v \\ 2x_1 - 4x_2 - 2x_3 = v \\ -x_1 + x_2 - x_3 = v \\ x_1 + x_2 + x_3 = 1 \end{cases}$$

及

$$\begin{cases} y_1 + 2y_2 - y_3 = v \\ -5y_1 - 4y_2 + y_3 = v \\ 2y_1 - 2y_2 - y_3 = v \\ y_1 + y_2 + y_3 = 1 \end{cases}$$

求解得：$x^* = (0.525, 0.275, 0.2), y^* = (0.2, 0.05, 0.75), V_G = -0.45$ 。

需要注意的是，应用该方法的前提条件是所有策略的概率大于零。

9.2.4.4 线性规划法

定理 9.9 设矩阵对策 $G = \{S_1, S_2, A\}$ 的值为 v，则

$$v = \max_{x \in s_1^*} \min_{y \in s_2^*} E(x,y) = \min_{y \in s_2^*} \max_{x \in s_1^*} E(x,y) \tag{9-23}$$

证明略。

由定理 9.3 和定理 9.4 可知，任意矩阵对策问题 $G = \{S_1, S_2, A\}$ 在混合策略意义都有解，并且对策的最优混合策略等价于求解式（9-10）和（9-10）。

令 $x'_i = \dfrac{x_i}{v}$，$i=2, 3, \cdots, m$; $y'_j = \dfrac{y_j}{v}$，$j=1, 2, \cdots, n$,

则式（9-10）和（9-10）变为

$$\begin{cases} \sum_{i=1}^{m} a_{ij} x'_i \geqslant 1, & j = 1,2,\cdots,n \\ \sum_{i=1}^{m} x'_i = \dfrac{1}{v} \\ x'_i \geqslant 0, & i = 1,2,\cdots,m \end{cases} \tag{9-24}$$

$$\begin{cases} \sum_{j=1}^{n} a_{ij} y'_j \leqslant 1, & i = 1,2,\cdots,m \\ \sum_{j=1}^{n} y'_j = \dfrac{1}{v} \\ y'_j \geqslant 0, & j = 1,2,\cdots,n \end{cases} \tag{9-25}$$

由定理 9.9，对局中人甲有，$v = \max_{x \in s_1^*} \min_{1 \leqslant i \leqslant m} \sum_{i=1}^{m} a_{ij} x_i$ 等价于 $\min 1/v$，式（9-24）变为以下线性规划问题，

$$(P)\begin{cases}\min Z=\sum_{i=1}^{m}x'_i \\ \sum_{i=1}^{m}a_{ij}x'_i\geqslant 1, \quad j=1,2,\cdots,n \\ x'_i\geqslant 0, \quad i=1,2,\cdots,m\end{cases} \tag{9-26}$$

同理，对局中人乙有，$v=\min\limits_{y\in s_2^*}\max\limits_{1\leqslant j\leqslant n}\sum_{j=1}^{n}a_{ij}y_j$ 等价于 $\max 1/v$，式（9-25）变为以下线性规划问题，

$$(D)\begin{cases}\max w=\sum_{j=1}^{n}y'_j \\ \sum_{j=1}^{n}a_{ij}y'_j\leqslant 1 \quad i=1,2,\cdots,m \\ y'_j\geqslant 0, \quad j=1,2,\cdots,n\end{cases} \tag{9-27}$$

上述两个线性规划互为对偶，利用单纯形法或对偶单纯形法可求解这两个线性规划。求出一个问题的最优解后，另一个问题的最优解可从最优表中得到。当求得式（9-26）和（9-27）的解后，利用变换

$$v=\frac{1}{z}\text{或}v=\frac{1}{w}, x_i=vx'_i=\frac{x'_i}{z}, y_j=vy'_j=\frac{y'_j}{w} \tag{9-28}$$

可求出原对策问题的解及对策的值。

【例 9-8】利用线性规划方法求解矩阵对策 $G=\{S_1,S_2,A\}$，其中

$$A=\begin{pmatrix}1&3&3\\4&2&1\\3&2&2\end{pmatrix}$$

解：设局中人甲、乙的混合策略分别为：

$$x^*=(x_1,x_2,x_3), y^*=(y_1,y_2,y_3)$$

并记对策的值为 V，则此问题可化为如下两个互为对偶的线性规划问题：

$$\min Z=x'_1+x'_2+x'_3$$

$$(P)\begin{cases}1x'_1+4x'_2+3x'_3\geqslant 1\\3x'_1+2x'_2+2x'_3\geqslant 1\\3x'_1+1x'_2+2x'_3\geqslant 1\\x'_1,x'_2,x'_3\geqslant 0\end{cases}$$

$$\max w=y'_1+y'_2+y'_3$$

$$(D)\begin{cases}1y'_1+3y'_2+3y'_3\leqslant 1\\4y'_1+2y'_2+1y'_3\leqslant 1\\3y'_1+2y'_2+2y'_3\leqslant 1\\y'_1,y'_2,y'_3\geqslant 0\end{cases}$$

利用单纯形法求解线性规划（P），可得：

$$x'_1=\frac{1}{7},x'_2=0,x'_3=\frac{2}{7},z=\frac{3}{7}$$

根据式（9-28），有：

$$x_1=\frac{1}{3}\ ,\ x_2=0\ ,\ x_3=\frac{2}{3}\ ,\ v=\frac{7}{3}$$

同样可以求出乙的最优混合策略为：$y_1=\dfrac{1}{3}$，$y_2=\dfrac{1}{3}$，$y_3=\dfrac{1}{3}$。

即原问题的解为：

$$x^*=\left(\frac{1}{3},0,\frac{2}{3}\right),y^*=\left(\frac{1}{3},\frac{1}{3},\frac{1}{3}\right),v=\frac{7}{3}$$

9.3 二人有限非零和对策

9.3.1 二人有限非零和不合作对策

【例 9-9】 市场上有两企业销售相同产品，甲企业有两种营销策略 α_1 和 α_2，乙企业也有两种营销策略 β_1 和 β_2，甲企业与乙企业的收益矩阵分别为：

$$A_1=\begin{bmatrix}3&2\\0&4\end{bmatrix},A_2=\begin{bmatrix}2&1\\3&4\end{bmatrix}$$

在上述收益矩阵所示情况下，局中人甲企业和局中人乙企业的收益代数和不为零。例如，当局中人甲企业选择营销策略 α_1，局中人乙企业选择营销策略 β_1 时，甲企业的收益为 3，乙企业的收益为 2，两者收益函数之和不为零。

我们称这种对策为二人有限非零和对策。为了统一描述，可将上述问题中的收益矩阵合并为双矩阵 A，

$$A=\begin{bmatrix}(3,2)&(2,1)\\(0,3)&(4,4)\end{bmatrix}$$

定义 9.5 对于某个二人有限非零和对策，其局中人甲的收益为：

$$e_1(x,y)=\sum_{i=1}^{m}\sum_{j=1}^{n}a_{ij}x_i y_j$$

局中人乙的收益为：

$$e_2(x,y)=\sum_{i=1}^{m}\sum_{j=1}^{n}a'_{ij}x_i y_j$$

其中，x 为局中人甲的混合策略，y 为局中人乙的混合策略，$A_1=(a_{ij})m\times n$，$A_2=(a'_{ij})m\times n$。

定义 9.6　在二人有限非零和对策中，设 e_1（x，y）和 e_2（x，y）分别是局中人甲和乙的收益，$x\in S_1{}^*$，$y\in S_2{}^*$ 为任意策略，如果有一对策略 $x^*\in S_1{}^*$ 和 $y^*\in S_2{}^*$，满足

$$e_1(x^*,y^*)\geqslant e_1(x,y^*),e_2(x^*,y^*)\geqslant e_2(x^*,y) \tag{9-29}$$

则称 (x^*,y^*) 为该对策的纳什均衡，称 $[e_1(x^*,y^*),e_2(x^*,y^*)]$ 为对策的均衡解。

定理 9.10　任何矩阵对策及二人有限非零和对策至少有一个纳什均衡。

下面介绍 2×2 的二人有限非零和对策问题的图解法。设局中人甲的策略为 α_1 和 α_2，局中人乙的策略为 β_1 和 β_2。局中人甲的混合策略 x 和局中人乙的混合策略 y 分别为

$$x=(x,1-x),0\leqslant x\leqslant 1;\ y=(y,1-y),0\leqslant y\leqslant 1$$

即局中人甲以概率 x 和 $1-x$ 分别选择 α_1 和 α_2，局中人乙以概率 y 和 $1-y$ 分别选择 β_1 和 β_2。

按以下步骤可求出纳什均衡。

（1）建立以 x 为横轴，y 为纵轴的坐标系；

（2）画出当 y 变化时，使 e_1（x，y）达到最大值的 x 的曲线——曲线 1；

（3）画出当 x 变化时，使 e_2（x，y）达到最大值的 y 的曲线——曲线 2；

（4）根据两曲线的交点确定纳什均衡。

【例 9-10】 图解下列非零和对策

$$A=\begin{bmatrix}(3,2) & (2,1)\\(0,3) & (4,4)\end{bmatrix}$$

解：（1）建立以 x 为横轴，y 为纵轴的坐标系，如图 9-1 所示。

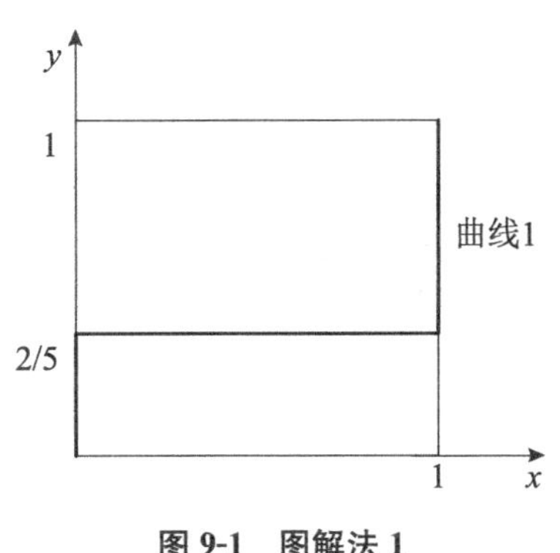

图 9-1　图解法 1

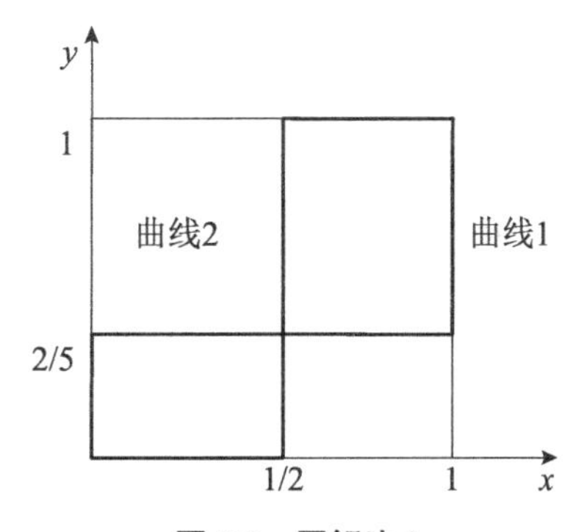

图 9-2　图解法 2

（2）局中人甲的支付期望值为

$$\begin{aligned}e_1(x,y)&=\sum_{i=1}^{2}\sum_{j=1}^{2}a_{ij}x_i y_j\\&=3xy+2x(1-y)+0(1-x)y+4(1-x)(1-y)\\&=x(5y-2)+4-4y\end{aligned}$$

求当 y 在 [0，1] 区间变化时，使 e_1（x，y）达到最大值的 x。当 $0\leqslant y<2/5$ 时，使 e_1（x，y）达到最大值的 x 是 0；当 $y=2/5$ 时，使 e_1（x，y）达到最大值的 x 是区间 [0，1]；当 $2/5<y\leqslant 1$ 时，使 e_1（x，y）达到最大值的 x 是 1，画出相应的曲线 1，它是一条折线。

（3）局中人乙的支付期望值为

$$\begin{aligned} e_2(x,y) &= \sum_{i=1}^{2}\sum_{j=1}^{2} a'_{ij}x_i y_j \\ &= 2xy + 1x(1-y) + 3(1-x)y + 4(1-x)(1-y) \\ &= y(2x-1) + 4 - 3x \end{aligned}$$

当 $0\leqslant x<1/2$ 时，使 e_2（x，y）达到最大值的 y 是 0；当 $x=1/2$ 时，使 e_2（x，y）达到最大值的 y 是区间 [0，1]；当 $1/2<x\leqslant 1$ 时，使 e_2（x，y）达到最大值的 y 是 1，画出相应的曲线 2，它也是一条折线。这两条曲线一共有三个交点。这三个交点构成的局势

$$(x^*,y^*) = [(x^*,1-x^*),(y^*,1-y^*)]$$

能同时满足平衡条件

$$e_1(x^*,y^*) \geqslant e_1(x,y^*), e_2(x^*,y^*) \geqslant e_2(x^*,y)$$

（4）图 9-2 中三个交点对应着三个纳什均衡，其中 $x^*=$（1/2，1/2），$y^*=$（2/5，3/5）为有效解。

交点 $x=0$，$y=0$ 对应的纳什均衡为 $x^*=$（0，1），$y^*=$（0，1），对策值为（4，4）；交点 $x=1/2$，$y=2/5$ 对应的纳什均衡为 $x^*=$（1/2，1/2），$y^*=$（2/5，3/5），对策值为（12/5，5/2）；交点 $x=1$，$y=1$ 对应的纳什均衡为 $x^*=$（1，0），$y^*=$（1，0），对策值为（3，2）。

9.3.2 二人有限非零和合作对策

有些对策问题，如果采用合作的方式，则可能是双方收益好于不合作的情况。还是以 2×2 的对策问题为例，局中人甲、乙的纯策略分别为 α_1，α_2 和 β_1，β_2。所谓合作，是指双方约定以概率 p_{ij} 选择策略对（α_i，β_j），即分别以概率 p_{11}，p_{12}，p_{21}，p_{22} 选择策略对（α_1，β_1），（α_1，β_2），（α_2，β_1），（α_2，β_2）。此时，双方的期望支付分别为：

$$u = e_1(x,y) = \sum_{i=1}^{2}\sum_{j=1}^{2} p_{ij}\, a_{ij} \tag{9-30}$$

$$v = e_2(x,y) = \sum_{i=1}^{2}\sum_{j=1}^{2} p_{ij}\, a'_{ij} \tag{9-31}$$

其中

$$\sum_{i=1}^{2}\sum_{j=1}^{2} p_{ij} = 1, 0 \leqslant p_{ij} \leqslant 1$$

对于二人有限非零和对策的双矩阵

$$A = \begin{bmatrix} (a_{11},a'_{11}) & (a_{12},a'_{12}) \\ (a_{21},a'_{21}) & (a_{22},a'_{22}) \end{bmatrix}$$

在合作时，双方收益在二维平面上的所有点构成的区域

$$H=\left\{(u,v)\mid(u,v)=\sum_{i=1}^{2}\sum_{j=1}^{2}p_{ij}(a_{ij},a_{ij}'),\sum_{i=1}^{2}\sum_{j=1}^{2}p_{ij}=1,0\leqslant p_{ij}\leqslant 1\right\}\quad(9\text{-}32)$$

称为收益区域。它是由纯局势下收益的点为顶点构成的凸多边形（凸集），表示在合作情况下，两个局中人的收益的变化范围。

定义 9.7　若两对收益 $(u,\ v)$ 和 $(u',\ v')$，满足

$$u'\geqslant u,\ v'\geqslant v,\ (u',\ v')\neq(u,\ v),$$

则称 $(u,\ v)$ 被 $(u',\ v')$ 共同优超。

定义 9.8　若一对收益 $(u,\ v)$ 不被其他任何收益共同优超，则称 $(u,\ v)$ 为帕累托（Preto）收益。

定义 9.9　对于二人有限非零和对策，称

$$v_1=\max_{x\in s_1^*}\min_{y\in s_2^*}e_1(x,y)\qquad v_2=\min_{y\in s_2^*}\max_{x\in s_1^*}e_2(x,y)\quad(9\text{-}33)$$

分别为局中人甲和乙的最大最小解。

定义 9.10　称 $B=\{(u,\ v)\mid u\geqslant v_1,\ v\geqslant v_2\}$ 为协商集，其中 $(u,\ v)$ 为帕累托（Preto）解。

因此，协商集是指处于收益区域内，不被其他收益共同优超，且保证双方收益至少不小于其相应的最大最小解的收益点（又称现状点）所构成的集合，是两个局中人谈判协商过程中所能容许的范围。例如，如果合作的结果是局中人甲的收益小于其最大最小解 v_1，则局中人甲会认为他没有必要参加合作，因而谈判破裂。

【例 9-11】 考虑下列对策

$$A=\begin{bmatrix}(1,2) & (8,3)\\(4,4) & (2,1)\end{bmatrix}$$

将上述问题转化为针对局中人甲和乙的两个非零和对策矩阵，

$$A_1=\begin{bmatrix}1 & 8\\4 & 2\end{bmatrix},A_2=\begin{bmatrix}2 & 3\\4 & 1\end{bmatrix}$$

求解得局中人甲、乙的最大最小解分别为 $v_1=10/3$，$v_2=5/2$。

以 A 的四个元素为顶点，画出多边形 MNPQ，构成的区域即为收益区域，如图 9-3 所示。

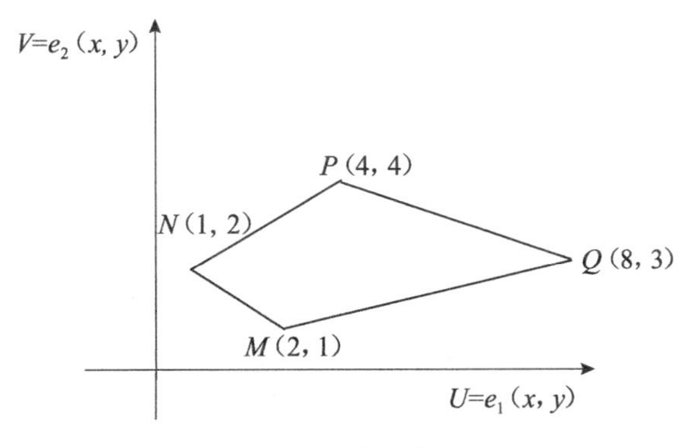

图 9-3　协商集

其中，线段 PQ 上的点既不被 MNPQ 区域中其他点共同优超，也大于现状点（10/3，5/2），因而 PQ 上的点所构成的集合

$$B=\{(u, v) \mid u+4v=20, 4\leqslant u\leqslant 8\}$$

便是协商集。合作型对策的解应从协商集中去寻找。

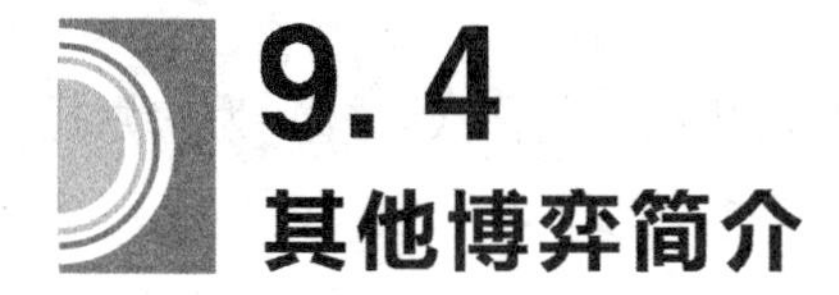

9.4 其他博弈简介

9.4.1 二人无限零和对策

如果将矩阵对策中局中人的策略集从有限集改为无限集，例如［0，1］区间，则变为二人无限零和对策问题。一般用 $G=\{S_1, S_2, H\}$ 表示一个二人无限零和对策，其中 S_1 和 S_2 至少有一个是无限集合；H 为局中人甲的支付函数，记

$$v_1=\max_{\alpha_i\in s_1}\min_{\beta_j\in s_2}H(\alpha_i,\beta_j)\quad v_2=\min_{\beta_j\in s_2}\max_{\alpha_i\in s_1}H(\alpha_i,\beta_j)\tag{9-34}$$

则 v_1 为局中人甲的至少赢得，v_2 为局中人乙的至多损失。显然有 $v_1\leqslant v_2$，当 $v_1=v_2$ 时，有如下定义：

定义 9.11 设 $G=\{S_1, S_2, H\}$ 为二人无限零和对策。若存在 $\alpha_{i^*}\in S_1$，$\beta_{j^*}\in S_2$，使得

$$V_G=\max_{\alpha_i\in s_1}\min_{\beta_j\in s_2}H(\alpha_i,\beta_j)=\min_{\beta_j\in s_2}\max_{\alpha_i\in s_1}H(\alpha_i,\beta_j)=H(\alpha_{i^*},\beta_{j^*})\tag{9-35}$$

则称 V_G 为对策 V 的值，$(\alpha_{i^*},\beta_{j^*})$ 为 V 在纯策略意义下的解，α_{i^*} 和 β_{j^*} 分别为局中人甲和乙的最优纯策略。

定理 9.11 $(\alpha_{i^*},\beta_{j^*})$ 为 $G=\{S_1, S_2, H\}$ 在纯策略意义下解的充要条件是：对任意 $\alpha_i\in S_1$，$\beta_j\in S_2$，有

$$H(\alpha_i,\beta_{j^*})\leqslant H(\alpha_{i^*},\beta_{j^*})\leqslant H(\alpha_{i^*},\beta_j)\tag{9-36}$$

【例 9-12】 设局中人甲和乙相互独立地从［0，1］中分别选择一个实数 x 和 y，局中人甲的支付函数为 $H(x, y)=2x^2-y^2$。对策中，局中人甲希望 H 越大越好，局中人乙则希望 H 越小越好。图 9-4 给出了 $H(x, y)$ 的等值线。通过对该图的分析，不难看出双方竞争的平衡局势为（1，1），即 $\alpha_{i^*}=1, \beta_{j^*}=1$ 分别为局中人甲和乙的最优纯策略，$V_G=1$。可以验证，对 $(\alpha_{i^*},\beta_{j^*})=(1, 1)$，式（9-36）成立。

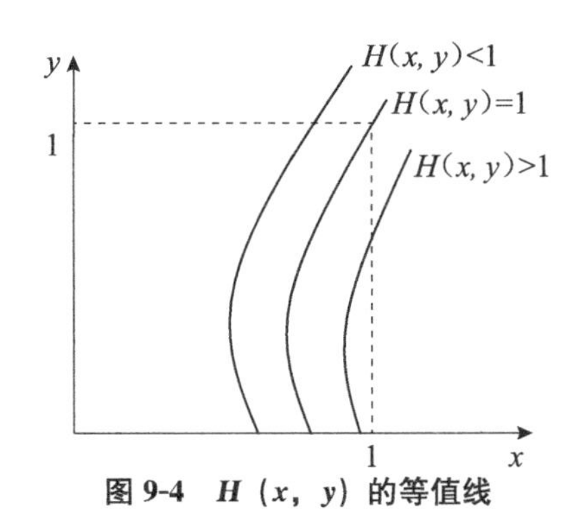

图 9-4　*H*（*x*，*y*）的等值线

由矩阵对策可知，式（9-35）一般难以实现，即对策 $G=\{S_1, S_2, H\}$ 在纯策略意义下一般无解。与矩阵对策相似，也可以定义二人无限零和对策的混合策略如下：

局中人甲和乙的混合策略 X 和 Y 分别为策略集 S_1，S_2 上的概率分布或分布函数，混合策略集记为 $\overline{X}$ 和 $\overline{Y}$。若用 x，y 表示纯策略，$F_X(x)$ 和 $F_Y(y)$ 表示混合策略 X 和 Y 的分布，则局中人甲的支付函数可以有以下四种形式：$H(x, y)$ 以及

$$H(X,y)=\int_{S_1} H(x,y)dF_X(x)$$

$$H(x,Y)=\int_{S_2} H(x,y)dF_Y(y)$$

$$H(x,y)=\int_{S_1}\int_{S_2} H(x,y)dF_X(x)dF_Y(y)$$

定义 9.12　如果有

$$V_G=\sup_X \inf_Y H(X,y)=\inf_Y \sup_X H(X,y) \tag{9-37}$$

则称 V_G 为对策值，称使式（9-37）成立的 (X^*, Y^*) 为对策 G 的解，X^* 和 Y^* 分别为局中人甲和乙的最优策略。

定理 9.12　(X^*, Y^*) 为对策 $G=\{S_1, S_2, H\}$ 的解的充要条件是：对任意 $X\in\overline{X}, Y\in\overline{Y}$，有

$$H(X,Y^*)\leqslant H(X^*,Y^*)\leqslant H(X^*,Y) \tag{9-38}$$

当 $S_1=S_2=[0, 1]$，且 $H(x, y)$ 为连续函数时，称这样的对策为连续对策。对于连续对策而言，局中人甲和乙的混合策略为 $[0, 1]$ 区间上的分布函数。记 $[0, 1]$ 区间上的分布函数的集合为 D，则有

$$H(X,Y)=\int_0^1\int_0^1 H(x,y)dF_X(x)dF_Y(y)$$

对连续对策，记

$$v_1=\max_{X\in D}\min_{Y\in D} H(X,Y)\quad v_2=\min_{Y\in D}\max_{X\in D} H(X,Y)$$

定理 9.13　对任何连续对策，一定有 $v_1=v_2$。

证明略。

9.4.2 多人合作对策

合作对策是指在对策过程中，局中人可以事先商量、协调他们的策略，每个局中人根据协调情况选择策略进行对策，结束后再重新分配这些局中人所得收益的总和。在 n 人对策中，可以形成一个或多个联盟，每一个联盟的目的是对付该联盟之外的局中人或其他联盟，而使本联盟成员的收益之和达到最大。

n 人对策需要研究两个主要问题：一是哪些局中人可能形成联盟；二是联盟成员之间如何进行利益分配。

用 $N=1, 2, \cdots, n$ 表示局中人集合。其中有若干个局中人组成联盟 S（S 为 N 的子集），设联盟中各成员 i 的（混合）策略集为 S_i，则联盟 S 将以一个整体出现而采取一个整体的策略 x，联盟 S 的策略集 x 定义为

$$x_S = \prod_{S_i \in S} S_i$$

其中 Π 为笛卡尔积。

如果联盟 S 以外的其他所有局中人组成另一个联盟 $N—S$，则联盟 S 将以整体策略 x 来对付联盟 $N—S$ 的整体策略 y，其中 $y\in y_{N-S}$，y_{N-S} 为 $N-S$ 的策略集。因此，这种情况类似于 S 和 $N—S$ 之间的二人非合作型对策。

因为我们把联盟 S 当作一个假想的“局中人”来看待，因此必须设计一个指标来衡量联盟的整体效果，这个指标便是特征函数。

定义 9.13 对局中人的每个子集 S，设定某函数 $v(S)$，其值为当 S 中的局中人组成一个联盟时，不管 S 以外的局中人采取何种策略，联盟 S 通过协调其成员的策略保证能达到的最大收益值。一般地，

$$v(S) = \max_{x \in x_S} \min_{y \in y_{N-S}} \sum_{i \in S} e_i(x, y)$$

其中 $e_i(x, y)$ 为局中人 i 的收益，称 $v(S)$ 为 n 人对策的特征函数。

这里，实际上是把合作对策看成是联盟 S 与 $N—S$ 的二人非合作型对策，对 S 内成员的收益 e_i 之和取最大最小值。

定义 9.14 定义空集的特征值为 0，即 $v(\varnothing)=0$。

定义 9.15 如果 S 和 T 为 N 中的两个互不相同的联盟（$S\cap T=\{\varnothing\}$），且满足

$$v(S\cup T) \geqslant v(S) + v(T) \tag{9-39}$$

则称特征函数为超可加函数。

式（9-39）表示：如果两个联盟 S 和 T 组成更大的联盟 $S\cup T$，则其收益不小于 S 和 T 各自的收益之和。

定义 9.16 如果 $S\cap T=\{\varnothing\}$，$v(S\cup T)=v(S)+v(T)$，则称特征函数 v 具有可加性，满足可加性的对策称为非本质对策，否则称为本质对策。

若一个 n 人对策属于非本质对策，则说明合作与不合作无甚差异，即无须合作。故在

合作对策中一般考虑本质对策。局中人集合 N 和特征函数 v 可以定义一个多人合作对策 $\langle N, v\rangle$。

联盟成员之间如何进行利益分配是多人合作对策问题需要重点研究的一个内容。1953 年，学者 Shapley 提出了求解多人合作对策问题的一种公理化方法，即 Shapley 值法。Shapley 值是解决多人合作对策收益分配的重要方法之一。

定义 9.17 对于多人合作对策 $\langle N, v\rangle$，$v(S)=v(S\cap T)$，$\forall S\in 2^N$，则称 T 为博弈 $\langle N, v\rangle$ 的承载（carrier）。

定义 9.18 设 $\langle N, v\rangle$ 为多人合作对策，运算 π 是对 $N\triangleq\{1,2,\cdots,n\}$ 的置换。$\langle N, \pi v\rangle$ 为一个新的联盟对策，记作 $\langle N, u\rangle$，则称 $\langle N, u\rangle$ 为 $\langle N, v\rangle$ 的置换对策。对于任意的 $S=\{i_1, i_2, \cdots, i_s\}$，有 $u[\pi(i_1), \pi(i_2), \cdots, \pi(i_s)]=v(S)$。

定理 9.14 对于给定的 N，在集合 $\Gamma=\{v\mid\langle N,v\rangle\}$ 上存在唯一的映射 $\varphi:\Gamma\rightarrow R^n$，$\varphi=\{\varphi_1,\cdots,\varphi_n\}$，满足以下三条公理：

（1）有效性公理。若 S 是 v 的承载，则 $\sum\limits_{i\in S}\varphi_i[v]=v(S)$

（2）对称性公理。对 N 的任何置换及 $i\in N, \varphi_{\pi(i)}[\pi v]=\varphi_i[v]$

（3）可加性公理。对任何 $u,v\in\Gamma$ 有 $\varphi_i[u+v]=\varphi_i[u]+\varphi_i[v]$，并且

$$\varphi_i[v]=\sum_{T\subseteq N}\frac{(|T|-1)!(n-|T|)!}{n!}(v(T)-v(T-\{i\}))$$

上式中，$i=1,\cdots,n$，称 φ 为 Shapley 值，称其每个分量为 Shapley 指数。定理 9.14 就是 Shapley 值定理。

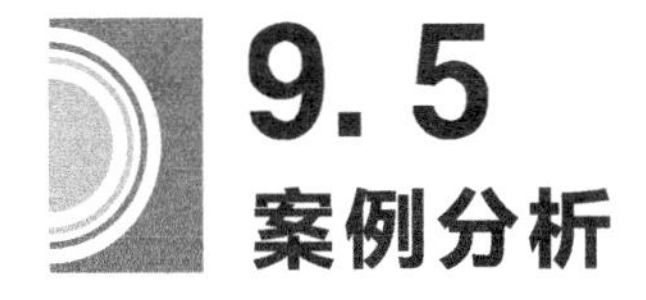

9.5 案例分析

扫描此码

深度学习

本章小结

本章对博弈论的中心问题：什么是对策的解、解的存在性及如何求解，分别在二人有限零和对策、二人有限非零和对策、二人无限零和对策和多人合作对策中进行了介绍和探

讨。并通过环境管理中的费用分摊、供应链合作伙伴评价小组的权力指数分配、智猪博弈等案例说明了对策论在管理经济等领域的应用。

思考与习题

1. 举出几个可以归结为下列对策模型的例子。

(1) 二人有限零和对策；(2) 二人有限非零和对策；

(3) 二人无限零和对策；(4) 多人合作对策。

2. 假定美国和墨西哥这两个国家认为，采取不同的贸易政策会使两国取得如下表所示的关税收益（单位：亿美元）。

关税收益

		墨西哥	
		低关税	高关税
美国	低关税	250，250	100，300
	高关税	300，100	200，200

试回答：(1) 美国和墨西哥的最佳策略分别是什么？为什么？

(2) 美国和墨西哥贸易政策的纳什均衡是什么？

(3) 1993 年美国国会通过了北美自由贸易协定。根据这个协定，美国和墨西哥一致同意降低关税。根据上表所示的结果能证明这种贸易政策方法正确吗？

3. 设矩阵对策 $G=\{S_1, S_2, A\}$ 有两个解 (X^1, Y^1) 和 (X^2, Y^2)，试证明 (X^1, Y^2) 和 (X^2, Y^1) 也是解，并且使对应的对策值相等。

4. 给定 2×2 阶的矩阵对策 $A=\begin{bmatrix} a & b \\ c & d \end{bmatrix}$，在纯策略意义下没有解，试证明它的最优解和对策值分别为：

$$\left[\left(\frac{d-c}{a+d-b-c},\frac{a-b}{a+d-b-c}\right),\left(\frac{d-b}{a+d-b-c},\frac{a-c}{a+d-b-c}\right)\right]$$

$$V=\frac{ad-bc}{a+d-b-c}$$

5. 下列矩阵为局中人甲的支付矩阵，请先按优超原则简化，再求解。

(1) $\begin{bmatrix} 5 & 7 & -6 \\ -6 & 0 & 4 \\ 7 & 8 & -5 \end{bmatrix}$　　(2) $\begin{bmatrix} -2 & 12 & -4 \\ 1 & 4 & 8 \\ -5 & 2 & 3 \end{bmatrix}$

(3) $\begin{bmatrix} 3 & 5 & 4 & 2 \\ 5 & 6 & 2 & 4 \\ 2 & 1 & 4 & 0 \\ 3 & 3 & 5 & 2 \end{bmatrix}$　　(4) $\begin{bmatrix} 2 & 7 & 2 & 1 \\ 2 & 2 & 3 & 4 \\ 3 & 5 & 4 & 4 \\ 2 & 3 & 1 & 6 \end{bmatrix}$

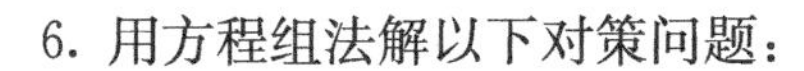

6. 用方程组法解以下对策问题：

$$A=\begin{bmatrix}1 & 3\\4 & 2\end{bmatrix}$$

7. 用线性规划方法解以下对策问题：

(1) $\begin{bmatrix}2 & 0 & 2\\0 & 3 & 1\\1 & 2 & 1\end{bmatrix}$　　(2) $\begin{bmatrix}-1 & 2 & 1\\1 & -2 & 2\\3 & 4 & -3\end{bmatrix}$

8. 考虑一对策，其特征函数如下所示，求 Shapley 值。

$v(\{1\})=4, v(\{2\})=v(\{3\})=0, v(\{1,2\})=5,$

$v(\{1,3\})=7, v(\{2,3\})=6, v(\{1,2,3\})=10$。

管理决策评价

本章学习目的

- 了解决策评价的概念、特点、相关理论和程序步骤；
- 熟练掌握德尔菲法、层次分析法等管理决策的评价方法；
- 了解各种评价方法的适用范围，并能够使用相应软件工具对实际系统进行评价。

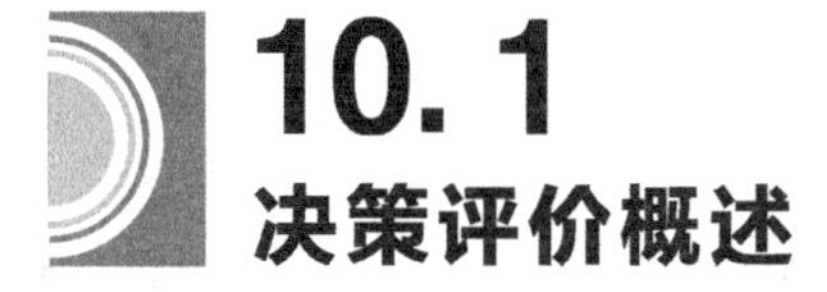

10.1 决策评价概述

10.1.1 决策评价的概念

决策评价，就是根据事先确定的评价目标，通过资料的收集和提炼，采用恰当的评价方法，从技术和经济等方面对各种备选方案的价值属性进行评定和排序，提供给管理决策者进行方案选择。

一般来说，系统评价具有以下特点：

1. 评价目标的多样性

如果被评价的系统是一个比较简单的系统，评价的目标是确定而单一的，其评价工作相对来说容易进行。然而，系统工程研究的问题一般非常复杂，多为复杂的大系统，其价值属性是多方面的，具有多目标、多指标属性。因此，在对其进行系统评价时，评价的目标和指标具有层次结构性。正是由于系统方案具有多个不同的属性，因此一般不能基于一种指标的优劣进行决定。在对系统方案进行比较与选优的时候，评价指标体系的设计要合理，其权重分配要科学；指标的评分标准（评语等级）的设置要做到客观、量化、可操作性强；确定其优劣次序时，常常需要从多个不同的侧面加以评价，这就需要进行系统性的分析与评估。

2. 定性指标的主观性影响

度量系统价值的评价指标不仅有定量的指标，而且还有定性的指标。对于定量指标，通过指标的实际取值和评价标准的比较，容易客观地得出评价方案优劣的顺序。但对于定性指标的评价，由于没有明确的数量表示，一般根据评价专家的主观感觉和经验进行打分评测，因此是主观性很强的评价。评价信息的全面性与准确性受评价人员的知识水平、认识能力、个人经验和偏好的制约，很难做到评价的客观、公正、科学、合理。

3. 评价方案各有优势与不足

系统评价一般是多指标、多方案评价，一类评价指标可能是取值越大越好，另一类指标可能是取值越小越好，各指标的量纲可能也不一致，各方案同一指标的取值又不完全相等，从而造成了无法直接比较方案优劣的情况。相对于某一个评价指标，甲方案可能最好，但相对于另一个评价指标，乙方案可能最佳。正因为评价方案各有优势与不足，所以建立评价样本值矩阵的流程要科学，可以先召开研讨会，让评价人员能够理解评价指标的含义及相应的评分准则，以提高评分的可信度，但这样也增加了系统评价的难度。

4. 人的价值观起主导作用

评价是由人来进行的，评价方案以及指标的选择都是由人确定的，因此人的价值观在评价中起很大的作用。评价本身就是人们依据一定的价值标准对评价客体的一种确定性认识。由于个人偏好不同，对同一个评价客体，不同人可能有不同的价值评定。而价值又是一个综合的概念，从经济意义上说，通常被理解为根据评价主体的效用观点对评价对象能满足某种需求的认识或估计。也就是说，评价对象的价值不是对象本身所固有的，而是由评价对象和它所处的环境条件的相互关系而规定的相对属性，是由评价主体确定的。评价主体因评价时所代表的利益不同，所持的立场、观点和标准将受到相应的影响，对价值属性的认识和估计就会持一定的态度和观点。因此，评价主体选择要恰当，应根据具体情况分组，设立相应的评价人员权重。

系统评价必须运用现代管理的理论和技术，采用科学、系统、综合的评价思想、方法和手段，才能进行客观、公正的评价。系统评价应遵循以下原则。

（1）评价的客观性原则。评价是决策的前提，评价的核心是“度量”，而决策的核心任务是“选择”，评价结果的质量直接影响着决策的水平。为此，评价必须客观、公正地反映事实。这就要求在评价时必须注意以下几点：

①评价资料的真实性、全面性和可靠性；

②评价人员的代表性和各类专家的比例；

③评价人员能够自由发表意见，从而消除评价人员的倾向性。

（2）方案的可比性原则。一般情况下，为实现某一目的，总会有几种可以采取的方案或手段，这些方案彼此之间可以相互替换，故称为替代方案或可行方案。因此，评价方案所实现的基本目标和功能要有可比性和一致性，评价所采用的指标和标准也应基本相同。

（3）指标的系统性原则。通过系统方案的目标分析，将系统目标分解为一系列具体的分目标（评价指标），以便将系统总目标落到实处。也就是说，系统目标的实现程度需要用不同的评价指标来度量。为了衡量和分析系统目标的实现情况，就需要将评价指标按属性归类分层排列，建立评价指标体系，进行多目标（多指标）评价。只有在对各种指标进行综合衡量后，才能做出正确的评价。因此，为了保证评价的科学可靠，评价指标应尽可能地全面反映被评价问题的主要方面。此外，评价指标还应与国家的方针政策及法律的要求相一致。

（4）方法的综合性原则。系统评价要运用多种方法和工具对系统的各个侧面进行综合评价，充分发挥各种方法和手段的综合优势。尤其应注意将定性评价方法与定量评价方法结合使用，定性评价是定量评价的基础，定量评价是定性评价的量化和具体化。只有遵循“定性→定量→定性”的评价思路，在定性评价的基础上，进行方案的量化测评与排序，然后再进行定性解释，使两者有机结合，为系统的综合评价提供全面分析的思路，才能取得合理的系统评价信息。

10.1.2 决策评价的步骤

决策评价的步骤如图 10-1 所示。

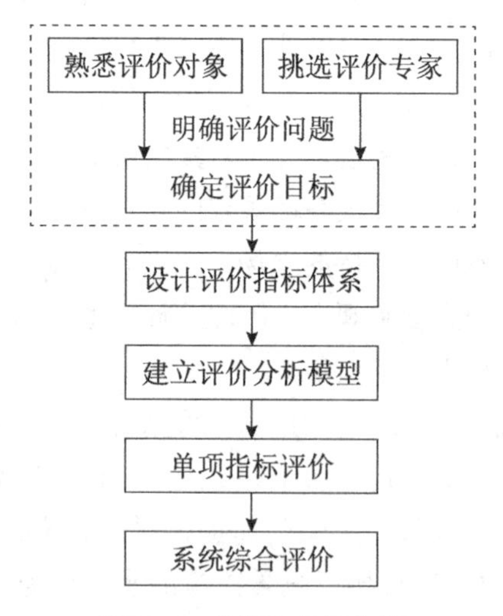

图 10-1 决策评价的步骤

1. 明确评价问题

为了进行科学的定量评价，首先应明确评价问题：确定评价目标、熟悉评价对象、挑选评价专家；根据评价的目标，收集有关的资料和数据，对评价对象涉及的各个要素及性能特征进行全面分析；对各系统评价方案进行简要说明，使各方案的特征清晰明了，以便评价专家掌握。

2. 设计评价指标体系

确定指标权重。根据系统目标分析所确立的系统目标，按照目标—功能展开，形成目标分解体系，再将各项目标抽象成相应的指标，构建评价指标体系，也就是说，评价指标体系是根据评价要求选择的多个评价指标的集合。首先，选择过程要注意全面性与可操作性的关系。指标数量多，反映情况全面，但评价过程太烦琐，会给评价造成困难。在能基本满足评价要求和给出决策所需信息的前提下，应尽量减少指标个数。其次，要注意各评价指标之间的相互关系，避免指标的重复和二义性。此外，在可能的情况下，尽可能定量化，以减少评价过程中的主观性和片面性。最后，指标设计要成体系，分层排列，具有层次性，以便于分类研究。

不同的评价指标对系统评价总目标的贡献是不同的，即评价指标的重要程度存在差异。指标权重是以定量方式反映的各项评价指标在管理系统总目标中所占的比重。既要确定各大类指标的权重，又要确定单项评价指标相对于大类指标的相对权重。确定权重的意义在于：首先，能解决指标之间的可加性问题；其次，能保证指标之间重要程度的一致性，避免指标间的逻辑混乱现象。如甲比乙优，乙比丙优，则甲比丙优，才符合逻辑；如果说丙又比甲优，则会出现逻辑混乱。权重的确定是管理系统综合评价中难度较大的一项工作，往往需要从整体上多次调整、反复归纳综合才能完成。可以应用的方法有：逐对比较法、关联矩阵法、层次分析法等。

3. 建立评价分析模型

建立评价分析模型。系统评价的方法很多，如德尔菲法、层次分析法、模糊综合评价法等。每种评价方法都有自身的适应性，可以用于解决某一类评价问题，因此根据评价目标、对象和评价指标的特点，需要选择恰当的评价方法进行评价。一旦评价方法选定，即可基于该方法建立评价分析模型，使评价过程程序化、规范化。

4. 单项指标评价

进行单项指标评价能够查明各项评价指标的实现程度（实现值）。如果评价问题比较复杂，可以分为大类指标和单项指标两个层次，如经济属性指标中包括成本、利润、税金等多个单项指标。由于评价指标的极性（指标值越大越好为极大值极性，越小越好为极小值极性）或量纲不统一，因此应按照一定法则进行极性变换和无量纲化处理，以统一极性和量纲，达到指标实现值的规范化。然后再与指标的评价标准比较，评定系统方案在该指标上的价值大小或所属等级。需要指出的是：单项评价不能解决最优方案的判定问题，只有综合评价才能判定最优方案或方案的优先顺序。进行单项指标评价后，应将评价结果进行阶段性检验或验证，若验证不通过则需要对先前步骤进行修正。

5. 系统综合评价

系统综合评价是从系统整体观念出发，在各单项指标评价的基础上，按照一定的综合法则，将评价系统各个指标的评价值合成在一起，得到一个整体性的综合评价值，从整体上对各备选方案进行排序，生成评价报告并提交给管理决策。对于三层指标体系而言，一般包括两个层次的综合：一是将单项指标的评价结果综合成各大类指标的价值；二是将各大类指标的评价结果综合成系统整体价值。综合评价后，也需要对评价结果进行检验或验证，发现上游步骤存在的问题并进行修正。

10.1.3 评价指标体系的建立

系统评价指标体系是系统评价的关键要素，它是由若干个单项评价指标组成的整体，它反映出所要解决问题的各项目标要求。指标体系要实际、合理、科学，能为有关人员和部门所基本接受，因此需要采用科学的方法去建立所需要的评价指标体系。

评价指标体系一般由系统的属性指标和人们对系统的要求指标组成，属性指标要根据具体的物理对象确定，而人们对系统要求的指标体系通常包括以下一些指标。

（1）政策性指标。政策性指标包括政府的方针、政策、法令，以及法律约束和发展规划等方面的要求。

（2）技术性指标。技术性指标包括产品的性能、寿命、可靠性、安全性等，项目的地质条件、设备、设施、建筑物、运输等技术指标要求。

（3）经济性指标。经济性指标包括方案成本（有条件时应考虑生命周期成本，即包括制造成本、使用成本和维修成本等）、利润和税金、投资额、流动资金占用量、回收期、建设周期，以及地方性的间接收益等。

（4）社会性指标。社会性指标包括社会福利、社会节约、综合发展、就业机会、污染、生态环境等。

（5）资源性指标。如项目中的物资、人力、能源、水源、土地条件等，就是资源性指标。

（6）时间性指标。如项目进度、时间节约、试制周期等，就是时间性指标。

上述 6 个方面是指一般情况下可能要求考虑的指标大类。在具体条件下，选择评价指标时应注意以下几点：

（1）评价指标不能超出系统边界，必须在评价目的和目标有关的范围内来进行选择，选择的评价指标必须与评价目的和目标密切相关。这样才能保证选择的评价指标能确切地反映评价系统。

（2）评价指标应当构成一个完整的体系，全面地反映所需评价对象的各个方面。

（3）评价指标的大类和数量。指标范围越宽，指标数量越多，方案之间的差异就越明显，也越有利于判断和评价；同时，确定指标的大类和指标的重要程度也越困难，因而歪曲方案本质特性的可能性也越大。因此，指标大类和数量的确定是很关键的，经验表明，指标大类最好不超过 5 个，总的评价指标数不超过 20 个。此外，不一定要把所有的因素都量化成评价指标，而应该选择主要的、能反映系统或系统方案优劣的因素，舍弃无关紧要的因素。

（4）评价指标间的相互关系要明确，避免重复性指标。对于某些有因果关系的指标，可通过解释结构模型等系统分析方法，取根源层面的指标。对于存在相关关系的指标，可采用主成分分析、因子分析等方法剔除相关关系再进行评价。

10.2 层次分析法

层次分析法（analytical hierarchy process，AHP）是美国学者萨蒂（Saaty）在20世纪70年代提出的。它是一种定性分析与定量分析相结合的评价决策方法。这种方法把复杂问题分解为若干有序层次，并根据对一定客观事实的判断就每一层次的相对重要性给予定量表示，利用数学方法确定出表达每一层次的全部元素相对重要性次序的数值，并通过对各层次的分析导出对整个问题的分析。AHP的特点是：分析思路清楚，可将分析人员的思维过程系统化、数学化和模型化；分析时所需的定量数据较少，但要求对问题的本质、包含的因素及其内在关系分析清楚；可用于多准则、多目标问题和其他各类问题的决策分析。

系统评价对象常常处于复杂的社会、经济系统之中，大都包含政治、经济、技术和生态环境等诸方面的因素。对于这种复杂系统的分析评价，传统上是采用数学建模的方法，但是，这种方法有严重的缺陷。首先，当人们期望必须建立大而复杂的数学模型对问题进行全面、精确、深入的分析时，往往需要付出巨大的代价，还常常有陷入模型“泥潭”的危险；其次、有些因素特别是对人们判断起作用的因素，是很难在数学模型中反映出来的；最后，不同的因素对问题的分析有着不同的重要性，如何将这些因素条理化、层次化，并确定不同因素相对重要性的权值或次序，是数学建模方法不能解决的。许多社会的、经济的以及科学管理的问题分析与决策都可以看作某种意义下的排序问题。因此，迫切需要寻找一种能把问题的内在层次与联系进行量化并能对系统的各替代方案进行排序的方法。正是在这种背景下，层次分析法被提出来，并得到了广泛的应用。

10.2.1 AHP的基本原理

AHP是通过分析复杂问题包含的因素及其相互联系，将问题分解为不同的要素，并将这些要素归并为不同的层次，从而形成多层次结构；在每一层次可按某一规定准则，对该层要素进行逐对比较而建立判断矩阵，然后通过计算判断矩阵的最大特征值和正交化特征向量，得出该层要素对于该问题的权重；在这个基础上计算出各层次要素对于总体目标的组合权值，从而得出不同设想方案的权值，为选择最优方案提供依据。

层次分析法将决策者的思维过程数学化，它提供了一种能够综合人们不同的主观判断并给出具有数量分析结果的方法，最终把非常复杂的系统研究简化为各种因素间的成对比较和简单计算。由于层次分析法采用了成对比较的数量化标度方法，这就使其可以很方便地用于目前还没有统一度量标尺的社会、政治、科学管理等问题的分析中。

10.2.2 AHP 的基本步骤

应用层次分析法的具体步骤如下。

1. 明确问题

通过界定问题的范围和性质，分析问题所包含的要素和各要素之间的关系，才能明确要解决什么问题并提出具体的目标。

2. 建立多级递阶层次结构

根据对问题的了解和初步分析，将评价系统涉及的各要素按性质分层排列，可以根据类似于解释结构模型（ISM）等方法建立多级层次结构模型。最简单的层次结构可分为 3 级，如图 10-2 所示。第 1 级是目标层，该级是系统要达到的目标，一般情况下只有一个目标，如果有多个分目标，可以在下一级设立一个分目标层。第 2 级是准则层，该级列出了衡量达到目标的各项准则。如果某些准则还需具体化，即做进一步的解释说明，则可在下一级再设立一个准则层。第 3 级是方案（措施）层，该级排列了各种可能采取的方案或措施。不同层次的各要素间的关系用连线表示，如果要素间有连线，表示二者相关，否则表示不相关。

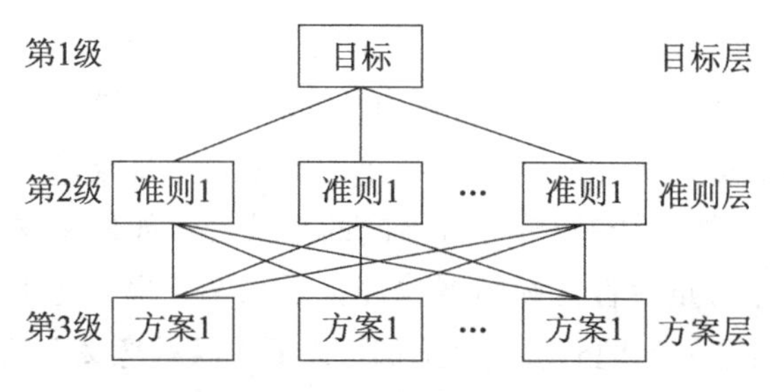

图 10-2 三级层次结构模型

常见的多级层次结构模型有以下 3 种类型：

（1）完全相关性结构。这种结构的特点是上一层次的要素与下一层次的所有要素完全相关。如图 10-3 所示，某企业拟购买一台新设备，希望设备功能强、价格低、维修容易，有 3 种型号设备供评选，而对于每一种型号都要用 3 个指标进行分析评价。也就是说，各层次间的要素都两两直接相关。

（2）完全独立性结构。其特点是上一层要素都各自有独立的、完全不同的下层要素。如图 10-4 所示即为一个完全独立性结构。

（3）混合结构。它是上述两种结构的结合，是一种既非完全相关也非完全独立的结构，如图 10-5 所示。

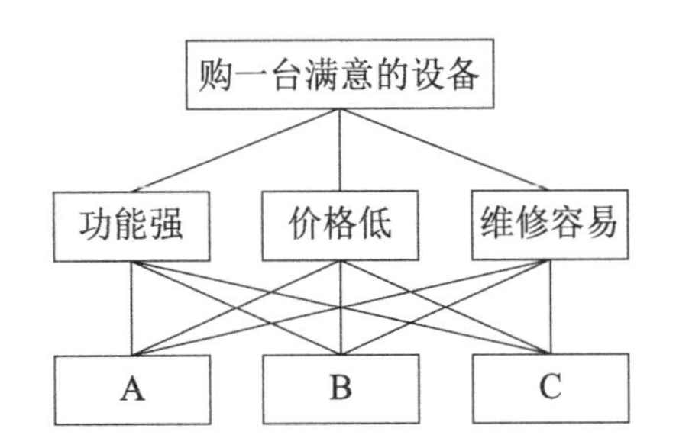

图 10-3 某企业购买设备方案的层次结构模型

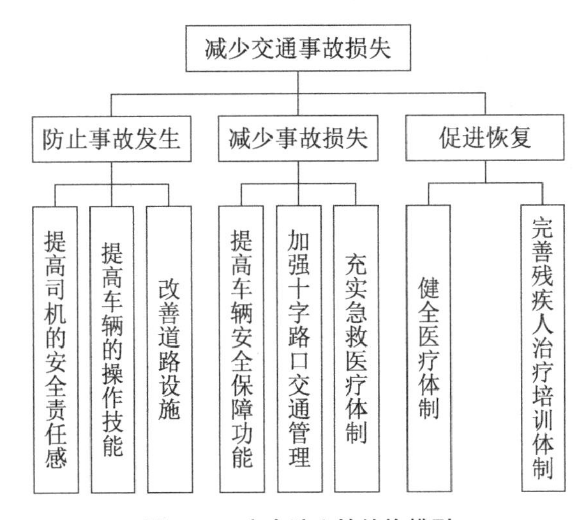

图 10-4 完全独立性结构模型

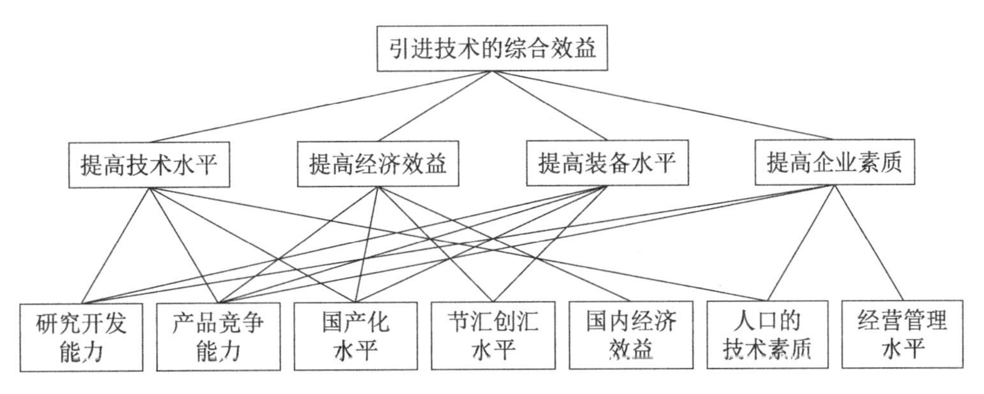

图 10-5 混合结构模型

3. 建立判断矩阵

判断矩阵是 AHP 的基本信息，也是进行相对重要度计算和层次单排序的依据。判断矩阵是以上一级的某要素 C 作为评价准则，通过对本级的要素进行两两比较来确定矩阵元素的。例如，以 C 为评价准则的有 n 个评价元素（指标），其判断矩阵形式如下：

表 10-1 判断矩阵

C	B_1	B_2	…	B_j	…	B_n
B_1	b_{11}	b_{12}	…	b_{1j}	…	b_{1n}
B_2	b_{21}	b_{22}	…	b_{2j}	…	b_{2n}
⋮	⋮	⋮	⋮	⋮	⋮	⋮
B_i	b_{i1}	B_{i2}	…	b_{ij}	…	b_{in}
⋮	⋮	⋮	⋮	⋮	⋮	⋮
B_n	b_{n1}	B_{n2}	…	b_{nj}	…	b_{nn}

判断矩阵 B 中的元素 b_{ij} 表示依据评价准则 C，要素 b_i 对 b_j 的相对重要性。b_{ij} 的值是根据资料数据、专家意见和评价主体的经验，经过反复研究后确定的。一般采用的尺度如下：

(1) 对 C 而言，b_i 比 b_j 极为重要，则 $b_{ij}=9$。

(2) 对 C 而言，b_i 比 b_j 重要得多，则 $b_{ij}=7$。

(3) 对 C 而言，b_i 比 b_j 重要，则 $b_{ij}=5$。

(4) 对 C 而言，b_i 比 b_j 稍重要，则 $b_{ij}=3$。

(5) 对 C 而言，b_i 比 b_j 同样重要，则 $b_{ij}=1$。

(6) 对 C 而言，b_i 比 b_j 稍次要，则 $b_{ij}=1/3$。

(7) 对 C 而言，b_i 比 b_j 次要，则 $b_{ij}=1/5$。

(8) 对 C 而言，b_i 比 b_j 次要得多，则 $b_{ij}=1/7$。

(9) 对 C 而言，b_i 比 b_j 极为次要，则 $b_{ij}=1/9$。

2，4，6 和 8 及其倒数，介于上述两相邻判断之间。

在建立判断矩阵时，要对评价系统的要素及其相对重要性有深刻了解，保证被比较和判断的要素具有相向的性质，具有可比性，在判断时，不能有逻辑上的错误。

对于购买设备的例子，如果 C 为购一台满意的设备，B_1 为功能强，B_2 为价格低，B_3 为维修容易。通过对 B_1，B_2 和 B_3 的两两比较后做出的判断矩阵 B 如下：

表 10-2 判断矩阵 B

	B_1	B_2	B_3
B_1	1	5	3
B_2	1/5	1	1/3
B_3	1/3	3	1

上述判断矩阵表明，该企业在设备的使用上首先要求功能强，其次要求维修容易，最后才是价格低。

衡量判断矩阵质量的标准是矩阵中的判断是否有满意的一致性，如果判断矩阵存在关系：

$$b_{ij}=b_{ik}/b_{jk}\quad i,\ j,\ k=1,\ 2,\ L,\ n$$

则称判断矩阵具有完全一致性，然而由于客观事物的复杂性和人们认识上的多样性，以及可能产生的片面性，要求每一个判断都具有一致性显然是不可能的，特别是对因素多、规模大的系统更是如此。为了保证应用AHP得到的结果基本合理，需要对判断矩阵进行一致性检验。这种检验通常是与相对重要度计算同时进行的。

4. 相对重要度计算和一致性检验

在建立了判断矩阵后，要根据判断矩阵计算本级要素相对上一级某一要素来讲，本级与之有联系的要素之间相对重要度的权值，即进行层次单排序。它是对层次所有要素相对最高层次而言的重要性进行排序的基础。

（1）相对重要度计算。判断矩阵 B 的最大特征根 λ_{max} 与其相应的特征向量 W 满足：

$$BW=\lambda_{max}W$$

其中 W 的分量（W_1，W_2，…，Wn）就是对应于 n 个要素的相对重要度，即权重系数。

常用的近似简便地计算权重系数的方法有和积法与方根法。

① 和积法，其步骤如下：

a. 对 B 按列规范化。

$$\bar{b}_{ij}=\frac{b_{ij}}{\sum_{i=1}^{n}b_{ij}} \qquad i,j=1,2,L,n$$

b. 按行相加得和数 $\overline{W}_i$ 。

$$\overline{W}_i=\sum_{j=1}^{n}\bar{b}_{ij}$$

c. 进行归一化处理，即得权重系数 W_i。

$$W_i=\frac{\overline{W}_i}{\sum_{j=1}^{n}\overline{W}_{ij}}$$

② 方根法，其计算步骤分为以下两步：

a. 对 B 按行元素求积，再求 $1/n$ 次幂。

$$\overline{W}_i=\sqrt[n]{\prod_{j=1}^{n}b_{ij}} \quad i,\ j=1,\ 2,\ \cdots,\ n$$

b. 归一化处理，即得权重系数 W_i。

$$W_i=\frac{\overline{W}_i}{\sum_{i=1}^{n}\overline{W}_i}$$

例如，某判断矩阵 B 为

$$B=\begin{bmatrix}1 & 2 & 1/3 & 3\\ 1/2 & 1 & 1/3 & 2\\ 3 & 3 & 1 & 4\\ 1/3 & 1/2 & 1/4 & 1\end{bmatrix}$$

用“和积法”计算权重系数：

首先，按列求和：$B_1=1+1/2+3+1/3=29/6$，同理可以算出 $B_2=13/2$，$B_3=$

23/12，$B_4=10$。

其次，将每一列进行归一化处理：

$B_{11}=1/(29/6)=6/29\approx0.207$，$B_{21}=(1/2)/(29/6)\approx0.103$，$B_{31}=3/(29/6)\approx0.621$，$B_{41}\approx0.069$；

同理可以分别计算出矩阵中其他元素的值，最终得到如下权重矩阵，

$$B=\begin{bmatrix}0.207 & 0.308 & 0.174 & 0.300\\ 0.103 & 0.154 & 0.174 & 0.200\\ 0.621 & 0.462 & 0.522 & 0.400\\ 0.069 & 0.077 & 0.130 & 0.100\end{bmatrix}$$

然后将权重矩阵的每一行相加之后进行归一化处理得到每个要素的权重系数：

$$\boldsymbol{W}=\begin{bmatrix}0.25\\ 0.16\\ 0.50\\ 0.09\end{bmatrix}$$

用“方根法”求权重系数：

计算判断矩阵每一行的几何平均数，$B_1=\sqrt[4]{1\times2\times(1/3)\times3}\approx1.189$，$B_2\approx0.760$，$B_3\approx2.449$，$B_4\approx0.452$。

然后归一化处理之后得到权重系数矩阵 W。

$$B=\begin{bmatrix}1.189\\ 0.760\\ 2.449\\ 0.452\end{bmatrix}\quad \boldsymbol{W}=\begin{bmatrix}0.25\\ 0.16\\ 0.50\\ 0.09\end{bmatrix}$$

(2) 一致性检验。如上所述，用两两比较得到的判断矩阵有可能自相矛盾，不可能具有完全一致性。那么存在多大的不一致，才不影响评价结果，使其可以被接受呢？这就是一致性检验要讨论的内容。

当判断完全一致时，应该有，即 $\lambda_{\max}=n$，其余特征根为 0。稍有不一致，则该等式不成立。因此，可以用 $\lambda_{\max}>n$ 或用 $\lambda_{\max}-n$ 来作为度量偏离一致性的指标。

定义：一致性指标 C. I. 为：

$$\text{C. I.}=\frac{\lambda_{\max}-n}{n-1}$$

C. I. 值越大，表明判断矩阵的一致性越差，否则一致性越好。一般情况下，若 C. I. $\leqslant0.10$，就认为判断矩阵具有可接受的一致性。

对于上例，其 $\lambda_{\max}$ 计算如下：

$$BW=\begin{bmatrix}1 & 2 & 1/3 & 3\\ 1/2 & 1 & 1/3 & 2\\ 3 & 3 & 1 & 4\\ 1/3 & 1/2 & 1/4 & 1\end{bmatrix}\begin{bmatrix}0.25\\ 0.16\\ 0.50\\ 0.09\end{bmatrix}=\begin{bmatrix}\lambda_1 & 0 & 0 & 0\\ 0 & \lambda_2 & 0 & 0\\ 0 & 0 & \lambda_3 & 0\\ 0 & 0 & 0 & \lambda_4\end{bmatrix}\begin{bmatrix}0.25\\ 0.16\\ 0.50\\ 0.09\end{bmatrix}=\lambda_W$$

$$\begin{bmatrix}0.25\lambda_1\\0.16\lambda_2\\0.50\lambda_3\\0.09\lambda_4\end{bmatrix}=\begin{bmatrix}0.997\\0.627\\2.060\\0.375\end{bmatrix}$$

解得 $\lambda_1=3.988$，$\lambda_2=3.919$，$\lambda_3=4.120$，$\lambda_4=4.167$

可得到该判断矩阵的一致性指标为 $\lambda_{max}=\lambda_4=4.167$，C. I. $=0.056<0.1$。

故判断矩阵计算所得结果的一致性可以被接受，即所得的相对重要度或权重系数可以被接受。

进一步，对于不同的判断矩阵，人们判断的一致性误差不同，其C. I. 值的要求也不同。阶数 n 越大，需要比较的要素就越多，人的思维分别能力降低，造成判断不一致的可能性就越大，C. I. 值也就越大。因此，对一致性指标 C. I. 的要求还应考虑到 n 的影响。为此，引入平均随机一致性比值 R. I. ，如表 10-3 所示。

表 10-3　平均随机一致性指标

阶数	3	4	5	6	7	8	9	10	11	12	13	14	15
R. I.	0.52	0.89	1.12	1.26	1.36	1.41	1.46	1.49	1.52	1.54	1.56	1.58	1.59

表 10-3 中给出的 R. I. 值是基于大量样本得到的 R. I. 推荐值。在使用时，对于一阶、二阶判断矩阵，由于过于简单而不必计算一致性。当 $n\geqslant 3$ 时，引入新的一致性指标 C. R.，令

$$\text{C. R.}=\text{C. I.}/\text{R. I.}$$

若C. R. <0.1，则认为判断矩阵具有可接受的一致性；当C. R. $\geqslant 0.1$时，表明判断矩阵的一致性不可接受，需要重新调整判断矩阵后再进行计算。如上例中，若考虑判断矩阵的阶数 n，则查表得 R. I. $=0.89$，C. R. $=$ C. I. /R. I. $=0.056/0.89=0.05<0.1$，一致性仍属于可接受范围。

为保证有较高的一致性，需要注意如下问题：

①在建立判断矩阵时，对于所判断的要素及其相对重要性要有深刻了解。由于要素之间有传递性，因此在判断时不能有逻辑上的错误。

②要保证被比较和判断的要素有相同的性质，并尽量避免要素之间的耦合关系。

③要注意可比要素的强度关系。例如，不能将一粒沙子和一座山相比。

5. 综合重要度的计算

在计算了各级要素的相对重要度以后，即可从最上级开始，自上而下地求出各级要素关于系统总体的综合重要度（也称系统总体权重），即进行层次总排序。综合重要度总是由最高级开始，依次往下递推计算的。因此，要计算某一级的综合重要度，必须先要知道其上一级的综合重要度。

假设上一级所有要素 A_1，A_2，…，A_m的层次总排序已定出，即它们关于系统总体的重要度分别为 a_1，a_2，…，a_m，则与 a_i对应的本级要素 B_1，B_2，…，B_n的相对重要度为：

$(b_1^i, b_2^i, \cdots, b_n^i)^T$。这里，若$B_j$与$A_i$无联系，则有$b_j^i=0$。

要素b_j的综合重要度计算公式为：

$$b_j = \sum_{i=1}^{m} a_i b_j^i$$

即其综合重要度是以上一级要素的综合重要度为权重的相对重要度的加权和。本级全部要素的综合重要度的计算方式如下：

a_i	A_1	A_2	…	A_m	
B_j	a_1	a_2	…	a_m	b_j
B_1	b_1^1	b_1^2	…	b_1^m	$b_j = \sum_{i=1}^{m} a_i b_j^i$
B_2	b_2^1	b_2^2	…	b_2^m	
⋮	⋮	⋮	⋮	⋮	
B_n	b_n^1	b_n^2	…	b_n^m	

10.2.3 AHP 法应用算例

某企业拟引进一条新的生产线，有四种类型的生产线可以选择。下面讲解如何应用层次分析法对四种类型的生产线进行排序。

1. 建立层次分析模型

从系统的角度引进生产线主要考虑价格、质量、生产率这三个准则，于是可建立层次分析模型如图 10-6 所示。

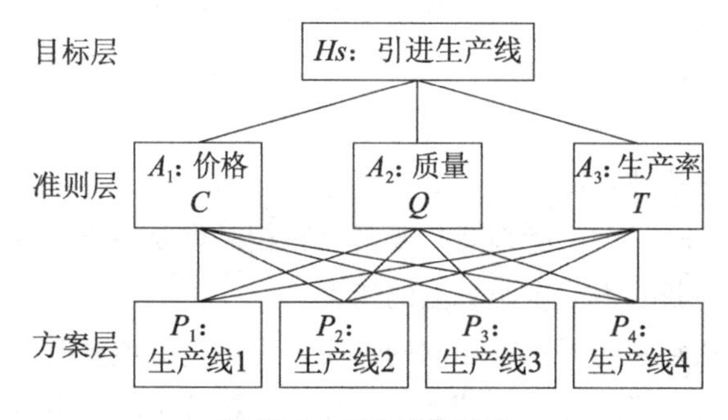

图 10-6 层次分析模型

2. 构建专家判断矩阵

参与层次分析的人员应是对研究对象富有经验并有判断能力的专家，他们应能对每一层次中各要素的相对重要性进行判断。合理构成判断矩阵是层次分析法的关键。评价专家们一致认为：生产线的质量比价格重要一些，而价格又比生产率略微重要，质量与生产率相比明显更为重要。根据这一判断结果与判断尺度构造的判断矩阵为：

Hs	A_1	A_2	A_3
A_1	1	1/3	3
A_2	3	1	5
A_3	1/3	1/5	1

3. 层次单排序

层次单排序是根据判断矩阵，通过计算相对重要度对本层次的各要素相对于上一层的某要素进行重要度排序。相对重要度是本层次的某一要素 Ai 对于上一层某要素 Hs 的重要性权值。计算相对重要度的方法是先求出判断矩阵的特征向量（W_1，W_2，…，W_n），特征向量的各个分量就是各要素对 Hs 的相对重要度，具体步骤如下：

$$\overline{W}_1=\sqrt[3]{1\times\frac{1}{3}\times 3}=1$$

$$\overline{W}_2=\sqrt[3]{3\times 1\times 5}=2.47$$

$$\overline{W}_3=\sqrt[3]{\frac{1}{3}\times\frac{1}{5}\times 1}=0.41$$

进行归一化处理后：

则各方案对 Hs 的相对重要度为（0.258，0.637，0.105）。

$$(AW)_i=\begin{pmatrix}1 & 1/3 & 3\\ 3 & 1 & 5\\ 1/3 & 1/5 & 1\end{pmatrix}\begin{pmatrix}0.258\\ 0.637\\ 0.105\end{pmatrix}=\begin{pmatrix}0.788\\ 1.941\\ 0.318\end{pmatrix}$$

$$W_1=\frac{1}{1+2.47+0.41}=0.258$$

$$W_2=\frac{2.47}{1+2.47+0.41}=0.637$$

$$W_3=\frac{0.41}{1+2.47+0.41}=0.105$$

4. 进行一致性检验

$$\begin{bmatrix}0.258\lambda_1\\ 0.637\lambda_2\\ 0.105\lambda_3\end{bmatrix}=\begin{bmatrix}0.788\\ 1.941\\ 0.318\end{bmatrix}$$

$\lambda_1=3.054,\lambda_2=3.047,\lambda_3=3.029$，所以最大特征根 $\lambda_{max}=\lambda_1=3.054$

$C.I.=(\lambda_{max}-n)/(n-1)=(3.054-3)/(3-1)=0.027$

$C.R.=0.027/0.52=0.052<0.1$

故判断矩阵 A 具有满意一致性，前面所计算的相对重要度是可以被接受的。

5. 层次总排序

在计算了各层要素对上一层的相对重要度后，即可从最上层开始，自上而下地求出当前层上各要素对于上一层次整体而言的综合重要度，即进行层次总排序。其计算过程

如表 10-4 所示。

表 10-4　层次总排序的计算过程

G	C_1	C_2	C_3	W_i^0	C. I.
C_1	1	1/3	3	0.258	0.027<0.10
C_2	3	1	5	0.636	
C_3	1/3	1/5	1	0.106	

C_1	P_1	P_2	P_3	P_4	W_i^1	C. I.
P_1	1	1/3	3	2	0.217	0.037<0.10
P_2	3	1	7	5	0.584	
P_3	1/3	1/7	1	1/3	0.065	
P_4	1/2	1/5	3	1	0.135	

C_2	P_1	P_2	P_3	P_4	W_i^2	C. I.
P_1	1	5	3	7	0.569	0.077<0.10
P_2	1/5	1	1/5	1/2	0.067	
P_3	1/3	5	1	3	0.266	
P_4	1/7	2	1/3	1	0.099	

C_3	P_1	P_2	P_3	P_4	W_i^3	C. I.
P_1	1	1/2	3	2	0.25	0.01<0.10
P_2	2	1	7	5	0.549	
P_3	1/3	1/7	1	1/2	0.075	
P_4	1/2	1/5	2	1	0.127	

C_i \ P_j	C_1	C_2	C_3	W_i
	0.258	0.636	0.106	
P_1	0.258×0.217=0.056	0.636×0.569=0.362	0.106×0.25=0.027	0.445
P_2	0.258×0.584=0.151	0.636×0.067=0.043	0.106×0.549=0.058	0.252
P_3	0.258×0.065=0.017	0.636×0.266=0.169	0.106×0.075=0.008	0.194
P_4	0.258×0.135=0.035	0.636×0.099=0.063	0.106×0.127=0.013	0.111

由以上所示各方案的相对重要性大小可知，第一种类型的生产线是最好的方案。通过上述结果还可得知，评价专家对于质量指标最为重视。进一步还可分析出每一方案在各指标的不同表现。例如，第一种方案在质量和价格指标上表现最好，第二种方案在生产率指标上表现最好，第三种方案在质量上表现较好，但在价格和生产率上表现最差。根据这些信息，层次分析法还可帮助管理人员诊断出待评价方案的主要问题所在，并探讨改进的可能性。

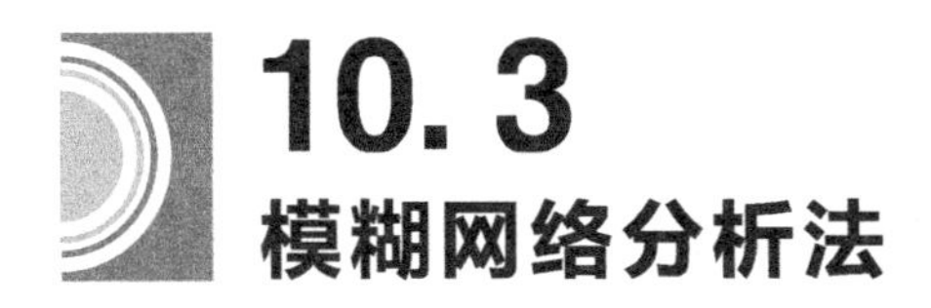

10.3 模糊网络分析法

AHP的核心是将系统划分层次，且只考虑上层元素对下层元素的支配作用。同一层次中的元素被认为是彼此独立的。这种递阶层次结构虽然给处理系统问题带来了方便，但同时也限制了它在复杂决策问题中的应用。在许多实际问题中，各层次内部元素往往是依存的，低层元素对高层元素也有支配作用，即存在反馈。此时系统的结构更类似于网络结构。网络分析法（ANP）正是适应这种需要，由AHP延伸发展得到的系统决策方法(Saaty，1996)。由于信息的不确定性或不完全性，很多指标或指标权重用一个确切的数来表示并不符合实际需要，用模糊数来表示更为恰当。学者们据此提出了模糊网络分析法(FANP)。

10.3.1 ANP结构

ANP允许可以量化或难以量化的多个指标并存，并考虑了不同层次的元素组及元素组内元素间具有的关联或反馈关系。因此，ANP比层次分析法更贴近现实地反映和描述决策问题。网络分析法把系统分为控制层和网络层。控制层一般包括决策问题的目标和决策准则，可以没有准则，但至少有一个目标；网络层包括受控制层支配的各元素组和内部元素，元素组之间以及内部元素之间相互影响或关联，形成网络结构。基本的ANP结构形式如图10-7示。所有的影响和关联关系在图中用直线箭头或循环箭头表示。

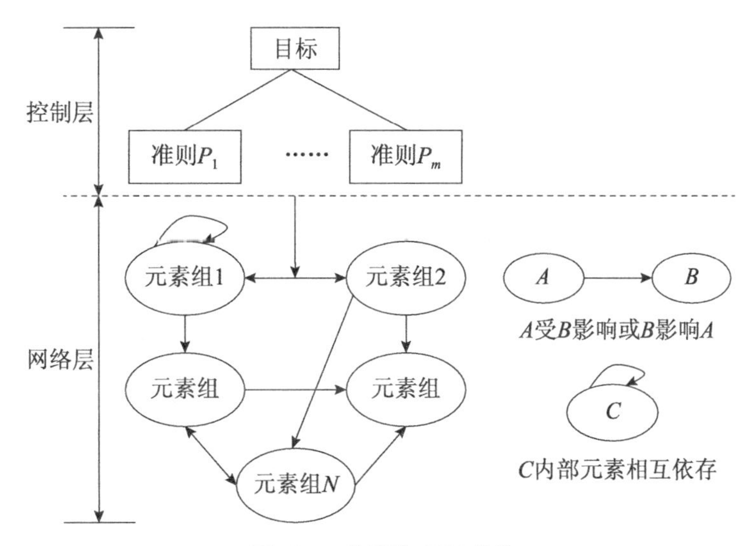

图10-7　典型的ANP结构

10.3.2 优势度

AHP的一个重要步骤就是在一个准则下，受支配元素进行两两比较，由此获得判断矩阵。但在ANP中被比较元素之间可能不是独立的，而是相互依存的，因而这种比较将以两种方式进行：

（1）直接优势度，给定一个准则，两元素对于该准则的重要程度进行比较。

（2）间接优势度。给出一个主准则和一个次准则，在主准则下对两元素就次准则的影响程度进行比较。例如，可通过甲、乙两成员在企业特定营销策略作用下的营销能力得出他们的间接优势度。

直接优势度适用于元素间相互独立时的比较，间接优势度适用于元素间相互依存时的比较。

10.3.3 ANP结构的超矩阵与加权超矩阵

设ANP的控制层中有元素 P_1，P_2，…，P_n，控制层下，网络层有元素 C_1，C_2，…，C_N，其中 C_i 中有元素 e_{i1}，e_{i2}，…，e_{in_i}，$i=1$，2，…，N。以控制层元素 P_s（$s=1$，2，…，m）为准则，以 C_j 中元素 e_{jl}（$l=1$，2，…，n_j）为次准则，元素组 C_i 中元素按其对 e_{jl} 的影响力大小进行间接优势度比较，即构造判断矩阵：

e_{jl}	e_{i1}	e_{i2}	…	e_{in_i}	归一化特征向量
e_{i1}					$w_{i1}^{(jl)}$
e_{i2}					$w_{i2}^{(jl)}$
⋮					⋮
e_{in_i}					$w_{in_i}^{(jl)}$

并由特征根法得排序向量（$w_{i1}^{(jl)}$，$w_{i2}^{(jl)}$，…）′，记 W_{ij} 为

$$W_{ij}=\begin{bmatrix} w_{i1}^{(j1)} & w_{i1}^{(j2)} & \cdots & w_{i1}^{(jn_j)} \\ w_{i2}^{(j1)} & w_{i2}^{(j2)} & \cdots & w_{i2}^{(jn_j)} \\ & & \vdots & \\ w_{in_i}^{(j1)} & w_{in_i}^{(j2)} & \cdots & w_{in_i}^{(jn_j)} \end{bmatrix}$$

这里 W_{ij} 的列向量就是 C_i 中元素 e_{i1}，e_{i2}，…，e_{in_i} 对 C_j 中元素 e_{j1}，e_{j2}，…，e_{jn_j} 的影响程度排序向量。若 C_j 中元素不受 C_i 中元素影响，则 $W_{ij}=0$。这样最终可获得 P_s 下，超矩阵 W：

$$W = \begin{array}{c} 1 \\ \vdots \\ n_1 \\ 1 \\ \vdots \\ n_2 \\ \vdots \\ 1 \\ \vdots \\ n_N \end{array} \begin{bmatrix} W_{11} & W_{12} & \cdots & W_{1N} \\ & & & \\ & & & \\ W_{21} & W_{22} & \cdots & W_{2N} \\ & & & \\ & & & \\ \vdots & & & \\ & & & \\ & & & \\ W_{N1} & W_{N2} & \cdots & W_{NN} \end{bmatrix}$$

$$1 \ \cdots \ n_1 \quad 1 \ \cdots \ n_2 \quad \cdots \quad 1 \ \cdots \ n_N$$

这样的超矩阵共有 m 个，它们都是非负矩阵，超矩阵的子块 W_{ij} 是列归一化的，但 W 却不是归一化的。为此以 P_s 为准则，对 P_s 下各组元素对准则 C_j 的重要性进行比较。

C_j	C_1	C_2	…	C_N	归一化特征向量
C_1					a_{1j}
C_2					a_{2j}
…					…
C_N					a_{Nj}

与 C_j 无关的元素组对应的排序向量分量为 0，由此可得加权矩阵 A 如下：

$$A = \begin{bmatrix} a_{11} & a_{12} & \cdots & a_{1N} \\ a_{21} & a_{22} & \cdots & a_{2N} \\ & & \vdots & \\ a_{N1} & a_{N2} & \cdots & a_{NN} \end{bmatrix}$$

对超矩阵 W 的元素加权，得 $\overline{w} = \overline{w_{ij}}$，其中

$$\overline{w_{i\ j}} = a_{ij} w_{i\ j}, \quad i=1, 2, \cdots, N; \ j=1, 2, \cdots, N$$

$\overline{w}$ 为加权超矩阵，其列和为 1，称为列随机矩阵。

10.3.4 基于 FANP 的建设项目选择决策模型

1. 建设项目选择评价指标体系

在咨询了相关企业、高校和科研院所该领域的专家，并在结合已有的研究成果的基础上，本书提出了改进的建设项目选择评价指标体系。以选择最佳的建设项目为目标，从拟投标项目的获利能力、风险性、业主情况和投标竞争度四个方面，考虑了各指标之间的相互影响和制约关系，建立了四个层次的评价指标体系，如图 10-8 所示。

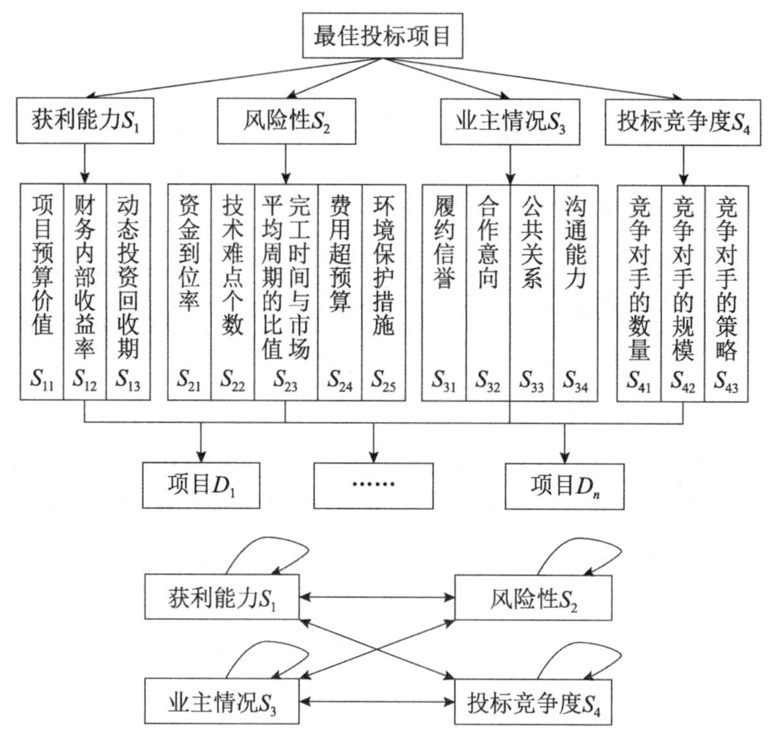

图 10-8 建设项目选择评价指标体系网络结构

第一层是决策问题，即选择最佳投标项目；第二层是准则层，包括四个准则：获利能力、风险性、业主情况和投标竞争度；第三层是指标层，包括 15 个指标；第四层是方案层，包括若干个候选方案。这四个准则内部具有相互影响关系。由于高收益伴随着高风险，项目的收益水平还会直接影响参与投标的竞争者数量；反过来风险也会影响项目的收益。因此，本文考虑了获利能力对风险性和投标竞争度的影响，风险性对获利能力的反馈作用。同时还考虑了业主情况对风险性的影响、投标竞争度对获利能力和业主情况的制约关系等。

2. 基于 FANP 的建设项目选择决策方法

基于 FANP 的建设项目选择决策方法步骤如下：

第一步： 建立选择最佳投标项目的评价指标体系网络结构，识别准则和指标之间的相互影响和反馈关系。

第二步： 建立准则/指标两两成对比较的判断矩阵，同时对拟投标项目进行评分。首先建立如表 10-5 所示的基于三角模糊数相对重要性的语言变量，表中最后一列表示相对重要性的倒数。如三角模糊数（2，3，4）表示较重要，（4，5，6）表示重要，如果重要性介于两者之间，可用中值（3，4，5）来表示。如果 $a_{ij}=$（3，4，5），则 $a_{ji}=$（1/5，1/4，1/3）。请专家对准则和指标进行两两成对比较，然后将专家意见用相应的三角模糊数表示。

表 10-5　基于三角模糊数的语言变量

语言变量	语言变量	三角模糊数	三角模糊倒数
同等重要	Equally important (EI)	(1, 1, 1)	(1, 1, 1)
中值	Intermediate (IM_1)	(1, 2, 3)	(1/3, 1/2, 1)
较重要	Moderately important (MI)	(2, 3, 4)	(1/4, 1/3, 1/2)
中值	Intermediate (IM_2)	(3, 4, 5)	(1/5, 1/4, 1/3)
重要	Important (I)	(4, 5, 6)	(1/6, 1/5, 1/4)
中值	Intermediate (IM_3)	(5, 6, 7)	(1/7, 1/6, 1/5)
很重要	Very important (VI)	(6, 7, 8)	(1/8, 1/7, 1/6)
中值	Intermediate (IM_4)	(7, 8, 9)	(1/9, 1/8, 1/7)
绝对重要	Absolutely important (AI)	(9, 9, 9)	(1/9, 1/9, 1/9)

第三步：根据 FPP 方法（Mikhailov，2003），利用 Matlab 软件计算判断矩阵的局部优先向量，即局部权重。

第四步：根据准则/指标间具有的网络关系，建立未加权超矩阵。

第五步：将未加权超矩阵的列随机化，建立加权超矩阵。

第六步：将加权超矩阵自乘，经过若干次后得到稳定的极限超矩阵，任选一列作为具有网络关系的准则/指标的权重。

第七步：计算各指标的综合权重。

第八步：根据拟投标项目的评分和指标的综合权重，计算各投标项目的得分，据此选择最佳投标项目，计算公式如下：

$$D_i = \sum_{j=1}^{J} \sum_{k=1}^{K_j} P_j A_{kj}^D A_{kj}^I S_{ikj}$$

上式中，D_i表示第i个拟投标项目的最终得分，P_j表示第j个准则的权重，A_{kj}^D表示考虑相互影响关系时第k个指标在第j个准则下的权重，A_{kj}^I表示不考虑相互影响关系时第k个指标在第j个准则下的权重，S_{ikj}表示第i个拟投标项目在第k个指标和第j个准则下的得分，K_j表示指标集，J表示准则集。

3. 案例分析

假设某企业有若干个建设项目的投标机会，经过前期的筛选，还有三个项目需进一步评估，分别记为D_1，D_2，D_3。为了选择最佳的投标项目，该企业聘请了相关专家，成立了一个专家组。评价指标的相对重要性权重用德尔菲法确定，并开展了两轮德尔菲咨询，在第2轮中主要请对同一指标给出权重差异较大的专家陈述理由，然后汇总整理各专家给出的指标相对重要性权重值。专家组同时负责对方案进行评分。专家组的意见用表10-5所示的语言变量表示。应用 FANP 的建设项目选择决策过程如下：

第一步：建立选择最佳投标项目的评价指标体系网络结构，识别各准则和指标之间的相互影响和反馈关系，如图 10-8 所示。

第二步：请专家对准则和指标进行两两成对比较，然后将专家意见用相应的三角模糊数表示，建立准则/指标两两成对比较的判断矩阵，同时对拟投标项目进行评分。表 10-6 为用三角模糊数表示专家对获利能力 S_1、风险性 S_2、业主情况 S_3和投标竞争度 S_4相对重要性的评价意见。与此相似，对其他准则/指标都进行两两比较，以计算局部权重。

表 10-6 关于最佳投标项目的两两比较矩阵

最佳投标项目	S_1	S_2	S_3	S_4	权重
S_1	(1，1，1)	(1/5，1/4，1/3)	(1/4，1/3，1/2)	(1/3，1/2，1)	0.098 9
S_2		(1，1，1)	(1，2，3)	(1，2，3)	0.424 0
S_3			(1，1，1)	(1/3，1/2，1)	0.254 4
S_4				(1，1，1)	0.222 6
λ=0.666 7					

第三步：根据 FPP 方法，计算判断矩阵的局部权重。对表 10-6 而言，根据 FPP 方法，其权重可通过求解如下非线性规划获取。

$$
\begin{aligned}
&\max \lambda \\
&(1/20)\ \lambda w_2 - w_1 + (1/5)\ w_2 \leqslant 0; \\
&(1/12)\ \lambda w_2 + w_1 - (1/3)\ w_2 \leqslant 0; \\
&(1/12)\ \lambda w_3 - w_1 + (1/4)\ w_3 \leqslant 0; \\
&(1/6)\ \lambda w_3 + w_1 - (1/2)\ w_3 \leqslant 0; \\
&(1/6)\ \lambda w_4 - w_1 + (1/3)\ w_4 \leqslant 0; \\
&(1/2)\ \lambda w_4 + w_1 - w_4 \leqslant 0; \\
&\lambda w_3 - w_2 + w_3 \leqslant 0; \\
&\lambda w_3 + w_2 - 3w_3 \leqslant 0; \\
&\lambda w_4 - w_2 + w_4 \leqslant 0; \\
&\lambda w_4 + w_2 - 3w_4 \leqslant 0; \\
&(1/6)\ \lambda w_4 - w_3 + (1/3)\ w_4 \leqslant 0; \\
&(1/2)\ \lambda w_4 + w_3 - w_4 \leqslant 0; \\
&w_1 + w_2 + w_3 + w_4 = 1; \\
&w_1,\ w_2,\ w_3,\ w_4 \geqslant 0
\end{aligned}
$$

利用 Matlab 软件求此非线性规划，最优解为 w_1=0.098 9，w_2=0.424 0，w_3=0.254 4，w_4=0.222 6，λ=0.666 7，表示具有较好的一致性，如表 10-6 所示。其他三角判断矩阵都按此方法进行求解。

第四步：根据准则/指标间具有的网络关系，建立未加权超矩阵，如表 10-7 所示。

表 10-7　未加权超矩阵

	S_{11}	S_{12}	S_{13}	S_{21}	S_{22}	S_{23}	S_{24}	S_{25}	S_{31}	S_{32}	S_{33}	S_{34}	S_{41}	S_{42}	S_{43}
S_{11}	0.000	0.750	0.800	0.171	0.538	0.200	0.500	0.538	0.000	0.000	0.000	0.000	0.400	0.400	0.250
S_{12}	0.250	0.000	0.200	0.536	0.170	0.400	0.250	0.170	0.000	0.000	0.000	0.000	0.400	0.400	0.500
S_{13}	0.750	0.250	0.000	0.293	0.293	0.400	0.250	0.293	0.000	0.000	0.000	0.000	0.200	0.200	0.250
S_{21}	0.368	0.318	0.313	0.000	0.526	0.263	0.458	0.412	0.581	0.631	0.595	0.500	0.000	0.000	0.000
S_{22}	0.155	0.118	0.099	0.467	0.000	0.169	0.256	0.230	0.065	0.070	0.066	0.056	0.000	0.000	0.000
S_{23}	0.155	0.173	0.313	0.174	0.186	0.000	0.143	0.230	0.129	0.115	0.162	0.241	0.000	0.000	0.000
S_{24}	0.226	0.318	0.176	0.253	0.186	0.460	0.000	0.128	0.161	0.115	0.110	0.148	0.000	0.000	0.000
S_{25}	0.095	0.073	0.099	0.107	0.102	0.108	0.143	0.000	0.065	0.070	0.066	0.056	0.000	0.000	0.000
S_{31}	0.000	0.000	0.000	0.000	0.000	0.000	0.000	0.000	0.000	0.575	0.231	0.171	0.130	0.263	0.174
S_{32}	0.000	0.000	0.000	0.000	0.000	0.000	0.000	0.000	0.571	0.000	0.644	0.536	0.450	0.460	0.467
S_{33}	0.000	0.000	0.000	0.000	0.000	0.000	0.000	0.000	0.286	0.314	0.000	0.293	0.290	0.169	0.253
S_{34}	0.000	0.000	0.000	0.000	0.000	0.000	0.000	0.000	0.143	0.111	0.125	0.000	0.130	0.108	0.107
S_{41}	0.535	0.307	0.306	0.000	0.000	0.000	0.000	0.000	0.000	0.000	0.000	0.000	0.000	0.250	0.333
S_{42}	0.299	0.168	0.527	0.000	0.000	0.000	0.000	0.000	0.000	0.000	0.000	0.000	0.333	0.000	0.667
S_{43}	0.167	0.525	0.167	0.000	0.000	0.000	0.000	0.000	0.000	0.000	0.000	0.000	0.667	0.750	0.000

第五步：将未加权超矩阵的列归一化，建立加权超矩阵。

第六步：计算极限超矩阵，如表 10-8 所示。

表 10-8　极限超矩阵

	S_{11}	S_{12}	S_{13}	S_{21}	S_{22}	S_{23}	S_{24}	S_{25}	S_{31}	S_{32}	S_{33}	S_{34}	S_{41}	S_{42}	S_{43}
S_{11}	0.137	0.137	0.137	0.137	0.137	0.137	0.137	0.137	0.137	0.137	0.137	0.137	0.137	0.137	0.137
S_{12}	0.106	0.106	0.106	0.106	0.106	0.106	0.106	0.106	0.106	0.106	0.106	0.106	0.106	0.106	0.106
S_{13}	0.109	0.109	0.109	0.109	0.109	0.109	0.109	0.109	0.109	0.109	0.109	0.109	0.109	0.109	0.109
S_{21}	0.123	0.123	0.123	0.123	0.123	0.123	0.123	0.123	0.123	0.123	0.123	0.123	0.123	0.123	0.123
S_{22}	0.066	0.066	0.066	0.066	0.066	0.066	0.066	0.066	0.066	0.066	0.066	0.066	0.066	0.066	0.066
S_{23}	0.059	0.059	0.059	0.059	0.059	0.059	0.059	0.059	0.059	0.059	0.059	0.059	0.059	0.059	0.059
S_{24}	0.073	0.073	0.073	0.073	0.073	0.073	0.073	0.073	0.073	0.073	0.073	0.073	0.073	0.073	0.073
S_{25}	0.033	0.033	0.033	0.033	0.033	0.033	0.033	0.033	0.033	0.033	0.033	0.033	0.033	0.033	0.033
S_{31}	0.029	0.029	0.029	0.029	0.029	0.029	0.029	0.029	0.029	0.029	0.029	0.029	0.029	0.029	0.029
S_{32}	0.048	0.048	0.048	0.048	0.048	0.048	0.048	0.048	0.048	0.048	0.048	0.048	0.048	0.048	0.048
S_{33}	0.028	0.028	0.028	0.028	0.028	0.028	0.028	0.028	0.028	0.028	0.028	0.028	0.028	0.028	0.028
S_{34}	0.013	0.013	0.013	0.013	0.013	0.013	0.013	0.013	0.013	0.013	0.013	0.013	0.013	0.013	0.013
S_{41}	0.058	0.058	0.058	0.058	0.058	0.058	0.058	0.058	0.058	0.058	0.058	0.058	0.058	0.058	0.058
S_{42}	0.059	0.059	0.059	0.059	0.059	0.059	0.059	0.059	0.059	0.059	0.059	0.059	0.059	0.059	0.059
S_{43}	0.060	0.060	0.060	0.060	0.060	0.060	0.060	0.060	0.060	0.060	0.060	0.060	0.060	0.060	0.060

第七步： 计算各指标的综合权重 w，w' 为归一化后的综合权重，如表 10-9 所示。

表 10-9 基于 FANP 方法的综合权重和方案最终排序

指标	P_j	A_{kj}^I	A_{kj}^D	w	w'	S_{1kj}	S_{2kj}	S_{3kj}	d_1	d_2	d_3
S_{11}	0.099	0.538	0.137	0.007	0.104	0.381	0.333	0.286	0.039	0.035	0.030
S_{12}	0.099	0.170	0.106	0.002	0.025	0.300	0.300	0.400	0.008	0.008	0.010
S_{13}	0.099	0.293	0.109	0.003	0.045	0.263	0.368	0.368	0.012	0.017	0.017
S_{21}	0.424	0.361	0.123	0.019	0.268	0.286	0.333	0.381	0.076	0.089	0.102
S_{22}	0.424	0.243	0.066	0.007	0.096	0.267	0.400	0.333	0.026	0.038	0.032
S_{23}	0.424	0.147	0.059	0.004	0.052	0.304	0.304	0.391	0.016	0.016	0.020
S_{24}	0.424	0.147	0.073	0.005	0.065	0.214	0.357	0.429	0.014	0.023	0.028
S_{25}	0.424	0.102	0.033	0.001	0.020	0.375	0.250	0.375	0.008	0.005	0.008
S_{31}	0.254	0.228	0.029	0.002	0.024	0.273	0.318	0.409	0.007	0.008	0.010
S_{32}	0.254	0.571	0.048	0.007	0.099	0.364	0.318	0.318	0.036	0.031	0.031
S_{33}	0.254	0.124	0.028	0.001	0.012	0.286	0.333	0.381	0.004	0.004	0.005
S_{34}	0.254	0.077	0.013	0.000	0.004	0.333	0.286	0.381	0.001	0.001	0.001
S_{41}	0.223	0.170	0.058	0.002	0.031	0.400	0.250	0.350	0.012	0.008	0.011
S_{42}	0.223	0.300	0.059	0.004	0.056	0.421	0.263	0.316	0.023	0.015	0.018
S_{43}	0.223	0.529	0.060	0.007	0.101	0.286	0.333	0.381	0.029	0.034	0.038
候选方案的最终得分 D_i									0.31	0.33	0.36

第八步： 根据式（10-8）计算各投标项目的得分，如表 10-9 所示。各候选方案的最终得分分别为：0.310，0.330，0.360，因此方案 3 为最佳行动方案。

4. 与模糊层次分析法的比较分析

上述最佳项目选择过程如果采用模糊层次分析法，三个候选方案的最终得分分别为：0.314，0.325，0.361，$D_3>D_2>D_1$，如表 10-10 所示，w'' 为各指标的综合权重 w。排序相同，但最终得分不一样。这是因为模糊层次分析法将内部复杂又彼此联系的评价指标进行了简单处理，丢失了部分评价信息。而模糊网络分析法充分考虑了准则/指标之间的相互影响关系，但计算过程比较繁杂，计算量比较大。

表 10-10 基于 FAHP 方法的综合权重和方案最终排序

指标	P_j	A_{kj}^I	w''	S_{1kj}	S_{2kj}	S_{3kj}	d_1	d_2	d_3
S_{11}	0.099	0.538	0.053	0.381	0.333	0.286	0.020	0.018	0.015
S_{12}	0.099	0.170	0.017	0.300	0.300	0.400	0.005	0.005	0.007
S_{13}	0.099	0.293	0.029	0.263	0.368	0.368	0.008	0.011	0.011
S_{21}	0.424	0.361	0.153	0.286	0.333	0.381	0.044	0.051	0.058
S_{22}	0.424	0.243	0.103	0.267	0.400	0.333	0.027	0.041	0.034
S_{23}	0.424	0.147	0.062	0.304	0.304	0.391	0.019	0.019	0.024

续表

指标	P_j	A_{kj}^l	w''	S_{1kj}	S_{2kj}	S_{3kj}	d_1	d_2	d_3
S_{24}	0.424	0.147	0.062	0.214	0.357	0.429	0.013	0.022	0.027
S_{25}	0.424	0.102	0.043	0.375	0.250	0.375	0.016	0.011	0.016
S_{31}	0.254	0.228	0.058	0.273	0.318	0.409	0.016	0.018	0.024
S_{32}	0.254	0.571	0.145	0.364	0.318	0.318	0.053	0.046	0.046
S_{33}	0.254	0.124	0.032	0.286	0.333	0.381	0.009	0.011	0.012
S_{34}	0.254	0.077	0.020	0.333	0.286	0.381	0.007	0.006	0.007
S_{41}	0.223	0.170	0.038	0.400	0.250	0.350	0.015	0.009	0.013
S_{42}	0.223	0.300	0.067	0.421	0.263	0.316	0.028	0.018	0.021
S_{43}	0.223	0.529	0.118	0.286	0.333	0.381	0.034	0.039	0.045
候选方案的最终得分 D_i							0.314	0.325	0.361

所建立的基于 FANP 模型的建设项目选择方法充分考虑了准则/指标之间的相互影响和反馈关系，用三角模糊数更准确和恰当地表示了专家和决策者的偏好。将研究结果与 FAHP 进行比较后，结果表明采用 FANP 进行建设项目决策更为合理。

本章小结

首先，本章介绍了决策评价的概念、特点、相关理论、步骤以及评价指标体系的构建方法。其次，详细介绍了德尔菲法、层次分析法。其中，德尔菲法依赖于专家对评价对象的主观定性预测，适用于缺乏足够的定量数据、进行长远规划或大趋势预测、主观因素对预测事件的影响较大等评价场合。德尔菲法可以充分利用专家的经验和学识，使每一位专家独立自由地进行自己的判断，并通过多轮评价最终达到统一的评价结论。层次分析法是一种定性与定量分析相结合的评价决策方法。这种方法把复杂问题分解为若干有序层次，并根据对一定客观事实的判断就每一层次的相对重要性给予定量表示，利用数学方法确定出表达每一层次的全部元素相对重要性次序的数值，并通过对各层次的分析导出对整个问题的分析。层次分析法分析思路清楚，可将分析人员的思维过程系统化、数学化和模型化，可用于多准则、多目标问题和其他各类问题的决策分析。

思考与习题

1. 查阅文献，举例说明当评价指标体系中各指标之间有因果关系、包含关系、重叠关系等相关关系时，应如何对指标进行处理。

2. 德尔菲法中，如何保证专家意见既相对独立又能够基本达成一致？

3. 春暖花开之际，你们班级打算利用五一假期出去春游。大家提出植物园赏花、远郊骑行、海边露营、西安兵马俑游览四个春游方案。请先制定出方案选择考虑的评价指标体系，然后通过层次分析法对这四个方案进行排序。

参考文献

[1] Saaty T L. Decision Making with Dependence and Feedback：The Analytic Network Process [M] . RWS Publications，Pittsburgh，PA，1996.

[2] Mikhailov L. Deriving priorities from fuzzy pairwise comparison judgements [J] . Fuzzy Sets and Systems，2003，134：365－385.

[3] David R Anderson，Dennis J. Sweeney，Thomas A. Williams. 侯文华，等译．数据、模型与决策 [M] . 北京：机械工业出版社，2018.

[4] 弗雷德里克·S. 希利尔，马克·S. 希利尔．李勇建，等译．数据、模型与决策（原书第5版）[M] . 北京：机械工程出版社，2017.

[5] 詹姆斯．R. 埃文斯．数据、模型与决策 [M] . 北京：中国人民大学出版社，2011.

[6] 弗雷德里克·S. 希利尔，杰拉尔德·J. 利伯曼．运筹学导论（第10版）（英文版）[M] . 北京：清华大学出版社，2015.

[7] 韩伯棠．管理运筹学 [M] . 北京：高等教育出版社，2008.

[8] 吴祈宗．运筹学 [M] . 北京：机械工业出版社，2006.

[9] 张晓冬，李英姿．管理系统工程 [M] . 北京：清华大学出版社，2017.

[10] 张晓冬，周晓光，曹勇．管理运筹学 [M] . 北京：化学工业出版社，2011.

[11] 梁樑，杨锋，苟清龙．数据、模型与决策——管理科学的数学基础 [M] . 北京：机械工程出版社，2017.

[12] 范玉妹，徐尔，周汉良．数学规划及其应用 [M] . 北京：冶金工业出版社，2003.

[13] 徐选化，李一智．运筹学 [M] . 长沙：湖南人民出版社，2007.

[14] 熊伟．运筹学 [M] . 北京：机械工业出版社，2009.

[15] 谭跃进，陈英武，金光，罗鹏程，冯静．系统工程原理 [M] . 北京：科学出版社，2010.

[16] 周俊．问卷数据分析：破解SPSS的六类分析思路 [M] . 北京：电子工业出版社，2017.

[17] 李翠梅，于海英，徐军，常桂英．Excel在经济管理中的应用——Excel2013案例驱动教程 [M] . 北京：清华大学出版社，2014.

[18] 刘满凤．数据、模型与决策：基于Excel的应用与求解 [M] . 北京：清华大学出版社，2015.

[19] 叶向，李亚平．统计数据分析基础教程（第二版）——基于SPSS 20和Excel 2010的调查数据分析 [M] . 北京：中国人民大学出版社，2015.

[20] 李子奈．计量经济学 [M]．北京：高等教育出版社，2000.
[21] 何晓群，刘文卿．应用回归分析 [M]．北京：中国人民大学出版社，2001.
[22] 王众托．系统工程（第2版）[M]．北京：清华大学出版社，2015.
[23] 张晓冬，王福林，周康渠．系统工程 [M]．北京：科学出版社，2010.
[24] 李宝山，王水莲．管理系统工程 [M]．北京：清华大学出版社，2010.
[25] 任毅，孙健．管理系统仿真与GPSS/JAVA [M]．北京：清华大学出版社，2008.
[26] 但斌，刘飞，张晓冬，倪霖．先进制造与管理 [M]．北京：高等教育出版社，2008.
[27] 周晓光，高学东．基于FANP模型的建设项目选择方法与应用 [J]．系统工程理论与实践，2012，32（11）：2 459－2 466.

教师服务

感谢您选用清华大学出版社的教材！为了更好地服务教学，我们为授课教师提供本书的教学辅助资源，以及本学科重点教材信息。请您扫码获取。

教辅获取

本书教辅资源，授课教师扫码获取

样书赠送

管理科学与工程类重点教材，教师扫码获取样书

清华大学出版社

E-mail: tupfuwu@163.com
电话：010-83470332 / 83470142
地址：北京市海淀区双清路学研大厦 B 座 509

网址：http://www.tup.com.cn/
传真：8610-83470107
邮编：100084